Ludwig Marcuse

Heinrich Heine

Melancholiker, Streiter in Marx, Epikureer

Diogenes

Meinen amerikanischen Freunden
Harold von Hofe
Stanley R. Townsend

Veröffentlicht als Diogenes Taschenbuch, 1977

Lizenzausgabe mit freundlicher Genehmigung
des Verlags J. Peter, Gebr. Holstein

60/77/E/1
ISBN 3 257 20258 x

Inhalt

1932, 1951, 1970

Die erste Auflage erschien 1932 bei Rowohlt, ein Jahr vor Beginn des Dritten Reiches, die zweite sechs Jahre nach dem Ende, wieder im Rowohlt-Verlag; sie enthielt auch die Mitteilung einiger Erfahrungen, die der Emigrant von 1933 mit dem Emigranten Heine hundert Jahre zuvor gemacht hatte. Die dritte Auflage hat eine größere Zahl von Zusätzen erhalten: Heine und Marx, Heines Lyrik und das Heine-Bild nach 1945 betreffend.

L. M.

I.

Figuren einer Jugend

Erstes Gastspiel der *Égalité* in Deutschland

Eines März-Morgens – es war im Jahre 1806 – wachte in Düsseldorf am Rhein ein kleiner Junge auf. Er wollte, wie gewohnt, mit den anderen kleinen Jungen und den Erwachsenen im Chor rufen: »Guten Morgen, Vater!« Denn damals herrschten Väter über die Länder. »Die Krone war ihnen am Kopf festgewachsen, und des Nachts zogen sie noch eine Schlafmütze darüber« – schrieb später der kleine Junge, als er ein großer Mann geworden war, von diesen gekrönten Häuptern. Doch an diesem Morgen war die Schlafmütze weg und die Krone weg und der ganze Landesvater weg.

Die Landeskinder waren betreten. Das Wetter war trübe. An der Tür des Rathauses hing ein langes Papier. Der dünne Schneider Kilian stand davor – er hatte die Nanking-Jacke an, die er eigentlich nur zu Hause trug; und die blauwollenen Strümpfe sackten traurig herab. Neben ihm las ein alter pfälzischer Invalid mit verblichener Uniform und vernarbtem Soldatengesicht das Plakat – die Tränen sickerten in den Schnauzbart. Der kleine Junge schnappte nur abgerissene Worte auf: »Der Kurfürst läßt sich bedanken ... für die bewährte Untertanstreue ... und entbinden Euch Eurer Pflichten ...« Vom Rathaus holte man das kurfürstliche Wappen herunter. Die Stadtväter schlichen betrübt durch die Gassen.

Der neunjährige Junge ging weinend zu Bett. In der Nacht hatte er einen schweren Traum: die Welt wurde ausgeräumt; Gärten und Wiesen wurden wie Teppiche zusammengerollt; die Sonne wurde vom Himmel abgehängt; die Sterne glitten abwärts wie gelbes Herbstlaub; die Menschen verloren sich; der Junge irrte einsam umher, voller Angst – bis er an die Weiden-Hecke eines verfallenen Bauernhofes kam, auf dem ein Mann Erde auswarf und ein Weib den Mond, den sie in der Schürze hielt, ins offene Grab legte. Der Traum zerging. Über der Straße lag Sonne. Unter der Sonne schallte vergnügtes Trommeln. Der Vater des Jungen saß im weißen Puder-Mantel vor dem Friseur. Der Friseur erzählte, von welch guter Familie der neue Großherzog, Napoleons Schwager, sei; wie gute Manieren dieser Joachim Murat habe; daß er sein schönes, schwarzes Haar in Locken trage; und bei seinem Einzug demnächst den Weibern gefallen werde. Die erregenden Trommelwirbel lösten sich auf in die bunten Bilder der einmarschierenden französischen Truppen: in den heiteren Ernst der Grenadiere; in die stolze Wucht der Bärenmützen; in die Lustigkeit der Voltigeurs; in das Vivat der dreifarbigen Kokarden; in das Blinken der Bajonette; und in die imposante Figur des gewaltigen, silberbestickten Tambourmajors, der einen Stock mit vergoldetem Knopf hinauf zur ersten Etage warf und seine Augen sogar bis zur zweiten, wo schöne Mädchen am Fenster saßen.

Der Junge lief zum Marktplatz. Dort sah es ganz anders aus als gestern. Der alte Mieter war ausgezogen, der neue eingezogen. Alles war überglänzt von Renovierung. Am Rathaus prangte ein neues Wappen. Vom Balkon hingen gestickte Sammetdecken herab. Französische Grenadiere standen Wache. Die Gesichter der Stadtväter strahlten in frischen Farben. Sie hatten ihre Sonntagsröcke aus den Schränken genommen und grüßten: bon jour. Die Fenster waren dicht besetzt mit Damen, die neugierig auf die Straße hinuntersahen, auf welcher großer Trubel war, ein buntes Durcheinander von Bürgern und Soldaten. Die Jugend hatte schulfrei zu Ehren des neuen Herrn, dem jetzt gehuldigt wurde. Der Düsseldorfer Junge kletterte mit einem Kameraden auf die kolossale, schwarze Reiterstatue des seligen Kurfürsten Jan Wilhelm, der in seinem schwarzen Harnisch und seiner tief herabhängenden Allonge-Perücke inmitten dieser fremden Szene ehern-unnahbar thronte. Auf dem Balkon des Rathauses: Soldaten, Fahnen und Trompeten; im roten Rock der

Bürgermeister, der eine lange Rede hielt. Er teilte den Düsseldorfer Bürgern mit, daß man sie glücklich machen werde. Nach seinem letzten Wort wurde posaunt, wurden Fahnen geschwenkt, wurden Trommeln gerührt, wurde Vivat gerufen – und auch der Junge rief Vivat, wobei er sich an der Allonge-Perücke seines alten Kurfürsten sicherheitshalber festhielt. Vom Wall her wurde gebollert. Dann stieg der Junge von seinem massiven Pferd herunter, lief zur Mama und berichtete ihr wortgetreu: »Man will uns glücklich machen und deshalb ist heute keine Schule.«

Am nächsten Tag war wieder Schule; das Leben besteht nur zum kleinsten Teil aus schulfreier Welt-Geschichte; der große Rest ist schulpflichtiger Alltag. Der Junge mußte sich wieder um die römischen Könige kümmern; um die *verba irregularia;* um Griechisch, Hebräisch, die deutsche Sprache, Geographie und Kopfrechnen. Einen Augenblick lang hatte ihm die Weltgeschichte eine ihrer imposanten Szenen gezeigt; dann verschwand sie wieder hinter dem Alltag des Knaben und wirkte unsichtbar weiter, bis er erwachsen war und selber Geschichte machte.

Wer war der große Unruh-Stifter, der den dreihundert deutschen Fürsten die dreihundert Schlafmützen von den dreihundert Köpfen riß und mit ihnen die dreihundert Kronen? Der die Kinder fortholte von den mehr oder weniger guten Herzen ihrer fürstlichen Väter? Nicht nur in Düsseldorf und in Deutschland, sondern auch in den Niederlanden, in Italien, in Spanien, in Polen? Der große Unruh-Stifter war die Französische Revolution und das Heer der Französischen Revolution und der stärkste Mann der Französischen Revolution, Napoleon. In dem Jahre, in dem der Düsseldorfer Junge geboren wurde, siegte Napoleon bei Rivoli; als der Junge schulfrei hatte und von dem ehernen Pferde seines alten Kurfürsten herab Vivat schrie, war Napoleon schon zwei Jahre Kaiser der Franzosen. Das Römische Reich Deutscher Nation – oder, wie Talleyrand sagte, die *Confédération germanique«* – lag im Sterben. Wie Leichensteine auf einem Kirchhof, schrieb ein Historiker der nächsten Generation, standen Kaisertum und Reichstag, Reichsgericht und Reichsarmee umher und bekundeten, daß hier jetzt steif und starr und kalt liege, was sich einst in frischem Lebensmute bewegt hatte.

Ein frischer Lebensmut kam von außen, von Frankreich. Die einen sahen nach Westen und waren hoffnungsfreudig, wie Görres in Coblenz und Forster in Mainz. Die andern spürten den Zerfall; und klagten, wie die ›Mainzer Zeitung‹: »Es gibt kein Deutschland mehr. Was man für Anstrengungen einer gegen ihre Auflösung ringenden Nation zu halten versucht sein könnte, sind nur Klagen weniger Menschen am Grabe eines Volkes, das sie überlebt haben.« Der Landesherr des Düsseldorfer Jungen zur Zeit seiner Geburt, Karl Theodor von der Pfalz, gehörte zu denen, die weder selig nach Westen blickten noch verzweifelt den Untergang des Reiches bebrüteten; ihm war die Zeitenwende nur ein Episödchen der Weltgeschichte. Als er die Nachricht von der Hinrichtung Ludwigs XVI. erhielt, meinte er: man solle lieber den Vulkan in sich ausbrennen lassen, nicht noch durch einen Krieg gegen Frankreich nähren. Solch ein Krieg werde erst alle Franzosen eines Sinnes machen; man solle durch einen militärischen Kordon die deutsche Grenze gegen alle Franzosen, welcher Partei sie auch angehörten, sperren. Die Enthusiasten und die Klageweiber und die, welche glaubten, das Morsche könne durch ein paar Schildwachen an ein paar Grenzpfählen erhalten werden, wurden in gleicher Weise weggeschwemmt von den Fluten der Französischen Revolutions-Heere.

Die deutschen Landesväter waren nicht alle so elend, wie sie, als vorteilhafter Hintergrund für Napoleon, im Nach-Ruhm, in der Nach-Schande weiterlebten: infantile Paschas, Despoten in Schlafrock und Pantoffeln. Max Joseph von Pfalz-Zweibrücken, der Nachfolger Karl Theodors, hob das Censur-Kollegium auf, »weil es den liberalen Gang der Wissenschaften aufzuhalten scheine«. Friedrich Wilhelm I. verbot das Tragen von Pantinen, um die Lederindustrie zu heben; und allzulanges Trauern, um den Absatz bunter Wollstoffe zu fördern. Kurfürst Klemens Wenzel von Trier ließ die für die Schiffahrt gefährlichen Steine aus dem Rheinbett holen und belehrte die Köchinnen, daß sie beim Kochen von Schmalz vorsichtig sein müßten und brennendes Schmalz nicht mit Wasser, sondern nur mit Asche löschen dürften.

Wie intim mancher Landesfürst mit seinen Untertanen lebte, wie familiär mancher Landesfürst für das Wohlergehen seiner großen Familie sorgte, ist uns recht anschaulich überliefert in einer Erklärung, die der Rat einer kleinen Ackerstadt, Meckenheims, 1797 dem Verwalter des Kantons Bonn abgab, um das Fernbleiben der Meckenheimer von der Errichtung des Freiheitsbaums zu begründen: »Unsere alte Regierungsart kennen wir und lebten ruhig und zufrieden; noch erinnern wir uns, als unser gnädigster Landesfürst nach dem schrecklichen Brande des hiesigen Städtchens wie ein Vater unter seinen Kindern in unserer Mitte stand. Diese Auftritte werden wir nie vergessen, und wenn es uns nicht mehr erlaubt sein kann, unter unserer vorigen Verfassung, und unserm gnädigsten Landesherrn zu leben, so entsagen wir unserer Freiheit, doch nicht unserem Dankgefühl und erklären, daß wir uns derjenigen Regierungsart unterwerfen, welche Zeit und Umstände über uns bestimmen.« Nicht alle Fürsten fielen damals aus ihrem Land heraus, wie hohle Zähne aus einem gesunden Kiefer. Aber nicht darauf kam es an!

Mit Frankreich, mit Napoleon kam die Zukunft: nicht irgendein neuer Fürst, sondern die Diktatur der Vernunft; bescheidener gesagt: die lebende Vernunft einer Gegenwart sprengte die Fesseln der abgestorbenen Vernunft einer Vergangenheit. Als der Düsseldorfer Junge zwei Jahre alt war, hatte Napoleon das Gesetzbuch einer neuen Zeit vollendet. In den ersten Jahren, im ersten Jahrzehnt des neunzehnten Jahrhunderts, schickte der Kaiser diese Gesetze auf Reisen: nach Düsseldorf, der Hauptstadt des neugeschaffenen Großherzogtums Berg, unter Aufsicht seines Schwagers Joachim

Murat. Diese Brüder, diese Neffen, diese Schwäger, die Napoleon überall in der Welt zu Königen, Prinzen und Großherzögen machte, waren Satrapen eines Diktators; und er war zunächst der Vollstrecker der Idee von der Gleichheit der Ungleichen, der *Égalité*. Der Wille zu ihr, das herrschende Motiv innerhalb der europäischen Gesellschaft seit der Französischen Revolution, schuf eine neue Luft. Patriarchalisch, sentimental hatte sich Max Joseph von seinen Landeskindern verabschiedet. Der rotberockte Oberbürgermeister hatte dem fremden Großherzog eine devote, salbungsvolle Begrüßungsrede gehalten. Der neue Mann von Napoleons Gnaden, Joachim Murat, antwortete mit neuen Worten: »Es ist unmöglich, daß man mich in einem Lande, für das ich noch nichts getan, schon lieben kann, aber man wird mich lieben, ich versichere es.« Das war die Sprache der Illegitimität, das Pathos der Sachlichkeit – überglänzt von dem romantischen Schimmer, der den Kaiser Napoleon umgab. Im Stil von Bonapartes pathetischem Lakonismus kündigte der neue Mann an: nachdem die göttliche Vorsehung und das Vertrauen des großen Mannes, der jetzt das Weltall in Erstaunen setzt, mich zum Souverän des Großherzogtums berufen haben, halte ich mich für verpflichtet, meine Untertanen glücklich zu machen ... und Murat sorgte dann auch wirklich für das Wohl seiner Untertanen; zum Beispiel für Getreide vom linken Rheinufer. Mit Murat, mit anderen napoleonischen Beamten, die bisweilen der Königstitel schmückte, kamen nicht irgendwelche neue Herren ins Land, mehr oder weniger besorgt um das Wohl der Regierten, mehr oder weniger persönlich untadelig; hinter den bunten Soldaten und dem gigantischen Tambourmajor, mit dem der Düsseldorfer Junge herzliche Freundschaft schloß, kam etwas ins Land, was damals für den Knaben noch nicht sichtbar war, was aber den Rahmen bestimmte, in dem der Mann leben sollte: der Feind aller gottgewollten, von den Menschen gewollten Privilegien, die *Égalité*. So konnte im Jahre 1811 der Präsident des Staatsrats den Kaiser Napoleon in Düsseldorf mit den Worten begrüßen: »Ihre Gesetze sind mächtiger als Ihre Waffen.« So konnte einer der napoleonischen Präfekten an die Maires seines Departements schreiben: »Sagen Sie Ihren Mitbürgern, daß die jetzige, für immer bestellte Regierung, welche Menschen und Dinge wieder auf ihren Platz setzt, die Willkür entwaffnet und das Reich des Gesetzes gründet, nichts Gemeinsames hat mit den früheren, vorübergehenden, mitten in den Unordnungen des Krieges geschaffenen Regiments.« Napoleon: das war zunächst eine bessere Gesellschaftsordnung.

Schon im Jahre 1792, drei Jahre nach Ausbruch der großen Revolution, hatte der Pariser Nationalkonvent beschlossen, allen deutschen Gebieten links des Rheins die Errungenschaften der Französischen Revolution zuteil werden zu lassen. Was dann zwei Jahrzehnte lang in Deutschland eindrang, war mehr als das Militär eines fremden Landes: es war der *Code civil des Français,* der *Code Napoléon* mit seinen 228 Artikeln – Napoleons Gesetzgebung aus dem Geist von 1789. Dieser Code überwand das Chaos der tausend individuellen Rechtszustände. Die europäische Zeit war für dies Gesetzbuch reif; deshalb konnte es sehr tolerant sein. So schrieb es für die Ehe-Schließung den Zivil-Akt vor, die kirchliche Trauung wurde zu einem privaten Nebenbei. Es blieb auch weiterhin den Ehepaaren unbenommen, sich nach altem Ritus trauen zu lassen und dem Zivil-Akt nur die Bedeutung einer staatlichen Zustimmung zur kirchlichen Handlung zu geben; Beispiel eines weitherzigen Radikalismus, dessen Weitherzigkeit bewies, auf wie wenig Widerstand er stieß. Der Radikalismus war die Konsequenz des einen zentralen Gedankens: Mensch gleich Mensch, *Égalité. Égalité* hieß damals: alle Bürger sind vor dem Gesetze einander gleich; das bürgerliche Recht ist unabhängig von dem religiösen Bekenntnis; das bürgerliche Recht schützt die persönliche Freiheit und das individuelle Eigentum. Deutschland wurde von Napoleon nicht nur okkupiert, es wurde vor allem bürgerlich revolutioniert. Die Leibeigenschaft wurde aufgehoben; die Leibeigenen und die dienstbaren Bauern erhielten alle bürgerlichen Rechte. Die Lehen wurden freies Eigentum der Lehn-Sassen. Alle Frondienste wurden ohne Entschädigung außer Kraft gesetzt. Die adligen Besitzungen wurden rechtlich den Bauernhöfen gleichgestellt. Das Verbot von Heiraten zwischen Adligen und Bürgermädchen oder Bäuerinnen fiel. Die väterliche Gewalt über Volljährige hörte auf. Ohne Rücksicht auf Stand und Wohnort sollte ein allgemeines Erbrecht zur Anwendung gebracht werden. In hundert Gesetzen ein einziges Prinzip: *Égalité* oder Ende – des Feudalismus.

Man darf sich keine Illusionen machen über die Quellen jener Zufriedenheit, die, namentlich im Westen und Süden Deutschlands, während der Herrschaft Napoleons herrschte; so daß Heinrich Heines Vater, als später alle frei herumlaufenden Philister über den gefangenen Löwen Napoleon herzogen, seufzen konnte: »Wollte Gott, wir hätten ihn noch.« Die Historiker sehen nur die ›Idee‹ einer vergangenen Zeit, die Gegenwart durchlebt Wünsche, Zufriedenheiten und Unzufriedenheiten. Der Godesberger Steuerbeamte konnte spät abends im Dunkeln mit seinem Geldsack allein den einsamen Weg nach Bonn gehen; nach der Hinrichtung des Johannes Büchler-Schinderhannes und seiner Bande war Ruhe und Ordnung im Land. Das Funktionieren der Polizei ist die erste Quelle aller Zufriedenheit einer Gesellschaft. Die zweite Quelle: der wirtschaftliche Aufstieg. Den Bauern ging es so gut, daß Görres am ersten März 1812 an Perthes schrieb: »Auf dem Lande nimmt der Wohlstand zu, überhaupt, nachdem in Europa zuerst der Adel geblüht und dann die Städte, scheint jetzt das Bauern-Regiment gekommen zu sein.« Dank Napoleon konnte der Bauer Land erwerben in einem früher nicht geahnten Umfang. 1802 bekamen die in Frankreich über den Verkauf der National-Domänen erlassenen Gesetze auch für die rheinischen Departements Geltung; die unmittelbar danach einsetzende massenhafte Veräußerung der früheren Kammer-Güter und geistlichen Besitzungen dauerte bis 1814 an. Meistens brachten Gesellschaften von Groß-Kapitalisten die zur Versteigerung ausgeschriebenen Besitzungen des Adels und der Kirche an sich; zerstückelten sie; verkauften sie in kleinen Stücken; und gaben so vielen bäuerlichen Familien Gelegenheit, Grundeigentum zu erwerben. Und die dritte Quelle der damaligen Zufriedenheit: es tat dem Bürger und dem Bauer wohl, wenn der barsche Amtmann von einst sie höflich als seinesgleichen begrüßte; sie waren jetzt nicht mehr Untertanen, sie waren *citoyens*. Kurze Zeit nach der Befreiung vom »fremdländischen« Joch, das heißt: nach dem Sturz Napoleons, berichtete ein Koblenzer Regierungsmann dem deutschen Staatskanzler: »Kein Mensch ist mehr hier, der nicht Gott auf den Knien danken würde, wenn das Land wieder unter französischer Botmäßigkeit stände.«

Zufriedenheit und Schmeichelei verschmolzen zur Vergötterung Napoleons – die der Düsseldorfer Junge Heinrich Heine zeit seines Lebens praktizierte. Daß Napoleon »den Ruhm Solons und Lykurgs mit dem Cäsars und Alexanders vereinigt« habe, war unter all den vielen, süß stilisierten Ansprachen und Adressen an Napoleon und seine Stellvertreter noch das wahrste Lob. Es gab viel Übleres. Da führte man in Düsseldorf am fünfzehnten August 1806, zur Feier des St. Napoleon-Tages, einen Prolog auf dem bergischen Nationaltheater vor. Die Szene: eine ländliche Gegend. Festlich geschmückte Landleute bringen einen mit Bändern und Kränzen verzierten Lorbeerbaum. Ein Greis hält eine schwungvolle Lobrede auf Napoleon. Feierliche Musik ertönt. Minerva steigt aus den Wolken auf die Erde herab; die Landleute weichen ehrfurchtsvoll zurück und knien nieder. Minerva preist Napoleon: als größten Sohn der Zeiten, als Liebling der Götter, als Schirm und Stolz der Menschheit. Die Göttin schwebt wieder auf zu den Wolken. Unter den Klängen einer sanften Harmonie verwandelt sich die Szene in den strahlenden Tempel des Nachruhms. Napoleons Brustbild, in kolossaler Ausführung, ruht auf den Schultern der Europa, die ihren Arm über die alte Erdhälfte streckt. Über dem Bild leuchtet ein Stern in einem lorbeernumkränzten Oval.

Das Regiment dieses Lieblings der Götter, dieses Schirms und Stolzes der Menschheit, war nicht eitel Freude. Heinrich Heine zeichnete ein halbes Jahrhundert später die geographische Farce: »Damals hatten die Franzosen alle Grenzen verrückt, alle Tage wurden die Länder neu illuminiert; die sonst blau gewesen, wurden plötzlich grün, manche wurden sogar blutrot, die bestimmten Lehrbuch-Seelen wurden so sehr vertauscht und vermischt, daß kein Teufel sie mehr erkennen konnte, die Landesprodukte änderten sich ebenfalls, Cichorien und Runkelrüben wuchsen jetzt, wo sonst nur Hasen und hinterherlaufende Landjunker zu sehen waren, auch die Völker-Charaktere der Völker änderten sich, die Deutschen wurden gelenkig, die Franzosen machten keine Komplimente mehr, die Engländer warfen das Geld nicht mehr zum Fenster hinaus, und die Venezianer waren nicht schlau genug, unter den Fürsten gab es viel Avancement, die alten Könige bekamen neue Uniformen, neue Königtümer wurden gebacken und hatten Absatz wie frische Semmeln, manche Potentaten hingegen wurden von Haus und Hof gejagt, und mußten auf andere Art ihr Brot zu verdienen suchen.«

Es ist nicht alles Vernunft, was das Gegebene zerstört. Neben der Rücksichtslosigkeit der Vernunft gibt es noch die Rücksichtslosigkeit der gewalttätigen Willkür. Napoleons Herrschaft war nicht nur Vernunft-Diktatur, auch die Tyrannis eines selbstsüchtigen Individuums. Diese Tyrannis entstammte seinem Majestäts-Wahn: seine Gesetzgebung aus dem Geist der *Égalité* wurde durchkreuzt von seiner Dynastie-Eitelkeit. Die Neigung zum Legitimismus beherrschte plötzlich alle seine Äußerungen; und nahm Formen an, deren sich die ältesten europäischen Potentaten nicht hätten zu schämen brauchen. 1806 ließ er auch in den rheinischen Departements den ›Katechismus zum Gebrauche in allen Kirchen‹ des französischen Kaiserreichs einführen. Die siebente Lektion dieses Katechismus behandelte das vierte Gebot, das in folgenden Reim gebracht war: »Die Eltern ehre alle Zeit hoch, damit Du lange lebest noch.« Der Kommentar zu diesem Gebot begann mit der Frage: Welche Pflichten müssen wir insbesondere gegen Napoleon I., unseren Kaiser, erfüllen? Antwort: Die Christen sind den Fürsten, von denen sie regiert werden, und wir besonders Napoleon I., unserem Kaiser, Liebe, Ehrfurcht, Gehorsam, Treue, Kriegsdienste und die zur Erhaltung und Verteidigung des Reiches und seines Thrones eingeführten Auflagen schuldig. An einer anderen Stelle hatten die Kinder zu antworten: Gott hat unseren Kaiser unter den allertraurigsten Umständen erweckt, um die öffentliche Ausübung der heiligen Religion unserer Väter wiederherzustellen und der Beschützer derselben zu sein. Der Kaiser hat uns die öffentliche Ordnung wiedergegeben und dieselbe durch seine tiefe und tätige Weisheit erhalten; er verteidigt den Staat durch seinen mächtigen Arm; er ist der Gesalbte des Herrn dadurch geworden, daß er vom Oberpriester, dem Oberhaupte der allgemeinen Kirche, eingeweiht ist. Gott hat unserm Kaiser große Gaben, sowohl im Frieden wie im Kriege, verliehen, ihn zu unserem Herrscher, zum Diener seiner Macht und zu seinem Ebenbilde auf Erden gemacht. Unseren Kaiser ehren und ihm dienen ist folglich soviel, als Gott selbst ehren und ihm dienen; diejenigen, welche ihre Pflicht gegen den Kaiser aus den Augen setzen, würden der von Gott selbst eingeführten Ordnung widerstreben und sich der ewigen Verdammnis schuldig machen ...

Rief hier der anonyme Exekutor einer Idee, der Idee ›Mensch gleich Mensch‹, nur deshalb den Herrgott vor den Augen des Volkes auf seine Seite, um mit der stärksten Hilfe diese Idee zu propagieren? Dienten die Maßnahmen gegen das Schrifttum, die strenge Überwachung der Vervielfältigung und Verbreitung von Schriften jeder Art, dem Schutz seiner Idee? Der Inhalt, den Napoleon Europa gab, war zuerst die Religion: bürgerliche *Égalité*; und dann die Religion: Dynastie Napoleon. Beide Religionen oktroyierte er Europa mit der gleichen Rücksichtslosigkeit auf. »Was kommt es auf die Meinung von Bauern an bei politischen Fragen?« schrieb er an Murat; »die Meinung der Bevölkerung bedeutet absolut nichts.« Er war zuerst Vernunft-Diktator – und dann Despot.

So wurden die Lasten, die sein Regiment brachte, nicht mehr aufgewogen von einem sinnvollen Wozu. Diese Lasten häuften sich – nicht nur im bergischen Land: wo die französische Aushebung, die drückenden Steuern, die Einführung der Salz- und Tabak-Regie, die strenge Handhabung der gegen England gerichteten Kontinental-Sperre (durch welche die bergische Industrie eine wichtige Absatz-Quelle verlor) viel Unzufriedenheit schuf. Und mit dem Despotismus wuchs der salbungsvolle Ton der Napoleoniden. Als Murat, Großherzog von Berg, 1808 zum König von Neapel avancierte und Napoleons Neffe, der fünfjährige Louis Napoleon, sein Nachfolger wurde (unter der Vormundschaft des Kaisers Napoleon), verabschiedete sich Murat genau wie irgendein Karl Theodor: »Ihr waret unsere Kinder, und unsere väterlichen Gesinnungen gegen euch werden nie aufhören! Nur der Gedanke an die großen Vorteile, welche ihr von dem Genie und der Macht des Gebieters über euer Schicksal, der gewohnt ist, über alle ihm unterworfenen Völker Wohltaten und Ruhm zu verbreiten, zu erwarten habt, kann das schmerzhafte Gefühl lindern, mit dem wir von euch scheiden.« Die Düsseldorfer Zeitung beantwortete diesen imitierten Patriarchalismus mit kindlicher Dankbarkeit: »Da die Einwohner des Großherzogtums einmal einen Fürsten verlieren sollten, den sie liebten, so konnte ihnen nichts Rühmlicheres und Glücklicheres begegnen, als unter des Kaisers von Frankreich Botmäßigkeit zurückzukehren.« Was war hier noch gegen früher geändert?! Als Wesel mit Frankreich vereinigt wurde – sorgte man für Volksbelustigungen, für Musik und Tanz und Illumination der Stadt. Die Untertanen des Großherzogtums wurden für den Verlust von Wesel reichlich entschädigt: Murats Tochter, die unmündige Prinzessin Lätitia, nahm die Abtei Elten in Besitz. »Welches Glück«, schrieb später ein Historiker, »die Tochter des Landesherrn künftighin als Äbtissin von Elten zu sehen.« Mit diesem Glück und der Schlacht bei Leipzig endete das erste Gastspiel der *Égalité* im Deutschland der französisch-revolutionär-kaiserlich-patriarchalischen Napoleoniden.

Die großen geschichtlichen Ereignisse – Schlachten, Revolutionen, neue Institutionen – geben den Jahrzehnten ihre Namen; aber wenn man von diesen Etiketts die Inhalte der Zeit ablesen wollte (etwa von der Einführung des *Code Napoléon* in Deutschland die gesellschaftliche Atmosphäre dieser Zeit), würde man sehr falsche Vorstellungen gewinnen. Denn die großen geschichtlichen Ereignisse wirken sich meist erst viele Jahre nach ihrem ersten Erscheinen an der Oberfläche aus, so daß sie für lange einer fremden Zeit zu Unrecht ihren Namen geben. Wer die Antwort der geistigen Repräsentanten Deutschlands auf die Französische Revolution hört, die Stimmen Klopstocks, Herders, Kants, Schillers, Fichtes, wer die französischen Revolutions-Gesetze mit den Siegen der französischen Revolutions-Armeen eindringen sieht: der wird das Deutschland im ersten Jahrzehnt des neunzehnten Jahrhunderts für ein revolutionäres Land halten. »In Wahrheit aber«, schrieb der Geschichtsschreiber Clemens Theodor Perthes, »war in Deutschland auch nach der Revolution nur das Denken und Reflektieren, nicht die Gesinnung revolutionär.« Aber die Gesinnung entscheidet, nicht das Denken; denn erst in der Gesinnung wird das Denken Wirklichkeit, Quelle von Handlungen. Deutschland ist das klassische Land des Zwiespalts von Denken und Gesinnung. So war Kants Denken skeptisch, seine Gesinnung optimistisch. So war der Fichte der ›Reden an die deutsche Nation‹ in seinem Denken Erbe der Französischen Revolution, in seiner Gesinnung ein Vorläufer des Nationalismus. Goethe, dessen Denken sich nie mit seiner Gesinnung entzweite, schrieb deshalb Deutschland repräsentativer auf als die Kant und Fichte: »Die französische Nation ist eine Nation der Extreme; in nichts kennt sie Maß. Mit einer ungeheuren intellektuellen und physischen Kraft ausgestattet, könnte sie die Welt heben, wenn sie den Mittelpunkt zu finden verstände; sie scheint es aber nicht zu wissen, daß man, um große Gewichte zu heben, ihren Mittelpunkt auffinden muß. Es ist das die einzige Nation in der Welt, in deren Geschichte wir das Gemetzel der St. Bartholomäusnacht und das Fest der Vernunft finden; die Willkür Ludwig XIV. und die Zügellosigkeit der Sansculotten; fast in demselben Jahre die Einnahme Moskaus und die Übergabe von Paris...«

Die Französische Revolution hatte in Deutschland nur hier und da am Rhein gezündet – zum Beispiel in Mainz, wo Georg Forster in der »Gesellschaft der Freunde der Freiheit und Gleichheit« an eine Verschmelzung der romanischen und deutschen Franken gedacht, einen »Freistaat« gegründet hatte. Selbst das literarische Eintreten Deutschlands für die Französische Revolution hörte auf, als in Paris der Radikalismus siegte. Wie wenig die Gesinnung in Deutschland durch die Invasion der französischen Ideen geändert war, zeigte sich unverkennbar, als die Epoche Napoleons nach seiner Niederlage bei Waterloo vom deutschen Körper wieder heruntergekratzt wurde wie ein bißchen Schorf. Neun Jahre nach dem Sturz des Kaisers sprach man in Berlin, wie Heine berichtete, vom *Code Napoléon* als den »Fesseln der französischen Tyrannei«, als »dem schlechten Gesetzbuch, das nicht mal erlaubt, der Magd eine Maulschelle zu geben«. Zwei Jahrzehnte Zwangs-Kurse in *Égalité* hatten in Deutschland nicht mehr gesät als ein paar aufrührerische Konventikel, die zwischen Wiener Kongreß und Juli-Revolution ihre kompromittiertesten Mitglieder verstecken, zwischen Juli-Revolution und Achtundvierzig außer Landes schicken mußten.

Zu Düsseldorf am Rheine

Heinrich Heines Kindheit ist nicht mehr gegenwärtig zu machen.

Sein späteres Leben rankte sich auf an Ereignissen und Ideen – es war ein ewiges Reagieren auf diese Ereignisse, diese Ideen. Und da seine Antworten zum guten Teil in der Helle des Bewußtseins sich vollzogen und sich abbildeten in Briefen und Gesprächen, in Handlungen und Werken – läßt sich sein waches Dasein zurückrufen. Seine Kindheit ist uns nur aufgehoben in wenigen Anekdoten, die zweifelhaft sind, die auch nicht viel sagen, wenn man sie nicht preßt; und in Figuren, die zwar auf diese Jugend wirkten, sie aber doch nicht spiegeln.

Sie – der Vater, die Mutter, die Onkels, die Lehrer, die Freunde –, gewissermaßen die wesentlichen Menschen-Wände, innerhalb deren das Kind gelebt hat, müssen die Geschichte der frühen Jahre ersetzen, die nicht viel sichtbare Spuren hinterlassen haben ... außerhalb seines Werks.

In Düsseldorf, Bolkerstraße zehn, wohnte am Ende des achtzehnten Jahrhunderts ein Mann namens Samson Heine, Sohn eines Kaufmanns aus Hannover. In Hannover und Altona war Samson kaufmännisch einexerziert worden. Dann hatte er im Gefolge des Prinzen Ernst von Cumberland einen Feldzug in Flandern und Brabant als Proviantmeister mitgemacht. Um die Dreißig kam er durch eine Empfehlung in das van Geldernsche Haus nach Düsseldorf. Er heiratete Betty van Geldern und machte mit ihrem Geld einen kleinen Tuch- und Manufakturwaren-Laden auf, in dem er vor allem Manchester führte. Er kaufte diesen Stoff in England und verkaufte ihn an die Handelsjuden der Umgebung. Auch hatte er Tuchlieferungen für die französische Armee.

Ein Porträt zeigt den achtzehnjährigen Samson: scharlachrote Uniform, das Haupt kreideweiß gepudert und von einem Haarbeutel weich unterstrichen, unter einem rosigen Gesicht eine weiße Halsbinde. Das Gesicht »einer Zeit, die eben keinen Charakter besaß«. Ein echtes Rokoko-Gesicht: zierlich, kokett, süßlich; mehr Pastell als Fleisch, mehr Duft als Umriß, mehr ein Statist in Watteau-Idyllen als ein Mensch. Samson Heine wurde ein schöner und stattlicher Mann mit weichem, goldblondem Haar, das immer gepudert war; mit einer blendendweißen, gutgeformten, noblen, von Mandelkleie zarten Hand; mit einer männlich-volltönenden, doch kindlichen Stimme; und mit gewinnenden Umgangsformen. Er war eine feminine Schönheit: ihr Reiz lag nicht in rassigen Konturen, sondern im üppig-weichen Schmelz.

Samson Heine war kein Mann der Tat und kein Mann des Worts, das Stellung nimmt; er war zurückhaltend und einsilbig. Sein Handeln war ein Spielen, seine Geschäfte waren kindliche Geschäftigkeiten. So war er in sein Manchester vernarrt: die Ware war ihm nicht ein Tauschwert, sondern ein Endwert; das Manchester war seine »Puppe«. »Eine grenzenlose Lebenslust füllte ihn aus«: das Leben war ihm ein Medium des Genießens; er genoß ohne raffinierte Zwischenschaltungen, unmittelbar, mit Selbstverständlichkeit. Er war immer heiter, immer bereit, neuen Freuden sich zu öffnen; »in seinem Gemüt war beständig Kirmes«. Er hatte ein »glückliches Temperament«: das fraglose Vertrauen, das unbekümmert gibt und unbekümmert nimmt; das wohlige Sicheinkuscheln in Wolken von Sympathie, ohne jede kritelnde Skepsis, wieweit die Sympathien der Mitmenschen echt sind oder aus welchen trüben Quellen sie fließen.

Samson hatte neben seinem Manchester noch viele andere Passionen: Karten und Schauspielerinnen, Pferde und Hunde und das Soldaten-Spiel. Als die Bürger-Garden in Düsseldorf errichtet wurden, ergötzte sich der Offizier Samson Heine an der dunkelblauen Uniform mit den himmelblauen Sammetaufschlägen und an dem Federbusch auf dem dreieckigen

Hut; er freute sich wie ein Kind, wenn er an der Spitze seiner Kolonnen vor seinem Haus vorbeidefilieren und zu seiner Frau hinaufsalutieren konnte. Hatte er als kommandierender Offizier der Hauptwache die Sorge für die Sicherheit der Stadt, so sorgte er in erster Linie für Rüdesheimer und Aßmannshäuser. Samson Heine liebte das Militär: als klingende Wachtparade, als klirrendes Wehrgehenke, als straff anliegende Uniform.

Dieser unschuldige Genießer trug sich sehr würdig, ohne ein Tartuffe zu sein. Ruhe und Strenge lagen auf seinem Gesicht, prägten seine Haltung und seine Gebärden – und wurden freundlich belebt von einem Lächeln. Dies »Lächeln, das manchmal um seine Lippen spielte, und mit der oben erwähnten Gravität gar drollig-anmutig kontrastierte, war der süße Widerschein seiner Seelengüte«. Woher aber die würdigen Züge? Das weltnaschende Kind, voll lächelnder Herzlichkeit für seine Mitmenschen, war ein seriöser Familienvater. Er verbot seinen Kindern jeden musikalischen Unterricht, weil er ihn für »Zeitverlust und luxuriösen Tand« hielt; merkwürdige Worte im Munde dieses großen Verspielten. Im allgemeinen war er auch den Kindern gegenüber tolerant bis zur diplomatischen Grenze. Er hielt nichts von der Philosophie, sah in ihr einen Aberglauben und hatte die Ansicht: ein Kaufmann brauche seinen Kopf fürs Geschäft. Als man ihm die irreligiösen Spötteleien seines Sohnes Harry überbrachte, forderte er nur, daß Harry seinen Atheismus für sich behalte – die Kunden brauchten nicht zu erfahren, daß sein Sohn Gottesleugner sei.

Dies Leben, angelegt auf einen ewigen Sonntag, war doch nicht temperamentvoll, nicht überströmend genug, um die eintönige Abfolge der Alltage in überschäumender Lebenslust zu sprengen. Es kamen strenge Falten in die Rosa-Haut. Er war ein besorgter Epikureer. Die englische Philosophie seiner Zeit lehrte die Einheit von Gutsein, Genießen und Glückseligkeit. Samson Heine hatte dies genießende Gutsein – das der unerbittliche Kant, Vorbote einer zwiespältigeren Zeit, nicht mehr anerkannte. Samson Heine war gut aus Genuß am Gutsein, nicht aus Pflicht. Er bezahlte gern für dies Gutsein; in vollen Zügen atmete er dann den Weihrauch, den ihm dankbare Mitmenschen spendeten; zum Beispiel als dem charmantesten Armenpfleger. Da saß er an manchem dunklen Wintermorgen vor einem mächtigen Tisch, auf dem Geldtüten aller Größen lagen, und legte oft zur kleinen Tüte der Armenkasse noch eine größere Tüte aus der eigenen Tasche. Bevor seine Armen kamen, wechselte er die silbernen Leuchter mit Wachskerzen gegen zwei kupferne Leuchter mit Talglichtern aus; er besaß jene Höflichkeit des Herzens, die nur der Moral-Enthusiast besitzt, die der kategorische Pflicht-Imperativ nicht kennt.

Man hielt ihn für einfältig, weil seine Seele nicht viele Falten hatte: er war nur ein Mann, vor dessen vertrauensvoller Naivität sich das Leben teilte, als er hindurchging. Er bestand nicht aus Vordergrund und Hintergründen; aus Worten, die Gedanken verbergen, und aus Gedanken, die Worte vorschieben; er war ohne Bruch. So kindlich fragte der Vater des berühmt werdenden Poeten: »Wie soll mein Junge aufkommen, wenn man immer und immer von Goethe spricht?« So einfach war dieses erwachsene Kind zu behandeln, daß man Goethes Namen mit dem Namen »Ernst Schulze« überkleben mußte, um ihm die Peinlichkeit zu ersparen, dauernd Goethes Namen im eigenen Hause sehen zu müssen. Ohne Argwohn zu sein ist den meisten Menschen fast so, wie ohne Verstand zu sein. Samson Heine war ohne Argwohn: nicht weil er beschränkt war, sondern weil er aus einer kindlichen, unverwundbaren Sympathie heraus nur Güte kannte.

In einer Handelskrise verlor er viel Geld, ging Anfang der zwanziger Jahre nach Lüneburg, lebte hier in bescheidenen Verhältnissen und starb Ende 1828 in Hamburg. Heinrich Heine bekannte: »er war von allen Menschen derjenige, den ich am meisten auf dieser Erde geliebt«. Vielleicht hat der melancholische Lebensgenießer Heinrich Heine im glücklicheren Vater das Paradies einer zufriedenen Kreatur geliebt.

War Samson die Heiterkeit, die Grazie, die umfriedete Lebensbejahung des achtzehnten Jahrhunderts, so war Betty dieses Jahrhunderts praktische Vernunft, optimistische Aktivität. Die kleine, anmutige, lebhafte Frau war Ende zwanzig, als Samson sie heiratete. Sie stammte aus einer jüdischen Arzt-Familie, die seit Generationen wohlhabend und angesehen war und zur geistigen Elite gehörte. Sie sprach Englisch und Französisch, las Latein, war begeistert für Rousseaus ›Emile‹ und Goethes ›Elegien‹ und spielte Flöte. Eine mit Bildung überfütterte, empfindsame junge Dame? Betty Heine war eine selbständige, selbstbewußte, zielsichere Natur. Von den zwölf Hunden, mit denen Samson nach Düsseldorf kam, nahm sie ihm elf; aus dem für Schauspielerinnen und Uniformen Passionierten machte sie einen braven Kaufmann in Manchester. Betty regierte. Sie räumte die Hindernisse aus dem Wege, die der Rabbiner von Düsseldorf der Niederlassung des mittellosen Heine entgegensetzte. War sein Lebenselement Genuß, Hingabe an das Dasein, so war ihr Lebenselement souveränes Handeln, selbständige Gestaltung des Daseins mit Hilfe der eingeborenen Vernunft.

Mit vierundzwanzig schrieb sie an eine Freundin: »Nur der Schwache muß sich auf das große, dennoch aber schwankende Rohr Etikette, stützen. Obgleich ich mit einem alltäglichen Gesicht und Figur auch einen alltäglichen Geist verbinde, so fühle ich dennoch die Kraft, mich über die Chimären Vorurteile, Konvenienz und Etikette hinauszuschwingen und nur den Wohlanstand als die einzige Grenzlinie zu betrachten, um mich alsdann freiwillig unter den Schutz der Religion und Tugend zu begeben.« Hier funkelt schon etwas von dem uneitlen Stolz auf die unabhängige Moral, die in Kant triumphiert hatte. Gesetzgeber zu sein und zugleich nach dem Gesetz zu handeln, Herr zu sein und zugleich der Idee zu dienen, unabhängig zu sein und zugleich sich einzuordnen in die Ordnung der Welt-Vernunft, nur ein Durchschnittsmensch zu sein und zugleich ein Vorbild: dieser demütige Stolz, die reinste Frucht des achtzehnten Jahrhunderts, war auch im Dasein dieser Betty Heine. Eines Daseins, das noch nicht gefährdet war von den Zweifeln und Verzweiflungen der folgenden Generation. »Gewisser Leute ihr Glück und Unglück hängt weit mehr an ihren Empfindungen als an deren Bewegungsgründen«, schrieb sie mit einer Verstandeskühle, vor der diese ›Empfindungen‹ wohl kaum zählten.

Die Mutter hatte ihre vier Kinder gut in Räson. Sie hatte eine kräftige Hand und feste Erziehungs-Prinzipien; »das Erziehungswesen war ihr Steckenpferd.« Die Kinder wuchsen auf unter festumrissenen Gesetzen. So lautete eins: wenn ihr irgendwo eingeladen seid, dürft ihr nicht alles aufessen, was auf euren Tellern liegt. Diesen Pflicht-Rest nannte man in der Familie Heine den »Respekt«. An einem Sommertage tranken die Heines Kaffee außerhalb der Stadt. Als sie den Garten verließen, nahm der siebenjährige Maximilian heimlich das letzte große Stück aus der Dose. Harry, der Älteste, war über die Verletzung des Heineschen Kodex, den er vielleicht mit dem Glauben energisch erzogener Kinder für ein Weltgesetz hielt, tief erschrocken: »Mama, denke Dir, Max hat den ›Respekt‹ aufgegessen.« Die Gesetze der Mutter waren in Kraft.

Betty Heine nahm teil an den politischen Ereignissen der Zeit. In ihrer Korrespondenz mit einer Freundin gedenkt sie wehmütig der Zeiten, »wo Deutschland noch Deutschland war, und wo alles, was deutsch sprach, Brüder waren«. Sie las die Schriften deutscher Patrioten und wies ihre Söhne immer wieder hin auf die traurigen politischen Zustände. Über das Deutschland der Kleinstaaterei war sie hinaus. »Versprecht mir«, mahnte sie die Söhne, »nie in einem kleinen Staate Eure Heimat zu suchen, wählt große Städte in großen Staaten, aber behaltet ein deutsches Herz für das deutsche Volk!« Sie spielte die entscheidende Rolle in den Jahren Heinrich Heines, in denen nach dem Lauf der Natur die Umgebung mehr zu bestimmen hat als der unmündige Mensch. Für Harry hatte sie »hochfliegende Pläne«. Zuerst flogen diese Pläne auf zur Sonne Napoleon; die »Pracht des

Kaiserreiches« lockte ihn. Die Tochter eines Eisenfabrikanten der Gegend, mit der sie befreundet war, wurde Herzogin, wurde Gattin des französischen Marschall Soult. Der Herzog gewann Schlachten und stand schon vor dem Avancement zum König, da träumte Frau Betty Heine von Harrys goldenen Epauletten. Aber sie war zu nüchtern, zu sehr auf Resultate eingestellt, als daß sich ihre Wünsche in flatternden Phantasien verflüchtigten. Sie setzte ihre Hoffnungen in Handlungen um. Sie ließ dem Jungen Privatstunden in Geometrie, Statik, Hydro-Statik, Hydraulik geben – in allen Wissenschaften, die ihn vorbereiten konnten, »ein großer Strategiker oder nötigenfalls der Administrator von eroberten Provinzen zu werden«. Als der Stern Napoleons erlosch, erlosch auch dies Berufsideal. Und es ging ein neuer Stern auf, der nun – nach ihrem Willen – Leitstern für die Karriere des Sohnes werden sollte: Bankier Rothschild. Napoleon oder Rothschild – Betty Heine war nicht belastet mit Sentiments oder Vorurteilen. Sie war eine im praktischen Leben stehende Frau mit einem sicheren Blick für irdische Chancen. Ihr religiöser Glaube war – gemäß ihrer »vorwaltenden Vernunftrichtung« – ein »strenger Deismus«: am Anfang aller Dinge ist Gott, und er hat alles gut gemacht; und wenn wir unsere Kräfte nach unserer Vernunft auswirken, tun wir, was Gott will. Ein Glaube, der nicht zu Gott führt, aber zu Leistungen.

Vor der Poesie hatte sie Angst. Sie riß Harry jeden Roman aus den Händen und verbot ihm den Besuch des Schauspiels, die Teilnahme an Volksspielen. Sie schalt die Mägde aus, die Gespenstergeschichten erzählten. »Nicht von ihr erbte ich den Sinn für das Phantastische und die Romantik«, schrieb später der Sohn. Sie lebte nicht im Dämmer; sie lebte von Ziel zu Ziel. Deshalb fabelte sie nicht Märchen, sondern verkaufte Halsband und Ohrringe, um Harry das Universitäts-Studium zu erleichtern.

In dem engen, niedrig gebauten, einstöckigen Haus Bolkerstraße zehn, in dem Samson Heine sich etabliert hatte, wurde sein Ältester, Harry, geboren. Die Ungewißheit über sein

Geburtsjahr hat Heinrich Heine mitverschuldet. Er nannte sich scherzweise »einen der ersten Männer des Jahrhunderts«, da er in der Neujahrsnacht 1800 geboren sei. Dies Datum ist offenbar um der Pointe willen erfunden. Sichere Zeugnisse über seinen Geburtstag fehlen, da ein Feuer alle Familien-Papiere vernichtete. Einige wichtige, scharfsinnig eroberte Argumente sprechen für den dreizehnten Dezember 1797. Heines eigenes Zeugnis, sowie das Zeugnis seiner Schwester Charlotte, geben an, er sei laut Taufschein am dreizehnten Dezember 1799 geboren. Aus diesem Widerspruch hilft ein echter Heine-Satz heraus: *»La chose la plus importante, c'est que je suis né«;* Hauptsache, ich bin da. Er wurde also geboren und einem Liverpooler Geschäftsfreund des Vaters zu Ehren Harry genannt. Erst später, bei seinem Übertritt zum Christentum, nahm er den Namen Heinrich an.

In dem Häuschen Bolkerstraße zehn naschte Harry Trauben; wurde Harry zur Strafe in den Hühnerwinkel gesperrt, wo er durch sein Krähen das Geflügel der Nachbarhöfe in Aufruhr brachte; lernte Harry die Buchstaben, welche die Mutter mit Kreide auf die braune Tür schrieb. In diesem Häuschen spielten Harry und die Schwester Charlotte, sein Liebling, morgens miteinander, wenn die andern noch schliefen; sie suchten Reime.

Der Knabe Harry war sehr empfindlich: lautes Sprechen, Klavierspiel, jeder Lärm schmerzte ihn. Obwohl Charlotte ein klangvolles, sympathisches Organ hatte, bat er sie immer wieder: »Liebes Lottchen, schrei nicht so laut.« Unter den Mitschülern nahm er den ersten Platz ein; er war wild, ausgelassen, frühreif, den Kameraden überlegen. Er faßte leicht auf, arbeitete schnell und gab zeitig Proben seines Talents. Zum Beispiel damals, als er für die Schwester, die einen Schulaufsatz brauchte, eine Geschichte schrieb von einem Gespenst mit glühenden Augen, einem Pferdefuß und einem feuerspeienden Rachen, der so groß war, daß er alles verschlang. Die Arbeit machte Furore unter den Lehrern Charlottes.

In der ABC-Schule der Frau Hindermanns war er der einzige Bub unter einem Dutzend Mädchen. Vor den Kindern saß auf einem Lehnstuhl, Brille auf der Nase, die Frau Hindermanns, wackelte mit dem Kopf hin und her und schlug die Kleinen mit einer Birkenrute braun und blau. Gegen Frau Hindermanns schoß Harry seine erste Polemik ab; er leerte ihre Schnupftabaksdose und füllte sie mit Sand. »Warum hast Du dies getan?« »Weil ich Dich hasse ...« Motto für alle seine Polemiken! Nach wenigen Jahren Privatschule kam er 1807 mit neun in die unterste Klasse des Düsseldorfer Lyzeums, das von den Franzosen in den Räumen des ehemaligen Franziskanerklosters errichtet war. Da saß er in der dumpf-katholischen Klosterschule den ganzen langen Vormittag auf der hölzernen Bank, mußte Latein, Geographie und Prügel ausstehen – und jauchzte unbändig, wenn die alte Franziskanerglocke zwölf schlug, die Stunde der Befreiung. Die Glocke war franziskanisch, aber was sie einläutete und abläutete waren die Exerzierübungen des Geistes à la Napoleon. Die Schulen hatten einst geistlichen Orden gehört, vor allem den Jesuiten. Als 1773 der Jesuiten-Orden aufgelöst worden war, kamen sie unter die Führung der Kongregationisten und Franziskaner. Dreißig Jahre später wurden die Klöster entmachtet; die Schulen gingen aus Mangel an Vermögen ein. Die Franzosen bauten sie nach dem Modell der französischen Anstalten wieder auf; ohne Rücksicht auf die Verschiedenheiten der Sprache, der Sitte und der Bildung – wie es das kaiserliche Edikt von 1808 ausdrücklich bestimmte. Der Kaiser wollte, daß die Lehrer aller höheren und niederen Schulen, von der Nordsee bis zum Mittelmeer, einen einzigen Lehrkörper bildeten, unter dem Präsidium eines dem Minister des Innern verantwortlichen Großmeisters. Dieser Mann hieß Fontanes. Fontanes entschied: wer angestellt, befördert, abgesetzt werden sollte. Die Politik regelte die Erziehung. Unterrichtssprache und Lehrbücher, selbst die Lehrbücher der Geometrie, mußten französisch sein. Lehrer, die nur deutsch verstanden, wurden entlassen; fast ein Drittel des Stundenplans gehörte der französischen Grammatik und Literatur. Die französische Kultur rangierte über allen Kulturen. Fontanes stellte Racine und Corneille über die griechischen und römischen Schriftsteller; das Empire über Athen und Rom; Napoleon über Alexander und Cäsar. Vor allem die Lyzeen waren klösterlich-militärisch organisiert; am stärksten spürten dies die Internen. Während des Essens wurde vorgelesen; Briefe bekamen die Zöglinge nur durch den *censeur,* Taschengeld nur durch den *proviseur.* Die Schüler waren in Kompanien eingeteilt, welche Sergeanten unterstanden. Sie marschierten bei den gemeinsamen Ausgängen in Reih und Glied, unter Führung des *censeur* und des Exerziermeisters. Die Schüleruniform bestand aus einem grauen Rock mit rotem Soldatenkragen und dem großen Bonaparte-Hut. Mit Trommelschlag begann der Unterricht, mit Trommelschlag hörte er auf. Die deutschen Lehrer waren nicht sehr gebildet: sie wurden weder gut bezahlt noch geschätzt; in den meisten Anstalten unterrichteten frühere Ordensgeistliche, die keine andere Chance hatten.

Im Düsseldorfer Lyzeum, das Harry Heine besuchte, unterrichteten viele katholische Priester, unter ihnen einige Jesuiten. Rektor Schallmeyer stand an der Spitze des Lehrer-Kollegiums; er gehörte zu jenen souveränen Geistlichen, die in frühen Jahren Heines spätere Stellung zum Katholizismus entscheidend bestimmten: »Ich habe eigentlich immer eine Vorliebe für den Kaholizismus gehabt, die aus meiner Jugend herstammt und mir durch die Liebenswürdigkeit katholischer Geistlicher eingeflößt ist.« Nicht von Jugend auf war ihm der Katholizismus fortschrittsfeindlich. Von Jugend auf waren ihm die katholischen Riten nah durch das tägliche Leben. Das Haus, das die Heines bezogen, als sie Harrys Geburtshaus aufgaben, mußte bei den Prozessionen einen Altar errichten. Samson Heine setzte seinen Stolz darein, diesen Altar so kostbar wie möglich zu machen; und der junge Harry wirkte freudig mit. Sein erster, lange nachwirkender Eindruck von der katholischen Kirche war nicht die *ecclesia militans*, die kämpfende Kirche, sondern die *ecclesia ornans*, die schmückende – und die katholische Humanität. Denn der Rektor Schallmeyer, der neben dem deutschen Sprachunterricht noch philosophische Stunden für die oberste Klasse gab, erörterte hier ohne Scheu die radikalsten griechischen Philosophien; ohne Rücksicht auf die Dogmen, die er als Priester im Ornat vom Altar zu verkünden hatte. So war Heine von Jugend auf gewöhnt, »Freisinnigkeit und Katholizismus vereint zu sehen«; ein Eindruck, der noch seine schlimmsten Erfahrungen überleben sollte. Der freisinnige Schallmeyer sprach mit Harrys Mutter über die Zukunft des Jungen; und bevor Napoleon, bevor Rothschild als Stern am Himmel seiner Karriere auftauchte, sah der Knabe – vielleicht nur für Sekunden, vielleicht nur in spielerischer Phantasie – seinen Weg unter einem andern Licht: Rom, katholisches Theologen-Seminar; Protégé von Prälaten höchsten Ranges, den Freunden Schallmeyers. Die verstandesklare Betty hatte für den Papst weniger Neigung als für Napoleon und für Rothschild. Und Harry gab schon in jungen Jahren auf die Frage: wie heißt der Glaube auf französisch? die echte Rothschild-Antwort: *»le crédit!«*

Und wurde doch kein Rothschild. Schon die Freunde seiner Jugend, die er in sein Leben verwob, die schon etwas die Art des Jungen verraten, deuten nicht auf einen zukünftigen Rothschild hin, eher auf einen zukünftigen Poeten. Da war der Sohn des wucherischen Kornhändlers, ein käsiger, frühreifer Jüngling; schüchtern, Misanthrop, mit zu Haus überworfen wegen seines exaltierten Radikalismus. Er aß nicht am väterlichen Tisch; haßte seinen jüngeren Bruder, der sich unter väterlicher Anleitung zum wackeren Geschäftsmann entwickelt hatte; und trieb sich einsam in den Alleen des Düsseldorfer Hofgartens herum – in der einen Tasche ein Stück Brot und einen Hering, in der anderen philosophische Schriften. Nach der einen Tasche nannte man ihn den »Herings-Philosophen«, nach der anderen den »Atheisten«. Harry kam mit diesem Herings-Atheisten nur heimlich zusammen; auch im Heineschen Haus sah man den unheimlichen Burschen nicht gern. Die Jungen lasen Spinoza und zeitgenössische rationalistische Schriften. Was hatte Harry an diesem Freund? Vielleicht eine verwandte Natur. Denn die »Zusammenmischung von Galle, Zerknirschung, Exaltationen und einigen guten Anlagen zu einem Marquis Posa«, die er später als Formel für die Art dieses Freundes fand – war sie nicht auch die Formel für die eigene Mixtur?

Und neben dem galligen Posa das schauerromantische Sefchen. Sie war, falls die Dichtung die Wahrheit nicht überrankt, die Nichte eines Scharfrichters. Harry hatte ihre Tante, die »Hexe von Goch«, durch seine alte, runzligbraune Wärterin Zippel kennengelernt. Die »Hexe« erzählte den Kindern geheimnisvolle Volkssagen, sang ihnen grausige Totenlieder vor, verkaufte den Bierwirten die Totenfinger von unschuldig Gehenkten, durch die dann das Bier wohlschmeckender wurde, sich vermehrte – und gab an Verliebte Liebestränke ab. Die hochaufgeschossene, schlanke, enghüftige Josepha war kaum sechzehn. In ihrem edelgeschnittenen, weißen Gesicht lagen zwei große, tiefdunkle Augen und breit unten der Mund mit schmalen, hoch aufgeschürzten Lippen und kreideweißen, länglichen Zähnen. Ihr rotes Haar hing lockig-lang bis auf die Schultern herab; sie konnte es unter dem Kinn zusammenbinden. Das rote Sefchen, deren klanglos-verschleierte Stimme in der Leidenschaft metallreich wurde, kannte viele alte Volkslieder, die sie ihm vorsang; sie war sein Erlebnis lebender Romantik vor dem Einfluß der Literatur. Die düster-grausamen »Traumbilder« seiner ersten Dichtung tragen die Farben Josephas. Sie schrieb ihm alte Strophen auf, die er bewahren wollte. Menschenscheu, zog sie sich vor allen Fremden ängstlich zurück, träumte nur von Tieren und wehrte sich störrisch, patzig, heftig, eigensinnig gegen die Außenwelt. Ihre Außenwelt war eine Innenwelt: die gehenkten Diebe, welche die ihnen von den Scharfrichtern gestohlenen Finger in kalten Winternächten wieder zurückholten oder Laken aus den Schränken entwendeten.

Wenn der Scharfrichter eine große Hinrichtung vorhatte, kamen die Henker der Gegend ins Freihaus zum großen Schmaus: man sprach wenig und sang gar nicht. Auf den Henkern lastete der Fluch ihres Sonderseins innerhalb der Gesellschaft: man mied sie; in den Wirtshäusern reichte man ihnen nur eine Kanne mit hölzernem Deckel, während die andern Gäste aus Kannen mit zinnernen tranken. Hier und dort zerbrach man das Glas, aus dem der Henker getrunken hatte. Er gehörte nicht zur Gemeinschaft; deshalb heirateten die Familien der Gemiedenen nur untereinander. Sie waren eine Welt für sich.

Diese beiden Freundschaften, mit dem Atheisten und Josepha, beeinflußten wohl stärker Harrys Leben als die von der Mutter empfohlenen Reisebeschreibungen und Bücher der Länder- und Völkerkunde; stärker als das ganze Pensum der guten Erziehung: als der Violin-, Tanz- und Zeichen-Unterricht. Harry gehörte nicht zu den Jungen, die alle Bildungs-Stoffe wahllos in sich hineinfressen, alle Kultivierungs-Attacken ergeben in Talentchen umsetzen. So sträubte er sich gegen die Violine. Als er ein Jahr Musik-Unterricht hatte, ging die Mutter einmal zur Unterrichtszeit im Garten spazieren. Befriedigt hörte sie das Spiel. Sie wollte Lehrer und Schüler ihre Anerkennung aussprechen: da lag der Sohn bequem hingestreckt auf dem Diwan; der Lehrer spielte zur Unterhaltung des Schülers. Auf diese Weise hatten beide ein Jahr Violin-Unterricht herumgebracht. »Schade, daß Du mich störst«, rief Harry der verblüfften Mutter zu, »die Töne der Musik kamen meiner Idee zu Hilfe und ich war eben im Begriff, ein schönes Lied zu dichten.« Noch weniger wußte Harry mit dem kleinen, dürren, groben Tanzlehrer anzufangen, der ihn mit Schritten quälte, die seine Füße nicht gehen wollten. Die Spannung zwischen Lehrer und Schüler wurde immer größer, bis der gereizte Junge den leichten Tanzmeister aus dem Fenster warf. Der fiel weich auf einen Misthaufen; und die Eltern des rabiaten Zöglings hatten das Schmerzensgeld zu zahlen.

Mit neun hatte Harry von der Düsseldorfer Statue des Kurfürsten Jan Wilhelm herab den Einzug Murats angesehen. Fünf Jahre später war er vierzehn, es war das Jahr 1811, wenige Monate vor dem Rußland-Krieg: da sah er ihn selbst, den Napoleon, die »Weltseele« Hegels. »Wie ward mir, als ich ihn selber sah, mit hochbegnadigten eigenen Augen, ihn selber, Hosiannah, den Kaiser. Es war in der Allee des Hofgartens zu Düsseldorf. Als ich mich durch das gaffende Volk drängte, dachte ich an seine Taten und Schlachten, mein Herz schlug den Generalmarsch – und dennoch dachte ich zu gleicher Zeit an die Polizei-Verordnung, daß man bei fünf Taler Strafe nicht mitten durch die Allee reiten dürfe. Und der Kaiser ritt ruhig mitten durch die Allee, kein Polizeidiener widersetzte sich ihm; hinter ihm, stolz auf schnaubenden Rossen und belastet mit Gold und Geschmeide, ritt sein Gefolge, die Trommeln wirbelten, die Trompeten erklangen, und das Volk rief tausendstimmig: es lebe der Kaiser!« Diese tausend Stimmen vergaß Heine nie – ein unvergängliches Gedicht, die ›Grenadiere‹, war ein Echo dieser tausend Stimmen. Diesen Kaiser von 1811, noch erhöht durch die Phantasie eines enthusiastischen Vierzehnjährigen, vergaß Heine nie: immer sah er ihn »hoch zu Roß, mit den ewigen Augen in dem marmornen Imperator-Gesicht, schicksalsruhig hinabblickend auf die vorbeidefilierenden Garden«. Der Zauber wich sein ganzes Leben nicht; nur der unhistorisch denkende, seelenblinde Historiker Treitschke konnte in dieser großen Liebe eines großen Dichters ekelhafte »Bedienten-Gesinnung« sehen – Symptom seines Antisemitismus, da er die Napoleon-Verehrung der Hegel, Goethe, Wieland geflissentlich ignorierte.

Überall wurde ausgehoben für den russischen Zug. Die Fabriken standen still aus Mangel an Arbeitskräften. Der Landbau wurde von Frauen besorgt. Der Handel litt unter dem Druck der Kontinental-Sperre. Den Staatsgläubigern wurden nicht einmal die Zinsen ihrer Schuldforderungen ausbezahlt. Und alle Übel hatten den einen Herd: Napoleon.

Dann kam die Kunde von dem russischen *Débâcle.* Schon im Januar Dreizehn rebellierten die Rekruten von Solingen und Barmen; vom bergischen Lancier-Regimente desertierte der größte Teil. Anfang November verließ Beugnot, Napoleons Statthalter, Düsseldorf. Mitte November wurde die Stadt von einer Abteilung russischer Dragoner besetzt. Endkampf: Leipzig; Elba; Wiener-Kongreß; Waterloo; St. Helena. Napoleon war nur noch ein gefangener Löwe ... Wir wissen nicht, was er zur Zeit der Befreiungskriege für Harry war. Als der Kaiser noch einmal zurückkam, zu hunderttägiger Herrschaft, meldeten sich sämtliche Schüler der obersten Klasse des Düsseldorfer Lyzeums freiwillig. Auch Harry Heine! Aus Solidarität? Unter dem Druck einer Massen-Psychose? Aus nationaler Begeisterung? Ehe Harry eingezogen wurde, war Napoleon schon wieder im Käfig. Harry trat ins Leben, in den nachnapoleonischen Alltag; und ein sächsisches Blatt feierte den Kaiser a. D. als die Schutzwehr der Verfassung, als einen geschworenen Feind des Feudalsystems, als kräftigen Erzieher der Nation zum Widerstande gegen mutwilligen Druck und abgenutzte Vorurteile.

Wir wissen nicht, welche Stern-Konstellation bei der Geburt Heinrich Heines war; und wenn wir es wüßten, würden wir keine Schlüsse ziehen – die Sterne sind schweigsam. Die Politik ist ein Stern bescheidener Größe, etwas Berechenbares. Das politische Horoskop hat das Sternen-Horoskop abgelöst. Schon zu Beginn der Lebensbahn Harry Heines erkennen wir die Verflechtung der Weltgeschichte mit dem Schicksal des Einzelnen: im Berufs-Ideal. Das war bis 1813: möglichst nahe der Sonne des Kaisers. Das war, als diese Sonne ins Meer gefallen war: das Gold; und der Repräsentant des Goldes: der Bankier. Die Rothschilds waren *en vogue.* Eine neue Sonne war aufgegangen: die Köpfe der jungen Pflanzen wendeten sich ihr zu. Heine wurde nicht mehr mit den Nährstoffen der Geometrie und Hydraulik gedüngt, sondern mit Englisch, Geographie, Buchführung – mit all den Kenntnissen, die Handel und Gewerbe brauchen.

In der Familie Heine gab es schon einen Rothschild *en miniature,* den Bruder Samsons, den Hamburger Millionär Salomon, »vor dem alle Senatoren den Hut« zogen. Salomon wurde Harry als Ideal vorgehalten. Bevor er mit diesem Meister in Berührung kam, schickte man ihn in die Vahrenkampsche Handelsschule. 1815 nahm ihn der Vater auf die Frankfurter Messe mit, wo er, oberhalb der Zeil, Wachsfiguren, wilde Tiere, außerordentliche Kunst- und Naturwerke bewundern konnte. Auch lernte er die großen christlichen und jüdischen Magazine und den Römer kennen. Der Vater fuhr ab, Harry blieb zurück. Im Kontor eines Bankiers seines Vaters, des Herrn Rindskopf, sollte er als Volontär etwas vom Geschäft lernen; er blieb drei Wochen und kapierte, wie man Wechsel ausstellt. Dann studierte er vier Wochen in den Gewölben eines Spezereihändlers das Kolonialwarengeschäft; zum Beispiel, wie Muskatnüsse aussehen. Der berühmte Kaufmann, bei dem er *»ein apprenti millionnaire«* werden sollte, meinte, Harry hätte kein Talent zum Erwerb. Kein Talent, nicht etwa keinen Willen; denn Heinrich Heine ist nie ein Verächter irdischer Güter gewesen. »Gott weiß, ich wäre gern Bankier geworden, es war zuweilen mein Lieblingswunsch gewesen, ich konnte es aber nicht dazu bringen. Ich habe früh eingesehen, daß den Bankiers einmal die Weltherrschaft anheimfalle.« Nach zwei Monaten, in denen er Traumbilder statt Rechnungen geschrieben hatte, war Harry wieder in Düsseldorf, ein »ungeratener Junge«. Sein erster Ausflug in den Ernst des Lebens war mißglückt.

Harry hatte drei Onkels, die sein Leben beeinflußten: die beiden Simon van Geldern hatten den Knaben beeinflußt; Onkel Salomon beeinflußte nicht nur das Leben des angehenden Bankiers. Onkel Simon van Geldern – klein, behäbig, streng – war Privatgelehrter in Düsseldorf. Der altmodische, ritterliche Sonderling trug kurze Beinkleider, ein unscheinbares Röckchen mit Bachstelzenschwanz, weißseidene Strümpfe, Schnallenschuhe und – nach der alten Mode – einen ziemlich langen Zopf, der ihm beim Gehen von einer

Schulter auf die andere flog. Harry zog oft an diesem Zopf wie an einer Hausklingel. Onkel Simon hatte im Kolleg der Jesuiten studiert, dann auf jedes Brotstudium verzichtet und sich im Haus seiner Eltern, über dessen Tür die Arche Noah in kolorierter Plastik zu sehen war, eingenistet. Er wurde ein Bücherwurm und schrieb für Zeitschriften, die unter Ausschluß der Öffentlichkeit erschienen. Schrieb im alten, steifen Kanzleistil und war nicht zufrieden mit der tändelnden, unseriösen Art des Neffen. Ihn hatte er mit der Atmosphäre von Büchern umgeben; oben in der Dachstube der Arche Noah, wie das Haus nach seinem Front-Schmuck hieß, durfte der Knabe die Kisten und Kästen, welche Bücher und alte Schriften des seligen Großvaters enthielten, nach Herzenslust durchwühlen. In dieser von Staub, Spinngewebe und altem Gerümpel angefüllten Kammer herrschte eine dicke Angorakatze über der Wiege und der mit einem verblichenen Rosaband verzierten Flöte seiner Mutter; über der vermoderten Staatsperücke und dem verrosteten Galanteriedegen des Großvaters; über dem ausgestopften, federlosen, aschgrauen, einäugigen Papagei der seligen Großmutter; über einer einarmigen Feuerzange; über dem großen grünen, inwendig hohlen, am Hintern lädierten porzellanenen Mops; über Weltkugeln, Planetbildern, Kolben und Retorten. Unter den Büchern hatte der Junge neben vielen medizinischen Schwarten geheimwissenschaftliche und philosophische Literatur aufgestöbert: Descartes und Paracelsus und Agrippa von Nettesheim.

In diesen Kisten hatte er auch das Notizbuch des Bruders seines Großvaters gefunden, ein mit arabischen, syrischen, koptischen Buchstaben durchsetztes Heft des berühmten »Chevaliers«, des »Morgenländers«. Dieser Großoheim Simon van Geldern, ein Glücksritter und Schwärmer des achtzehnten Jahrhunderts, war in den Küstenstädten Nordafrikas Waffenschmied gewesen; hatte nach Jerusalem eine Wallfahrt gemacht; und war schließlich von einem unabhängigen Beduinenstamm der nordafrikanischen Sandwüste, einem Schrecken der Karawanen, zum Scheik erkoren worden. Dann hatte er verschiedene Höfe besucht und überall durch Schönheit, orientalische Pracht und Geheimwissen geglänzt. Ein Liebesabenteuer mit einer sehr vornehmen Dame zwang ihn zur Flucht und setzte wohl seiner Karriere ein Ende. In London ließ er ein Oratorium in französischen Versen ›Moses auf dem Horeb‹ drucken, das der Großneffe Harry einmal zufällig auf irgendeinem obersten Regal der Düsseldorfer Bibliothek entdeckte. Zu Hause hatten sich dann um den in orientalischer Tracht gekleideten, Pferdezucht-kundigen, in Reiterkünsten bewanderten genialen Scharlatan Legenden gebildet. Dieser tote Simon van Geldern beschäftigte noch lebhafter als der lebende die Phantasie des Jungen.

Die beiden van Geldern nährten seine Träume, der Onkel Salomon Heine aus Hamburg nährte seinen Leib und seine Einsicht in den Alltag. Der Bruder des Vaters, Salomon, siebzehnjährig von zu Hause mit ein paar Ledersohlen und sechzehn Groschen losgezogen, jetzt Mitinhaber der Firma Heckscher & Co. in Hamburg, ein tüchtiger und anständiger Mann, einer der angesehensten Bürger der Stadt, war dank seiner Millionen ein rechter Pascha, gewohnt zu regieren. Die würdigen Senatoren Hamburgs, in Ehrerbietung vor dem Aus-eigener-Kraft zogen tief den Hut vor dem »großen Heine«. In seinem Hause verkehrten die ersten Männer der Stadt und die berühmtesten Gäste. 1816 traf Harry auf einem Fest, das der Onkel gab, den Feldherrn Blücher.

Harry war nach Absolvierung des Frankfurter Ausflugs in der Hamburger Firma des Bankiers tätig. Zwei Jahre später gab ihm der Onkel die Mittel zu einem eigenen Geschäft, dem Kommissionsgeschäft in englischen Manufakturwaren »Harry Heine & Co«. Im Frühjahr Neunzehn war der junge Kaufmann Harry pleite. Der Onkel war nun bereit, den »dummen Jungen« drei Jahre Jura studieren zu lassen; er sollte den Doktorgrad erwerben und sich in Hamburg als Anwalt niederlassen. Als es dann später anders kam, als er

Anwalt in einem sehr andern Sinn wurde, sagte der Bankier: »Hätte der dumme Junge was gelernt, so brauchte er nicht zu schreiben Bücher.« Der fünfundzwanzigjährige Heine aber sagte vom Onkel: »Das Beste an ihm ist, daß er meinen Namen trägt.«

Junge Leiden

Die Biographie Heinrich Heines begann in seinem neunzehnten Lebensjahr mit zwei Ereignissen: er begann zu lieben und zu dichten. Und dies war die Landschaft: des Onkels Landhaus in Ottensen an der Elbe mit seinem terrassenförmigen Park, seinen Springbrunnen, seinen Statuen, seinen Rosenbüschen, seinen singenden Nachtigallen – bevölkert von einem Kreis preziös-wichtigtuerischer Statisten der gesellschaftlichen Elite Hamburgs. Es schmeichelte dem jungen Bank-Adepten, daß er als Neffe des mächtigen Onkels – Verwandtschaft adelt – den erlauchten Gästen ebenbürtig wurde. Und er war ihnen mehr als ebenbürtig geworden: er war als gute Partie begehrt; das Ansehen des Onkels war in den Augen der Mütter, die ihn für ihre Töchter heiraten wollten, eine lockende Mitgift. Harry verachtete diesen Kreis, weil er nicht zu ihm gehörte; aber er warb sehr um diese Gesellschaft, er wollte aufsteigen.

Warb er um seine Kusine Amalie, weil sie der Mittelpunkt dieses Kreises war? Jedenfalls wurde Amalie Mittelpunkt seines Daseins. Das »fein formierte Persönchen« mit den meergrünen Augen, die nixenhaft blinkten, ließ sich von dem lyrischen Vetter anschwärmen, schenkte ihm auch einmal eine Locke, die der patriotische Sänger deutscher Minne in einem auf der Brust hängenden, scharfzackigen Eisernen Kreuz bewahrte; im übrigen hielt es die junge Dame mehr mit den hamburgischen Kavalieren und machte sich lustig über die Verse ihres melancholischen Troubadours. Aus dieser unglücklichen Liebe wuchsen Heines erste Verse, die mehr als Gereimtes waren. Sie wurde das Ereignis seines Daseins; so daß ein intimer Freund seiner letzten Jahre, der Dichter Gérard de Nerval, einem deutschen Besucher erzählte: »Was ich zuerst ahnte, gestand Heine mir später selbst, nachdem auch er mich näher kennen gelernt hatte. Wir litten beide an einer und derselben Krankheit: wir sangen beide die Hoffnungslosigkeit einer Jugendliebe tot. Wir singen noch immer, und sie stirbt doch nicht! Eine hoffnungslose Jugendliebe schlummert noch immer im Herzen des Dichters.« Wirklich?

Wie einer das Leben-sprengende Element in sein Leben einordnet, zeigt seine Art an. Nicht, daß der »goldene Stern« Amalie ihm nicht glücklicher gestrahlt hat, nicht, daß dieser Stern mit den vielen Namen Molly, Zuleima, Maria, Eveline, Ottilie kein Glücks-Stern gewesen ist, prägte sein Dasein (es gibt Myriaden von folgenlosen unglücklichen Lieben): sondern daß er diese Liebe nicht vergessen konnte; daß er in ungewöhnlicher Weise der alle Grenzen überschwemmenden Gefühls-Flut ausgeliefert war; daß die Liebe sich nicht einordnen ließ in sein Leben; daß es aller möglichen Abwehren bedurfte, um nicht diese individuelle Existenz zu ertränken. Am Beginn sehen wir klarer als später, wo die Masken schon undurchdringlich ihre Funktion ausüben, wie Heine in der Liebe einer Kraft Herr zu werden sucht, die bei allen großen Liebenden immer über die Kraft geht. Als Heinrich Heine das Düsseldorfer Gymnasium besuchte, mußte er am Ende eines Schuljahres bei der öffentlichen Schluß-Feier Schillers ›Taucher‹ deklamieren. Der Saal war überfüllt. In der ersten Reihe saßen die Schulinspektoren. Heine kam zu der Stelle: »Und der König der lieblichen Tochter winkt . . .«, da nahm der Oberappellationsgerichts-Präsident mit seinem schönen Kind mitten in der ersten Reihe Platz. Der Anblick des Mädchens verwirrte den Jungen so, daß er nicht mehr weiter kam, das Mädchen wie eine überirdische Erscheinung anstarrte und ohnmächtig niederfiel.

In dem ersten auf uns gekommenen Heine-Brief haben wir die Szene, auf der die unglückliche Liebe zu seiner Kusine sich entwickeln sollte: »Bin mein eigener Herr und stehe so ganz für mich allein und steh' so stolz und fest und hoch und schau' die Menschen tief unter mir so klein, so zwergenklein; und hab' meine Freude daran.« Das Kraftgefühl eines Neunzehnjährigen, die Blasiertheit eines Neunzehnjährigen; noch nichts als irgend ein angeberischer Neunzehnjähriger. Und seine bisherige Dichtung? Gereimtes Zeit-Echo! Die Reimerei fing an mit dem à la Gleim Carmen des Sechzehnjährigen zum Hochzeitstag der Eltern: »O, habt ihr über Glück und Unglück noch Gewalt, Ihr Götter! – gebt dem Glück auf heute viel Befehle, wenn Vater und der Mutter schöne Seele heute feiern ihren schönsten Tag.« Vater und Mutter wurden als Reim-Stoff abgelöst von Vaterland und Minne; der Hochzeitstag der Eltern wurde abgelöst vom Befreiungstag der Deutschen; Gleim wurde abgelöst von Fouqué und Max von Schenkendorff. Aber eins blieb im Wandel der Szenen: Harry war auch im Lichte der Freiheitskrieg-Poesie, was in jeder Generation tausend reimende Jünglinge sind – ein reimendes Echo. Er ging durch die Vokabeln der Zeit, und sie hängten sich an ihn, in Versen gruppiert. So wurde er ein »Sänger«, der ins »Saitenspiel« greift; dem im »Busen« die »Muse« wohnt; der mit diesem »süßen Bräutchen« kokettiert. Am »heiligen Ort«, wo »der heilige deutsche Sänger« Klopstock ruht, machte er Visiten, die er dann dithyrambisch besang. Der Enthusiasmus über das befreite Deutschland, das »Frei ist deutscher Grund« rauschte in allen Variationen von »heilig« durch seine Strophen. Patriotismus und Minne waren die Inhalte seiner Reim-Welt. So dichtete er vor seiner Abreise nach Hamburg an einen Freund: »Und auch vom Vaterland Kunde mir gib, ob's noch das Land der treuen Lieb', ob der alte Gott noch in Deutschland wohnt, und niemand mehr dem Bösen frohnt.« »Der alte Gott« war ihm, wie manches andere Schmuck-Wort, von Schenkendorff geschenkt. Der altadlige ostpreußische Protestant Max von Schenkendorff und der rheinländische, Napoleon-freundliche Israelit Harry Heine sangen dieselben Gesänge gegen das »Frankenland«: gegen die »Hölle«, die »deutschen Landen Schmach und Schande« brachte, wo nicht die Opferwilligkeit deutscher Frauen gilt, wo die »Schöne nur um feines Gold buhlet«. Der Deutsche war im Gegensatz zum Franken

»fromm und bieder«. Fouqué schrieb damals: »Wir alle deutsche Ritter, ein seelger Rund, da droben mit Herrmann und mit Karl zu Tisch und unser König hoch oben an im Bund.« Von Karl bis Luise: ein einziger majestätischer Trompeten-Ton. Auch Heine kramte in der Geschichts-Erinnerung; er gedachte Karls des Großen und der Seinen; er gedachte der »schönen Königsrose« Luise, die »vom Himmel als ein seliges Bild« herabsieht. »Es war die Zeit«, schrieb Hauff, »wo nach dem Frieden von Paris die Fouquéschen Romane anfingen, im deutschen Vaterlande Mode zu werden.« Heine huldigte dieser Mode wie nur irgendein schreibender Achtzehnjähriger; seine Verse waren ein einziger pathetischer Widerhall von Vaterland, Minne und Mittelalter. Noch lebte er nicht aus der Zeit heraus, noch wurde er von der Zeit gelebt. Noch schwebte er schwerkraftlos im literarischen Raum. Noch war er so unverbunden dem Dasein, daß er sich der Lebensgabe freute und nie von Schmerzgefühl wußte. Das »befreite und heilige deutsche Reich«, vor allem »der homerisch-göttliche Blücher« und die »fromme Minne«, die »deutschen Mannes Heldenbrust« zieret, waren seine Welt – die nicht *seine* Welt war.

Amalie zertrümmerte diese Scheinwelt. Amalie war der erste Konflikt; der Widerstand, der ihn zu sich brachte; Amalie weckte ihn, er mußte antworten. Wer antwortet, kann nicht mehr echoen. Vor dem Schrei, der aus ihm brach, verloren sich die Klänge, die nur so lange in ihm widertönen konnten, als er stumm, das heißt: unverwundet gewesen war. Diesen Schrei hörte zuerst der Freund Christian Sethe in dem Brief vom siebenundzwanzigsten Oktober 1816. Die ersten Laute: »Sie liebt mich nicht.« Und Harry malte dazu das Bildnis des unglücklich liebenden Neunzehnjährigen: ein mitternächtig-bleicher, verstörter, wahnsinniger Jüngling. Aber sofort hören wir auch schon aus dem ersten Schrei, was dann vierzig Jahre lang alle seine Schmerzen durchklang: sie waren nie ungebrochen. Der Selbstbespiegler Harry posierte mitten in die Lamentationen eine geistreich-ironische Glosse hinein und dazu einige theatralische Wichtigtuereien à la *»aut Cäsar aut nihil«* oder »Hu! schauderst du nicht«. Doch aus der echten Liebes-Verzweiflung kam das Dichten. Er spürte zum ersten Mal, was das Dichten sein kann vor dem Leid: ein Trost; die unbefriedigte Liebesglut entfachte eine befriedigende Dichtungsglut als ihre Sänftigerin. Wie Goethe wurde Heine das Dichten eine Funktion seiner individuellen Existenz:

Wenn die Stunde kommt, wenn das Herz mir schwillt,
Und blühender Zauber dem Busen entquillt,
Dann greif ich zum Griffel rasch und wild
Und male mit Worten das Zaubergebild.

Darin war er Dichter, daß dies Zaubergebild sich malen oder nicht malen ließ – wie es wollte, nicht wie er wollte.

Nach dem Zusammenbruch der Welt seiner Kriegslyrik mit dem historisch-romantischen Putz zeichneten sich die Umrisse einer neuen Welt ab: katholische Stimmungen, mit denen der damalige Bewußtseinsraum geschwängert war, verdichteten sich ihm zur poetischen Anbetung der Madonna. Es war die Zeit, da man am Rhein den Ausbau des Kölner Doms betrieb, sein schönes Muttergottesbild verehrte, in dem zu Köln 1816 erschienenen ›Taschenbuch für Freunde altdeutscher Zeit und Kunst‹ dem religiösen Erlebnis vielfältigen Ausdruck gab. Der protestantische Schenkendorff ließ die preußisch-protestantische Königin Luise »im Himmel vor allen Heiligen« glänzen; Friedrich Schlegel und Zacharias Werner waren schon übergetreten. Aber nicht aus Vertrauen, sondern aus Verzweiflung kam Heine zum Katholizismus, zu einem romantisch-aufgeregten; nicht eine religiöse Gewißheit, sondern die Betäubung der Ungewißheit fand er. In dieser Symbolik spürte er »die unendliche Süße, die geheimnisvolle Überschwänglichkeit und schauerliche Todeslust«. Er schwärmt »für die hochgebenedeite Königin des Himmels«; ihre Huld und Güte brachte er in zierliche Reime. Da die irdische Amalie versagte, mußte die überirdische Maria helfen: »Wird mir die Himmlische die Irdische ersetzen? Ich will die Sinne berauschen. Nur in die unendlichen Tiefen der Mystik kann ich meinen unendlichen Schmerz hinabwälzen.«

Der mystische Rausch reichte nicht aus, anästhesierte das Leid nicht; in den Stunden der Nüchternheit war es wieder da. Da half sich diese Nüchternheit, indem sie sich ihren eigenen Rausch, den Rausch der Nüchternheit, den Zynismus schuf. Heine erkannte in ihm die Hilfe gegen die Übermacht der Liebe: »Mein äußeres Leben war toll, wüst, zynisch, abstoßend; mit einem Worte, ich machte es zum schneidenden Gegensatz meines inneren Lebens.« Und dieser Zynismus verschmolz mit der Eitelkeit. Gleich am Anfang waren beide Heines da: der Schwärmer und der selbstgefällige Spötter; sie blieben ein Leben zusammen, wie sie aus einer einzigen Wurzel stammten. Der Schwärmer läßt die Liebe über sich Herr werden: alle irdischen Grenzen schmelzen weg, alle Dinge stürzen ineinander – in diesem Ineinandersturz hat er seine schmerzliche Befriedigung. Der Zyniker rächt sich an diesem großen schmerzlichen Sturz in die Einheit, die doch immer wieder von der Welt der Vereinzelungen Lügen gestraft wird, die doch immer wieder von der Wirklichkeit desavouiert wird; er rächt sich, indem er, die Wunde reizend, alles Gewicht auf die Vereinzelung legt. Der Zyniker lebt wider besseres Wissen (wider das Wissen, daß die Welt mehr ist als eine Enttäuschung) – er lebt von der Freude, der Welt nicht zu geben, was ihr zukommt: diese Freude ist eine Rache; Rache für das, was sie ihm vorenthält. Heines Verherrlichung der leichten Liebe war die Rache dafür, daß die große Liebe zu groß ist; die literarische Ausdrucksform dieser Rache wurde der Spott. Heine wurde ein Spötter: weil er erlebte, daß der Mensch in der Blüte seiner Liebe ohnmächtig ist vor einer Welt, die diese Liebe nicht aufnehmen kann; und weil das menschliche Herz, »dieser hochmütige Hund von einem Herzen«, so beschaffen ist, daß es, wie gedrückt es sich auch fühlen mag, zuweilen lieber zerspringt als sich durch Tränen erleichtert.

Er ließ es Hamburg schwer entgelten, Milieu seines ersten Leids gewesen zu sein: »Es ist ein verludertes Kaufmannsnest hier; Huren genug, aber zu wenig Musen.« Mit infernalischen Strichen hielt er die Umrisse dieser Stadt fest: »Mögen die christlichen Theologen dort noch so sehr streiten über die Bedeutung des Abendmahls: über die Bedeutung des Mittagsmahls sind sie ganz einig.« Hamburgs Senatoren und Hamburgs Juden, Hamburgs Advokaten, »die Bratenwender der Gesetze«, und Hamburgs Militär, Hamburgs Ärzte und Hamburgs Frauen – »untersetzte Gestalten, verständige, kalte Augen, kurze Stirn, nachlässig herabhängende rote Wangen, die Eßwerkzeuge besonders ausgebildet, der Hut wie festgenagelt auf dem Kopfe, und die Hände in beiden Hosentaschen, wie einer, der eben fragen will: was hab' ich zu bezahlen?«: die Hamburger aller Schattierungen wurden von dem enttäuschten Schwärmer auf den Generalnenner Rauchfleisch gebracht. Er gab ein Winter-Porträt dieser Stadt, ein Widerschein eines ausgebrannten Herzens: die Häuser sind gealtert und haben weiße Haare bekommen; am Jungfernstieg stehen die Linden wie tote, dürre Gerippe, die ein kalter Wind schaukelt; der Himmel hat sein gefrorenstes Blau und verdunkelt sich plötzlich. Auf den Lippen der Herren und Damen liegt ein vereistes Lächeln, auf ihren Gesichtern unergründlicher Blödsinn. Der Mechanismus ihrer Gehirne repetiert in sturer Wiederkehr jahraus jahrein immer wieder dieselben Worte, dieselben Bewegungen, immer wieder dasselbe Einmaleins. Die Menschen lösen sich auf in Zahlen: »Da ging eine krummfüßige Zwei neben einer fatalen Drei, ihrer schwangeren und vollbusigen Frau Gemahlin; dahinter ging Herr Vier auf Krücken; einherwatschelnd kam eine fatale Fünf, rundbäuchig mit kleinem Köpfchen; dann kam eine wohlbekannte kleine Sechse und eine noch wohlbekanntere böse Sieben – doch als ich die unglückliche Acht, wie sie vorüberschwankte, ganz genau betrachtete, erkannte ich den Assekurateur, der sonst wie ein Pfingstochs geputzt ging, jetzt aber wie die magerste von Pharaos mageren Kühen aussah.«

Seine feindliche Phantasie sah die Schwäne im kalten Alsterbassin schaudern, unter ihren gebrochenen Flügeln leiden; sah die Sterne frostig und höhnend am Himmel funkeln – »glänzende Täuschungen der Nacht, ewige Trugbilder in einem erträumten Himmel, goldene Lügen im dunkelblauen Nichts«. Nur wer vom Himmel etwas erwartet, kann von ihm enttäuscht werden: Heine nahm es Gott übel, daß er nicht existierte; und karikierte die Schöpfung, weil ihr Schöpfer kein Vater war, der dem Sohn Harry Heine das Leid ersparte. Harry wurde trotzig: da es Leid auf der Welt gab, leugnete er, daß es Glück gibt; da er Dunkelheiten gesehen hatte, mußte die Welt schwarz wie die Nacht sein. Und er feierte sentimentalen Abschied von seiner gläubigen Jugend. Jetzt war der »schöne Traum verloren, der schöne Wahn entzweigebrochen«; jetzt sah er auf die Zeit seiner Unschuld wie auf »bessere Tage« zurück, da er »noch ein frommes Kind« war:

Einst ein lachend munt'rer Knabe spielt ich manches
schöne Spiel.
Freute mich der Lebensgabe, wußte nie von Schmerz-
gefühl.
Träumend süß auf grüner Aue sah ich Bächlein fließen
mild,
Wenn ich jetzt ein Bächlein schaue, zeigt sich mir ein bleiches
Bild.
Bin ein bleicher Mann geworden, seit mein Auge sie
gesehen.

Einst hatte er gereimt: »Fromme Minne mag es sein, was mir drang ins Herz hinein.« Aber das »wonnevolle Magedein« hatte sich als eine sehr unheimliche Nixe entpuppt. Die angebetete Madonna war eine kühle Bankierstochter. Und die alten Barden standen ihm nicht bei, als die kleine Nixe seine minnigliche Welt in Trümmer schlug. »Kennst Du nicht«, hatte er noch in letzter Abwehr an den Freund geschrieben, »die deutsche Minne? Die steht kühn und fest auf zwei ewig unerschütterlichen (!) Säulen, Manneswürde und Glauben.« Die beiden Säulen stürzten: die Manneswürde war verletzt, der Glaube getäuscht von einem kleinen Mädchen.

Da wurden der heitere Sänger Schenkendorff, der naiv und bunt fabulierende Fouqué abgelöst von dem großen monotonen Melancholiker Byron, dessen Kult damals in Hamburg so heftig grassierte, daß selbst der Bankier Salomon Heine sich ihm nicht entziehen konnte. Heinrich übersetzte Byron. Auf dem Wege der Eindeutschung nährte er sich mit Byrons Empfindungen und Byrons Sprache: mit »Todeswunde«, »Wahnsinn« und »Grab«; mit dem ganzen düsteren Wortschatz. Byron gab ihm den Schwung der großen Worte. Byron gab ihm die monumentalen Gebärden, die über die Erlebnisgrenzen trieben, die das Erlebnis übertrieben. Heine begann seine Wunde *al fresco* zu malen. Die blassen Leichen, die er »beschworen mit Wortesmacht«, verstellten ihm den klaren Blick. Als Byron einige Jahre später starb, schrieb Heine: »Es war der einzige Mensch, mit dem ich mich verwandt fühlte.« In Byron begegnete Heine dem überlebensgroßen Abbild dessen, was in ihm Melancholie, Todeswille war. Heine war mit Byron nah verwandt – und war ewig von ihm getrennt: durch eine Lebenslust, die noch größer war als Byrons Leid.

II.

Ein Poet studiert

Burschenschaftler ohne Kostüm

Wer ein Menschen-Leben darstellt, muß wissen: was ein Mensch ist. Etwa, woher diese Individualität stammt; welchen Sinn dieses individuelle Leben hat. Als man die harmonische Entfaltung aller Kräfte, die im Einzelnen eingeschlossen sind, für den Sinn der Einzel-Existenz nahm, boten sich naturgemäß drei Kapitel zur Gliederung und Deutung eines Lebens an: Lehrjahre, Wanderjahre, die Jahre der Reife. Zuerst kam da die pädagogische Einführung des Individuums in das herrschende System der Kultur; dann kam der fruchtbare Kampf zwischen dem Individuum und seiner Welt; schließlich krönte diese beiden Stadien als drittes der Ausgleich: das Individuum war seine Zeit in individueller Prägung, ein Mikrokosmos. Unter der Herrschaft des Glaubens an die aufgeblühte Persönlichkeit als höchsten menschlichen Wert gab es für den Biographen nur diese eine Entwicklung, nur dieses eine Ziel. Sie waren die Grundlagen seiner Darstellung.

Es ist nicht möglich, Heines Leben zu schildern, als wäre es von einem klassischen Autor erfunden: die großen geschlossenen Formen der Existenz und der Darstellung waren schon zerbrochen, als er auf die Welt kam. Er hatte keine Lehrjahre – weil es keine Lehrer mehr gab, nur noch tausend Einflüsse. Er hatte keine Wanderjahre – weil er nie aus einem sicheren Hafen ausfuhr und nie in einen sicheren Hafen einfuhr. Er hatte keine Jahre der Reife, weil er keine Jahre der Unreife gehabt hatte; er war schon zu Beginn fertig. Das Bild vom organischen Wachsen, das Bild der allmählichen Entfaltung eines Keims zur Blüte, paßt nicht auf sein Leben – paßt nicht auf das Werden der Menschen in Kulturen, die keine Ordnungen mehr sind.

Wo ist denn aber die Linie eines solchen Lebens? Im Kalender: mit dessen Hilfe sich das Dasein wenigstens in die Ordnung des Nacheinander bringen ließe? In seiner Leistung innerhalb der Rahmen einzelner Kulturgebiete (also etwa innerhalb einer Geschichte der Poesie, innerhalb einer Geschichte der Philosophie, innerhalb einer Geschichte des politischen Denkens): so daß man dieses Leben zusammensetzen müßte aus seinen Beiträgen zur Kultur seiner Zeit? Aber ein Haufen kalendermäßig geordneter Stimmungen, Erlebnisse, Handlungen, Gedanken und Gedichte ist doch kein Leben! Und ist etwa eine Summe von Werk-Fragmenten ein Leben?

Das Leben eines Menschen kann nur darstellen, wer weiß, was ein Mensch ist. Wer dies nicht weiß, muß ausdrücklich darauf verzichten, in der Biographie einen Menschen umfassend, organisch richtig von seiner Wurzel bis zu seiner Krone, abbilden zu wollen. Er kann, unumwunden ausgedrückt, nicht darauf ausgehen, ein Leben abzubilden; er kann nur versuchen, von möglichst vielen Seiten her in dieses Leben einzudringen. Dieser Prozeß kann keine sicher und kompakt auf ihrem Sockel thronende Figur schaffen: nur aneinandergereihte Variationen über ein Thema, das zwar in diesen Variationen sitzt – das direkt aber nicht zu fassen ist. Und da Individuum und Zeit für uns, die wir nicht wissen, was ein Individuum und eine Zeit ist, unlösbar ineinander sind: so ist unser Eindringen in das Individuum oft ein Eindringen in die Zeit und unser Eindringen in die Zeit oft ein Eindringen in das Individuum.

Am fünften Mai 1818 hatte ein deutscher Student in sein Tagebuch geschrieben: »Wenn ich sinne, so denke ich oft, es sollte doch einer mutig über sich nehmen, dem Kotzebue oder sonst einem solchen Landesverräter das Schwert ins Gekröse zu stoßen.« Am dreiundzwanzigsten März 1819 ermordete dieser Student, ein Jenaer Burschenschaftler, Karl Ludwig Sand, den russischen Staatsrat Kotzebue, einen der prominentesten Reaktionäre, dessen Schriften schon auf dem Wartburgfest demonstrativ verbrannt worden waren. Im Juli

1819 wurde der Turnvater Jahn, der populärste Mann dieser Tage, des Demagogentums verdächtigt, verhaftet und von Festung zu Festung geschleppt. Im August 1819 ordneten die Karlsbader Beschlüsse, die Wilhelm von Humboldt später als »schädlich, unnational, ein denkendes Volk aufregend« brandmarkte, die strengste Überwachung aller freiheitlichen Äußerungen an. Im ›Bonner Kommersbuch‹, das Hoffmann von Fallersleben im Sommer 1819 herausgab, mußten die offiziell in Ungnade gefallenen Vokabeln des deutschen Wörterbuchs ängstlich umgangen werden. Die Schlußstrophe von Arndts Lied »Bringt mir Blut der edlen Reben« hieß: »Und dies Letzt, wem soll ich's bringen in dem Wein? Süßestes von allen Dingen, Dir, o Freiheit, will ich's bringen in dem Wein!« Da aber nun, nach den Karlsbader Beschlüssen, die Freiheit nicht nur nicht erkämpft, sondern auch nicht einmal gedruckt werden durfte, mußte sich die aufrührerische Zeile sanft wandeln. Statt: »Süßestes von allen Dingen, Dir, o Freiheit will ich's bringen in dem Wein« stand nun braver: »Süßestes von allen Dingen, Dir muß ich's im Stillen bringen in dem Wein.« Was aber nun das »Süßeste von allen Dingen« war, dem Arndt das letzte Blut der edlen Reben zutrank – das wußten jetzt nur noch die Götter der Zensur. Im September 1819 durchsuchte man das Bonner Haus des Professors Ernst Moritz Arndt, des Verfassers pathetisch-patriotischer Flugschriften, und beschlagnahmte seine Papiere. Im Oktober 1819 kam Harry Heine auf die rheinische Universität Bonn.

Sie war von Napoleon geschlossen worden. Friedrich Wilhelm III. hatte sie dann 1818, am fünften Jahrestag der Schlacht von Leipzig, neu eröffnet. Ein Jahr später, am achtzehnten Oktober 1819, feierte man wieder den Sieg, der Deutschland von Napoleon befreit hatte. Ein Fackelzug ging nach dem nahen Kreuzberg. Auf dem Gipfel schichtete man einen Holzstoß. Dann flogen die Fackeln hinein; Heine hielt den flammenden Schober in Glut durch Zutragen neuen Reisigs. Ein Berliner Theologe rief auf zu Kraft und Gottesliebe, zum fleißigen Dienst im Dome des deutschen Volks und im Tempel der Wissenschaft; das Volk hoffte auf die blühende Jugend. Er endete mit der schwungvollen Frage, ob sich irgendeiner dem Dienste des Vaterlands entziehen wolle. Natürlich wollte keiner. Zum Schluß brachte man ein Hoch aus auf den kürzlich verstorbenen Papa Blücher. Also: eine harmlose Erbauungs-Andacht für vaterländisch-fromme Gemüter. Doch ein Journalist, in dem ein Kriegsberichterstatter steckte, einer von Heines Freunden, wußte, was er seinem Blatt schuldig war; und der Redakteur der Düsseldorfer Zeitung gab dem schwungvollen Bericht vielleicht noch einmal die Sporen – schließlich las der Leser die Rede des braven Theologen so: »Brüder, auf uns ruht eine schwere Last, auf uns hofft und wartet das Volk, um das bedrückte Vaterland vom Drucke zu befreien.« Auch dieser »Druck« roch für normale Nasen nur nach Druckerschwärze – für die hysterischen Nasen der Metternich-Leute aber nach Pulver, das ihnen schon brenzlig in die Nase stieg. Eine polizeiliche Anzeige kam an den Oberpräsidenten des Niederrheins. Der Oberpräsident des Niederrheins wandte sich an den Rektor der Universität Bonn. Der Rektor der Universität Bonn wandte sich an den Universitätsrichter der Universität Bonn. Der Universitätsrichter der Universität Bonn vernahm die Sünder.

Unter einem »Protokoll verhandelt am akademischen Gerichte zu Bonn« steht die Unterschrift: »Vorgelesen und unterzeichnet Harry Heine«. Das Protokoll beginnt mit der hochbedeutsamen Frage: wieviel Lebehoch wurden ausgebracht? Manchmal hört man aus den Antworten des Studiosus Harry Heine das Geklingel einer Narrenkappe. Nr. 3 des Protokolls fragt: »Erinnern Sie sich noch an den Zusammenhang der gehaltenen Reden?« Heine erwiderte mokant: »In der ersten Rede konnte ich keinen Zusammenhang finden, und den Zusammenhang der zweiten kann ich nicht angeben, weil ich mich nicht erinnere.« Elf Studenten und zwei Professoren wurden auf diese Weise verhört. Der Bericht des wohlwollenden Universitätsrichters kam zu dem Resultat: »So vereinigt sich alles, um auch diesmal wieder zu beweisen, wie unsere Universität Gegenstand der Schwätzereien und des Neides ist, und wie unbegründet die Gerüchte über uns. Auch wir dürfen mit dem Dichter sagen: ›Wir sind besser als unser Ruf!‹ Die Feier des 18. Oktober ist auf eine durchaus würdige, dem Feste angemessene Weise von unsern Studierenden veranstaltet gewesen; nicht einmal der Vorwurf der Unbesonnenheit kann ihnen gemacht, wohl aber das Lob eines männlichen, würdigen Benehmens erteilt werden.« Der Senat war nach diesem Gutachten zufrieden. Der Oberpräsident war zufrieden. Der Kultusminister von Altenstein – bereits nervös durch die von Heines Freund Rousseau zusammengestellten ›Lieder für die Bonner Turngemeinde‹ – war nicht zufrieden. Er richtete an den Universitäts-Kurator einen Erlaß: öffentliche Reden seien für Studierende unpassend. Der Universitäts-Kurator äußerte resigniert, er werde durch verdächtigende Winke gerade auf diejenigen fortwährend aufmerksam gemacht, welche die Tüchtigsten und Gesittetsten auf der ganzen Universität seien.

Die Universitäts-Opposition von 1819 war revolutionär. Damals war der Begriff Vaterland Inbegriff aller fortschrittlichen Ideen. Die gute Jugend war 1819 schwarz-rot-gold. Allerdings deckten diese Farben, wie sich später zeigte, entgegengesetzte Ziele: ebenso den Chauvinismus der engstirnigen Franzosenhasser wie den Liberalismus. Der Most gebärdete sich absurd – und gab dann später doch zum großen Teil einen schlechten Wein. Die nachher die Säulen der Reaktion werden sollten, begannen hier aufrührerisch. Man betrachtet den Radikalismus (außer in Zeiten, in denen er Fensterscheiben einwirft) gern ästhetisch: als ein schönes Symptom der Jugend, als einen glänzenden Auftrieb idealer und vitaler Energien. Aber nichts ist zweideutiger als der Radikalismus der Jugend: alle menschliche Unzuverlässigkeit, alle Verantwortungslosigkeit, alle Unbildung kann er decken. Der schwärmerische Jarcke – zukünftiger serviler Publizist der

Wiener Hof- und Staats-Kanzlei – gor hier politische Weltverbesserungspläne. Der siebenzehnjährige Burschenschaftler Hengstenberg – zukünftiger Begründer der neulutherischen Orthodoxie, zukünftiger Wiederhersteller der Erbsündenlehre des sechzehnten Jahrhunderts, dem später jede patriotische Regung ein Greuel war – schwamm hier in üppiger Deutschelei. Dem selbstgefälligen Polterer mit scharfknochigem Mongolengesicht und lang herabfallendem Haupthaar, Wolfgang Menzel – zukünftigem Denunziator des »Jungen Deutschland« – war hier, als Vorstand der Bonner Burschenschaft, nichts aufrührerisch genug. Die deutschen Studenten von 1819 kämpften zugleich für die Freiheit und für den Chauvinismus, für eine Idee und für eine Eitelkeit. Erst später zeigte es sich: wie viel Phraseure für den Liberalismus aus studentischem Größenwahn und selbstgefälligstem Clan-Wahn gekämpft hatten.

Jede Bewegung hat ihren Kern und ihre Peripherie, ihren treibenden Impuls und die Trabanten, die sich mitreißen lassen, bis eine andere Bewegung sie packt – oder bis ihre eigene Trägheit stärker ist als jede Bewegung. Die Trabanten jenes glänzenden Aufschwungs, der mit den Freiheitskriegen begann und in Philosophie, Poesie und der Forschung der Romantik ihre letzten Kräfte auslebte, waren auf dem Boden der Universität vor allem die »Landsmannschaften«. Sie waren die Karikaturen des Enthusiasmus dieser Zeit. Sie lebten in einem rohen rauf- und sauflustigen Korpsleben die niedrigsten Instinkte unter der Flagge Studenten-Freiheit aus. Da zogen sie, nach durchsoffener Nacht und durchpenntem Tag, patriotische Lieder absingend, zu einer der vielen Rhein-Ruinen, tranken noch eins, sangen noch eins und protestierten unentwegt. Und zeigten ihren himmelstürmenden Mut darin, daß sie, wie es der Jurist Savigny einmal erlebte, bei ihren Professoren Antrittsbesuch im Schlafrock und schief aufgesetzter Mütze machten, aus einer zerrissenen Tasche guckte das Rohr einer langen Pfeife hervor – Lümmels vor Professoren-Thronen ... Man kann aber eine Bewegung nicht erfolgreicher bekämpfen als durch Protegierung der Mitläufer, die diese Bewegung kompromittieren. Während die Mainzer Zentral-Untersuchungskommission die Besten festsetzte – wurden die Landsmannschaften insgeheim von oben unterstützt.

Heine war enttäuscht. Er hatte einst den Auftrieb erlebt, er erlebte jetzt das Versinken. Für Heine war Deutschland nur noch »ein Traum«, der Traum von einst: »Such' ich jetzt den goldenen Frieden, den das deutsche Blut ersiegt, seh' ich nur die Kette schmieden, die den deutschen Nacken biegt.« Er konnte sich nicht retten in die Kostüme der Opposition. Er trug nicht den altdeutschen Rock, in dem die Menzel und Jarcke einherstolzierten. Er war gegen die Deutschtümelei und ihren infantilen Extremismus; und soll damals in geheimer Gerichtssitzung über die deutschen Fürsten in mildem Sinn votiert haben: man solle den König von Preußen auf Pension setzen. Heine gehörte zum glühenden Kern, nicht zu den Mitläufern: er wandelte sich; die andern, die Radikalen, fielen in die Leere zurück, Opfer ihrer eigenen Schwere. Die echten Führer sind Herde einer Bewegung, nicht eine bewegte Herde. Heine war nicht das pathetische Reklame-Bild einer Sekte. Schon im Äußeren nicht, schon in seinen Lebensgewohnheiten nicht. Er trug im Winter einen weißen Flauschrock; im Sommer Rock, Hose und Weste von gelbem Nanking-Zeug; und die Hände tief in den Hosentaschen. Die ziegelrote Mütze hatte er weit nach hinten auf das lichtbraune Haar geschoben, um die Rapierstiche in ihrem Boden zu zeigen. Er war sehr penibel mit seiner Kleidung: er duldete kein Fältchen; die Wäsche war immer tadellos; er hielt sehr auf Spitzenjabots und feine gekräuselte Manschetten. Heine war ein Burschenschaftler ohne Jägerhemd. Tabak war ihm zuwider. Er trank wenig; Bier überhaupt nicht. Er focht fleißig, brachte es aber nicht sehr weit. Im Gegensatz zu den Jarckes und Hengstenbergs und Menzels redete er kaum; er öffnete sich kaum jemandem – er beobachtete. Wie Börne schnippte er nur hier und da kleine schlagende Aperçus oder drollige

Bemerkungen ins Gespräch. Dann lachte er über seine eigenen Witze laut auf, seine kleinen Augen verschwanden fast. Er schauspielerte nicht das Pathos des Wartburg-Festes als Kostüm-Held von 1819 und zelebrierte den romantisch-patriotischen Kult dieser Jahre ernster als die ganze laute Vaterland-Statisterie: nicht theatralisch als Maulheld und Saufbold, sondern in seinen Studien.

Er hatte kein Abgangszeugnis vom Gymnasium. So mußte er sich das Reife-Zeugnis von einer Prüfungs-Kommission holen. Dies Zeugnis trug die Note, die noch gerade ausreichte, und lautete: »Griechisch hat er nicht gelernt. Im Lateinischen ist er von unsicherer Kenntnis und zu geringer Übung, weshalb er auch keinen Aufsatz geliefert hat. Zu einer Prüfung in der Mathematik hat er sich nicht verstanden. In der Geschichte ist er nicht ohne alle Kenntnisse. Seine deutsche Arbeit, wiewohl auf wunderliche Weise gefaßt, beweist ein gutes Bestreben.« Diese deutsche Arbeit war wirklich auf sehr »wunderliche Weise« gefaßt. Ihr Thema hieß: »Die Gründe, worauf es für die Entscheidung für einen bestimmten Beruf wesentlich ankommt.« Und Heine schrieb: »Die Wissenschaften, welche in diesen Hörsälen gelehrt werden, bedürfen vor allem der Schreibbänke; denn diese sind Stützen, die Träger und Grundlagen der Weisheit, welche vom Munde der Lehrer ausgeht, und von den andächtigen Schülern in die Hefte übertragen wird. Dann sind aber auch die Schreibbänke gleichsam Gedenktafeln für unsere Namen, wenn wir diese mit dem Federmesser hineinschneiden, um künftigen Generationen die Spur unseres Daseins zu hinterlassen.« Der Vorsitzende der Prüfungs-Kommission stellte auf Grund dieser Probe zwei unleugbare Tatsachen fest: daß Heine »von dem aufgegebenen Thema bedenklich abgewichen« sei; und daß er »eine beachtenswerte Anlage zur Satire« habe. Unter diesen Auspizien wurde er am elften Dezember 1819 als Studiosus der Rechts- und Kameralwissenschaften immatrikuliert.

Heine war auf die Universität gekommen, um Rechtswissenschaft zu studieren – und entwand sich sofort den »eisernen Paragraphen selbstsüchtiger Rechts-Systeme«. Er saß in den Kollegs, in denen die Wissenschaft dieser Zeit den Enthusiasmus dieser Zeit widerspiegelte: in August Wilhelm Schlegels Vorlesung über die ›Geschichte der deutschen Sprache‹; in dem Kolleg über die ›Germania‹ des Tacitus, abgehalten von Professor Arndt, »der in den altdeutschen Wäldern jene Tugenden suchte, die er in den Salons der Gegenwart vermißte«; in den Vorlesungen über germanisches Staatsrecht, deutsche Urgeschichte, Kunst und Leben des Mittelalters. Der lebende Nerv geisteswissenschaftlicher Forschung war damals: Aufspüren aller historischen Kräfte der nationalen Existenz. Das Nibelungen-Lied, in dessen Strophen Heine »gereimte Quadern« sah, das sein Freund Rousseau in achtzehn Strophen dithyrambisch besang, stand im Mittelpunkt dieses Enthusiasmus'. Professoren gaben es heraus und zergliederten es; Studenten dichteten es an. Hoffmann von Fallersleben arbeitete an der Herausgabe des mittelalterlichen Gedichts »Otfried«. Hundshagen förderte durch eine Beschreibung des Gelnhausener Palastes Kaiser Friedrichs I. das Studium der mittelalterlichen Architektur. Dies Rückwärtsgewandtsein war damals noch aktiv; noch keine Vergangenheit-Melancholie. Man wollte auf den Spuren des Einst, das man für keine verlorene Zeit hielt, in die Zukunft. Drei Jahre später stellte Heine dann fest, daß »gegenwärtig das Studium altdeutscher Kunst- und Geschichtsdenkmale im allgemeinen übel akkreditiert ist; eben weil es vor mehreren Jahren als Mode betrieben wurde, weil der Schneider-Patriotismus sich damit breit machte«. Als Heine in Bonn war, versenkte er sich in die vergangenen Jahrhunderte nicht aus Mode, nicht aus Bildungstrieb, sondern weil er aus den Wurzeln des Mittelalters lebte.

Die Universität schloß dem jungen Studenten Räume auf, die weit abliegen von seinem Lebensraum. Die Besten werden ergriffen von dem Zauber der ungeahnten Schätze und oft so heimisch, daß sie ihr Dasein vergessen; und es ist eine Frage des Temperaments und der materiellen Lage, ob sie sich für immer auf dem fernen Stern der Wissenschaft ansiedeln oder nach einigen trunkenen Semestern zum praktischen Leben zurückkehren. Der junge Student Harry Heine kam in eine der glücklichsten Stunden deutschen Universitätslebens: was die Forschung erforschte, nährte das Leben; was die Lebenden erlebten, nährte die Wissenschaft; die Studien schlossen die Gegenwart an eine ganz gegenwärtige Vergangenheit an; und, was man heute kaum für möglich hält: ein Kunstwissenschaftler lehrte einen Künstler. Heine hatte nicht nur das Glück, in jenen fruchtbaren Tagen zu lernen, in denen zeitloses Wissen wissende Zeit wurde; er hatte auch das Glück, in Schlegel einen Mann zu treffen, der diese wissende Zeit verkörperte. Heine hatte das große Glück, das notwendig ist zum Erfolg: er kam mit seinem Zauberstab an den richtigen Berg.

August Wilhelm Schlegel war schon dreiundfünfzig, als Heine nach Bonn kam. Er war der große Verkünder deutscher Poesie im Mittelalter; der Übersetzer Shakespeares, Calderons und der italienischen Dichter; der berühmte Zergliederer britischer und romantischer Literatur; der Bahnbrecher orientalischer Studien, einer wissenschaftlichen Behandlung der indischen Literatur in Deutschland. In seinem Auditorium saßen neben den Studenten Professoren und Beamte. Um ihn war eine Atmosphäre von Verehrung, welcher er durch das Zeremoniell seines Auftretens im Hörsaal einen sichtbaren Kult gab. Sein Äußeres war vornehm. Auf seinem schmalen Kopf glänzten wenige silberne Haare; sein Leib war spiritualistisch dünn, abgezehrt. Heine war hingerissen. Er schilderte später einmal den unvergeßlichen Eindruck: Schlegel »war, mit Ausnahme des Napoleon, der erste große Mann, den ich damals gesehen, und ich werde nie diesen erhabenen Anblick vergessen. Noch heute fühle ich den heiligen Schauer, der durch meine Seele zog, wenn ich vor seinem Katheder stand und ihn sprechen hörte. Ich trug damals einen weißen Flausch, eine rote Mütze, lange blonde Haare und keine Handschuhe. Herr August Wilhelm Schlegel trug aber Glacéhandschuh, und war noch ganz nach der neuesten Pariser Mode gekleidet; er war noch ganz parfümiert von guter Gesellschaft und *eau de mille fleurs*; er war die Zierlichkeit und Eleganz selbst, und wenn er vom Großkanzler von England sprach, setzte er hinzu: ›mein Freund‹, und neben ihm stand ein Bedienter in der freiherrlichst Schlegel'schen Hauslivree, und putzte die Wachslichter, die auf silbernen Armleuchtern brannten, und nebst einem Glase Zuckerwasser vor dem Wundermanne auf dem Katheder standen. Livreebedienter! Wachskerzen! silberne Armleuchter! mein Freund, der Großkanzler von England! Glacéhandschuh! Zuckerwasser! welche unerhörten Dinge im Kollegium eines deutschen Professors! Dieser Glanz blendete uns junge Leute nicht wenig, und mich besonders.« Schlegel prägte Heines romantisch-asketische Vorstellung vom Dichter völlig um. Saß ein deutscher Dichter nicht in einer Dachkammer, eingehüllt in einen schäbigen Rock und im magisch-gelben Schein des Mondes? Nein, da stand »das poetische Genie«, umflossen von der Glorie irdischer Macht und irdischen Gepränges – und zeigte dem jungen ehrgeizigen Studenten Harry Heine den Traum von der Einheit seelischen und dekorativen Kaisertums. Napoleon und Rothschild waren die Sterne gewesen, welche die Mutter als Wegweiser seiner Lebensbahn erkoren hatte; Schlegel war nun der erste Stern, den Harry selber sichtete: Vereinigung von Poesie und Prunk, von Idealität und Genuß. Harry sang diesen neuen Stern, den Stern Schlegel, in Sonetten an; besang den prinzlichen Erwecker des Dornröschen Muse, der sich nicht verführen ließ von der Aftermuse im Reifrock, mit »Schönpflästerchen auf den geschminkten Wangen, mit Schnabelschuhn, mit Stickereien behangen, mit Turmfrisur und wespengleich geschnüret«; besang den großen Sammler der Schätze am Rhein, an der Themse, am Tajo, am Tiber, an der Seine, am Ganges; besang vor allem den großen Helfer, der den an seiner Kraft zweifelnden jungen Poeten durch Lob stärkte, durch Kritik lenkte, durch Zielsetzung zu neuen Plänen ermunterte – etwa zur Byron-Übersetzung, indem Schlegel manche Stelle von Byrons ›Manfred‹ für unübersetzbar erklärte und so den Eifer des jungen Poeten reizte. Schlegel spürte die dichterische Originalität und die Kraft des jungen Heine. Der elegante Professor, der in seinem luxuriösen Haus nur die gewählteste Gesellschaft empfing und nur *die* Studenten zulud, die als Sänger an den musikalischen Aufführungen mitwirken konnten – holte Heine selbstlos heran, besprach seine Arbeiten mit ihm, trieb ihn zur Herausgabe seiner Lyrik, kritisierte die Geschichte im einzelnen und veranlaßte viele Änderungen. Er weckte vor allem Heines schriftstellerisches Gewissen: die Selbstkritik; den Hang zum unbarmherzigen Immer-wieder-Feilen. Heine gehörte von Jugend auf zu den Schriftstellern, die den Willen zur Vollendung haben. Wie er seine Kolleghefte vollständig und sauber schrieb, wie er täglich die Aufzeichnungen in seinen Lieblingsstudien gewissenhaft revidierte – so bosselte er ein Leben hindurch unermüdlich von einer Ausgabe zur andern an den Silben, Worten, Perioden seiner poetischen Gefüge; einmal noch zweiundzwanzig Jahre nach dem Entstehen. Der Dichter der leichten Lieder hatte von Beginn an ein strenges Ohr: »ein Sieb im Ohr, welches nichts Schlechtes durchläßt«, wie sich die Rahel ausdrückte. »Sei streng gegen Dich selbst« – diesen Imperativ verhängte schon der junge Träumer über sich und die Genossen dieser Jahre: »Schone nicht das kritische Amputiermesser, wenn's auch das liebste Kind ist, das etwa ein Buckelchen, ein Kröpfchen oder ein anderes Gewächschen mit zur Welt gebracht hat.« Dieser wache Kunstverstand war zwillingshaft verbunden mit seiner Schöpferkraft: er war schon mit seinen ersten Gedichten da und Schlegel nährte ihn; stundenlang brütete Heine über die Änderung eines Verses, den Schlegel mit einem Bleistiftstrich bemängelt hatte.

Schlegel war das Haupt der Romantik; so wurde Heines erster programmatischer Aufsatz eine Verkündung der Romantik, wie Schlegel sie sah: einer plastischen Romantik; Kampf gegen jene verquollene, die »ein Gemengsel von spanischem Schmelz, schottischen Nebeln und italienischem Geklinge« ist; Kampf gegen die »schmachtendes Nönnchen«- und »ahnenstolzes Ritterfräulein«-Romantik. Heine hatte Wurzel gefaßt; die eine starke Wurzel seines Lebens.

Er war zweiundzwanzig. Die Züge seines blassen, kaum geröteten Gesichts waren fein und eher weich; nur die Mundwinkel liefen in satirischen Linien aus und die Augen blinzelten versteckt unter den gesenkten Wimpern hervor. Er hatte helle, blaue Augen, eine hohe und bedeutsame Stirn, schöne gewölbte Brauen, eine griechische Nase, einen großen Mund mit vollen, wollüstigen Lippen und eine kleine, weiße Hand. Am stolzesten war er schon damals auf den sichtbaren Ausdruck seiner Überlegenheit. Als ein Freund ihn porträtierte, machte Heine ihn besonders aufmerksam auf den satirischen Zug um seinen Mund; und als ihm dann das mit einem geschliffenen Glas bedeckte Miniatur-Elfenbeinbild überreicht wurde, verlangte er vergnügt: »So, nun wollen wir das Bild auch in Musik setzen lassen.«

Schon der junge Heine war nicht gerade scheu. Er hielt sich für schön und kokettierte gern vor dem Spiegel. Eitel unterstrich er die Züge, die ein echter, tiefer Schmerz in ihn gegraben hatte. Und schon hatte er das gute Gewissen zu dieser Eitelkeit; »denn die Menschen sind die eitelsten Kreaturen, und die Poeten sind die eitelsten unter allen Menschen« – und er war ein Poet. Eitelkeit verzeiht diese Welt nie. Eitelkeit löst in den Augen aller Welt den Eitlen in nichts als eitel Tand auf. Man glaubt dem Schmerz-Poseur den Schmerz nicht. Man hält ihn für die Maske eines Komödianten. Die wenigsten wissen, daß ein Schmerz gespielt – und trotzdem echt sein kann. Heines Schmerz war echt u n d gespielt: er erlöste sich durch sein Schmerz-Getue von dem Druck des Schmerzes; er präsentierte ihn, so fühlte er ihn weniger stark. Und schon war dieser Mechanismus der Befreiung durch das Sich-Schauspielern verbunden mit dem anderen Mechanismus der Befreiung durch das Sich-Quälen: indem er seine Schmerzen künstlich steigerte, dämpfte er sie; er machte aus dem

Gequälten einen Quälenden, wenn auch einen Sich-Quälenden. Ein Jugendfreund dieser Tage zeichnete Heines Hang zur Selbstquälerei auf; seine Neigung, »brennende Naphthatropfen in das aufgeregte Meer seiner Brust zu schütten. Mit einer glühenden Einbildungskraft, die ihm als Geschenk der Natur zugefallen, drang und wühlte er sich in die Abgründe des Daseins.« So beklagte der Dreiundzwanzigjährige seine »dornigten Lebenswege«, daß er »ein höchst trauriges, kränkelndes und einsames Leben führe«; und dichtete sich in den »Fresko-Sonetten an Christian S.« in eine aristokratisch-pessimistische Wut gegen das führende Geistes-Gesindel und pries das »schöne gelle Lachen«, das uns bleibt, »wenn das Herz in Liebe ist zerrissen, zerrissen, und zerschnitten, und zerstochen«.

Und schon ist die weltberühmte Heinesche Ton-Folge da: ein Posaunenstoß gleitet ab in ein Kinderplärren; eine Orgel-Kantate rutscht ab in einen Leierkasten-Gassenhauer. Erhabener Beginn: »Wir tranken Deutschlands Wohl aus Rheinweinkrügen, wir sahn den Burggeist auf dem Turme lauern« – und zu guter Letzt ein Purzelbaum: »Doch leider bracht' ich den Schnupfen und den Husten mit nach Hause.« Die eitle Selbst-Bespiegelung, vor allem die eitle Bespiegelung des leidenden Selbst, dann die Selbst-Quälerei und schließlich die Selbst-Ironie, so daß er ein Lacher über einen leidenden Verlachten wurde, der er auch war: diese drei Grundhandlungen gegen sein Ich, mit denen Heine die furchtbare Tatsache des Leids beantwortete, sind schon in seinen ersten Äußerungen vollkommen ausgebildet.

Und woher dies Leid? Schon hatte er nicht nur das Liebes-Leid erlitten, auch das Gesellschafts-Leid. Er hatte an einen Aufschwung geglaubt, der nur ein flüchtiger Wind gewesen war. Nun stand er allein, von der Geliebten und vom Vaterland verlassen: nirgends hingehörig.

Consilium abeundi in Göttingen

Immerhin: Bonn war ein Gewinn.

Heine lernte auch das andere Gesicht der Universität kennen. Bonn: Einfluten des nationalen, idealistisch-romantischen Erlebnisses in den Wissenschaftsbetrieb; Durchbruch des Bannkreises, innerhalb dessen die Wissenschaft im Inzest lebt mit der Wissenschaft; Durchbruch des Bannkreises, innerhalb dessen die Welt besteht aus »Studenten, Professoren, Philister und Vieh«. In Göttingen lernte er die Universität kennen, die inselhaft dahinvegetiert: zeitunabhängig; eine lebende Satire. Auch Göttingen hatte seine Blüte gehabt, als es vor fünfundsiebzig Jahren gegründet worden war, um den senilen, aus Hochschul-Zünften und studentischen Roheitsprivilegien bestehenden deutschen Universitäten, denen eine scholastische Theologie ihre Gesetze diktierte, ein Bollwerk lebendiger Forschung entgegenzustellen. Um die Vetternwirtschaft zu zerstören, hatte sich die Regierung das Recht der Berufung vorbehalten; denn die Autonomie der Universitäten garantierte seit je allzuoft nur die Freiheit zur Clique. Die Göttinger Professoren hatten einst Lehrfreiheit und Druckfreiheit. Die Göttinger Studenten konnten einst nach Belieben ihre Wohnungen und ihre Kollegs wählen. Und Göttingen war einst ein Hort der religiösen Aufklärung.

Als aber Heine im Herbst 1820 nach Göttingen kam, fand er eine große Vergangenheit und eine kleine Gegenwart vor. Vorbei war die Zeit, wo Schlözers Ausspruch »Publizität ist der Puls der Freiheit« Bedeutung hatte, wo Maria Theresia auf einen Gesetzesvorschlag ihrer Minister antworten mußte: »Was wird Schlözer dazu sagen?« Heine erlebte hier den Leerlauf der Maschinerie Universität; er erlebte, was immer wieder junge Menschen erfahren, die hungrig nach Denken und Wissen sind und auf der Universität nicht genährt, nicht gesättigt werden – sondern Überfluß-Ekel vor dem musealen Warenhaus bekommen. Wie fand Heine den Göttinger Professor? »Unerschütterlich fest, gleich den Pyramiden Ägyptens – nur daß in diesen Universitäts-Pyramiden keine Weisheit geborgen war.« Er fand den »engen, trockenen Notizenstolz«. Er fand den Professor, »auf dessen Beeten lauter weiße, mit Zitaten beschriebene Papierchen wachsen, die im Sonnenlichte lieblich glänzen, und von denen er hier und da mehrere pflückt und mühsam in ein neues Beet verpflanzt«. Er fand den weltabgewandten Professor; aber nicht in der Erhabenheit seiner Zurückgezogenheit, in der einsamen Hingabe an starke Probleme, sondern in der Komik seiner Miniaturwelt, in dem Vernarrtsein in das Klappern des Apparates.

Und er fand Studenten, würdig solcher Lehrer, »patente Pomadenhengste, Prachtausgaben wäßrichter Prosaiker, plastisch ennuyante Gesichter«. Da hing überall in dicken Trauben der Klüngel hannoverscher Junker. Die scharfe Scheidung zwischen Adligen und Bürgerlichen sorgte dafür, daß in die exklusiven Kreise kein Hauch geistigen Lebens drang. Man schickte sie nach Göttingen, damit sie etwas lernten; doch da hockten sie beisammen, sprachen von ihren Hunden, Pferden und Ahnen, hörten wenig neuere Geschichte, und wenn sie auch wirklich einmal dergleichen hörten, so waren doch ihre Sinne befangen durch den Anblick des Grafentisches, der nur für hochgeborene Studenten bestimmt war. Immer wieder klagte Heine über den steifen, schnöden Ton; über die Isolierung, zu der hier verurteilt war, wer das Hordenleben nicht mitmachte. Nur »gut ochsen« konnte er in Göttingen. Und er erkannte den Geist dieser Universität darin, daß ein einziger Professor über altdeutsche Literatur, die lebendigste Wissenschaft dieser Zeit, las; und daß unter dreizehnhundert Studenten nur neun Interesse hatten für dieses Kolleg. Er bewahrte Göttingen auch später stets ein verächtliches Andenken und schrieb noch nach fünf Jahren: »Die Stadt selbst ist schön, und gefällt einem am besten, wenn man sie mit dem Rücken ansieht. Sie muß schon sehr lange stehen; denn ich erinnere mich, als ich vor fünf Jahren dort immatrikuliert und bald darauf konsiliiert wurde, hatte sie schon dasselbe graue altkluge Ansehen und war schon vollständig eingerichtet mit Schnurren, Pudeln, Dissertationen, Thé dansants, Wäscherinnen, Kompendien, Taubenbraten, Guelfenorden, Promotionskutschen, Pfeifenköpfen, Hofräten, Justizräten, Relegationsräten, Profaxen und anderen Faxen.«

Dies Göttingen 1820 war der Rahmen für jene Farce, die mit der Verbannung Heines endete. An einem Mittag im »Englischen Hof« kritisierte er die Verrufserklärungen der Verbindungen gegeneinander und spielte auf einen Heidelberger Fall an. Herr Studiosus Wilhelm Wiebel aus Eutin bestritt Heines Darstellung in beleidigender Form. Worauf Herr Studiosus Harry Heine aus Düsseldorf – vielleicht im Vollgefühl seines Bonner Trainings, vielleicht angesteckt von dem *genius stupidus loci* – den Beleidiger durch den Studiosus Johann Adam Vallender aus Rheinpreußen auf Pistolen fordern ließ. Wiebel nahm durch seinen Kartellträger, den Grafen Ernst Ranzau aus Holstein, die Forderung an und bestimmte Münden als Duell-Ort. Zweiter Akt: der Prorektor Professor Tychsen bekam von diesem Vorfall Kenntnis, legte beiden Partnern Stubenarrest auf, beorderte sie auf den kommenden Tag zu sich und entschied: Wiebel hat seine Beleidigung mit der Erklärung zurückzunehmen, sie sei ihm in der Hitze des Gefechtes entwischt. Wiebel aber bockte, als es soweit war. Am Mittagstisch erklärte er, der Prorektor habe ihn zur Zurücknahme der Beleidigung veranlaßt. Heine bestand auf die verabredete Formel: »in der Hitze gesprochen«. Wiebel aber verkündete im Gegenteil: er habe die Beleidigung nach kühlster Überlegung geäußert. Erneuter und verstärkter Kriegszustand. Zitierung vor die Gerichtsdeputation; Beilegung des Streits.

Und nach der Beendigung des Konflikts begann die Komödie erst richtig; denn die harmlose Albernheit der beiden Studenten war nichts gegen die gigantische Albernheit ihrer vorgesetzten Behörde. Es erhoben sich nämlich plötzlich im sterilen Schoße der Georgia Augusta brennende Zweifel: ob das Duell als ein durch Versöhnung der Gegner beseitigtes oder als ein durch den äußeren Umstand eines gerichtlichen Einschreitens verhindertes zu betrachten sei. Man ging wegen der außerordentlichen Schwierigkeit und wegen der immensen Wichtigkeit dieses Falls das königliche Universitäts-Kuratorium Göttingen um eine »authentische Erklärung« an. Das königliche Universitäts-Kuratorium Göttingen erklärte authentisch: das Duell sei allerdings nur als ein durch äußere Umstände verhindertes anzusehen. Der Hauptattentäter Heine wurde für ein halbes Jahr herausgeworfen; den Vallender und Ranzau wurden je acht Tage Karzer aufgebrummt. Auch soll Heine damals aus der Göttinger Burschenschaft geflogen sein: wegen Vergehens gegen das Gelöbnis der Keuschheit.

So erlöste Göttingen Heine von Göttingen. Und er schrieb in ein Stammbuch: »Selig dämmernd, sonder Harm liegt der Mensch in Freundes Arm; da kommt plötzlich wie's Verhängnis des Konsiliums Bedrängnis, und weit fort von seinen Lieben muß der Mensch sich weiter schieben.«

Er schob sich weiter auf seine dritte Universität. Er sagte zu sich: »Du hättest in Bonn bleiben sollen« – und ging nach Berlin.

Das Jungfernkranz-Berlin

Frau von Staël nahm die Stadt Berlin nicht für voll. Sie fand sie ohne Vergangenheit und ohne Gegenwart, ohne die Spuren der Zeiten, ohne die Prägung ihrer Bewohner. Sie sah in Berlin einen einzigen großen, farblosen Neubau, dessen prosaische Bestimmung es sei, nur ein Obdach für Industrie und Pläsier zu sein.

Auch auf den Rheinländer Harry Heine, der im Frühjahr 1821 nach Berlin kam, wirkte die Residenz wie eine willkürliche Siedlung, nicht wie ein Gewächs, nicht wie die organische Schale einer Haus, Straße, Ort gewordenen Gemeinschaft. Berlin – das war doch gar keine Stadt, sondern nur eine Stelle, an der sich eine Menge Menschen versammelten, denen der Ort ganz gleichgültig ist. Der junge Romantiker haßte die »langgestreckten, uniformen Häuser, die langen, breiten Straßen, die nach der Schnur und meistens nach dem Eigenwillen eines Einzelnen gebaut sind und keine Kunde geben von der Denkweise der Menge«. Der poetische Rheinländer, der gelernt hatte, die Fülle eines Lebens im Reichtum seiner Geschichte, die Schönheit eines Lebens in seiner individuellen Vielfalt zu finden, stand jetzt vor der nüchtern hergestellten Wohnstätte der Aufklärung und klagte, daß sich die Häuser »so prosaisch entgegengähnten. Es sind wahrlich mehrere Flaschen Poesie dazu nötig, wenn man in Berlin etwas anderes sehen will als tote Häuser und Berliner. Hier ist es schwer, Geister zu sehen. Die Stadt enthält so wenig Altertümlichkeit, und ist so neu; und doch ist dieses Neue schon so alt, so welk und abgestorben.« Als den Haupt-Autor dieser »steinernen Makulatur« erkannte er den Alten Fritz; Berlin war das historische »Denkmal von dem Geiste jenes prosaisch wundersamen Helden, der die raffinierte Geschmacklosigkeit und blühende Verstandesfreiheit, das

Seichte und Tüchtige seiner Zeit, recht deutsch-tapfer in sich ausgebildet hatte«. Der Rhein-Romantiker wehrte sich gegen den berechnenden Geist, der sich hier in monumentaler Weise manifestierte.

Die Berliner von 1821 waren weniger friderizianisch als ihre Stadt. Sie hatten ihr öffentliches Leben im Opernhaus, im Schauspielhaus, im Zuschauerraum vor den Feerien, die aus den Hochzeiten und sonstigen Vergnügungen der königlichen Familie bestanden. Das war ihre Welt. Der Generalintendant der Schauspiele war nach dem König der erste Mann in Berlin.

Die Zeitungen dieser Tage, die literarischen Droschken Berlins (wie man sagte), brachten ohne Eile und kommentarlos die von der Behörde approbierten Nachrichten; statt Politik weitläufige Theater-, Konzert- und Kunst-Berichte. Auch sie ratterten langsam-lärmend ihren Trott. Die Demagogen-Verfolgungen hielten alle politischen Kräfte in Schach; still lächelte der See der öffentlichen Meinung. Die Universitäten, »damals die Herde aller geistigen Bewegung«, waren gefesselt. Die Landsmannschaften waren aufgehoben. Die Verbindung, die unter dem Namen Arminia aus alten Anhängern der Burschenschaft bestand, war aufgelöst. Im Sommer 1822 wurden siebzig polnische Studenten verhaftet und ins Gefängnis geworfen, nur weil ein vager Verdacht auf demagogische Umtriebe gegen die russische Regierung bestand. Schleiermachers Universitäts-Vorlesungen und Predigten wurden genau kontrolliert. »Aus erheblichen Gründen« hatte man ihm sogar – auf Grund seiner Verpflichtung, Berlin nicht zu verlassen – eine Erholungsreise abgelehnt, die dann erst nach einem Gesuch an den König bewilligt wurde. Presse und Buchhandel wurden durch Polizeimaßnahmen schwer schikaniert. Stücke wie ›Tell‹ und ›Egmont‹ konnten aus politischen Gründen nicht gegeben werden. Kleists ›Prinz von Homburg‹ durfte nicht gezeigt werden, weil der Ahnherr irgendeiner Nachkommin in diesem Stück nicht edel genug porträtiert war. Der neue E. T. A. Hoffmann-Roman,

›Meister Floh‹, wurde konfisziert, weil sein fünftes Kapitel die Kommission verulkte, welche die Untersuchung der demagogischen Umtriebe leite. Die Leihbibliotheken mußten ihre Kataloge abliefern; alle politisch anstößigen Schriften wurden entfernt. Selbst harmlose Unterhaltungsblätter wie der zahnlose ›Gesellschafter‹ wurden vom Zensor energisch durchgepflügt; viele Zensoren verlangten, daß das Publikum von diesen Korrekturen nichts erfahre. Mancher Zeitungsmann wurde damals witzig im Guerilla-Kampf mit seinem Zensor. Der Redakteur Börne füllte in seinem Frankfurter Blatt die Zensur-Lücken mit sinnlosen Worten; und ein anderer Kampf-Redakteur dieser Tage stopfte immer dieselbe alte, abgedroschene Anekdote in alle Zensur-Löcher. Selbst die Schriften, die draußen schon die Zensur passiert hatten, wurden in Preußen noch einmal zensuriert.

Öffentliches Leben ist die öffentliche Erörterung, die öffentliche Entscheidung gemeinsamer Fragen. Von diesen gemeinsamen Fragen wurde damals nur freigegeben, was sich auf den Kulissen-Tratsch bezog. Die Temperamente, die sich nicht ausleben konnten in großen Zielen, ergossen sich in die kleinen Kultur-Sensationen. Schon tobten in Paris, in London die schweren Kämpfe zwischen den Klassen – in Berlin sorgte »die königliche Macht, kräftig und parteilos schlichtend«, für die Ruhe ihrer Untertanen. »Aber dafür haben wir in Berlin«, schrieb der junge Heine, »oft einen ergötzlicheren Parteikampf, den in der Musik.«

Am Jahrestage der Schlacht bei Belle-Alliance wurde 1821 Webers ›Freischütz‹ in Berlin zum ersten Mal gegeben: mit ihm siegte in Berlin die Romantik, wie neun Jahre später in Paris mit Victor Hugos ›Hernani‹. Im ›Freischütz‹ waren Mystik und Patriotismus, Grauen und Gemüt zu jener romantisch-vaterländischen Stimmung verschmolzen, die das Jahrzehnt nach den Freiheitskriegen beseelte. Berlins Oper wurde von Spontini beherrscht, dem Protégé Friedrich Wilhelms III., der den heroisch-kriegerischen Lärm dem romantisierenden Gesäusel vorzog. Spontini war der verwöhnte

Liebling des Berliner Publikums, dem er durch verschwenderische Ausstattungs-Orgien gewaltig imponierte. Der Generalmusikdirektor Spontini war groß, hatte tiefliegende, dunkle Flammenaugen und pechschwarze, in die Stirn hineinhängende Locken – ein faszinierendes Abbild der Dämonie. Er betörte die Sinne seines Publikums durch blendende Farben und knallende Geräusche. Er erfüllte die Sehnsucht aller Restaurationszeiten nach Glanz und Lärm. Als ein kritischer Witzbold nach Spontinis »Olympia« auf der Straße den Zapfenstreich trommeln hörte, schöpfte er tief Atem: »Endlich hört man doch sanfte Musik!« Und als Spontinis ›Nürmahal, oder das Rosenfest von Kaschmir‹ aufgeführt wurde, sagte ein Oppositioneller: »Das Beste daran ist, daß kein Kanonenschuß darin vorkommt!« Heine, der zur Weber-Partei gehörte, sah in den beliebten Spontini-Opern nur Pauken- und Trompeten-Spektakel, schallenden Bombast und gespreizte Unnatur. Sein Lob lautete: »Der Dekorationsmaler und der Theaterschneider haben sich selbst übertroffen.« Er traf diese Zeit, deren Abgott Spontini war, in ihrem pathetischen Kunstgewerbe. Weber, der an die Berliner Oper engagiert werden wollte, ordnete sich diplomatisch dem mächtigen Konkurrenten unter. Als am Schluß der Freischütz-Premiere die Zuhörer jubelten und nach dem Meister riefen, regneten plötzlich Verse nieder, die Weber priesen und gegen Spontini ausfallend waren. Da war es aus mit Webers Hoffnung auf Berlin.

Diese Vorgänge hielten die Öffentlichkeit in Atem. Damals wurde Börne durch einen Aufsatz über die Schauspielerin Henriette Sonntag berühmt. Damals grassierte der Enthusiasmus für die Schauspielerin Neumann »wie eine Viehseuche«. Damals verzeichnete Heine in seinen ›Briefen aus Berlin‹ als Zentral-Ereignis der Hauptstadt die Wirkung des Schlagers »Wir winden Dir den Jungfernkranz«. Es war ein ungeheurer Spektakel, wenn eine neue Oper gegeben wurde. Boucher nannte Berlin *»la capitale de la musique«*. Berlin wurde beherrscht von Bällen, Theatern und Konzerten; von ästhetischen Tees, literarischen Diners, Almanachen und Skandalgeschichten. Die Gräfin und das Nähmädchen, den Grafen und den Laufjungen nährten die »wäßrichten« Romane Clarens und die romantischen Werke Sir Walter Scotts, »der ›Jungfernkranz‹ der Lesewelt«. Von Scotts ›Piraten‹ wurden vier Übersetzungen auf einmal angekündigt. Man bestaunte den Wunderknaben Felix Mendelssohn. Man drängte sich in Zelters Singakademie-Konzerte. Damals wurde der Star geboren. Tänzerinnen und Sängerinnen standen hoch im Kurs. Mit Erstaunen rechneten die Zeitgenossen aus, daß die Gage des Generalmusikdirektors dem Gehalte eines Oberpräsidenten gleichkomme, daß die Bühnenkünstler in ihrem Einkommen mit den Präsidenten der Landesbehörden auf einer Stufe rangierten, daß gute Tänzerinnen mehr als gute Minister gälten. Es war das Jahrzehnt, dem die Beine der Taglioni alle Sorgen verscheuchten; und von Fanny Elsler stellte ein übergeschnappter Tanz-Kritiker fest, daß sie »Goethe tanzte«. Der Star ist der Götze einer Masse, die nichts anderes zum Anbeten hat.

Heines ›Briefe aus Berlin‹ spiegelten die Leere dieses Daseins. Was hatte der Berichterstatter mitzuteilen? Daß die Possenreißer vorm Brandenburger Tor schlechte Geschäfte gemacht haben und längst abgereist sind; daß der Reiter und Springer Blodin angekommen ist; daß der Kopfabschneider Schuhmann den Berlinern gewaltig imponiert; daß Bartholomäo Bosko mit seinen Gauklerapparaten betörend herumhantiert; und immer wieder: seine Flucht vor dem »Jungfernkranz«, der morgens, mittags und abends, in den Häusern und auf der Straße, von groß und klein »mit veilchenblauer Seide« gewunden wurde – erste große Blüte der Gassenhauer-Kultur. Heine berichtete von dem Glanz der Opern-Redouten; von den Tiergarten-Idyllen rund um das Königin Luise-Denkmal und von den Figuren dieser Idyllen, dem König und den schönen Königskindern, den Familien der fremden Gesandten mit ihren Livreebedienten und von den Offizieren, die auf herrlichen Pferden durch den Tiergarten galoppierten. Der junge, empfängliche Reporter war aber auch so angetan von diesen adligen Szenen, die der bürgerliche Journalist aus geziemender Entfernung erhaschen durfte, daß er die Prinzessin Alexandrine enthusiastisch verglich mit »jenen ritterlichen Frauengestalten, die uns aus dem Zauberspiegel alter Märchen so lieblich entgegenleuchten, und wovon wir nicht entscheiden können, ob sie Heiligenbilder sind oder Amazonen«. Heine war nicht unzugänglich für diese Märchen des Jungfernkranz-Berlin; als einer der schönsten Züge im Charakter der Berliner erschien ihm ihre unbeschreibliche Liebe zum König und zum königlichen Haus. Die Feerien des Hofes beschrieb er mit ebenso stiller Andacht wie die feenhaften Weihnachts-Szenen in den Konditoreien, in deren Schaufenstern er die hübsch arrangierten, rings beleuchteten und von vier perspektivisch bemalten Wänden umstellten Zuckerpuppen bewunderte.

Man unterscheidet in dieser Zeit noch deutlich eine Ober- und eine Unterstimme, den gefühlvoll-naiven Heine und den sich ironisch panzernden: über die Klänge des naiven Staunens, das dem Fürsten und den glänzenden Uniformen und den weihnachtlich schimmernden Läden gilt, jagen schon die flattrigen Kadenzen eines werdenden Spötters; flirrende Ironien, noch nicht Kritik. Noch studiert er nicht die Gesellschaft; er wuchs erst in sie hinein.

Das Berlin vor mehr als hundert Jahren, »ein großes Krähwinkel«, bestand »aus lauter Innungen«. Heine lebte in drei sehr verschiedenen Kreisen: in den führenden literarischen Salons; an der Tafelrunde der Berliner Bohemiens; und unter den Reformatoren des Judentums. Die Salons der Rahel Levin und der Elise von Hohenhausen verliehen ihm den Rang eines vielversprechenden Dichters und verflochten ihn in das geistige Gewebe der Zeit. Der romantische Sturm und Drang der Leute bei Lutter & Wegener, der E. T. A. Hoffmann, Devrient und Grabbe, bot ihm den äußeren Rahmen für die Ausbrüche seiner lyrisch-zynischen Exaltationen.

Der ›Verein für Kultur und Wissenschaft der Juden‹ stärkte die eine Wurzel seiner Existenz – die nicht stark war.

Der Salon der Rahel Levin war mehr als ein anonymer Treffpunkt der Prominenten Alexander von Humboldt, Hegel, Bettina, Ranke, Chamisso, Fouqué. Er wollte – phantastisches Ziel! – eine »Zusammenfassung, ein Ausgangspunkt alles Sittlichen« sein. Der »Menschenmagnet« Rahel begann die Lösung dieser Aufgabe, indem sie die führende Gesellschaft und die Intellektuellen zusammenführte. Sie erreichte ihr Ziel durch das große Geheimnis ihrer Persönlichkeit: immer Mittelpunkt zu sein – und immer unsichtbar zu sein hinter ihrem Werk, einer geistigen Gesellschaft, die noch nicht existierte, die sie erst schuf. »Wir sehen unendlich verschiedene Klassen«, schrieb sie an Gentz, »aber die Glieder einer jeden bequemen sich gern, ja geflissentlich, Anteil an Geistigem und Literarischen zu nehmen.« Daß sie sich bequemten, war Rahels Verdienst. Ihr Salon war nicht der neutrale Ort für das Rendezvous der Arrivierten: eine geistige Börse, an der Literaturgeschäfte abgeschlossen wurden; eine Parade der tausend individuellen Eitelkeiten. Er war die Geburtsstätte einer geistigen Atmosphäre, und Rahel konnte mit Recht von sich sagen, daß sie auf dreißig Meilen im Umkreis alle Pedanterie ertöte. Rahel sah in der Geselligkeit, nicht in den Büchern das höchste Bildungsmittel: »Menschen gehören zusammen, um ihre Vernunft betätigen zu können, um zu lieben, um Gerechtigkeit zu üben!« Ihr Salon war durchaus kein in sich ruhendes Kunstwerk; er sollte, nach ihrem Willen, eine Strahlungs-Quelle sein. Wie eine Spartanerin ihre Kinder in die Schlacht gesendet haben würde, so schickte Rahel, nach den Worten eines ihrer hervorragendsten Gäste, ihre Freunde in die geistige Schlacht. Für was?

Der Salon der Rahel Levin, die für Heine »die geistreichste Frau des Universums« war, hatte einen Gott: Goethe; eine Priesterin: Rahel; und als Ministranten fungierten die philosophischen Führer der Berliner Universität, die Matadore der Romantik und die jungen Löwen Börne und Heine. Heine übersandte Ende 1821 Goethe seine ersten Gedichte mit den Worten, die ganz die Luft von Rahels Salon atmeten: »Ich liebe Sie ... Ich küsse die heilige Hand, die mir und dem ganzen deutschen Volke den Weg zum Himmelreich gezeigt hat.« Aber schon präludierten in seinen ›Berliner Briefen‹ auch weniger feierliche Klänge: »Goethe ist ein großer Mann in einem seidnen Rock.« Die Priesterin, die (nach ihren eigenen Worten) »einen entsetzlichen Vorrat von Herz und Leben« hatte, hielt mit diesem großen Herzen den jungen Poeten stärker als der Gott, dem sie gemeinsam dienten. Was ihr damals Heine war, schilderte sie ein Jahrzehnt später dem Publizisten Gentz: »Heine wurde uns vor mehreren Jahren zugeführt wie so viele und immer zuviele; da er fein und absonderlich ist, verstand ich ihn oft, und er mich, wo ihn andere nicht vernehmen; das gewann ihn mir und er nahm mich als Patronin.« Sie war eine geborene Patronin: eine Aufspürerin werdender Kräfte; und sie gewährte ihren mütterlichen Schutz den Pfleglingen, die diesen Schutz noch brauchten. Ihre poetische Sensibilität spürte die Richtigen auf; ihre Fraulichkeit barg sie. Sie erkannte schon Heines poetische Tiefe und bald Heines Eitelkeit. Sie war in »vorahnender Unruhe« für seine Zukunft. »Heine muß wesentlich werden, und sollte er Prügel haben« war schon ihr Votum während seiner Berliner Zeit. Einige Jahre später schrieb dann ihr Mann Varnhagen an sie: Heine »muß sich in guter Geistesluft konservieren, denn er hat viel in sich, was leicht verdorben geht«. Und Rahel, deren »vorahnende Unruhe« sich als allzu berechtigt erwiesen hatte, antwortete: »Heine wird sich immer von neuem besudeln, denn auch dem ist es genug, ein Ärgernis zu geben, sollte er auch selbst als kotiger Harlekin oder Henker umherlaufen müssen.« Rahel war keine snobistische Literaten-Sammlerin, sie forderte Prügel für den Favoriten ihres Salons.

Heine schloß sich eng an sie an. In ein Widmungs-Exemplar seiner ›Tragödien‹ schrieb er: »Wenn ich vielleicht nach einigen Jahrhunderten das Vergnügen habe, Sie als die schönste und herrlichste aller Blumen im schönsten und herrlichsten aller Himmelstäler wiederzusehen, so haben Sie wieder die Güte, mich arme Stechpalme (oder werde ich noch etwas Schlimmeres sein?) mit Ihrem freundlichen Glanze und lieblichen Hauche wie einen alten Bekannten zu begrüßen. Sie tun es gewiß; haben Sie ja schon Anno 1822 und 1823 Ähnliches getan, als Sie mich kranken, bittern, mürrischen, poetischen und unausstehlichen Menschen mit einer Artigkeit und Güte behandelt, die ich gewiß in diesem Leben nicht verdient, und nur wohlwollenden Erinnerungen einer früheren Konnaissance verdanken muß.« Heine dachte an diese Frau immer zurück, wie man in rauhen Tagen an ein wärmeres Klima denkt; er wollte ein Halsband tragen mit der Inschrift: ich gehöre Frau von Varnhagen.

Rahels Sehnsucht ging auf jene plastische Romantik, die Heine in seinem ersten ästhetischen Aufsatz gefordert hatte. Sie selbst gehörte allerdings zu den »Bacchanten des Gedankens, die dem Gotte mit heiliger Trunkenheit nachtaumeln«; sie selbst war eine Wahlverwandte Börnes, Schriftstellerin aus der Erregung heraus – und neigte gerade deshalb zu dem Unerreichbaren: zu den objektiven, Goetheschen »Bildnern des Wortes, die all ihr Fühlen, Denken und Anschauen abgelöst von der gebärenden Seele wie einen gegebenen Stoff zu handhaben und gleichsam plastisch darzustellen wissen«. So war ihr der junge Heine, der von seinen ersten Schöpfungen an romantische Subjektivität und künstlerische Gegenständlichkeit einzigartig vereinte, doppelt verwandt: verwandt in seiner Innerlichkeit; und zugleich in seiner künstlerischen Ruhe und Klarheit, das unerreichbare Ideal ihrer Sehnsucht ... Von Rahel Varnhagen gefeiert, von Elise von Hohenhausen, dem Mittelpunkt des anderen großen Berliner Salons, zum deutschen Byron ausgerufen – wurde Heine aufgenommen von der geistigen Elite dieser Zeit.

In der Weinstube von Lutter & Wegener oder in dem von zwei schwarzen Riesen flankierten Kasino in der Behrenstraße hatten die E. T. A. Hoffmann und Devrient gesoffen und rumort. Hoffmann war jetzt schwer krank; er starb im Juni 1822. Devrient erschien noch ab und zu nach dem Theater. Grabbe sprang auf den Tisch und hielt dicke Reden, zum Beispiel an seinen Freund, den Pfandjuden Hirsch in der Jägerstraße. Dann preßte man einem eitlen Komponisten durch Androhung einer scharfen Kritik einige Louisdors ab, die sofort verjubelt wurden. Erreichte nach solchen Exaltationen die Stimmung einen Tiefpunkt, so wurde im Galgenhumor der Beschluß gefaßt, fromm und katholisch zu werden und einen Brief an Adam Müller zu schreiben.

Grabbe war Ostern 1822 in Berlin eingetroffen, sein Monstre-Drama ›Gothland‹ in der Tasche, sein Lustspiel ›Scherz, Satire, Ironie und tiefere Bedeutung‹ unter der Feder; er wurde der wildeste Gesell der Runde, ein dämonischer Exhibitionist. Er ging, die Hände in den Taschen, wie ein alter Hexenmeister zwei-, dreimal um einen Brunnen herum. Er schnitt sich ein paar borstige Haare ab und schwur, er würde mit diesen Borsten neunundneunzig Literaten totstechen. Er entwarf ein Schreiben an den Kronprinzen von Preußen: »Viele nannten mich genial, ich weiß indes nur, daß ich wenigstens *ein* Kennzeichen des Genies besitze, den Hunger.« Im ästhetischen Zirkel der Frauen und der Arrivierten wurde Heines poetisch-gesellschaftliches Talent kultiviert; am Tisch der Bohemiens von Lutter & Wegener wurde Heine frei, wurden alle die wilden Kräfte frei, die seine zarten Lieder verdeckten. Was verband ihn mit dem großen, herrlichen Barbaren Dietrich Grabbe, den er zeit seines Lebens anerkannte? Eine gefährliche Lebenstollheit! Sie trieb Heine auf die Maskenbälle, in den Rausch der Maskenfreiheit, in den Rausch der Maskengleichheit: »Wenn die Pauken donnern und die Trompeten erschmettern und liebliche Flöten- und Geigenstimmen lockend dazwischen tönen: dann stürze ich mich wie ein toller Schwimmer in die tosende, buntbeleuchtete Menschenflut und tanze und renne und scherze und necke jeden und lache und schwatze, was mir in den Kopf kommt.

Auf der letzten Redoute war ich besonders freudig, ich hätte auf dem Kopfe gehen mögen, ein bacchantischer Geist hatte mein ganzes Wesen ergriffen, und wär' mein Todfeind mir in den Weg gekommen, ich hätte ihm gesagt: morgen wollen wir uns schießen, aber heute will ich Dich recht herzlich abküssen.« Die Heinesche Lebenstollheit, die sich wohl mehr in der Phantasie als in der Wirklichkeit ausgelebt haben wird, hatte nicht den dunklen Rausch Grabbes. Heines Düsternisse vergifteten nicht seine Daseinstrunkenheit. In ihm lebten die beiden feindlichen Elemente friedlich nebeneinander, die der große Rauschhafte, Grabbe, der »betrunkene Shakespeare«, dieses seltsame Gemisch von Demut und »Poetendünkel«, zu einem furchtbaren Einklang zusammengezwungen hatte. Mit Recht sagte ein naiver westfälischer Landsmann Grabbes: »Der konnte viel vertragen und wäre nicht gestorben, weil er trank, sondern er trank, weil er sterben wollte; er starb durch Selbsttrunk.«

Heine war ein melancholischer Dandy – Grabbe ein querköpfiger, unbeherrschter, unkultivierter Bauer. Heine ehrte in Grabbe die elementare Kraft. Grabbe liebte Heine, diesen »Fetzen von Byron«, nicht und soll ihn mit seinen Bauernfäusten bearbeitet haben. Grabbe nahm Heine, dem Verfasser der wilden ›Bonner Sonette‹ übel, daß er ein Liebling der Salons werden konnte: ein Tee-Titane, ein Kavalier-Gigant, der kokett Unter den Linden einherstolzierte in der Meinung, alle Vorübergehenden bewunderten ihn und flüsterten einander seinen Namen zu. Grabbe machte sich lustig über den häßlichen »Poetenjuden«, über »das Männchen von etwa 4 Fuß 10½ Zoll, der nie Weiber genossen habe und sich deshalb alles nur einbilde, dessen Poesien keine Gedichte seien, sondern ›Abwichserei‹. Eine tüchtige Hure schmisse ihn aus dem Fenster.« Und mit teuflischem Lachen wird Grabbe den Bericht gemeinsamer Freunde aufgenommen haben: wie Heine nach dem Augenblicke schmachtete, wo seine ›Tragödien‹ zum Fenster herausguckten, und wie er dann vor dem Buchladen Unter den

Linden auf und ab promenierte, um die Auslagen seines eben erschienenen Buches zu genießen. Der kochende Vesuv verachtete die Perle: was weiß so ein zart glitzerndes Ding vom Schmerz, fauchte der Vesuv. Grabbe gehörten die mächtigen Lava-Massen zur Legitimation des Genies – Heine war zart und voll Form.

Grabbes aggressiver Zerstörungstrieb, Grabbes barbarische Rauheit wirkte noch durch das sublimierte Werk auf sensible Naturen wie eine Vergiftung. Heine gab damals das Manuskript des ›Gothland‹, von dem er entzückt war, der Rahel; das Resultat war (nach Heines Mitteilung) überwältigend: »Wir erkennen das poetische Wild schon am Geruch. Aber der Geruch war diesmal zu stark für weibliche Nerven, und spät schon gegen Mitternacht, ließ mich Frau von Varnhagen rufen und beschwor mich um Gottes willen, das entsetzliche Manuskript wieder zurückzunehmen, da sie nicht schlafen könne, solange sich dasselbe noch im Haus befände.« Was hätte Rahel erst zu dem Schöpfer selbst gesagt? So weit auseinander lagen der Salon der geistreichen Jüdin und die seelischen Orgien des teutonischen Kraftgenies – eine Kluft, die zwar der dionysische Dandy Heine, aber nicht der ungezähmte Grabbe überbrücken konnte.

Ebensoweit auseinander lagen auch die europäische Geistigkeit der Rahel Levin, die sich erst auf ihrem Sterbebett als Jüdin fühlte, und die jüdische Reformation der Gans und Moser, der Markus und Zunz. Die führenden Jüdinnen des geistigen Berlins hatten keine Beziehung zum Judentum. Sie lebten in der Atmosphäre des deutschen Geistes der Spätromantik. Heine aber war nicht nur Schöngeist; er lebte in der Atmosphäre nicht nur Goethes und Hegels, sondern auch jenes »christlichen Staats«, den der Chauvinismus nach den Freiheitskriegen gezeugt hatte. Dieser Staat war selbstverständlich antisemitisch. Auf dem Theater wurden die Juden von Stücken wie ›Die Judenschule‹ und ›Unser Verkehr‹ verhöhnt. Der bekannte Schauspieler Wurm spielte im Jargon, zum Gaudium des Pöbels. Rüß, Professor der Geschichte an der Universität Berlin, eröffnete die Reihe antisemitischer Schriften mit einer Abhandlung ›Über die Ansprüche der Juden an das deutsche Bürgerrecht‹; er forderte eine äußere Markierung der Juden, die »Volksschleife«, den lieben alten gelben Fleck des Mittelalters. Das »Hep-Hep, Jude verreck!« der Straße drang in die Literatur ein. In einem Pamphlet ›Judenspiegel‹, das Ende 1819 erschien, erklärte der adlige Verfasser: daß er zwar »die Tötung eines Juden weder für eine Sünde noch für ein Verbrechen, sondern bloß für ein Polizeivergehen« halte, daß er aber ein besseres Rezept gegen die Juden-Plage habe – man solle »möglichst viele Juden an die Engländer verkaufen, welche sie statt der Schwarzen in ihren indischen Pflanzungen gebrauchen können«; die Männer müßten entmannt, ihre Weiber und Töchter in Schandhäusern untergebracht werden.

Heine trat im August 1822 in den »Verein für Kultur und Wissenschaft des Judentums« ein: in dieser Zeit der Pogrome, in dieser Zeit der Übertritte zum Christentum ein sichtbares Bekenntnis. Er bekannte sich in dieser Zeit zum polnischen Juden, »trotz der barbarischen Pelzmütze, die seinen Kopf bedeckt, und der noch barbarischeren Ideen, die denselben füllen«. Der polnische Jude war ihm lieber als mancher deutsche, »der seinen Bolivar auf dem Kopf und seinen Jean Paul im Kopfe trägt«. Im Osten fand er Eigenart und Selbstbewußtsein, beim Westjuden nur noch einen kraftlosen Mischmasch; der polnische Jude mit seinem schmutzigen Pelz, mit seinem bevölkerten Bart und Knoblauchgeruch und Gemauschel war ihm immer noch lieber als mancher Westjude in all seiner staatspapiernen Herrlichkeit. Mit der vollen Kraft seiner ironischen Phantasie stritt Heine gegen die sterilen Mischlinge aus Deutschtum und Judentum: »Einige Hühneraugenoperateure (Friedländer & Co.) haben den Körper des Judentums von seinem fatalen Hautgeschwür durch Aderlaß zu heilen gesucht, und durch ihre Ungeschicklichkeit und spinnwebige Vernunftsbandagen muß Israel verbluten. Möge bald die Verblendung aufhören, daß das Herrlichste in der Ohnmacht, in der Entäußerung aller Kraft, in der einseitigen Negation, im idealistischen Auerbachtum bestehe. Wir haben nicht mehr die Kraft, einen Bart zu tragen, zu fasten, zu hassen, und aus Haß zu dulden: das ist das Motiv unserer Reformation.« Der Erguß eines rückwärtsgewandten, in die starke Vergangenheit verliebten, von der kraftlosen Gegenwart abgestoßenen Romantikers?

Wir haben nicht mehr die Kraft ... Der Jude Heine predigte die Kraft des Glaubens, die sie alle nicht mehr hatten. Wie der große dänische Protestant Kierkegaard später immer wieder fragte: wie kann man glauben?, immer wieder versicherte: es gibt nur ein sinnvolles Ziel, nämlich zum Glauben zu kommen, immer wieder verzweifelt bekannte: ich kenne das Ziel, aber ich kann es nicht erreichen – so wußte auch sein tragischer Verwandter, der große rheinische Jude Heine, was not tut; aber auch Heine gehörte zu den mächtigen Gebrochenen, immer gerichtet auf ein Ziel und immer ohne die Kraft zu ihm: »Auch ich habe nicht die Kraft, einen Bart zu tragen und mir ›Judenmauschel‹ nachrufen zu lassen und zu fasten etc. Ich hab nicht einmal die Kraft, ordentlich Mazzes zu essen.« Heine trat für das orthodoxe Judentum ein – und zeichnete sich in seinen Vereins-Vorträgen durch das Pathos aus, mit dem er Herrmanns Sieg im Teutoburger Walde verherrlichte. Seine Hörer vergaßen nicht, wie bei den Worten: »Varus! Varus! Gib mir meine Legionen wieder!« sein Herz frohlockte, seine schönen Augen glänzten, sein Gesicht erstrahlte.

Der Jude, der aus dem Ghetto kam, erlebte damals in seiner Sondergeschichte besonders stark, was zu Beginn des neunzehnten Jahrhunderts das gesamte geistige Europa erlebte; denn auch dieses Europa kam aus einem Ghetto, aus dem Ghetto der christlich-feudalistischen Kultur, und wußte, nachdem die Mauern gefallen waren, nicht ein noch aus. Der Jude bekam damals zu seiner jüdischen Spezial-Problematik noch die allgemeine europäische: das Schicksal der ersten jüdischen Nachghetto-Generationen wurde zum Symbol des gesamten nach-feudalen Europa.

Die jüdische Ghetto-Kultur war ein Ineinander von starrer Tradition und Messianismus gewesen; sie hatte nur Vergangenheit und Zukunft gekannt – von den Gegenwarten war sie abgeriegelt gewesen durch hohe Mauern. Die jüdische Ghetto-Kultur war zeitlos gewesen. Dann war die Zeit eingeflutet, nachdem die Verkündung der Menschenrechte in Amerika, das Generalprivilegium Friedrichs des Großen, das Edikt Josephs II., die Ideen der französischen Revolution, Napoleon und die Freiheitskriege auch die Ghetto-Mauern zerstört hatten. 1812 waren die Juden in Preußen Staatsbürger geworden. Lessings Freund Moses Mendelssohn, Repräsentant der ersten Nachghetto-Generation, hatte an einer Verschmelzung deutscher und jüdischer Kultur gearbeitet: er hatte die Bibel ins Deutsche übersetzt, aber diese Übersetzung mit hebräischen Lettern drucken lassen. Er hatte für sich persönlich einen individuellen Ausgleich gefunden; die Masse der Juden war in alter Isolierung geblieben. Und die wenigen, welche die eindringende europäische Kultur-Flut über sich hatten ergehen lassen, hatten jeden Halt verloren: die französischen Enzyklopädisten und die kritische deutsche Philosophie hatten ihren Glauben unterhöhlt. Die Rabbiner kämpften erbittert und erfolglos gegen die gefährliche Strömung. Sie war nicht mehr künstlich fernzuhalten; das isolierte Dasein war nicht mehr aufrecht zu erhalten. Die jungen Talmud-Schüler in Polen wurden rebellisch, weil die Rabbiner die Erlernung einer anderen Sprache als der hebräischen verboten. Als ein Schüler der rabbinischen Akademie zu Posen in Bann getan wurde, weil er auf das deutsche ABC-Buch nicht verzichten wollte, kündigten mehr als zwanzig Talmud-Schüler dem Orthodoxen den Gehorsam und fuhren gemeinsam nach Berlin. Der Kampf gegen die Rabbiner endete mit einer Einschränkung ihrer Machtbefugnis. Sie hatten eine verlorene Position verteidigt. Aber welche Position war zu gewinnen?

Die Ghetto-Kultur war vorbei, die Mauern waren gefallen – die deutschen idealistisch-romantischen Ideen überschwemmten die Gehirne der Freunde und Jünger Moses Mendelssohns. Rechtlich-gesellschaftlich waren die Juden ebensowenig verankert in der deutschen Gesellschaft, wie sie geistig verankert waren in der deutschen Kultur. So entstand in den Besten der Plan, ihrem Volk neue Fundamente zu schaffen. Sie konnten ihrer Ansicht nach nur gewonnen werden durch eine »Vermittlung des historischen Judentums mit der modernen Wissenschaft«. Und nun vermittelten sie in ihrem 1819 gegründeten »Verein«. Die Einleitung zu den Statuten kennzeichnete ihr Ziel: »Das Mißverhältnis des ganzen inneren Zustandes der Juden zu ihrer äußeren Stellung zu den Nationen, seit vielen Jahrhunderten bestehend, aber stärker als je hervortretend in der neueren Zeit, welche durch einen allgewaltigen Ideen-Umschwung auch unter den Juden überall veränderte Bestrebungen hervorrief, die das drückende Gefühl des Widerspruchs täglich allgemeiner machen, fordert dringend eine gänzliche Umarbeitung der bis jetzt unter den Juden bestandenen eigentümlichen Bildung und Lebensbestimmung, und ein Hinführen derselben auf denjenigen Standpunkt, zu welchem die übrige europäische Welt gelangt ist.«

Diese Aufgabe der Einordnung des Fremdkörpers Judentum in das europäische Geistes-System wollte der »Verein« vollbringen. Das Programm war umfassend: Errichtung von Schulen, Seminaren und Akademien; Überwindung der einseitigen jüdischen Neigung zum Handel durch Erziehung der werdenden Generation zu Ackerbau und Gewerbe, zu Wissenschaft und Kunst. Weshalb wurde nichts aus dieser Bewegung?

Sie schlug nicht Wurzel im jüdischen Volk – sie blieb eine Bewegung der Intellektuellen. Die Wirkung einer Bewegung wird nicht entschieden von ihrem Niveau, sondern von der Ungebrochenheit ihres Willens: der »Verein« hatte keinen Willen, sondern nur Theorie und Bildung. Auch die Führer des »Vereins« glaubten an die Allmacht des Begriffs, wie ihn die deutsche idealistische Philosophie ausgebildet und verkündet hatte; sie glaubten tatsächlich, die Juden könnten gut mit den Deutschen leben, sobald die jüdische Theologie sich mit der deutschen Philosophie vertrüge, sobald die wissenschaftliche Durchdringung der jüdischen Geschichte der deutschen Geschichtsforschung ebenbürtig sei. So hielten sie in ihrem wissenschaftlichen Institut mit Eifer Vorträge über die Gesetzgebung für die Juden in Rom, über die Geschichte der Juden in England, über die spanischen Ortsnamen in jüdischen Schriften, über den Feldbau der Juden in Palästina. Ihr Glaube an die Zauberkraft der Wissenschaft war um so stärker, als diese Wissenschaft für sie erst eine junge Errungenschaft, die frische Frucht der Emanzipation war. Noch zu Beginn des Jahrhunderts hatten nur selten Juden das Gymnasium oder die Universität besucht; Zunz war 1809 in Wolfenbüttel der erste jüdische Gymnasiast gewesen. Wozu Gymnasialbildung – wenn höchstens dem Medizin-Studenten sich Aussicht auf eine praktische Auswertung der wissenschaftlichen Studien bot? Ein junger Jude, der sich 1812 um eine Unterstützung seiner philologischen und pädagogischen Studien beim Kasseler Konsistorium bewarb, erhielt den amtlichen Bescheid: »Man sehe nicht ab, was mit solchen Studien bezweckt werden dürfte.« Nun kam mit der Emanzipation der Gegenschlag: eine gewaltige Überschätzung der Wissenschaft. Der Philosoph Hegel, der mächtigste Anbeter des Begriffs, wurde der geistige Führer dieses »Vereins«; statt die jüdische Situation langsam, Schritt für Schritt, zu entwickeln, statt Schritt für Schritt den Ausgleich zwischen dem jüdischen Fossil und dem lebenden Europa vorzunehmen, besoffen sich die Gans und Zunz und Wohlwill an den Hegelschen Abstraktionen. »Soll je ein Band«, schrieb einer von ihnen, »das ganze Menschengeschlecht umschlingen, so ist es das Band der Wissenschaft, das Band der reinen Vernünftigkeit, das Band der Wahrheit.« In der Wissenschaft soll das jüdische Leben mit dem europäischen Leben verschmelzen: das war das

Rezept dieser Leute zur Lösung der Judenfrage. Kein Wunder, daß dieses Rezept wirkungslos blieb: was soll eine Köchin, die kochen muß, mit einem Lehrbuch über die Physiologie des Geschmacks? Erstens wird sie ein solches Buch nicht verstehen; und zweitens würde es ihr nichts nützen, auch wenn sie es verstehen würde. Was nützte es den Handelsjuden, die in das volle Licht der europäischen Kultur hineinblinzelten, wenn ihnen der Hegelianer Gans mitteilte: das jüdische Leben sei »die noch gar nicht zur Vielheit gekommene Einheit«? Was weiter? fragte der Handelsjude. »Also ist die Forderung des heutigen Europas, daß die Juden sich ihm ganz einverleiben sollen, eine aus der Notwendigkeit eines Begriffs hervorgehende«, antworteten die jüdischen Dialektiker. Was fange ich damit an? fragte der Handelsjude weiter. Da kam der jüdische Hegelianer Gans, der wissenschaftliche Führer des »Vereins«, zu dem Spruch: »Was sich vom Judentume nicht vor der Wissenschaft in ihrer heutigen Gestaltung auszuweisen vermag, das wird nicht erst fallen und eines besonderen Umstoßes bedürfen, sondern es ist schon dadurch gefallen und umgestoßen, daß es seine Verantwortung der Wissenschaft schuldig blieb.« Es gab keine Verständigung zwischen dem Handelsjuden und diesen Leuten, die nicht von einer Lebenswirklichkeit ausgingen, sondern von philosophischen Begriffen; die in den Wolken der dünnsten und feinsten Spiritualität schwebten – unendlich hoch über dem Alltag des Handelsjuden, den sie auch deshalb nicht umprägen konnten.

Dieser Wissenschafts-Enthusiasmus half der Nachghetto-Generation nicht weiter. Wenn der ehrwürdige David Friedländer, Moses Mendelssohns Freund, der israelitischen Jugend gute Lehrbücher der Moral und Geschichte geben wollte, statt sie mit dem Studium des Hebräischen zu quälen ... und wenn Lazarus Bendavid den alten Messias-Glauben mit den Worten tötete: »Kein Mensch verargt es dem Juden, wenn er seinen Messias darin findet, daß gute Fürsten ihn ihren übrigen Bürgern gleichgestellt und ihm die Hoffnung vergönnt haben, mit der völligen Erfüllung aller Bürger-Pflichten auch alle Bürger-Rechte zu erlangen« – so vereinfachten die braven Aufklärer das Problem eines Hineinwachsens des Judentums in die europäische Situation zu einer wenn auch unausgesprochenen Selbstaufgabe des Judentums. Und das hat, mit ihrem Hegel, die Wissenschaft getan. Man war verhegelt bis zur Karikatur. Die harmlosesten Reförmchen der Hamburger Gottesdienstverbesserer wurden durch Hegelsche Prinzipien unterkellert – und Moses selbst, einer der großen Reformer, ironisierte die Hamburger Templer: »Hegel träumt nicht, was seine Philosophie dort wunderlicherweise für eine Rolle spielt. Sie brauchen ja indessen nur seine Werke durchzublättern, und sie werden den Tempel so wenig als irgendwas anderes darin finden. In seiner durch die ganze Enzyklopädie sich fortleitenden Definition des Absoluten heißt es freilich zuletzt, ›das Absolute ist der Geist‹, und nicht: ›der Hamburger Tempel oder seine Prediger, oder deren Zuhörer‹.« Aber nicht an diesen Karikatur-Reformen scheiterte die jüdische Renaissance: sondern an ihren echten, erhabenen Trägern; es war ein tragisches Scheitern.

Die Rechenschaftsberichte des »Vereins« suchten die Wirkungslosigkeit seiner Bemühungen in der Trägheit der jüdischen Masse. Von der ›Zeitschrift für die Wissenschaft des Judentums‹ konnten nur drei Hefte erscheinen: der Absatz war so gering, daß er nicht einmal die Druckkosten deckte. Der erste Versuch einer vollständigen Geschichte des Judentums wurde sehr kühl aufgenommen. Der »Verein« war zur Deckung der Ausgaben für seine sämtlichen Bestrebungen fast ganz auf die Beiträge seiner fünfzig ordentlichen Mitglieder angewiesen. Die reichen Glaubensgenossen billigten die Arbeiten des »Vereins« – und gaben keinen Pfennig her. Immer lauter wurden die Klagen der Führer über den Unverstand, über den Mangel an Enthusiasmus, über die Geist- und Gedankenlosigkeit der Juden: »Die Begeisterung für Religion, die Gediegenheit der alten Verhältnisse ist geschwunden, aber es ist keine neue Begeisterung hereingebrochen, es hat sich kein neues Verhältnis erbaut. Es ist bei jener negativen Aufklärung geblieben, die in der Verachtung und Verschmälerung des Vorgefundenen bestand, ohne daß man sich die Mühe gegeben hätte, jener leeren Abstraktion einen anderen Inhalt zu geben. Es ist ein Zustand der vollendeten Auflösung.« Die Führer selbst glaubten nicht mehr an eine Juden-Reformation. »Der Stein muß auf dieses Gespenst geworfen und dasselbe verscheucht werden«, gestanden sie einander pessimistisch-vergrämt in vertrauten Briefen.

Außer für Schulfragen – für die Unterrichtsanstalten, in denen die einwandernden Ostjuden von Vereinsmitgliedern unterrichtet wurden – interessierte man sich in weiteren Kreisen nur noch für eine Verbesserung des Gottesdienstes, für die deutschen Lieder und die moderne Orgel: doch war man so uneins, daß nach der Schließung der Berliner Betstuben die Staatsbehörde um Schlichtung von Gottesdienststreitigkeiten angegangen werden mußte. Der Minister Schuckmann antwortete den jüdischen Bittstellern: sie hätten nicht das Recht, zu fordern, daß der Staat sich um ihre Angelegenheiten kümmere, da die jüdische Gemeinde nur eine tolerierte sei. Das also war die Befreiung aus den Ghettos: man hatte kein Recht mehr auf fremde Befehle.

Die Führer glaubten, die Geführten seien schuldig; sie seien zu träge, um den Reformatoren zu folgen. Heine durchschaute – bei allem Respekt vor der moralischen Kraft und dem hohen geistigen Niveau dieser Reformatoren – die tieferen Ursachen des Zusammenbruchs ihrer Bewegung: die Unpopularität, die er am krassesten in dem vertrackten Stil ihrer Zeitschrift-Aufsätze ausgedrückt fand. Der größte Teil dieser Artikel war ungenießbar wegen ihrer verwahrlosten Form. Heine drang mit scharfen Worten auf eine Kultur des Stils: »Ich will keine goethische Sprache, aber eine verständliche, und ich bin fest überzeugt, was ich nicht verstehe, versteht auch nicht David Levy, Israel Moses, Nathan Itzig, ja vielleicht nicht einmal Auerbach II.« Heine, der so gut zu treffen wußte, begriff sofort die eigentliche Schwäche der

Bewegung: ihre Wirklichkeitsfremdheit, wie sie am sichtbarsten wurde in der abstrakt-fachlichen Geheimsprache und in dem verschrobenen Deutsch der Veröffentlichungen – Abbild einer blutleeren, lebensfernen, aus zweiter Hand empfangenen Geistigkeit. Heine traf den Kern einer alten und neuen Intellektuellen-Tragödie: sie verzweifelten an den Massen – und waren doch nur unfähig zur Lenkung der Massen.

Die jüdische Reform-Bewegung, der Versuch, dem entghettoisierten Juden einen neuen Lebensinhalt zu geben, scheiterte in erster Linie an der Unfähigkeit der Reformer – in zweiter an dem Widerstand der christlichen Regierung. Sie wollte entweder den Ghetto-Juden oder den getauften: sie wehrte sich gegen ein aus frischen Kräften sich erneuerndes Judentum. So dekretierte sie: »Ein justifiziertes Glaubensbekenntnis für diejenigen, so weder dem Judentum angehören, noch die Taufe annehmen wollen, könne nicht gestattet werden.« Eine Schrift, die den Juden den deutschen Gottesdienst empfahl, wurde von der Zensur verboten. Auf ein Gesuch an Friedrich Wilhelm III., dieses Verbot aufzuheben, kam der Bescheid: »Die sogenannte Verbesserung des jüdischen Kultus würde nur zur Entstehung einer neuen Sekte führen, die der Staat nicht dulden könne.« Und eine Kabinettsorder aus dem Jahre 1823 bestimmte brüsk: daß der Gottesdienst der Juden nur nach dem hergebrachten Ritus, ohne die geringste Neuerung in der Sprache und in der Zeremonie, abgehalten werden dürfe. Weshalb wollte man lieber den Ghetto-Juden als den Reform-Juden? Weil eingekapselte Bazillen unschädlicher sind als sich regenerierende. Nach der Auflösung der Ghettos sollte jeder Jude, der sich nicht taufen ließ, sein Ghetto mit sich herumschleppen, wie die Schnecke ihr Haus; so wollte es der christliche Staat.

Die Lage war verzweifelt: ins Ghetto konnten sie nicht mehr zurück, der Versuch einer jüdisch-deutschen Kultur war gescheitert. Losgelöst vom Boden der Tradition, ohne einen neuen Boden, auf dem sie neu aus alten Wurzeln leben konnten, bot sich ihnen als sinnvollster Ausweg allein der Übertritt zum Christentum. Dieser Übertritt war der Weg von einer Insel, welche der Fluß der Zeiten stehen gelassen hatte, jetzt aber zu verschlucken drohte, zum großen Kontinent Europa. Dieser Übertritt war die Abstreifung aller Fesseln, die den jüdischen Bürger nach wie vor, trotz aller Emanzipationen, einengten. So ließen sich Henriette Herz und Rahel Levin taufen. So ließ sich Abraham Mendelssohn, der Sohn Moses Mendelssohns, mit seiner ganzen Familie taufen, um dem begabten Enkel Felix die Künstler-Karriere zu erleichtern. So hatte sich 1818 Börne taufen lassen: ein gesellschaftliches, kein religiöses Ereignis; keine Seelen-Konfession, sondern eine Taktik. So ließ sich bald Gans taufen, der Vorkämpfer im ›Verein für Wissenschaft und Kultur des Judentums‹, nachdem der Minister Hardenberg vergeblich beim König versucht hatte, dem talentvollen jungen Gelehrten die Universitäts-Laufbahn auch ohne Übertritt zum Christentum zu öffnen. So ließ sich kurz darauf auch Heine taufen, weil – die Gesetze das Stehlen silberner Löffel nicht erlaubten. Ist das nicht deutlich genug?

1822 war eine ›Gesellschaft zur Förderung des Christentums unter den Juden‹ gegründet worden. Was sollte in dieser Zeit der Auflösung ohne Neubildung die Börne und Gans und Heine hindern, überzutreten? Wo sie doch von Hegel und Jean Paul und Goethe lebten, nicht von Bibel und Talmud? In einer Zeit, in der zwar das Edikt vom 11. März 1812, das den Juden in Preußen alle bürgerlichen Rechte gewährte, bereits zehn Jahre alt war – aber auch schon alt genug, um die Patina Restauration angesetzt zu haben? Man trat nicht über aus Sympathie für die christliche Lehre; erst recht nicht aus Sympathie für den christlichen Staat. Nicht zum Christentum, zu Europa trat man über – mit dem Taufzettel erkaufte man sich das »Entreebillett zur europäischen Kultur« und auch das Entreebillett zur europäischen Wirtschaft. Das Christentum nahm man in Kauf als notwendiges Übel. Schon 1799 hatte David Friedländer den Propst Teller gefragt: wie kann man ohne heuchlerisches Bekenntnis in die

Gemeinschaft der Christen? Das heißt: aus der Minorität heraus, aus dem Ausnahme-Zustand heraus! Man konnte nicht! Deshalb legten sie alle das erzwungene Bekenntnis ab. Heine schrieb damals in einem Brief: Der »endliche Sturz des Chr ... wird mir täglich einleuchtender. Lange genug hat sich diese faule Idee gehalten. Ich nenne das Christentum eine Idee, aber welche! Es gibt schmutzige Ideenfamilien, die in den Ritzen dieser alten Welt, der verlassenen Bettstelle des göttlichen Geistes, sich eingenistet, wie sich Wanzenfamilien einnisten in der Bettstelle eines polnischen Juden. Zertritt man eine dieser Ideen-Wanzen, so läßt sie einen Gestank zurück, der jahrtausendelang riechbar ist. Eine solche ist das Chr ..., das schon vor achtzehnhundert Jahren zertreten worden.« Zu diesem Christentum trat er nun bald über; er legte, wie Achim von Arnim sagte, das Christentum wie eine »Livree« an. Heine war schon längst ehrlich zum Heidentum übergetreten – als er, ohne es zu meinen, zum Christentum übertrat.

Seine Stellung zum Judentum wandelte sich aber nie in ihrer eindeutigen Doppeldeutigkeit. Sie war immer: Liebe zum Märtyrer-Volk, zu Judäa, das mit seinem Gerechtigkeitsfanatismus die Wiege der Freiheit und Gleichheit gewesen war – und Haß gegen »die Schweizergarde des Deismus«, gegen das »Urübelvolk, das aus Ägypten, dem Vaterland der Krokodile und des Priestertums, kam, und außer den Hautkrankheiten und den gestohlenen Gold- und Silbergeschirren auch eine sogenannte positive Religion mitbrachte, eine sogenannte Kirche, ein Gerüste von Dogmen, an die man glauben, und heiligen Zeremonien, die man feiern mußte, ein Vorbild der späteren Staatsreligionen. O dieses Ägypten! Seine Fabrikate trotzen der Zeit, seine Pyramiden stehen noch immer unerschütterlich, seine Mumien sind noch so unzerstörbar wie sonst, und ebenso unverwüstlich ist jene Volksmumie, die über die Erde wandelt, eingewickelt in ihren uralten Buchstabenwindeln, ein verhärtet Stück Weltgeschichte.« Die Leidenschaft gegen das Judentum wurzelte tief in seiner Art: in seinem Willen zur Unabhängigkeit, die in Jehovah einen alten Fetisch haßte; die in den Juden, die sich vor diesem Jehova beugten, nur »untertänige Kammerknechte« sah. Heine, dem »geborenen Feind aller positiven Religionen«, war die Lehre zuwider, »die zuerst jene Menschenmäkelei aufgebracht, die uns jetzt soviel Schmerzen verursacht«. Aber Heine traf im Judentum nicht nur ein geistiges Prinzip – jenen persönlichen Gott, den er auch im Christentum bekämpfte! Wie Börne verfolgte er die Juden mit intimstem Haß. Wenn Börne mit satanischen Strichen die große Judenstube Ghetto schilderte, wenn Heine in boshafthellsichtiger »Selbstpersiflage« die Halb-und-halb-Juden der ersten Nachghetto-Generation entlarvte: so traf dieser erkennende Haß die Gehaßten mitten ins Herz ... Heine bekämpfte die Juden ... und Heine bekämpfte die Antisemiten. In der Zeit seines Übertritts prophezeite er: »Daß ich für die Rechte der Juden und ihre bürgerliche Gleichstellung enthusiastisch sein werde, das gestehe ich, und in schlimmen Zeiten, die unausbleiblich sind, wird der germanische Pöbel meine Stimme hören, daß es in deutschen Bierstuben und Palästen widerhallt.« Und es hallte wider. Er billigte dem »germanischen Pöbel« nicht zu, gegen eine Rasse mit brutaler Dummheit zu kämpfen, deren Schwächen er, Heine, aus intimer Kenntnis bekämpfte; sein Kampf für die Juden war nur ein Teil seines umfassenden Befreiungskampfes.

Seine Vernunft machte die Juden verantwortlich für den großen despotischen Gott, den sie der Menschheit beschert hatten; seine Vernunft trennte ihn, den Juden Harry Heine, von seinem Volk – sein Gemüt war durchtränkt mit hebräischen Bildern und hebräischen Melodien. Man kann Dogmen abschwören, aber nicht Erinnerungen. Man kann sein Ich von einer Lehre trennen, aber nicht herauslösen aus einem Gewebe, das zusammengewoben ist aus dem eigenen Dasein und den uralten Bildern und Klängen der Ahnen. »›Verwelke meine Rechte, wenn ich Deiner vergesse, Jeruscholayim‹, sind ungefähr die Worte des Psalmisten, und es sind auch noch immer die meinigen.« Das schrieb er in der Jugend. Und im Alter dichtete er: »Lechzend klebe mir die Zunge an dem Gaumen, und es welke meine rechte Hand, vergäß ich jemals Dein, Jerusalem.« Das ist es, was noch bindet, die schon fern sind der Lehre, erst recht fern dem Kult: daß die eigene Jugend noch wie mit einem Schimmer umgeben war von den großen feierlichen Gebärden und festlichen Stimmen der Vorfahren. Man wird weich, weil die Melodie des Einst erlöst von der Härte der Täglichkeit. All dies Erlösende, all dieser Zauber ist eingesargt in der überkommenen Religion: und Heine spürte noch in der gehaßten Mumie Judentum den lebenden Zauber. Er rettete das klingende Judentum und verließ das klanglose. Der Kämpfer für Menschenrechte war gegen die Antisemiten; aber der Enthusiasmus für Menschenrechte allein hätte nicht die ›Hebräischen Melodien‹ dichten können. Heine war mehr als ein Feind der Antisemiten, als ein Feind der Schacher- und Reförmchen-Juden: er war ein Sänger Jerusholayims, ein Sänger jüdischen Schmerzes, der Sänger einer unglücklichen Rasse; denn »die jüdische Religion ist gar keine Religion, sondern ein Unglück«. Und wie er im Alter die Gedichte ›Prinzessin Sabbath‹ und ›Jehuda ben Halevy‹ fand, so spürte schon der Jüngling in alten Chroniken den »Judenschmerz« auf, verdichtete die Leiden und Seligkeiten der Väter im ›Rabbi von Bacherach‹ zu einem hinreißenden Gemälde.

Und dann empfing er, kurz vor seinem Doktor-Examen, die Taufe: trotz »Starrsinn« und »Gemütsweichheit«. Anderthalb Jahre vor der Taufe hatte er noch an einen Freund geschrieben, daß niemand von seiner Familie gegen die Taufe sei, außer ihm selbst. Er sah schon damals in der Taufe nur einen »gleichgültigen Akt«. Aber er hielt es damals noch für unter seiner Würde, für seine Ehre befleckend, wenn er sich taufen ließe, um ein Amt in Preußen anzunehmen. Dann fiel der »Starrsinn« vor der klaren Erkenntnis, daß allein die Taufe ihm den Weg in die Zukunft öffnen würde. Er konnte damals noch nicht wissen, daß ihn sein Leben nicht abhängig machen würde von den Posten, welche die christliche Gesellschaft zu vergeben hatte. So war zum Schluß seine Rechnung falsch: den Juden war er ein Abtrünniger, den Christen ein zweifach Abtrünniger; denn der getaufte Jude Heine wurde, ein Menschenalter vor Nietzsche, der große Antichrist.

Heine ging durch diese Berliner Kreise – die literarischen Salons geistvoller Damen, die Kneip-Abende der Bohemiens, die Sitzungen der jüdischen Reformer – und ging nirgends ganz auf. Er nahm Verwandtes auf, gab Verwandtes ab: und war ein Mensch, den kein Kreis ganz gefangennahm.

Noch war er aber nicht der Heine der Nachwelt. Nicht sehr groß, sehr schmächtig, blond und bleich, der Blick matt, nur um seine mokanten Lippen »ein viereckiges Lächeln«, das Haar glatt zurückgestrichen, im Umgang mit Menschen zurückhaltend still, beim Sprechen leise-monoton, leise-langsam jede Silbe akzentuierend – hatte er noch nicht die Verteidigungs-Stellung der uneinnehmbaren Festung Ironie bezogen. Noch war die Melancholie dieses ›Ritters von der traurigen Gestalt‹ mächtiger als seine Ironie. Noch zitterte die unglückliche Liebe schmerzhaft in ihm nach – wenn er es auch schon mit dem Zynismus versucht hatte; wenn er sich auch schon damit brüstete, daß weibliche Untreue und das Werben der Männchen nur noch auf seine Lachmuskeln wirke. Und noch war er sehr empfindlich gegen Spott, noch war er nicht der große Spötter. Der reizbar-melancholische Heine fühlte hilflos-schmerzlich die Stachel der Mitmenschen, bevor *sein* Stachel *sie* schmerzte. Es war nicht allein sein »Gemütslazarett«, nicht allein der schwarze Stein Heine, aus dem »der Hammer der Zeit böse Funken« schlug, die ihm zu schaffen machten. Der Stachel saß nicht allein in ihm. Die Welt reizte ihn: die nähere Umwelt der Schriftsteller, die weitere Umwelt der deutschen Lande.

Die Spannungen zwischen dem Einzelnen und der Gemeinschaft kommen zuerst im intimsten Kreis zur Entladung. Den intimsten Kreis des Schriftstellers bilden die zeitgenössischen Schriftsteller. Die Schriftsteller hassen einander auch nicht mehr, als die Schauspieler, Maler, Schornsteinfeger und Toiletten-Frauen einander hassen. Nur lassen Schriftsteller ihren Haß drucken, da es ihr Beruf ist, gedruckt zu werden. Der Druck macht die Feindschaften populär und erweckt so den Anschein, als ob bei den Schriftstellern die Urheimat des Hasses sei. In vielen Briefen an den Freund Immermann klagte der junge Heine, wie sehr er unter dem Literaten-Betrieb leide: unter dem Haß der geistig Minderbemittelten, unter dem vorgeschriebenen Passionsweg zum Berg der Anerkennung, dessen Stationen das Verlegersuchen, das Verhöhntwerden durch den Buchhändler, »die theegesellschaftliche Geißelung, die Dornenkrönung dummpfiffigen Lobs, die literaturzeitungliche Kreuzigung zwischen zwei kritisierten Schächern« seien. Heine litt unter der Vergiftung durch »schnöde Gerüchte und öffentliche Kotbewerfung«. Er konnte fast keine Nacht schlafen. Im Traume sah er dann seine sogenannten Freunde, wie sie sich Geschichtchen und Notizchen in die Ohren zischelten, die ihm wie Bleitropfen ins Hirn rannen. Des Tags verfolgte ihn ein ewiges Mißtrauen, überall hörte er seinen Namen und hinterdrein ein höhnisches Gelächter. Da Künstler von Berufs wegen mehr Phantasie haben als Schuhmacher und Kellner, ist der Verfolgungswahn bei ihnen häufiger als bei Schuhmachern und Kellnern; vor allem wohl in der Jugend. Alle Menschen, die das Glück der Jugend preisen, vergessen immer das große Unglück: noch nicht fertig werden zu können mit den Gemeinheiten; alle Feindseligkeiten zum ersten Mal, also mit voller Wucht, erleben zu müssen; allen Feindseligkeiten zum ersten Mal, also ohne Übung in der Verteidigung, begegnen zu müssen. Das Glück der Jugend – ihre Triebkraft, ihr Schwelgen im Vollgefühl der Kräfte – ist zugleich die Grundlage für all ihr Elend: die Jugend ist an den Betrieb noch nicht angepaßt, deshalb tausend Schmerzen ausgesetzt; denn der Prozeß der Anpassung ist um so schmerzhafter, je kräftiger einer ist, der sich anpassen muß. Heine reagierte mit schmerzhafter Empfindlichkeit, bevor er rücksichtslos wurde. Während er Immermanns Kampf gegen das Duell-Unwesen rühmte, gestand er: »Mir fehlt die Courage.« Noch bestätigte sich seine Courage allein in rhetorischen Kaskaden, die er an Immermann adressierte: »Kampf dem verjährten Unrecht, der herrschenden Torheit und dem Schlechten! Wollen Sie mich zum Waffenbruder in diesem heiligen Kampfe, so reiche ich Ihnen freudig die Hand. Die Poesie ist am Ende doch nur eine schöne Nebensache.« Vorläufig war dieser heilige Kampf noch eine poetische Haupt-Sache.

Heines Konflikte mit dem engsten Kreis der Schriftsteller wurden verstärkt durch seine Konflikte mit dem weitesten Kreis, der um sein damaliges Dasein gelagert war: durch seine Konflikte mit Deutschland. Vor drei Jahren hatte er noch Dithyramben gesungen auf die deutsche Art. Noch aus Bonn hatte er lyrisch-patriotisch über eine Wanderung durch Westfalen geschrieben: »Ich höre noch immer, wie die alten Eichenwälder mich umrauschen, wie jedes Blatt mir zuflüstert: Hier wohnten die alten Sachsen, die am spätesten Glauben und Germanentum einbüßten. Ich höre noch immer, wie ein uralter Stein mir zuruft: ›Wanderer, steh', hier hat Armin den Varus geschlagen!‹« Die wesentlichen Dinge, die uns begegnen, kommen nicht klar auf uns zu, in den sicheren Umrissen ihrer Existenz, sondern eingehüllt in einen Gefühlsdunst, der aus den Gefühlen derer, die vor uns lebten, und aus den Vorstellungen, welche die traditionellen Gefühle in uns bildeten, zusammengewoben ist. So erleben wir zuerst nicht unsern Vater, sondern die Würde, die auf dem Begriff Vater ruht; so erleben wir zuerst nicht unser Land, sondern das Gefühlsecho des Wortes Vaterland. Die meisten leben ein Leben lang in diesem Gefühls-Dunst; einige aber machen wirkliche Erfahrungen: das Begegnende tritt aus dem Nebel. Deutschland trat dem Patrioten Heine schon früh nackt entgegen aus dem Dämmer der rauschenden Eichenwälder: »O Deutschland! Land der Eichen und des Stumpfsinns!« Der

Dunst des Wortzaubers Heimat teilte sich – um einem andern Dunst Platz zu machen: der Begriff Deutschland wurde der große Sack für jeden Ärger. So schrieb er (ganz nietzschesch vor Nietzsche) aus Berlin: »Alles, was deutsch ist, ist mir zuwider ... Alles Deutsche wirkt auf mich wie ein Brechpulver. Die deutsche Sprache zerreißt meine Ohren. Die eignen Gedichte ekeln mich zuweilen an, wenn ich sehe, daß sie auf deutsch geschrieben sind. Sogar das Schreiben dieses Billets wird mir sauer, weil die deutschen Schriftzüge schmerzhaft auf meine Nerven wirken. *Je n'aurai jamais cru que ces bêtes qu'on nomme Allemands, soient une race si ennuyante et malicieuse en même temps. Aussitôt que ma santé sera rétablie, je quitterai l'Allemagne, je passerai en Arabie ...*« Vom engen Patriotismus fiel er dem anderen Fetisch in die Arme: dem engen Antipatriotismus; denn der unkritische Haß gegen ein Land ist ebenso borniert wie die unkritische Liebe. Dieser Antipatriotismus schleppte allerdings viel Deutschland-Zärtlichkeit mit sich: »In meiner Seele liegt zu sehr Liebe für Deutschland und Verehrung deutscher Herrlichkeit, als daß ich einstimmen könnte in das unsinnige Gewäsche jener Pfennigsmenschen, die mit dem Deutschtum kokettieren.« Aber dieser Antipatriotismus kann ebensowenig wie Nietzsches Kampf gegen Deutschland nur als enttäuschte Deutschland-Liebe patriotisch ausgelegt werden. Es war vielmehr im Grunde echte Deutschland-Kritik, die allerdings in Erscheinung trat als ein Haß-Stoß, dessen heftige Wucht aus der vorhergehenden romantsich-idealisierenden Phraseologie der Freiheitskriege herkam.

Heines Worte dürfen nicht abgewogen werden wie wissenschaftliche Urteile, sie sind überbetont durch die Erregung – sie dürfen aber auch nicht bagatellisiert werden als ein Konglomerat von subjektiven Stimmungen; sie sind soweit berechtigt, wie die sachlichen Auseinandersetzungen richtig sind, die ihnen folgen. Und sie sind von einem ganz anderen Gewicht als die ähnlich lautenden Vokabeln hundert Jahre später. Was später unbeteiligte geistreiche Aphorismen um einen kleinen Wahrheitskern wurden – war bei Hölderlin, bei Börne, bei Heine, bei Nietzsche lebendige Auseinandersetzung. Vieles wurde von ihnen allerdings deutsch genannt, was Menschen-Art ist. Wie die Kinder in den ersten Jahren alle Männer Onkel nennen, so pflegen seit mehr als hundert Jahren eine Reihe von deutschen Schriftstellern das Wort deutsch zu gebrauchen: die einen für alles Gute, die andern für alles Schlechte. Und da nun der Nachbar Frankreich sich am besten, am bequemsten als Kontrast anbietet – nennen die Deutschen-Verehrer alles Schlechte, die Deutschen-Hasser alles Gute: französisch. So sehr die Börne und Heine und Nietzsche durch Zitate als Deutschen-Hasser, als Franzosen-Verehrer festzulegen sind, ebenso sehr sind sie festzulegen als Franzosen-Verächter, als Deutschen-Verehrer; das heißt: diese Vokabeln werden vor ihnen gegenstandslos. Es gibt nur einen schlechten Patriotismus: den, der nach dem Wert seines Landes überhaupt nicht fragt; der unkritisch seine Abstammung bejaht – Abstammung von Serbien oder von Frankreich, von Deutschland oder von Ungarn. Der Patriotismus der Börne und Heine und Nietzsche war nicht eine Selbst-Liebe, sondern ein Wert-Wille; keine Eitelkeit, sondern eine Idealsetzung. Sie waren keine Nationalisten, weil sie überhaupt keine Vergötterer irgendeiner Wirklichkeit waren – auch nicht der nationalen, sondern Vergötterer von Idealen: »Ich liebe Deutschland und die Deutschen; aber ich liebe nicht minder die Bewohner des übrigen Teils der Erde, deren Zahl vierzigmal größer ist als die der Deutschen.«

Man hat behauptet, daß die Liebe zur Menschheit ein Zeichen von Gefühllosigkeit sei; je weniger konkret der Liebesgegenstand, um so schwächer die Liebe. Sicherlich kann man nicht die Menschheit lieben – schon deshalb nicht, weil man sie gar nicht kennt. Aber kennt der Deutsche alle Deutschen? Liebt der deutsche Patriot alle Deutschen? Man kann höchstens ein paar Menschen lieben. Der Patriotismus ist gar nicht Liebe, sondern Selbstgefälligkeit: und die Liebhaber der Menschheit sind Kämpfer gegen die Selbstgefälligkeiten, gegen die »Nationalselbstsucht«. Sie sagen nur: es gibt keine Wirklichkeit, die unantastbar ist, die ihre Existenz jedem geistigen Ziel, jeder geistigen Kritik entziehen kann, weil sie, wie der Nationalismus, sich für das Ziel hält und für den Maßstab aller Kritik. Wenn diese Nationalisten sich breit vor ihrem Land aufpflanzten und verkündeten: wir sind Deutschland – ist es da verwunderlich, daß der junge Heine gegen Deutschland schrieb, als er die Chauvinismus-Pfaffen meinte?

Melancholie in Lüneburg

In Lüneburg wohnen jetzt die Eltern. Lüneburg hat keine Universität; aber ein Haus, in dem der Student umsonst wohnen und essen kann. In Bonn, Göttingen und Berlin hat er studiert; in Lüneburg, »Residenz der Langeweile«, büffelt er.

Er ist sehr einsam in Lüneburg. Die Eltern wohnen noch nicht lange hier. Sie kennen kaum Menschen in dieser Stadt und leben sehr zurückgezogen. Heine ist verdrießlich. Die Lüneburger Juden sind »unausstehliche Schacherer und Schmutzlappen«, die christliche Mittelklasse ist unerquicklich mit einem »ungewöhnlichen Rischess«, die höhere Klasse ist ebenso unerquicklich mit einem entsprechend höheren »Rischess«. Heines kleiner Hund wird auf der Straße von den anderen Hunden auf eigene Weise »berochen und maltraitiert«; »Christenhunde haben offenbar Rischess gegen den Judenhund«. Nach dem Salon der Rahel, nach den Nächten bei Lutter & Wegener, nach den Gesprächen mit der jüdischen Intelligenz Berlins erdrückt ihn das armselige Provinznest. Durch all seine Briefe aus diesen Tagen fließen die Klagen eines auf eine öde Insel Verbannten. Er bittet seine Berliner Freunde um Bücher, um Zeitschriften, um Adressen in Hamburg. »Von Krankheit und Jurisprudenz niedergedrückt«, unterhält er die Menschen, an die er schreibt, viele Monate lang nur mit seinen Kopfnerven, mit der Öde Lüneburgs und der Qual seiner Studien.

Das juristische Studium, wahrscheinlich jede Art wissenschaftlicher Arbeit, widersprach seiner Art, da er immer geneigt war, den Menschen einzumischen in die Sache, den lebenden Heine einzumischen in die lebensferne Gelehrsamkeit. So hat er seine Berliner Eindrücke in locker aneinandergereihten Szenen, die keinen inneren Zusammenhang haben, geschildert. Den Übergang von einem Thema zum andern praktizierte er ohne Übergang: »Wie komme ich aber vom I-A der Langohrigen und vom Bäh der Dickwolligen zu den Werken von Sir Walter Scott?« Diese leichten Feuilleton-Brücken trugen nicht das schwere Gepäck wissenschaftlicher Zusammenhänge. Und da er nicht konstruktiv denken konnte, war die Wissenschaft ein Alpdruck. Er konnte sich nicht helfen wie jene Studenten und Gelehrten, die in ihrem Kopf hundert zusammenhanglose Details, das »Halbbegriffene, das aus dem Zusammenhang des Wissens gerissene« aufstapeln, um es bei Gelegenheit zu verwenden. Deshalb wurde ihm schwer zu fassen, »was die ordinärsten Menschen zu fassen vermögen«. Wenn er jammerte, daß er sich mit seiner Jurisprudenz »zu Tode quäle«, so lag das nicht an seiner Minderbegabtheit, sondern an seiner Andersbegabtheit: ein Poet, der nach wissenschaftlichen Methoden denken muß, lebt ebenso unnatürlich, wie ein Wissenschaftler, der nach ästhetischen Methoden Beweis führen soll.

Weshalb warf Heine nicht das Joch ab? Er hatte bereits die ersten ›Gedichte‹ veröffentlicht und soeben noch ›Die Tragödien nebst einem lyrischen Intermezzo‹, als er nach Lüneburg kam. Berühmte Schriftsteller hatten ihn anerkannt. Aber seine Leute verhielten sich ungnädig-abwartend: »Der Success muß den üblen Eindruck verwischen.« Seine Mutter hatte die Tragödien und Lieder zwar gelesen, aber »nicht sonderlich goutiert«; seine Schwester »tolerierte sie bloß«; seine Brüder verstanden sie nicht; und sein Vater hatte sie gar nicht gelesen. Doch nicht diese kühle Aufnahme seiner Erstlinge im Schoß der Familie entschied über seine Zukunftspläne. Sondern das Honorar, das ihm sein erster Verleger zahlte: vierzig Frei-Exemplare. Heine wollte sich nicht als Dachstuben-Poet hinabhungern, wollte sich nicht in »Armut und Drangsal herumschleppen«, er wollte sich »eine feste und lukrative Stellung verschaffen«. Er war kein Bohemien, der sorglos in den Tag hineinlebte; er lehnte es ausdrücklich ab, Schulden zu machen. Vor dem Geld hatte er einen bürgerlichen Respekt. Er hatte von seinem Onkel eine vierteljährliche Rente von hundert Thalern – selbst seinen nächsten Freunden verschwieg er die Summe, weil er sich ihrer Geringfügigkeit schämte. Der Onkel hielt ihn kurz, ließ ihn seine Abhängigkeit fühlen ... und Heine war zu stolz, um ihm ins Portemonnaie zu kriechen. Weil er diesen drückenden Mäzen loswerden wollte, weil er gut leben wollte, und weil die vierzig Frei-Exemplare ihm wenig Hoffnung machten auf die Goldhaltigkeit seiner Poesie – deshalb nahm er Lüneburg auf sich und dann noch einmal Göttingen mit seiner Pandekten-Paukerei und dann zum Schluß noch das Doktor-Examen: bei dem der Dekan Professor Hugo gesagt haben soll, Heine sei mit Goethe darin zu vergleichen, daß der Dichter sich besser bewährt habe als der Jurist. Und während er sich täglich von neuem antreiben mußte zu einer Arbeit, zu der es ihn nicht trieb, mußte er den starken Trieb zu poetischem Schaffen dämmen. Nur wenige Stunden gönnte er sich für seine Lieder, für die ›Harzreise‹, für den ›Rabbi von Bacherach‹, für »eine Art ›Wahrheit und Dichtung‹«, an der er damals arbeitete. Was er unterdrücken mußte, belastete ihn noch stärker als was er leisten mußte. Vielleicht waren diese bleiernen Tage im öden Lüneburg mit ihren Kopfschmerzen und ihrer Büffelei, mit ihrem Ärger über den taktlosen Onkel und ihren Sorgen um die Zukunft die leersten Tage im Leben Heinrich Heines.

Die leersten und die schmerzlichsten. Denn als er nach Hamburg hinüberfuhr, seinem »Elysium und Tartarus zu gleicher Zeit«, wirkte »die Magie des Ortes furchtbar« auf ihn ein, brachen alle alten Liebeswunden wieder auf. Nach sieben Jahren unglücklicher Liebe, zwei Jahre nach der Vermählung der unerreichbaren Geliebten, stürzte die alte Leidenschaft nochmals mit Gewalt hervor. »Ein arger Wahn kömmt in mir auf, ich fange an, selbst zu glauben, daß ich geistig anders organisiert sei und mehr Tiefe habe, als andere Menschen.« Mehr Tiefe? Weshalb war er geistig anders organisiert? Er konnte nicht vergessen: »Was ich liebe, liebe ich für immer.« Während bei Millionen Menschen fast alles, was ihnen geschickt wird, nur ein leichtestes Ritzen der Haut, einen leisesten, flüchtigsten, schnellverwehenden Eindruck hervorruft, so fielen bei Heine einige Erlebnisse in die untersten Schächte seiner Seele und säten hier die großen Früchte seines Daseins. In diesem Nicht-Vergessen, in dieser Fähigkeit zum Schicksal – wirklich auszutragen, was ihm geschickt worden ist, in dieser Artung, das Leid *durch*zuleiden, das die Meisten halb verheimlichen, halb sogar sich verheimlichen – liegt das Genie, lag sein Genie. Genie ist, nicht nachgeben. Viele lieben eine Frau und werden nicht wiedergeliebt. Viele quält der Gedanke an den Mann dieser Frau. Viele zehren hungernd von der Erinnerung an einen Kuß der Geliebten, an eine Blume der Geliebten, an ein Wort der Geliebten. Die vielen vergessen schnell; sie trösten sich. Einige halten den Druck nicht aus und verkrüppeln oder gehen in den Tod. Die Art der Produktiven liegt darin, daß sie Spuren halten; daß sie nicht geduldig tausend Drucke der Außenwelt aufnehmen und elastisch wieder zurückdrücken, sondern tausend Impressionen ignorieren und die Eine beantworten mit einem säkularen Echo.

Als seine ersten ›Gedichte‹ herauskamen, erregten sie Aufsehen. Die besten Literaten erkannten sie an. Sie wurden schon nachgeahmt, bevor sie in Buchform erschienen. Sie hatten die Kluft zwischen Kunst-Poesie und Volkslied geschlossen – sie waren beides: deshalb hatten sie ihr Echo bei der Elite *und* bei den vielen. Schon nach diesem ersten Werk wurden die wesentlichen Elemente seiner Poesie diskutiert. Ein Kritiker fragte: »Ist jenes Erschüttertwerden, jener galvanische Stoß, der Zweck der Poesie?« und antwortete: »Nein, wahrlich nicht! Poesie soll wirken wie – Religion ... Wie es besonders der Zweck unserer Heiligen Religion ist, die zerrissenen Gemüter zu heilen, zu stärken, zu erheben, so soll sich auch unsere Poesie jenen Zweck vorzeichnen, und wenn es auch in ihrem Wesen liegt, die Leidenschaften gewaltsam aufzuwühlen, und den Gemütssturm mit seltsamen Sprüchen zu beschwören, so soll dieses doch nur geschehen, um die Leidenschaften desto milder zu versöhnen, und jenen Sturm in ein mildes Wesen aufzulösen. Betrachten wir jetzt den Geist, der in den Gedichten Heines lebt, so vermissen wir nicht allein jenes versöhnende Prinzip, jene Harmonie, worauf selbst die wildesten Leidenschaftsausbrüche berechnet sein sollten, sondern wir finden sogar darin ein feindliches Prinzip, eine schneidende Dissonanz, einen wilden Zerstörungsgeist, der alle Blumen aus dem Leben herauswühlt, und nirgends aufkeimen läßt die Palme des Friedens.«

Hier stießen die zwei mächtigen feindlichen Welten des neunzehnten Jahrhunderts zusammen: die abklingende christlich-humanistische, die bei allen Spannungen doch immer noch in der Harmonie die letzte Gegebenheit sah; und die machtvoll emportauchende tragische, die nicht über die Dissonanz hinausgekommen ist. Heine war Tragiker; sein Leben wurde von seinen ersten öffentlichen Äußerungen an begleitet von jenem tadelnden Chor, der es für verwerflich hält, nicht harmonisch zu sein. Sogar Varnhagen forderte nach Erscheinen des ›Lyrischen Intermezzo‹ »ein ethisches Bewußtsein« – womit wiederum jenes Ethos gemeint war, das den Regenbogen sehen will nach den Gewittern; und ein anderer Kritiker ordnete an: »Der Dichter, besonders der lyrische, darf nicht geradezu das Heiligste im Menschen, wenn auch nur durch einen Anklang verletzen wollen.« Man nahm Anstoß an Heine. Die Tabus haben sich in das moderne Leben gerettet, indem man bestimmte Gefühle und Gedanken als unheilig auszeichnet. Die Gruppe einer Gemeinschaft, die heilige Gefühle und Gedanken hegt, hat mit der Heiligkeit auch eine Verletzbarkeit gewonnen. Es ist nun ein Merkmal von Gruppen, die heilige Gefühle und Gedanken besitzen, daß ihre Verletzbarkeit angriffslustig ist; das heißt, sie nehmen Anstoß. Die Anstoßnehmer sind nicht Angegriffene, sondern Angreifende. Sie sind intolerant, kriegerische Gläubige. Sie suchen Streit, nicht Verteidigung ihres Friedens. Heine dichtete nur seine Existenz – diese Existenz, die nicht den Schöpfer lobte, sondern das Leid der Kreatur zeigte; die kein happy end hatte, sondern Wunden. Heines Existenz verletzte, weil er sie nicht vertuschte, sondern mit allen Klüften sichtbar machte. Heine brach nicht mutwillig ein in den Glauben der Mitmenschen; aber die Mitmenschen brachen zeternd ein in seinen Unglauben.

Vielleicht reizte er sie auch durch seine pessimistischen Gassenhauer. Er hatte von Beginn an – wie Immermann sofort sah – jenen Abscheu vor weibischer Sentimentalität, der kräftigen Seelen eigentümlich ist; er fiel lieber ins Gemeine und Possenhafte als ins Rührselige. Solger, der Ästhetiker der Romantik, deutete die Ironie als den Ausdruck der Nichtigkeit und Vergänglichkeit der Idee, als unendlichen Schmerz, der alles erfaßt, wenn wir das Herrlichste durch sein notwendiges irdisches Dasein in das Nichts zerstieben sehen. Dieser Zweifel an der Lebensfähigkeit des Ideals – nicht ein Hang zu Geistreicheleien war die ewige Quelle des Heineschen Witzes: »Witz in seiner Isolierung ist gar nichts wert. Nur dann ist mir der Witz erträglich, wenn er auf einem ernsten Grund ruht.« Heines Witz ruhte auf dem ernsten Grund: auf sehnsüchtigster Hoffnungslosigkeit.

Immermann suchte die Quelle dieser Trauer, dieser Verzweiflung in der schiefen Stellung, die der Dichter in der modernen Gesellschaft habe. Immermann schrieb, daß es ihm »wie eine schwere Last des Schicksals vorkommt, in unseren Tagen mit poetischem Talent geboren zu sein«: die moderne Gesellschaft erkenne nicht die Sonderstellung des Dichters, er sei ihr ein Arbeiter neben tausend andern, daher träten alle Talente in unseren Tagen gereizt und kränkelnd auf – mehr als je stelle sich der Dichter in offene Opposition gegen die übrigen Welten; er, der eigentlich berufen sei, zwischen und über allen Parteien stehend, alle aufzulösen und zu beschwichtigen, bilde jetzt die heftigste Partei. Immermann erklärte Heines Melancholie soziologisch: aber vielleicht ist sie weder aus seinem privaten Leben noch aus seiner gesellschaftlichen Existenz ganz zu erklären. Der Tragiker Georg Büchner prägte das Wort: »Es gibt Menschen, die unglücklich sind, nur weil sie sind.«

III.

Der untergehende und der aufgehende Stern

»Es gibt in Europa keine Nationen mehr, sondern nur Parteien.« Heine

Fürst von Mitternacht und seine Feder

»Bei den meisten deutschen Schriftstellern, die ihre Bücher nicht eben in der Kanzlei anfertigen, ist es eine hergebrachte Mode, bei dem Namen Metternich einige Verwünschungen anzustoßen und von Freiheit und Tyrannei zu sprechen.« Heinrich Laube

An seinem dreiunddreißigsten Geburtstag, am fünfzehnten August 1808, hielt Napoleon eine Gratulations-Cour ab, deren Stil mehr korsisch als kaiserlich war. Tags zuvor war er von der spanischen Front zurückgekommen: unzufrieden, verärgert, gereizt. Zuerst fauchte er den neapolitanischen Gesandten Marquis de Gallo an: seine Königin Karoline sei eine unermüdliche Megäre, die erste Messaline des Jahrhunderts und eine Tribade. Was hatte Napoleon gegen seine Schwester, die Königin Karoline? Schlug er nur blindlings den ersten besten: wie der wütende Stier in die Arena stürzt, stur los auf das erste zufällige Ziel? Der Hof zitterte und schwieg und sah ängstlich in die Richtung, in der sich das Gewitter entlud. War Königin Karoline nicht die Geliebte des österreichischen Gesandten? Der Stier Napoleon hatte nicht sinnlos irgend ein gleichgültiges Etwas auf die Hörner genommen. Jetzt fuhr er direkt auf sein Ziel. Er kniff die Lippen zusammen, funkelte es an, packte es bei der Brust: »Was will denn Ihr Kaiser?« Der attackierte österreichische Gesandte v. Metternich antwortete: »Er will, daß Sie seinen Gesandten respektieren.« Der Stier stutzte vor dieser unerwarteten Wendung; dann blähten sich seine Nüstern im feurigen Atem: allerdings hätten die französischen Truppen jenseits der Pyrenäen Verluste gehabt, doch würden noch vor Jahresende die französischen Adler wieder in Cadix und Lissabon aufgepflanzt sein; er hätte nichts gegen Österreich – aber wenn es sein müßte, würde er auch gegen Spanien und Österreich fechten; vergäße das Wiener Kabinett die Großmut, die er ihm immer bewiesen, so würde er die Undankbaren auslöschen. Herr von Metternich hielt stand. Da brach es zum zweitenmal los, peinlicher. Napeoleon hatte Metternichs Zetteleien ausspioniert: alle die dunklen Verschwörungen mit Talleyrand und Fouché, mit den spanischen und portugiesischen Oppositionellen. Alles, was Metternich unter Tag gesponnen hatte, zerrte der Kaiser bei dieser merkwürdigen Gratulations-Cour brutal ans Licht der europäischen Öffentlichkeit.

Es ist die schwerste Probe auf die Unerschütterlichkeit eines Diplomaten: Ruhe wahren zu müssen, wenn ihm vor aller Welt ins Gesicht geschrien wird, was er hinter aller Welt dunkel zusammengefädelt hat. Und Napoleon würzte seine Enthüllungen noch mit kräftigen Beleidigungen. Auch der entlarvte und beleidigte Metternich behielt seinen Gleichmut. Ein guter Diplomat ist nicht nur der Mann, der andere richtig behandelt, sondern auch der Mann, der richtig reagiert. Seine Leidenschaftslosigkeit und seine Überlegenheit befähigten den großen Diplomaten, immer richtig zu reagieren, also immer unpersönlich, also immer nur geleitet vom Verhandlungs-Ziel. Einmal beobachtete der Marschall Lannes ein Gespräch zwischen Napoleon, Talleyrand und Metternich. Als sich die drei getrennt hatten, lachte Lannes vor Napoleon seine ganze Verachtung für Metternich grob heraus: »Über Karolinens Geschmack! Über diese Hundedemut und Nichtigkeit. – Ich hätte ihm während des Gesprächs mit Dir einen Tritt geben wollen und Du solltest vorne nicht das leiseste Zucken des süßen Mundes wahrgenommen haben.« Was Lannes für »Hundedemut« hielt, war Selbstbeherrschung. Krieger und Diplomaten verachten immer einander, weil ihre entgegengesetzten Arbeitsmethoden sie zu entgegengesetzten Charakteren machen. Die Tugend des einen ist die Plumpheit oder die »Hundedemut« des andern.

Damals hatte sich Metternich schon als österreichischer Gesandter im Haag, in Dresden, in Berlin, in Paris durchgeliebelt. Nach der österreichischen Niederlage von 1809 berief man ihn auf den Posten des leitenden Ministers. Auf diesem Posten war er fast vierzig Jahre Herr Europas. Er hat sich nicht heraufgearbeitet, von Ideen und Ehrgeiz gespornt. Die Stellungen kamen dem Hochgeborenen von Geburt zu, so daß er vom »Salon sogleich auf die höchste Stufe des Staates trat«. Er glänzte nicht durch sein Amt – sein Amt glänzte durch ihn: durch das, was er mitbrachte außer den ererbten Würden der Metternich, durch seine Persönlichkeit. Denn dieser Metternich war mehr als einer, den die angeborene Leidenschaftslosigkeit und Wohlgeborenheit zum Diplomaten ausersehen hatte.

Zuerst war er nur »ein guter aimabler junger Mensch von der niedlichsten Verve, ein perfekter Kavalier«, wie ihn der alte Fürst Kaunitz nannte. Dann war er der Champion der politischen Salons Europas. Das war sehr viel in einer Zeit, in der die großen politischen Konferenzen von Bällen umkränzt waren – soweit sie nicht schon in den Boudoirs tagten, besser: nächtigten. Von dem Wiener Kongreß sagte der Fürst de Ligne: *»Le congrès danse bien, mais il ne marche pas!«* Metternich war ein Tänzer, kein Marschierer. Der Zyklus von Kongressen, vom Wiener Kongreß bis zum Kongreß in Verona, auf denen die Politik dieser Jahrzehnte gemacht wurde, war zugleich ein Zyklus pompösester Feste: und der führende Diplomat war zugleich *maître de plaisir*; Fürst von Metternich war *»le ministre papillon«*, der Schmetterling-Minister, der Ideen und Frauen und Verhandlungspartner leicht angaukelte. Er kannte nicht die Trennung von Arbeit und Vergnügen: er ordnete Hoffeste an, legte den Damen, welche die lebenden Bilder stellten, eigenhändig die Schminke auf und lenkte, der »Quirl« des Kongresses, die Parteien zu- und gegeneinander. Napoleon sah richtig, *»qu'il prend l'intrigue pour la politique«*. Die Politik war damals die Summe aller Intrigen, die Erfolg hatten. Deshalb war auch das Boudoir der geeignete Rahmen und Metternich der geeignete Mann.

Dieser edelgeborene, durch seine Heirat mit einer Enkelin des Fürsten Kaunitz reich gewordene und zum österreichischen Adel ersten Ranges gehörende, genießerische, leidenschaftslose, aber Frauen entflammende Kavalier war noch nicht jener Metternich, den man dann den »Fürst von Mitternacht« nannte, weil er die Schattenquelle für die erste Hälfte des neunzehnten Jahrhunderts war. Wie wurde der »aimable junge Mensch« König der Nacht? Nicht durch eine Dämonie; ihn, den Leidenschaftslosen, trieb keine Besessenheit, keine Idee und kein Wahn. Im Gegenteil: die Abwesenheit jedes Glaubens, eine absolute Skepsis hielt ihn von allem zurück. Er wurde der »Fürst von Mitternacht«, weil er an kein Licht glaubte.

Mit einem abgrundtiefen Pessimismus sah er auf die Geschichte des Menschen: er sah (wie sein Zeitgenosse Schopenhauer) ein Werden, aber keinen Fortschritt; er sah im Werden nur das ewig neue Aufrühren des Chaos, ein ewiges Element der Unruhe. Deshalb hielt er jeden Zustand für besser als seine Veränderung. Deshalb trat er für die Gegenwart ein gegen die Zukunft. Hinter seinem leidenschaftlichen Festhalten am Bestehenden stand keine positive Staats-Idee, die aus Überzeugung Partei genommen hätte für das herrschende System – er hielt nicht viel von diesem System. Er war erst recht kein Reaktionär, der romantisch zurück wollte ins Mittelalter. Er versicherte ausdrücklich, daß er die Rückkehr zum Alten für ebenso gefährlich halte wie den Übergang zum Neuen. Durchaus logisch: denn er war doch nicht für diesen oder gegen jenen Zustand, er war gegen die Veränderung des bestehenden Zustands überhaupt: und die Wandlung zurück ist ebenso eine Veränderung wie die Wandlung vorwärts.

Keine Bosheit und kein Ressentiment waren schuld, daß Metternich der große enragierte Gegner alles Werdens wurde. Er war kein Sadist mit Macht. Das psychoanalytische Mißtrauen findet nicht den Schlüssel für seine Politik. Seine Gegner machten in ihrer Wut gern einen Barbaren aus ihm – und trafen ihn nicht: »Ich muß immer lächeln, wenn ich lese oder höre, ich sei ein Absolutist und Finsterling gewesen.« Geht man im tschechischen Schloß Königswart, einem Besitz der Metternichs, an den langen Reihen von Büchern entlang, welche die Bibliothek des Fürsten gebildet haben, so spürt man, daß dieser Mann die Kultur seiner Zeit in sich aufgenommen hatte. Er war kein finsterer Mucker, sondern ein feinsinniger Genießer; er war weder ein rachsüchtiger Asket noch ein irrsinniger Despot. Metternich war leidenschaftslos, nicht zu haben für private Rache. Reaktionäre Grausamkeiten, wie sie sich in Neapel und Spanien ereigneten, empörten ihn. Er war mitleidig von Natur und nahm die Fliege, die ins Wasser gefallen war, heraus, um ihr das Leben zu retten. Nicht nur sein nächster Mitarbeiter, Gentz, bezeugte, daß »sein heller Kopf und sein heiterer, liebenswürdiger Charakter« ihm nicht gestatteten, »irgend eines Menschen, noch einer Sache bitterer Feind zu sein«. So praktizierte er die Durchführung seiner Prinzipien wohlwollend und väterlich, erst im Kampf rigoros; am mildesten in Österreich, weil hier der Widerstand am geringsten war. Auch in Österreich bestand eine Zensur gegen gefährliche Ideen. Aber die Handhabung dieser Zensur war sehr freundlich, da Metternich meinte, daß nur gebildete Leser die verbotenen Schriften lesen würden und daß Bildung ein Schutz vor Verhetzung sei. Und Metternich, der große Verteidiger der vorrevolutionären Gesellschaftsordnung, heiratete nach dem Tode seiner ersten Frau ein Fräulein von Leykam, die schöne Tochter der ehemaligen Geliebten Ferdinands von Neapel. Metternichs alte Mutter war unglücklich, die Salons muckten auf – der große Repräsentant des Legitimismus ging eine Mesalliance ein. Gibt es einen besseren Beweis dafür, daß er die Welt seiner Klasse verteidigte, ohne an sie zu glauben? Keine verkrüppelte Seele und kein rigoroser Klassenegoismus sind dafür verantwortlich zu machen, daß der Fürst von Metternich vierzig Jahre lang mit wechselndem Erfolg versuchte, den Zeiger der Weltuhr stillezustellen, den Ablauf der Zeit aufzuhalten. Allein sein Mangel an Vertrauen zur Zukunft, nicht sein Glaube an die Gegenwart, machte aus dem lebenslustigen, kultivierten, mitleidigen Fürsten von Metternich den »Fürst von Mitternacht«.

Er klammerte sich an einen Zustand, dessen Vergänglichkeit er erkannte, den er aber mit seiner ganzen Kraft über sein natürliches Ende hinaus am Leben zu halten hoffte. Dieser Zustand war der Feudalismus, dessen Lebensstunde abgelaufen war, der aber im Sterben seinen mächtigsten Verteidiger fand: Metternich. Metternich – das war weder ein politisches Prinzip noch ein Psychopath: das war das Aufbäumen der letzten Lebenskräfte in einer Agonie; der Lebenskräfte, die an sich selbst nicht mehr glaubten. »Mich und den Metternich hält's noch aus«, sagte einmal Gentz, seine »Feder«, von der untergehenden Gesellschaftsordnung. Auch Metternich hatte kein Vertrauen zu der Ordnung, die er verteidigte. Aber größer noch war sein Mißtrauen gegen die Gesellschaftsordnung, die im Werden war. Der Untergang des Feudalismus war für Metternich der Weltuntergang. Die Aufgabe, die er sich stellte, hieß: die Katastrophe möglichst lange aufhalten. Er fürchtete die Zukunft, deshalb hielt er die Gegenwart an; deshalb war sein einziges Ziel, »daß Alles erhalten, nichts verändert werden solle«.

So wurde Österreich unter ihm zum Hort des Stillstands – zumal Kaiser Franz ein Autokrat war, dem der Erzherzog Ludwig noch auf dem Sterbebett das feierliche Versprechen geben mußte, »um keinen Preis Veränderungen in Österreich einzuführen, sondern das Bestehende zu erhalten«; der den Lehrern des Laibacher Lyzeums einmal sagte: »Wer mir dient, muß lehren, was ich befehle; wer das nicht kann oder mir mit neuen Ideen kommt, der kann gehen oder ich werde ihn entfernen.« In allen Ländern Europas kämpfte Metternich für »ein System von Alliancen« gegen die weitertreibenden Kräfte. Revolution: das war ihm Lärm, Aufregung. Die Luden und Görres gingen ihm mit ihren Temperamenten auf die Nerven; Görres war ihm »ein zweiter Mirabeau«, vor dessen »Wut« man »gerechter Weise in die größte Besorgnis versetzt werde«. Görres aber schrieb: »Der geringste Reiz erregt diesen Leuten Delirium und Krämpfe, und reizt man nicht, so verfallen sie gleich in Stumpfsinn und Lethargie.« Auch Metternich kannte keine Staaten mehr, er kannte – wie einer seiner großen Gegenspieler, wie Heinrich Heine – nur noch Parteien: »In seiner jetzigen Lage kennt der Kaiser von Österreich nur einen einzigen Feind und es ist der aller Throne; er kennt nur zwei Parteien, die zerstörende und die erhaltende Macht.« Diese »zerstörende Macht« ging (um ein Wort von Karl Marx zu gebrauchen) wie ein Gespenst in Europa um. Sie war der große Alpdruck Metternichs. »Die Revolten sind greifbarer als die Revolutionen; sie haben einen Körper, den man fassen kann« – mit Fesseln fassen, mit Gewehren vernichten kann. Aber hinter den Revolten, nie faßbar, nie zerstörbar, geisterte das große Gespenst Revolution, das immer wieder an tausend Stellen tausend Revolten hervorrufe. Gegen diese tausend Revolten kämpfte er auf tausend Schlachtfeldern; noch mehr mit Diplomatie als mit der Waffe. Alle die Kongresse und Konferenzen im Jahrzehnt nach dem Wiener Kongreß hatten das *eine* Thema, das er auf der Wiener Konferenz der Gesandten der deutschen Regierung 1834 so formulierte: »Aus den Stürmen der Zeit ist eine Partei entsprossen, deren Kühnheit, wenn nicht durch Entgegenkommen, so durch Nachgiebigkeit bis zum Übermut gesteigert ist. Jede Autorität anfeindend, weil sie selbst sich zur Herrschaft berufen wähnt, unterhält sie mitten im allgemeinen politischen Frieden einen inneren Krieg, vergiftet den Geist und das Gemüt des Volks, verführt die Jugend, betört selbst das reifere Alter, trübt und verstimmt alle öffentlichen und Privatverhältnisse, stachelt mit voller Überlegung die Völker zu systematischem Mißtrauen gegen ihre rechtmäßigen Herrscher auf und predigt Zerstörung und Vernichtung gegen alles, was besteht. Diese Partei ist es, welche sich der Formen der in Deutschland eingeführten Verfassungen zu bemächtigen gewußt hat. Ob sie diesen scheinbar gesetzlichen, langsamen und sicheren Weg, oder den des offenen Aufruhrs einschlage, immer verfolgt sie den nämlichen Zweck. Planmäßig vorschreitend begnügt sie sich zuerst damit, in den ständischen Kammern den Regierungen gegenüber eine Position zu gewinnen. Allmählich ging ihr Streben weiter; die gewonnene Stellung sollte möglichst verstärkt werden: dann galt es, die Regierungsgewalt in möglichst enge Grenzen einzuschließen; endlich sollte die wahre Herrschaft nicht länger in dem Staatsoberhaupte konzentriert bleiben, sondern die Staatsgewalt in die Omnipotenz der ständischen Kammer verpflanzt werden ... Und in der Tat dürfen wir uns nicht verhehlen, daß die Parteien mit größerem oder geringerem Erfolge, leider ihren Zweck hier und da zu erreichen gewußt, und daß, wenn nicht bald dem überflutenden Strome dieses Geistes ein hemmender und rettender Damm entgegengesetzt und in dem mächtigen Entwicklungsgange jener Fortschritte der Faktion ein Ende gemacht wird, in Kurzem selbst das Schattenbild einer monarchischen Gewalt in den Händen mancher Regenten zerfließen könnte.« Also ging es doch um die »monarchische Gewalt«? Metternich glaubte nicht an die Gesellschaft, für die er kämpfte: nicht an das monarchische Prinzip, nicht an Österreich, erst recht nicht an irgendeine konservative Idee – wie sie Chateaubriand in Frankreich, Adam Müller in Deutschland, Haller in der Schweiz konzipiert hatte. Wie sehr es ihm nur auf das Bewahren ankam, nicht auf das, was bewahrt wurde, geht aus tausend Äußerungen hervor: »Die Erhaltung des Bestehenden ist unser nächstes und wichtigstes Augenmerk. Wir begreifen aber darunter nicht bloß die alte und in wenig Staaten unberührt gebliebene Ordnung im engeren Sinne des Wortes, sondern auch neu eingeführte Institutionen, sobald sie einmal verfassungsmäßige Kraft haben.« Ihm lag nichts an der Monarchie. Er glaubte nur, daß der einzige Schutz vor der heranbrausenden Sintflut die Verteidigung von Gott, König und Vaterland, nötigenfalls sogar die Verteidigung der schreiendsten Mißverhältnisse sei. Deshalb war dieser Mann von Kultur gegen alle Volksbildung, um das Volk gegen alle »in weniger gereiften Geistern nur üble Wirkung erzeugende Einflüsse« abzusperren; deshalb kontrollierte er die Universitäten, verbot das Studieren österreichischer Untertanen auf auswärtigen Hochschulen und beargwöhnte Lehrgegenstände wie Geschichte, Philosophie und Staatswissenschaft. Deshalb war der recht irdische Genüßling für Stärkung des Katholizismus, deshalb war der Legitimist für das Revolutionärste: für die Entmachtung der Herrscher und der Nationen, für die internationale Heilige Allianz *über* den Religionen, *über* den Königen, *über* den Staaten. Deshalb schuf der Pessimist Metternich aus Zukunfts-Angst einen Völkerbund. Die Aachener Deklaration sagte: »Die Souveräne erkennen als Grundlage des zwischen ihnen bestehenden erhabenen Bundes den unwandelbaren Entschluß, nie, weder in ihren wechselseitigen Angelegenheiten, noch in ihren Verhältnissen gegen andere Mächte, von der strengsten Befolgung der Grundsätze des Völkerrechts abzugehen, weil die unverrückte Anwendung dieser Grundsätze auf einen dauerhaften Friedenszustand die einzig wirksame Bürgschaft für die Sicherheit des gesamten Staatenbundes gewährt.« Und das Schlußzirkular des Kongresses von Verona sah die Grundsätze der Mächte Österreich, Preußen und Rußland verankert in dem Entschluß, »die Maxime der Rebellion, an welchem Orte und in welcher Zeit sie sich auch zeigen möchte, zurückzuweisen«. Friede und Ordnung!

Die Revolution war der schwarze Mann, mit dem Metternich die europäischen Souveräne zu Bündnissen zusammenängstigte. Wollte der Zar einmal nicht mitmachen, so fragte ihn Metternich in seiner profunden Kenntnis aller europäischen Konspiration: »Nun, Sire, wenn ich Euer Majestät doch eine so traurige Nachricht bringe und sagen muß, daß selbst Ihre Garde revoltiert hat?« Und dann wollte der Zar, was Metternich wollte, der immer mit masochistischer Schadenfreude meldete, daß wieder eine neue Revolte da sei. Er hatte genug zu melden; denn er war auf ewiger Jagd hinter geheimen Gesellschaften, Verschwörungen und Aufständen her – in ewiger Furcht vor den Oppositionen in der französischen Kammer, vor der Gärung im Südwesten Deutschlands, vor dem internationalen Netz der Carbonari. Österreichische Politik machte er mit seinem Internationalismus höchstens insofern, als das föderalistische Österreich ein lokales Interesse daran hatte, daß in Europa nicht das Nationalitäten-Prinzip siegte; die Italiener Österreichs fügten sich nur gezwungen, die Ungarn strebten nach der alten Selbständigkeit, die Böhmen hofften auf Wiederherstellung ihres Königreiches. Aber wie sehr auch seine internationale Politik österreichisches Interesse gewesen sein mag – Metternich machte keine Eroberungs-Politik: »Der Kaiser hat genug, um sich zu erhalten. Er ist Herr von 30 Millionen Untertanen, er will nur bewahren, was er besitzt, er verlangt von niemandem etwas; er fürchtet den Krieg nicht, aber, ich gebe Ihnen mein Wort, er wird keinen unternehmen.« Die meisten Metternich-Aktionen sind in der Tat nicht aus österreichischem, sondern nur aus konservativem Interesse zu erklären. »Da die revolutionären Fragen erledigt sind«, schrieb er einmal, »gibt es keine mehr, die ernster Natur ist.« So war er gegen Griechen und Polen, obwohl ein Realpolitiker sie gegen den Feind Rußland unterstützt hätte. So war er bei allen Konstellationen voreingenommen gegen Frankreich als das klassische Land der Revolution. »Ein wenig«, sagte er zu den Franzosen, »seid ihr doch immer von der Tarantel gestochen; tanzt Ihr nicht, so werft Ihr Euch mit den Zähnen auf alle Welt.« So sah er in Deutschland nichts als ein Bollwerk gegen die anbrandende Flut der Revolutionen: »Deutschland soll den Beruf haben, in dem Zentrum Europas eine große defensive Vereinigung zur Erhaltung der Ruhe des Weltteils zu bilden.« Metternich war kein Realist; er war der größte Don Quichote seiner Zeit; während in Frankreich und Spanien und Portugal und den Südamerikanischen Republiken, in Italien, in der Türkei, auf dem Balkan, in Polen und in Rußland die Brandsäulen des Krieges unaufhörlich in den Himmel stiegen, mühte sich Metternich ab, »über den Frieden Europas zu wachen«.

Es liegt in der Dialektik, in die alles Handeln verstrickt ist, daß man den Frieden nur durch Kampf, die Ruhe nur durch Bewegung erobern kann. Metternich, der »über den Frieden wachen wollte«, war bald in alle europäischen Händel verstrickt; überall intervenierte er; er schuf Revolutionen gegen den revolutionären Geist. Sein großes Ziel war die Ruhe, er selbst war der ewig-brodelnde Herd aller Unruhe. Er reizte ständig – und wurde dann von den Gereizten irritiert. Er unterdrückte – und sah nicht, daß er selbst es war, der den Gegendruck hervorrief. Das Mißtrauen ist einer der größten Unruhestifter. Es kennt keine Grenze der Schutzmaßnahmen, weil es schon etwas wittert, wo noch gar nichts da ist; weil es Harmloses aufbauscht zu Gefährlichem. So wurde Metternich jedes Lüftchen zum Vorboten eines Sturmes – und wenn es das Turnen war. »Für's erste«, schrieb Gentz, »muß das Turnen wieder aus der Welt; dies sehe ich wie eine Art Eiterbeule an, die geradezu weggeschafft werden muß, ehe man zur gründlichen Kur schreitet.« Metternich und seine »Feder« Gentz waren so revolutionär (denn was ist revolutionärer als die Natur des Menschen verkehren zu wollen?): daß sie am liebsten die Menschen in Pflanzen, die Völker in Wälder verwandelt hätten. Die Bewegung, ein Grundelement des Lebens, war ihnen das Teuflische an sich – sie war lebensfeindlich.

Sie hatten kein Vertrauen zur Zukunft; nur in einem Punkt war Gentz noch zu optimistisch: ihn hielt es wohl noch aus – er starb früh, aber nicht mehr den Metternich. Am Abend des achtundzwanzigsten Februar 1848 brachte ein Kurier die erste Nachricht von der Pariser Revolution: von der Abdankung Louis Philippes, von der Einsetzung der Herzogin von Orleans als Regentin. Metternich blieb kühl: »Abdanken darf jeder, die Regentschaft ist nicht verfassungsmäßig, das hat Frankreich mit sich auszumachen.« Am nächsten Morgen wurde bekannt, daß Frankreich wieder Republik sei. Hatte er nicht Jahrzehnte lang dies befürchtet? Wieder war also das Gift im europäischen Organismus? Metternich soll mehrere Minuten leichenblaß in seinem Sessel gesessen haben. Und das Gift begann schnell zu wirken. Metternich, noch vor kurzem zu vorsichtigem Nachgeben bereit, sträubte sich jetzt, unter dem Druck der Pariser Ereignisse, Reformen vorzunehmen. Am dreizehnten März spülte ihn die Sintflut hinweg, vor der er vier Jahrzehnte lang Damm auf Damm errichtet hatte. Alle Straßendemonstrationen endeten in Pereats auf Metternich. Alle Deputationen, die in die Burg kamen, forderten vor allem: Abdankung Metternichs. Der Erzherzog Ludwig antwortete: »Glauben Sie, meine Herren, daß Se. Majestät einen Mann wie den Fürsten Metternich, einen Mann, der seit dreißig Jahren und in den sturmbewegtesten Zeiten das Staatsruder geführt hat, nun plötzlich den Launen des Volkes opfern werde?« Metternich hörte die »Nieder mit Metternich« unter seinen Fenstern; sah, wie er auch am Hofe von Minute zu Minute mehr an Boden verlor; und begriff nichts. Zu einem Deputierten der Wiener Bürger-Offiziere sagte er: »Sie sind ein Bürger; die Bürger Wiens haben sich bei jeder Gelegenheit ausgezeichnet, und es wäre eine Schande für sie, wenn sie, im Verein mit dem Militär, nicht im Stande wären, einen Straßenkrawall zu besiegen.« Der Bürger-Offizier klärte Metternich über diesen »Straßenkrawall« auf. Aber Metternich glaubte nicht daran, daß ein Volk sich empören kann: »Es sind Italiener, Polen und Schweizer, welche das Volk aufwiegeln.« Bis zur letzten Sekunde seiner Regierung sah der Fürst im System Metternich den letzten Damm gegen die Auflösung der europäischen Gesellschaft.

Sein Sturz war nicht aufzuhalten. Er floh nach London und kam erst drei Jahre später wieder zurück. Bei der Rückkehr des Greises ereignete sich die groteskeste Szene seines Lebens: in der Wiener Bevölkerung war das Gerücht aufgekommen, der Fürst würde sämtliche Pfänder unter zwei Gulden Wert in sämtlichen Leihhäusern Wiens einlösen, um sich beim Volk beliebt zu machen. Man zog in Massen zu seinem Palast; viele arme Leute waren aus den Vorstädten gekommen, die Pfandzettel in der Hand. Da man dem Portier nicht glaubte, da man die Wohltätigkeit erzwingen wollte, mußte die Polizei aufgeboten werden. Das war die letzte Revolution, die der »Fürst von Mitternacht« niederschlagen ließ.

Metternich gehörte von Geburt der Gesellschaft an, die er sein Leben lang verteidigte. Friedrich Gentz erkämpfte sich erst den Platz, den er erreichte; er entwickelte sich erst zu dem Glauben, zu dem Unglauben, für den er im Bunde mit Metternich kämpfte.

Gentz war ein schwärmerischer Jüngling, eine Figur aus der Wertherzeit. Er berauschte sich an seinem Ideal der Freundschaft; er konnte oft »vor Tränen der Rührung und der heiligsten Empfindsamkeit nicht reden«. Und er malte sich – während er in Königsberg bei Kant Philosophie hörte – ein Phantasie-Paradies aus: »mit vier oder fünf vortrefflichen Menschen«, verbunden im Vertrauen, rousseauhaft naturselig »im ruhigen Schoße der süßen Natur« zusammenlebend. Für diese Idylle wollte er gern (wie weiland Horaz) »allen eitelen Glanz den Toren, alles Gold den Juden, alle Gelehrsamkeit der Schule überlassen« ... Dann bekam er ein Amt in der Verwaltung und infolge seiner publizistischen Erfolge einen Platz in der Gesellschaft; er begann *»à figurer sur la scène du monde«*. Seine schriftstellerische Wirksamkeit machte die Wiener Regierung auf ihn aufmerksam; 1803 stellte sie ihn ohne festes Ressort, aber mit einem großen Kompliment an: »Seiner Kaiserlichen Majestät wird es angenehm sein, einen Schriftsteller, wie Euer Wohlgeboren, dessen seltene Einsichten und Geschicklichkeit von dem rühmlichen Eifer für die Erhaltung der Regierungen, Sitten und Ordnung begleitet werden, in ihren Staaten« zu behalten. In den Staaten seiner Kaiserlichen Majestät hat Gentz dann zeit seines Lebens gewirkt: zuerst als Gegner Napoleons; dann – unter Metternich – als Leitartikler des Erhaltungssystems.

Seine Napoleon-Feindschaft war so leidenschaftlich, daß es nach der Schlacht bei Austerlitz für ihn keine Sicherheit in Österreich mehr gab; daß Berthier nach der Erschießung Palms seine Schriften verbot; daß Napoleon in seinem neunzehnten Bulletin vom siebenundzwanzigsten Oktober 1806 aus Charlottenburg als Urheber des Krieges verantwortlich machte: die Königin Luise, den Prinzen Louis Ferdinand und den *»misérable scribe«* Gentz, *»un de ces hommes sans honneur, qui se vendent pour l'argent«*. Die deutschen Zeitungen bliesen in Napoleons Horn. Gentz war am Ende. Der Kaiser gab seine Tochter dem Feind Napoleon zur Frau. Gentz resignierte. Dann kam seine Zeit. Als Napoleon stürzte, als Metternich zum Fürsten erhoben wurde, erhielt Gentz vom Kaiser Alexander das Großkreuz des St. Annen-Ordens und ein Handschreiben, in dem der Zar ihn zum Ritter schlug; und in ihm den Mann ehrte, dessen Mut in schlimmen Tagen die Hydra der Revolution und die Weltherrschaft Napoleons bekämpft habe. Mit dem Wiener Kongreß bekam Gentz welthistorischen Rang: er wurde Protokollführer. Er war der Protokollführer des nächsten Jahrzehnts, des Jahrzehnts der Kongresse. Er war die »Feder« Metternichs.

Wer war dieses gebeugte Männchen mit dem schleichenden, unsicheren Gang, der rötlichen Perücke, dem sauberen, nicht ganz modernen Anzug, dem etwas scheuen Blick im klugen Gesicht, der großen schwarzen Brille, Wall gegen Überrumpelungen? Zuerst, in seiner Jugend, war er ein Enthusiast. Zwar las er damals als persönlicher Schüler Kants die Korrekturen zur ›Kritik der Urteilskraft‹ – aber der Lyriker Rousseau stand ihm wohl näher als der Theoretiker Kant; der Jüngling Gentz schwamm selig in Gefühlen und Träumen. Dann wurde das gewaltigste Zeitereignis der Kristallisationskern für die schweifenden Stimmungen seiner Jugend: die Französische Revolution, »das größte Werk, was die Geschichte aufweisen kann«. Und dieselbe Feder, die später mit jedem Strich in die aus der Französischen Revolution hervorgegangene Saat stach, verkündete damals begeistert die

Ideen von 1789, und zwar »im Namen des Zeitalters der zunehmenden Freiheit und Glückseligkeit in unserem Geschlecht, der lange, ach gar zu lange unterdrückten Menschheit und des Nationalstolzes, der es nicht ertragen mag, daß unsere Nachbarn allein weise sein sollen«. Sein 1791 geschriebenes Manifest ›Über den Ursprung und die obersten Prinzipien des Rechts‹ kannte nur diese zwei obersten Prinzipien: die Vernunft und die Freiheit. Als dann aber die bedeutendste und einflußreichste Kritik der Französischen Revolution erschien, das Buch des Engländers Burke, las er diese Schrift des Gegners »mit ungleich größerem Vergnügen, als hundert seichte Lobreden der Revolution, wie ich denn überhaupt den Gegner meiner Lieblings-Meinungen, wenn er an sich nur etwas wert ist, lieber höre, als den Verteidiger derselben«. Gentz war nie ein Echo; er klebte nie an Ideen – er war lebendig genug und mutig genug, immer wieder sein Denk- und Gefühlsgehäuse aufzugeben. Zwei Jahre nach Burkes Buch erschien Gentz' deutsche Übersetzung mit einem Kommentar: »Es ist eine sonderbare Zumutung, daß ein vernünftiger Mann ein Ding lieben oder hassen soll, bloß, weil es einen gewissen Namen führt, mit dem er einst Liebe oder Haß verbunden hat ... Wenn auch unter dem ewigen Wechsel der Begebenheiten die Grundsätze in uns nie wanken, so muß sich doch die Anwendung unaufhörlich ändern.« Gentz war abgerückt von der Französischen Revolution.

Wer sich exponiert, untersteht den Gesetzen des öffentlichen Kampfes. Sie lauten: Gesetz eins – wer öffentlich für etwas eintritt, ist für die Gleichgesinnten ein anständiger Kerl, für die Andersgesinnten ein Objekt psychologisierenden Mißtrauens. Gesetz zwei – wer seine öffentlich kundgetane Meinung nicht ändert, ist ein Charakter; wer sie ändert, ist charakterlos und steht unter dem psychologisierenden Mißtrauen seiner ehemaligen Freunde, die nie auf den Gedanken kommen, daß diese Änderung eventuell auch auf eine neue Einsicht des Verwandelten zurückgeführt werden kann; die immer gewohnt sind, wie Gentz klagte, mit dem entehrenden

Titel eines »gedungenen Schriftstellers um sich zu werfen«. Tatsächlich spricht keine Idee als solche gegen ihren Träger; tatsächlich spricht kein Wandel als solcher gegen den, der sich wandelt. Es gibt keine guten oder schlechten Ideen, es gibt keine guten oder schlechten Entwicklungen – es gibt nur gute oder schlechte Menschen. Die Anmaßung schlechter Menschen, die glänzende Ideen stolz als Deckung vor sich her tragen, der Hochmut von Charakteren, die sich nicht wandeln, weil sie zu dumm sind und weil ihnen der Wahrheitstrieb fehlt, der sie forttreiben könnte von ihrem Standpunkt, von dem Punkt, auf dem die Zeit sie stehen gelassen hat – alle diese dummarroganten Zeitgenossen verleumden immer die, welche über ihren sehr begrenzten Horizont hinauswachsen. Gentz verteidigte sich stets von neuem gegen diese Unentwegten: »Daß die Reihe menschlicher Gedanken vom Anfange bis zum Ende unserer Existenz ein Ganzes und eine Harmonie sei, daß das System unserer Jugend das System unseres hohen Alters bleiben, und daß der gebrechliche Mensch, das, was er für wahr gehalten hat, ohne allen Ansprüchen auf Achtung zu entsagen, nicht mehr verwerfen oder limitieren soll – das ist eine Theorie, gegen welche Billigkeit und Klugheit mit vereinigter Macht protestieren müssen.« Heinrich Heine mußte gegen dieselbe primitive Beschränktheit kämpfen, in dem ewigen Kampf der Selbständigen gegen die Epigonen.

Als Gentz enttäuscht war von der Entwicklung der Französischen Revolution, als er überzeugt war von den Argumenten ihres großen Kritikers Burke, als aus seiner Liebe zu ihr der Haß gegen sie wurde, ergriff er enthusiastisch eine neue Idee, die im Strome der Revolution mitgekommen war: die National-Idee. Jeder Patriot hatte damals nur einen Feind: den großen Feind aller Nationen, Napoleon. Gentz' leidenschaftliche Napoleon-Feindschaft löste Gentz' Enthusiasmus für die Französische Revolution ab – der einst seine Werthereien abgelöst hatte. Nun rüttelte er das Volk auf aus seinem enghorizontigen Egoismus, nun blies er die Fanfaren des öffentlichen Interesses, des Vaterlandes, der Würde – wie er vorher die Fanfaren der Vernunft und der Freiheit und davor die Schalmeien des Rousseauschen Paradieses geblasen hatte. Nun schrieb er gegen Napoleon, nun stachelte er Preußen und England und Österreich zur Allianz gegen den Feind. Sein feuriges Temperament hatte immer noch soviel revolutionäre Sprengkraft, daß er bei der Thronbesteigung Friedrich Wilhelm des III. ein Sendschreiben an den neuen Monarchen richtete. Goethe nannte es Schiller gegenüber eine »liberale Zudringlichkeit«, »einem neuen Könige eine unbedingte Preß-Freiheit abzutrutzen«. Gentz hatte die Zudringlichkeit des vitalen Idealisten.

Der Feind Napoleon siegte 1805. Er siegte 1806. Er siegte 1809. Und als er 1812 zusammenbrach, war Gentzens Glut längst erloschen. Ein ausgebrannter Mann schreibt 1814: »Sonst bin ich durch nichts entzückt, vielmehr sehr kalt, blasiert, höhnisch; von der Narrheit fast aller andern und meiner eigenen – nicht Weisheit, aber Hellsichtigkeit, Durch-, Tief- und Scharfsichtigkeit mehr als es erlaubt ist, durchdrungen, und innerlich quasi teuflisch erfreut, daß die sogenannten großen Sachen zuletzt solch ein lächerliches Ende nehmen.« Als er eine weltgeschichtliche Rolle erhielt, als er der Gentz wurde, der den Klang seines Namens bestimmte, als er des großen Metternich Associé wurde, war sein Feuer bereits erloschen. Noch entzündete er sich hier und da an dem Feuer anderer, zum Beispiel an Görres' ›Rheinischem Merkur‹, den er Rahel dringend empfahl; aber auch diese Fähigkeit erlosch. Über dem Jahrzehnt seiner weltgeschichtlichen Leistungen stand das Motto: »Die Vergangenheit ekelt mich an, die Zukunft fürchte ich.«

War diese Furcht vor der Zukunft nicht auch die Triebkraft des Fürsten von Metternich? Hier, im Konservativismus aus Unglauben, fanden sich der bürgerliche Enthusiast von einst, der die Enttäuschung an seinen Idealen nicht überwunden hatte, der seinem vorsichtig wägenden Gehirn den Platz hatte einräumen müssen, den ehemals sein feuriger

Wille ausgefüllt hatte – und der Fürst, der nie geschwärmt hatte, der den Instinkt seiner Kaste hatte; und dieser Instinkt witterte Tod. Die gemeinsame Grundeinstellung der beiden verbündeten Männer, die von entgegengesetzten Ausgangspunkten kamen und das gleiche Ziel hatten, hieß: bremsen; die Unruhe der Zeit trieb sie dann immer tiefer in ihre Furcht hinein. Nach der Ermordung Kotzebues fürchtete Gentz für sich persönlich. Kurz nachdem Sands Tat bekannt geworden war, erhielt Gentz einen Brief ohne Unterschrift: »Kotzebues Schicksal warne Dich. Er starb durch den Dolch, Du wirst durch Gift fallen.« In schlotternder Angst verlangte er eine polizeiliche Untersuchung der gegen ihn gerichteten Verschwörung. Man versuchte, ihn zu beruhigen, indem man die anonyme Drohung für einen April-Scherz erklärte, da sie am ersten April eingegangen sei. Gentz war krank vor Schreck, die Polizei wurde aufgeboten – bis sich der Urheber meldete: ein Freund von Gentz hatte einen Witz machen wollen. Erklärlich, daß in solchen Momenten der christlich-mystische Konservativismus seines Freundes Adam Müller in ihn eindringen konnte, den sonst der klare Kopf Gentz, der unreligiöse Gentz energisch ablehnte und den er sich auch jetzt noch recht nüchtern zurechtmachte: »Alles ist verloren, wenn nicht Religion – *pas seulement comme foi, mais comme loi* – wiederhergestellt wird ... Ich weiß, daß keine moralische und folglich auch keine politische Weltordnung bestehen kann, wenn sich nicht Mittel finden, die Vernunft eines Jeden zu bändigen, und wenn der unselige Anspruch, vermöge dessen Jeder seine eigene Vernunft als gesetzgebend ansehen will, nicht aus der menschlichen Gesellschaft wieder zu verbannen ist ... Der Protestantismus ist die erste, wahre und einzige Quelle aller ungeheuren Übel, unter welchen wir heute erliegen ... Indem sich die Regierungen bequemten, den Protestantismus als eine erlaubte religiöse Form, als eine Gestalt des Christentums, als ein Menschenrecht anzuerkennen, mit ihm zu kapitulieren, ihm seine Stelle im Staat neben der eigentlichen wahren Kirche, wohl gar auf den Trümmern derselben anzuweisen, war sofort die religiöse, moralische und politische Weltordnung aufgelöst. Was wir erlebt haben, war nur eine notwendige Folge und die natürliche Entwicklung jenes unermeßlichen Frevels. Die ganze Französische Revolution und die noch schlimmere, die Deutschland bevorsteht, sind aus der nämlichen Quelle geflossen.« Die furchtbare Zukunft war ihm furchtbar vorgezeichnet in der Fortentwicklung des Prinzips der Vernunft, also des Prinzips der Revolution, also des Prinzips der Unruhe; das Blut gerann ihm in den Adern, wenn er vorwärts blickte. Re-Aktion war für Gentz dasselbe wie für Metternich, kein romantisch-enthusiastisches Zurückstreben zu einem Es-war-einmal, sondern nur eine panische Flucht nach rückwärts: »Jeder Feudalismus, selbst ein sehr mittelmäßig geordneter, soll mir willkommen sein, wenn er uns von der Herrschaft des Pöbels, der falschen Gelehrten, der Studenten und besonders der Zeitungsschreiber befreit.« Nirgends wird die ganz unromantische, unschwärmerische Wurzel dieses nihilistischen Konservativismus sichtbarer als dort, wo Gentz zwischen sich und seinem Freund Adam Müller energisch den Grenzstrich zieht: »Sie sprechen so, als wenn wir ein neues positives Panier aufstecken, eine neue gereinigte positive Staatslehre fundieren sollten usw. Von dem allen finde ich uns weit, sehr weit entfernt. *Virtus est vitium fugare, et sapientia prima – stultitia caruisse;*« auf deutsch: wir können nicht mehr tun, als Dummheiten zu vermeiden. Er gestand Rahel, wie fern ihm Mystizismus und Fanatismus lägen. Metternich, ebensowenig Mystiker und Fanatiker wie Gentz, hatte nur Spott und Hohn für die Heiligkeit der Heiligen Allianz. Und Gentz hielt diese Heiligkeit, sehr unfromm, für »eine politische Nullität«; für »eine im Geiste übel angebrachter Devotion oder einfacher Eitelkeit erfundene Theaterdekoration«. Er hatte kein Verständnis für den mystischen Zaren Alexander, den die wurzellos in die Erde gesteckten, längs der neugebauten Chausseen vorgetäuschten Birken ebenso begeisterten wie die sakrale Urkunde der Heiligen Allianz. Und weil Gentz kein Ideal hatte, war er ebensowenig radikal, ebensowenig hitzig wie sein Chef Metternich: der fortschrittliche Konservativismus Englands, nicht irgendeine starre, mittelalterlich-ständische Utopie war sein Vorbild. Denn der Protokollführer des Wiener Kongresses, der Kongresse zu Aachen, zu Laibach und Verona war im Grunde seines Herzens immer noch der alte Mitläufer der Französischen Revolution: er wünschte manchmal, daß die Regierungen dem Geiste der Zeit »gebührende Rechnung« tragen dürften. Doch eine gewaltige Skepsis hielt diesen alten Revolutionär streng in Räson; denn »die Gärung kann nur zu leicht überschäumen und manche kaum festgemachten Ordnungen mit Gefahr für das Ganze zerstören«. So sah der Schwärmer von einst, der Schwärmer für Rousseau und die Französische Revolution, der schwärmerische Feind Napoleons ... am Ende seines Lebens in der Weltgeschichte ein ewiges sinnloses Werden, einen ewigen Aufbau, eine ewige Zerstörung.

Was war Friedrich Gentzens Aufgabe inmitten dieses ständigen Übergangs vom Alten zum Neuen, vom Neuen zum Untergang? Die Regulierung! Er unterstützte die Partei der Bewahrenden nur, um den notwendigen Zerstörungen der Revolutionäre den Widerstand entgegenzusetzen, ohne den sie den Welt-Untergang herbeiführen würden. Gentz war ebensowenig wie Metternich ein Finsterling, er war skeptischer Philosoph. Er erkannte, daß in Epochen gewaltiger Erschütterungen der Streit zwischen der Partei der Vorwärtsstürmenden und der Partei der Bremsenden einen besonders leidenschaftlichen, »überspannten, oft wilden und verderblichen Charakter« annehme; er erkannte die ewigen Prinzipien hinter dem Schlachtenlärm; und er bekannte überlegen, daß sich die Besseren auf beiden Seiten »vor den Torheiten und Mißgriffen ihrer Bundesgenossen wohl zu verwahren wissen«. Gentz' müde Vernunft wußte von dem relativen Recht jeder der beiden Parteien. Seine Stellung in diesem Kampf war auf Seiten der Bewahrenden – ohne den Glauben an ihr absolutes Recht: »Ich war mir stets bewußt, daß ungeachtet aller Majestät und Stärke meiner Kommittenten und ungeachtet aller der einzelnen Siege, die sie erfochten, der Zeitgeist zuletzt mächtiger bleiben würde, als wir; daß die Presse, so sehr ich sie in ihren Ausschweifungen verachte, ihr furchtbares Übergewicht über alle unsere Weisheit nicht verlieren würde, und daß die Kunst so wenig als die Gewalt dem Weltrade in die Speichen zu fallen vermag. Das war kein Grund, die mir einmal zugefallene Aufgabe nicht mit Treue und Beharrlichkeit zu verfolgen; nur ein schlechter Soldat verläßt seine Fahne, wenn das Glück ihr abhold zu werden scheint.« Dieser Kampf war doppelt traurig: Gentz sah nicht nur die Niederlage voraus; er glaubte nicht einmal an das Recht seiner verlorenen Position.

Er hatte von vielen Seiten Geld bekommen. Von England. Von den Rothschilds, über die er im Konversationslexikon einen Artikel geschrieben hatte. Er bekam nicht Geld von den Leuten, denen er genutzt hatte. Er bekam nicht Geld von den Leuten, denen er nutzen sollte; sondern von den Leuten, denen er genutzt hatte. Einer der Rothschilds soll nach Gentzens Tod ausgerufen haben: »Das war ein Freund! Solchen bekomme ich nie wieder! Er hat mich große Summen gekostet, man glaubt es nicht, wie große Summen, denn er schrieb nur auf einen Zettel, was er haben wollte, und er bekam es gleich: aber seit er nicht mehr da ist, sehe ich erst, was uns fehlt, und dreimal soviel möchte ich geben, könnte ich ihn ins Leben zurückrufen.« Er spielte und verschwendete. Er war immer in Geldverlegenheit. Man hielt ihn wegen der vielen Quellen, aus denen ihm das Geld zufloß, wegen seines Leichtsinns und seiner Genußsucht, wegen seines unsteten Wesens zwischen Schwermut und Leichtsinn, wegen seiner Schwärmerei für Heines ›Buch der Lieder‹ und ›Reisebilder‹, für ein *mauvais sujet*; man bezweifelte seine uneigennützige Hingabe an die Sache, die er vertrat. Man erledigte Gentz' geistige Position, indem man ihn als korrupt brandmarkte. Die Psychologie ist mehrere hundert Jahre hinter der Technik zurück; hinter allen Wissenschaften, die nicht von der menschlichen Seele handeln. Sonst hätte man längst entdeckt, daß die Leidenschaft des Denkens sich nicht auflösen läßt in die kleinen Deshalbs. Nach der Schlacht bei Austerlitz schrieb der mitgeschlagene Napoleon-Hasser Gentz an Johannes Müller: »Ich habe viele Jahre lang mit Glanz und Glück gelebt, ohne jemals um die Mittel besorgt zu sein; sie fielen mir zu, und ich war kaum jemandem Dank schuldig. Geht es ferner so, wohl an! Geht es nicht, bin ich auch gefaßt. Ich kenne zum Glück mehr als eine Gattung von Zufriedenheit und Genuß; und soviel als ich brauchen werde, um in einem stillen Winkel der Erde bequem und angenehm zu leben, wird mir nie entgehen. Die *Sache* aufgeben müssen – dies, das wäre das Entsetzlichste.« Gentz schlug sich immer für eine Sache – und nahm Geld, von wo er es bekam. Wie Heine, sein Gegner.

Man kann die schlechte Idee, für die Metternich und Gentz fochten, in ihren Repräsentanten bekämpfen – man soll sie nicht zu verkleinern suchen, indem man ihre Vertreter als korrupt oder als Klassen-Finsterlinge zu entlarven vorgibt. Es ist heute unwichtig, von wem Gentz Geld bekommen hat – wichtig ist allein das Prinzip, das er vertreten hat.

Bürgerliche Freiheitsreligion

Wo stand der junge Doktor Heinrich Heine?

Gegen den »Fürsten von Mitternacht«! Gegen seine bürgerliche »Feder« Friedrich Gentz, welche die Französische Revolution verherrlicht hatte und nun die europäische Reaktion stilisierte! Metternich und Gentz waren für Heine, für alle ihre Gegner nichts als die Gegenspieler des Liberalismus; denn im Kampf kommt es nicht darauf an, was einer an sich, sondern nur, was er im Verhältnis zu seinem Gegner ist. Heine stand gegen den untergehenden Stern Metternich-Gentz. Den aufgehenden sah er noch nicht. Der Graf von Saint-Simon, den man den ersten Sozialisten genannt hat, war ein Altersgenosse des Fürsten; aber seine historische Wirksamkeit begann erst, als Metternichs Stern zu sinken begann.

Heine war Jude – also für die Gejagten, gegen die Jagenden. Er war Bürger – also für die bürgerlichen Freiheiten, gegen die adligen Privilegien. Er war ein Düsseldorfer, Jahrgang 1797 – also aufgewachsen im Glauben an die Erklärung der Menschenrechte. So stand er als Jude, als Bürger, als Rheinländer in der Front gegen den Feudalismus. Der »adlige Herrscherling«, der »die deutschen Leiber zur Fron« peitschte, der Pfaffe, der die deutschen Geister einkerkerte, waren die Feinde des jungen Dichters der ›Reisebilder‹. Den Dünkel dieser adligen Gegner hatte er als Göttinger Student in jenen »hannöverschen Herrchen« kennengelernt, die sich aufspielten, als wären sie die Blumen der Welt, während die andern bloß das Gras sind; die mit dem Verdienste der Ahnen den eigenen Unwert bedeckten; die in ihrer Borniertheit nie bedachten, wie problematisch diese urgroßväterlichen Verdienste sind, da »die Fürsten selten ihre treuesten und tugendhaftesten Diener, aber sehr oft den Kuppler, den

Schmeichler und dergleichen Lieblingsschufte mit adelnder Huld beehrt haben«. Heine fand den klassischen, ewig gültigen Satz gegen den Geburtsstolz, gegen den Rassestolz aller Stammbäumlinge: »Gäbe es keine Ilias, sondern bloß ein Namensverzeichnis der Helden, die vor Troja gestanden, und ihre Namen existierten noch jetzt – wie würde sich der Ahnenstolz derer von Thersites zu blähen wissen! Von der Reinheit des Blutes will ich gar nicht einmal sprechen: Philosophen und Stallknechte haben darüber gar seltene Gedanken.« Immer war Heines Blick geschärft für alle Äußerungen des Geburt-Dünkels, immer war Heines Herz empört über das Stallknecht-Regiment der Herrenklasse. Mit Empörung hatte er in Göttingen erlebt, wie diese Adligen einen armen, ermatteten und erhitzten Schnelläufer mit einigen Talern reizten, die zurückgelegte Strecke noch einmal zu laufen – »und der Mensch lief und war totblaß und trug eine rote Jacke, und dicht hinter ihm in wirbelndem Staube galoppierten die wohlgenährten edlen Jünglinge auf hohen Rossen, deren Hufe zuweilen den gehetzten keuchenden Menschen trafen, und es war ein Mensch.« Auf seiner Polen-Reise, die er als junger Student mit einem polnischen Freunde unternahm, erlebte er unvergeßlich, wie der Mensch den Menschen verschandelt hat: »Wer den Gehorsam personifiziert haben will, sehe einen polnischen Bauern vor seinem Edelmann stehen; es fehlt nur der wedelnde Hundeschweif.« Hier haßte Heine aus vollem Verstande und aus voller Seele; hier, in diesem mitleidlosen Hochmut war für ihn zwischen den Menschen die Schranke, die keine persönliche Sympathie überwinden kann. So liebte er den Menschen Fouqué, er liebte sein schönes Dichter-Talent, er hätte Fouqué nicht kränken können – und trotzdem zog er unbeirrbar die Grenze, die Trennungslinie zwischen sich und einem Mann, der sich zu den Grundsätzen der hochmütigen Feinde bekannte.

Zu diesen Feinden gehörten auch die »Frommen des Landes«: ihre nähere Bekanntschaft hatte er gemacht, als er im

Jahre 1828 in München einige Monate Cottas ›Politische Annalen‹ herausgab. Seine frühen Eindrücke hatten in ihm Sympathien für den Katholizismus gepflanzt. Seine Erfahrungen machten ihn zum Anti-Pfaff. Er studierte die Familienähnlichkeit der »Rabbinen, Muftis, Dominikaner, Konsistorialräte, Bonzen«, kurz des »diplomatischen Korps Gottes« in der ganzen Welt; und er haßte ein Leben lang mit Inbrunst, was ihnen allen gemeinsam war, was sie auch mit dem Adel verband: er haßte ihren Hochmut, ihre freche Selbstsicherheit, ihre Unmenschlichkeit. Die Herren und die Pfaffen hatten, wie er bemerkte, gleiche Dünkel-Kappen und waren gleiche Brüder; das Bajonett und der Krummstab waren eng liiert. Züchtete der Adel Hundedemut, so züchtete der Pfaffe die Demut der verdrehten Augen. Heine, der eine Professur in der Pfaffenburg München haben wollte, fragte sich: »Ist es denn so überaus schwer, die gnadenseligen Augen zu verdrehen, die gläubig verschränkten Hände in die Rockärmel zu vermuffen, das Haupt wie ein Lamm Gottes herabhängen zu lassen und auswendig gelernte Bibelsprüche zu wispern?« Und antwortete seinem fragenden Ich, dem bald die Münchener Professur zerrann: »Glaub mir, keine Hocherlauchte wird Dich für Deine Gottlosigkeit bezahlen, die Männer der Liebe werden Dich hassen, verleumden und verfolgen, und Du machst keine Karrière, weder im Himmel noch auf Erden!« Er kannte die Macht seiner Feinde und bekämpfte sie mit der Macht seines Wortes.

Zu welchem Ziel? Unter den Klängen seiner »Freiheitsreligion« verkündete er die Befreiung der Irländer, der Griechen, der Frankfurter Juden, der westindischen Schwarzen – die Befreiung aller Menschengruppen, die andern Menschengruppen fronen müssen. Alle diese Befreiungen aber gipfelten ihm in der Befreiung Europas »von dem eisernen Gängelbande der Bevorrechteten«. Heines Freiheitsreligion hatte die eine Göttin: die Göttin dieses Jahrhunderts, welche ihre eigenen Gläubigen verschieden sahen und immer wieder anriefen und immer wieder verleugneten – die Fee *Égalité*. Mit Voltaire verkündete Heine, daß die Herren nicht mit Sporen an den Füßen, die Diener nicht mit Sätteln auf dem Rücken zur Welt gekommen seien. Vielleicht – grübelte er – war die Kasten-Ordnung des Feudalsystems einst notwendig zur Erziehung des Menschengeschlechts; jetzt aber seien die Völker solcher Gängelung entwachsen. Und mit empörtem Herzen über die Gouvernante, die den schon reifen Zögling immer noch schikaniert, und mit jünglingshaft stolzer Zuversicht, daß die Epoche der Gouvernante bald abgelaufen sein wird, tummelte er seinen Pegasus auf den grünen Wiesen der Hoffnung, wo er schon ein neues Geschlecht emporblühen sah, »das erzeugt worden in freier Wahlumarmung, nicht im Zwangsbette und unter der Kontrolle geistlicher Zöllner«. Noch waren seine poetisch geweiteten Augen größer als – sein Wissen um die Gesetze der europäischen Gesellschaft.

Aber wenn er auch vieles noch nicht erkannte, vieles fühlte er schon richtig, er traf vor allem ins Zentrum mit dem Satz: »Es gibt jetzt in Europa keine Nationen mehr, sondern nur Parteien.« Er erkannte die anrückende Partei noch nicht, er nannte die Gegner noch etwas dilettantisch: die Partei des »Liberalismus« und die Partei des »Servilismus«; er wußte noch nicht, daß das Bürgertum schon gesiegt hatte und schon vor einem neuen Kampfe stand. Aber er durchschaute bereits die Bedeutungslosigkeit der nationalen Scheidungen vor den sozialen; er durchschaute vor allem die jüngste Vergangenheit, in der die Freiheits-Sehnsucht der Freiheitskriege als »Nationalselbstsucht« geendet hatte. Was war denn nach dem echten Aufschwung von 1814 gekommen? »Die Alliierten und die schlechten Befreiungsgedichte, Herrmann und Tusnelda, hurra, und der Frauenverein und die Vaterlandseicheln, und das ewige Prahlen mit der Schlacht bei Leipzig, und wieder die Schlacht bei Leipzig, und kein Aufhören davon.« Heine liebte Deutschland und die Deutschen mit einer ebenso innig-sentimentalen Liebe wie Börne; aber er liebte »nicht minder die Bewohner des übrigen Teils der Erde, deren Zahl vierzig mal größer«. Und weil er nicht eitel, selbstgefällig, hochmütig liebte, forderte er das Verschwinden der »törichten Nationalvorurteile«, »damit aus der heidnischen Nationalität die christliche Fraternität hervorgehe«. Und er forderte dies bis ans Ende seines Lebens, an dem er Deutschland mit der melancholischen Inbrunst des Verbannten liebte; die nationale Selbstsucht war ihm eine Abart jener giftigen Art, welche den Rassen- und Kasten-Dünkel hervorgebracht hat.

Wo stand also Heinrich Heine an der Wende der Zeiten, in den zwanziger Jahren des neunzehnten Jahrhunderts, als in Europa drei Parteien lebten: die Feudalen, die revoltierenden Bürger und eine dritte, noch namenlose Partei, die noch im Verborgenen rumorte? Er stand durch Abstammung und Moral in der bürgerlichen Opposition: ein königstreuer, deutsch-sentimentaler Europäer, Aristokraten-Hasser, Pfaffen-Feind und poetischer Verklärer einer Zukunft der Liebe.

Inzwischen hatte ein französischer Aristokrat, mehr als ein Menschenalter vor Heine geboren, schon in klareren Umrissen die Zukunft gezeichnet als der poetische Schwärmer.

Der erste Sozialist

Seine Ahnentafel führte auf Karl den Großen zurück. Der Großvater war ein berühmter Würdenträger am Hofe Ludwigs XIV. und sein Historiker. Der Enkel, Graf Claude Henri de Saint-Simon, geboren 1760, erbte den Titel eines Herzogs, eines Pairs von Frankreich, eines Grande von Spanien, ein großes Vermögen und ein jährliches Einkommen von 500 000 Francs. Er war bereits am Ziel, als er geboren wurde. Er war nicht dazu bestimmt, aufzusteigen, Reichtümern und Ehren nachzujagen; er war dazu bestimmt, in einem sorgenlosen Leben zu genießen, was schon in seiner Wiege gelegen hat. Dies Leben war klar vorgezeichnet: der Großvater, der Vater hatten es bereits gelebt – das Leben neben der Sonne Europas. Doch als der junge Graf, Zögling des Philosophen d'Alembert, siebzehn war, ließ er sich auf höchst merkwürdige Weise morgens wecken: »Stehen Sie auf, Herr Graf, denn Sie haben große Dinge zu vollbringen.« Was hatte ein Pair von Frankreich mit 500 000 Franken Einkommen anderes zu vollbringen als seine Einkünfte auf möglichst raffinierte Weise zu verbrauchen?

Er ging als Soldat nach Amerika und kämpfte unter Washington für die Unabhängigkeit der Staaten. Aber er hatte offenbar nicht das Kriegerische seiner Ahnen geerbt. Der Krieg interessierte ihn nicht. Widerwillig übte er dies Handwerk aus. Er ertrug es nur um des Zieles willen. Er war nicht zum Soldaten geboren; denn er sah im Militär nicht etwas, was um seiner selbst willen da ist – einen Sport der jungen Pairs. Mit neunzehn Jahren quittierte er zum erstenmal den Dienst. Er wußte noch nicht recht, was er wollte. Er steckte voll von Plänen. In Mexiko riet er dem Vizekönig, die beiden Weltmeere durch einen Kanal zu verbinden. In Holland entwarf er den Plan einer französisch-holländischen Expedition gegen die englischen Kolonien in Indien. In Spanien propagierte er einen Kanal von Madrid nach dem Meere. Er war mit dreiundzwanzig Jahren Oberst geworden: fest vorgezeichnet war der geebnete Weg seiner Avancements. Aber es hielt ihn nicht in den Garnisonen. Immer wieder verließ er Frankreich: in Amerika, in Mexiko, in Holland, in Spanien suchte seine unruhige Phantasie Aufgaben. Er gab sich aus in Plänen, die nicht ausgeführt wurden. Den spanischen Plan vereitelte die Französische Revolution.

Nun war er nicht mehr Pair von Frankreich. Nun hatte er nicht mehr 500 000 Francs jährlich. Nun war es nichts mehr, Nachkomme Karls des Großen zu sein. Nun war er nur noch ein Mann, der den Makel trug, Nutznießer des verachteten *ancien régime* gewesen zu sein. Aber es stand um ihn noch schlimmer. Seine Leidensgefährten wußten, wo sie hingehörten: in die Opposition; in die Verbannung; in den Trotz; und in die Hoffnung auf eine Zukunft, welche die glänzende Vergangenheit wiederherstellen würde. Aber wo gehörte der enterbte Graf hin, der nie mit seiner Klasse harmonisiert hatte, der dieser in Trümmer gegangenen Rokoko-Herrlichkeit keine Träne nachweinte – aber ebensowenig mit einer Zeit sympathisierte, die dem jungen Adligen nur die Züge der Zerstörung zeigte? Ihn entwurzelte die Revolution nicht, weil er nie Wurzeln geschlagen hatte in der Kultur seiner Väter, aber sie band ihn auch noch nicht an die Zukunft; denn er sah bis jetzt in der Revolution nur die herrenlose Gegenwart. So blieb er vorläufig, was er schon vor der Wende der Zeiten gewesen war: ein unruhiger Geist, der seine Ideen-Samen folgenlos über den europäischen Boden streute. Allerdings hatte er jetzt, nach dem Verlust seines Vermögens, ein konkretes Ziel für sein Planen: den Gelderwerb. Er widmete sich sieben Jahre lang dem Verkauf der Nationalgüter. Aber er war ein unruhiger Kaufmann, wie er ein unruhiger Soldat gewesen war. Er hatte ein Soldatenhandwerk getrieben – und sich um das Ziel des Krieges gekümmert. Er trieb sein Nationalgüter-Geschäft – und wandte seine Energien nicht aufs Geldverdienen: »Ein großes industrielles Etablissement zu organisieren, eine wissenschaftliche Schule für die Bildung zu gründen, mit einem Wort, beizutragen zum Fortschritte der Wissenschaft und zur Verbesserung des Loses der Menschheit: das waren die wahrhaften Aufgaben meines Ehrgeizes.« Heine schrieb einmal, daß das Mißtrauen gegen den Adel in revolutionären Zeiten nützlich wäre, aber immer eine Ungerechtigkeit bleiben würde gegen *»les bons nobles«*. Saint-Simon war ein *»bon noble«*, ein Edelmann.

Jetzt hatte der schweifende Eroberer das Gebiet bekommen, das ihn festhielt zu intensivster Arbeit: die Wissenschaft; und zwar die Wissenschaft von der Natur der menschlichen Gesellschaft oder, wie er sagte, die »physikopolitische« Wissenschaft. Wissensdurstig stürzte er sich in das mächtige Universum menschlicher Erkenntnisse. Er mietete sich gegenüber der Polytechnischen Schule ein und besuchte ihre Vorlesungen. Dann arbeitete er drei Jahre in der medizinischen Fakultät. Er lud die Professoren zu sich, bewirtete sie gut, stellte ihnen Geldmittel zur Verfügung; ihm genügten die Vorlesungen nicht, er brauchte den persönlichen Umgang der Gelehrten und war für seine Studien zu jedem Opfer bereit. Die Studien-Jahre schloß er mit größeren Reisen nach England und Deutschland ab. Auch er brachte nach Frankreich jenes Vorurteil über das geistige Deutschland zurück, das erst Heine dreißig Jahre später in seinem Buch *›De l'Allemagne depuis Luther‹* zu zerstören suchte. Saint-Simon schrieb noch damals, zwei Jahrzehnte, nachdem die ›Kritik der reinen Vernunft‹ erschienen war, über Deutschland: »Ich brachte aus diesem Land die Überzeugung mit, daß die allgemeine Wissenschaft hier noch in der Kindheit stehe, weil sie auf mystische Prinzipien gegründet ist.« Saint-Simon interessierte sich nicht für die philosophische Theorie. Er war ganz eingestellt auf die Einsichten in die Natur der Gesellschaft zwecks Verbesserung des menschlichen Loses. Er war ganz ein Kind jener Zeit, die mit ungebrochener Kraft, mit innigem Zutrauen an die Wissenschaft glaubte: an ihre unbegrenzte Macht, an die Erlösung durch sie von allen irdischen Übeln. Er war ein echter Gläubiger der Wissenschaft, der sein eigenes Leben dem wissenschaftlichen Experiment zur Verfügung stellte. Er heiratete – und benutzte (seinem Eingeständnis nach) die Ehe, um an sich selbst den Einfluß der wissenschaftlichen Bildung auf Moral und Leidenschaft zu studieren. Er tauchte ein Jahr lang unter in einem Leben auf Bällen und Gesellschaften – weil er nicht die Wissenschaft der Bücher, sondern die Wissenschaft der wirkenden Kräfte wollte. Er war immer Experimentator. Er lebte, um zu wissen; er heiratete, er vergnügte sich, um zu erkennen: »Wenn ich einen Menschen sehe, der nicht auf die Bahn der allgemeinen Wissenschaft hingestellt ist, und dennoch Spielhäuser und die Orte der Verschwendung besucht und Personen von anerkannt immoralischem Charakter nicht vermeidet, so werde ich sagen: dieser Mensch richtet sich zugrunde; er ist nicht zur glücklichen Stunde geboren. – Aber wenn dieser Mensch für die theoretische Philosophie lebt, wenn es das Ziel seiner Untersuchungen ist, die Scheidelinie, welche die Handlungen trennt und sie in gute und schlechte abteilt, zu berichtigen, wenn er sich Mühe gibt, die Mittel zu finden zur Heilung der Krankheiten der menschlichen Erkenntnis, welche uns verleiten, Wege einzuschlagen, die uns vom Glück entfernen, so werde ich sagen: dieser Mensch durchläuft die Bahn des Lasters in einer Richtung, die ihn zur höchsten Tugend führen muß.« Welch Erkenntnis Rausch! Welch Zutrauen zur Wissenschaft als dem großen Stern, der durch das irdische Labyrinth führt. Über den Wert eines Lebens entscheidet hiernach das Maß an gewonnenen Einsichten, die fruchtbar zu machen sind für eine vernünftige Ordnung der Gesellschaft. Saint-Simon fühlte sich ganz als wissenschaftliches Experiment, welches das Leben mit ihm machte, um sich klar zu werden über eine sinnvolle Gestaltung des sinnlosen Menschenbeieinander.

Er hat viel erlebt, viel erforscht, viel erprobt: da erscheinen in seinem zweiundvierzigsten Lebensjahr die ›*Lettres d'un habitant de Genève à ses contemporains*‹. Seine erste Schrift will den Zustand der Gesellschaft wissenschaftlich erforschen und ihre Verhältnisse nach absoluten Grundsätzen ordnen. Das alte platonische Schema von dem Lehr-Stand, dem Wehr-Stand und dem Nähr-Stand – aktuell variiert als Liberale, Besitzer und Besitzlose – taucht auf: die Weisen sollen herrschen; »die geistige Gewalt in den Händen der Weisen; die zeitliche Gewalt in den Händen der Besitzer; die Gewalt, diejenigen zu ernennen, die die Obliegenheiten der großen Leiter der Menschheit zu erfüllen berufen sind, in den Händen aller; als Belohnung den Regierenden die Achtung.« Also: die übliche, jahrtausendealte idealistische Utopie, phantastisch verbrämt. Vor dem Grabe Newtons soll eine Subskription eröffnet werden, die alle Jahre erneuert werden möge. Jeder Subskribent soll drei Mathematiker, drei Physiker, drei Chemiker, drei Physiologen, drei Literaten, drei Maler, drei Musiker ernennen. Unter denen, welche die meisten Stimmen bekommen, den einundzwanzig Erwählten der Menschheit, »Newtons Rat«, wird das Geld dieses organisierten Mäzenatentums geteilt: so sorge die Gemeinschaft für ihre wissenschaftlichen Führer.

Während der Forscher die ersten unsicheren, unorientierten, fast komischen Schritte in das unerforschte Gebiet der Gesellschaftswissenschaft macht, steht es schlimm um seine private Existenz. Seine Geldmittel sind erschöpft, seine kostspieligen Studien tragen keine sichtbaren Früchte. Niemanden interessiert, was er sucht. Alle blicken auf Napoleon, auf die Siege, mit denen er Frankreich schmückt, auf den Glanz des Empire. Die Gesellschaft fühlt sich glücklich – und irgendein Graf von einst entwirft Umbau-Pläne. Die Gegenwart ist groß, jeder Tag ist Weltgeschichte – und irgendein spintisierender Gesellschaftsbastler ignoriert dies mächtige Geschehen. Die französische Menschen-Gemeinschaft ist klar und überzeugend geordnet: im Mittelpunkt Napoleon, jeder andere Franzose hat seinen sichtbaren Wert ja nach seiner kleineren oder größeren Entfernung vom Mittelpunkt – und irgendein weltfremdes Gehirn zerbricht sich den Kopf über eine Ordnung, die doch schon leuchtend da ist, die doch nicht mehr gesucht zu werden braucht. Anstatt sich an die farbige, in allen Herzen lebende Gegenwart zu halten, stößt dieser Ergrübler einer neuen Wirklichkeit in die ungreifbare Schattenwelt der Zukunft vor. Napoleon legt dem Institut de France die Fragen vor: welche Fortschritte hat die Wissenschaft seit 1798 gemacht, welches ist ihr heutiger Stand, wie kann sie gefördert werden? Saint-Simon beantwortet diese Fragen in seiner ›*Introduction aux travaux scientifiques du* XIX. *siècle*‹. Er gibt keine Parade der Leistungen. Ihn interessieren nicht die Denkmäler der Vergangenheit, er will eine Zukunft; er will die Konstruktion einer neuen Gesellschaft aus der Substanz der wirklichkeitsgesättigten Vernunft. Er beantwortet, was niemand gefragt hat. So nimmt niemand seine Antwort auf. Für seine nächsten Schriften findet er schon keinen Verleger mehr. Er schreibt außerhalb der geistigen Bannmeile seiner Zeit.

Von seiner Wissenschaft konnte er nicht leben. In äußerster Not bewarb er sich bei dem Grafen von Ségur um einen Posten. Sechs Monate mußte er warten, dann wurde er Kopist im Lombard: täglich neun Stunden, monatlich tausend Franken. Sechs Monate arbeitete er hier; nachts schrieb er an seinem Werk. Seine Gesundheit war untergraben, er warf Blut aus; es ging nicht weiter. Da kam eine Märchen-Wendung. Er traf einen alten Diener aus besseren Zeiten. Der sprach zu ihm, wie in einem Rührstück: »Herr Graf, der Platz, den Sie einnehmen, ist Ihres Namens wie Ihrer Fähigkeiten unwürdig; ich bitte Sie, zu mir zu kommen. Sie können über alles verfügen, was mir gehört, nach Ihrer Bequemlichkeit arbeiten, und bewirken, daß man Ihnen Gerechtigkeit widerfahren lasse.« Und dann gab er ihm nicht nur zu essen und zu trinken, sondern zahlte ihm noch die Druckkosten für seine Antwort auf Napoleons Frage – eine Antwort in keine Ohren. Saint-Simon aber sah auf sein Leben, dies

Leben der fortgesetzten Niederlagen, und sagte Ja zu diesem Leben; denn es war ein Leben der vortastenden Versuche. Und da diese Versuche sich aneinanderreihten, sich vorwärtsreihten zu einem noch nicht sichtbaren, aber ahnbaren Endresultat hin, da er auch ohne glänzende Resultate spürte, daß er sich auf dem richtigen Wege befand: da war er einverstanden mit seinem Schicksal.

Wenn auf der Bühne ein alter, treuer Diener seinen verarmten Herrn aufliest, speist und tränkt und sogar noch seinen Verleger macht, so ist das ein happy end. Im Leben war es ein letzter, durch das schon dichte Gewölk noch gerade durchschlüpfender Sonnenstrahl vor dem endgültigen Einschlag. Der wundervolle Diener starb. Saint-Simon kam in furchtbare Not. Er aß trockenes Brot und trank Wasser. Er arbeitete im ungeheizten Zimmer und verkaufte seine Kleider, um die Abschriften seiner Manuskripte bezahlen zu können. Aber er trug sein Unglück für die große Passion seines Daseins: für den leidenschaftlichen »Wunsch, ein Mittel zu finden, um auf eine sanfte Weise die furchtbare Krisis zu lösen, in die sich die ganze europäische Gesellschaft verwickelt findet«. Er sah, daß sein Unglück dadurch bedingt war, daß er nicht für den Augenblick, sondern für eine kommende Zeit gearbeitet hatte. So brachte er den Mut auf, um Unterstützung zu bitten. Bei wem? Bei den Bourbonen, die nach dem Sturz Napoleons wieder auf Frankreichs Thron saßen? Er hatte nichts mit dem untergehenden Feudalismus zu tun, der jetzt anderthalb Jahrzehnte lang noch einmal eine kurze Nachblüte erlebte. Was ging ihn, der schon die furchtbare Zerklüftung der Gesellschaft – hie Besitz, dort Besitzlosigkeit – sichtete, was gingen ihn die paar scheinlebendigen Reste des vorrevolutionären Adels an? So forderte er 1814 in seiner *›Réorganisation de la société européenne‹* neben dem Wiener Kongreß, also neben dem Staaten-Kongreß, einen Gesellschaftskongreß. Das heißt, er erkannte – wie zur selben Zeit Metternich, wie bald darauf Heine: daß es neben dem Europa, welches aus Staaten besteht, ein

Europa gibt, das aus Klassen besteht. Er machte den Schritt von der Politik zur Gesellschaftswissenschaft; er lenkte den Blick von der Staatsverfassung zur Gesellschaftsordnung. Sein Werk ›*L'industrie*‹ beginnt in Fortsetzungen zu erscheinen. Es ist nicht mehr gespeist von den phantastischen Vorstellungen seines Erstlings. Es sieht schon Auge in Auge dem herrschenden System, das an der Oberfläche allerdings noch das alte französische Königtum der Bourbonen-Nachzügler ist, tatsächlich aber bereits ein kräftiger Kapitalismus. Welches ist, fragt Saint-Simon, die unverkrüppelte Gesellschaft? Antwort: die Gesamtheit der produzierenden Arbeiter. Wer macht nun, fragt er weiter, aus diesem Universum der Arbeiter ein System der Unterdrückung? Antwort: das Kapital, der Zins und jene scheinliberalen Advokaten, Richter und Beamte, welche das Kapital verteidigen. Und Saint-Simon sieht als das große Ziel des Neubaus der europäischen Gesellschaft: eine Ordnung, die in gerechter Weise alle Arbeitenden zusammenordnet ... Er fand keinen Verleger für ›*L'industrie*‹, obwohl die ersten Gelehrten Frankreichs, Augustin Thierry und der Geschichtsphilosoph Auguste Comte, mitgearbeitet hatten. Da suchte er Gönner. Wir haben bereits gefragt: wo suchte er sie? Und wir haben bereits erkannt, daß er sie nicht in der Welt suchen konnte, aus der er gekommen war: was interessierten Karl x. oder die Herzogin von Angoulême die Sorgen des verkrachten Grafen? Die reichen Bürger aber gaben; denn hier wurden ihre Probleme diskutiert. Als aber die wohlhabenden Subskribenten der ›*L'industrie*‹ merkten, wohin der gefährliche Hase lief, als er sie noch öffentlich als Subskribenten bloßstellte – da erklärten sie: sie hätten dem Grafen Saint-Simon helfen wollen, mit seinen Ideen hätten sie nichts zu tun. Selbstverständlich; denn sie wollten nicht die neue Gesellschaft, sie wollten ihre Gesellschaft. Saint-Simon aber drang immer tiefer ein in das Leben dieser industriellen Gesellschaft: im ›*Organisateur*‹, der auch in Lieferungen erschien, zeichnete er schon den Werdegang dieser Gesellschaft auf. Der ›*Organisateur*‹ hatte einen kleinen Sensations-Erfolg: ein Aufsatz der ersten Lieferung stellte die Frage, ob es für Frankreich nachteiliger sei, wenn es plötzlich die königliche Familie, den Hofstaat, den hohen Klerus, die höchsten Beamten – oder wenn es die größten Gelehrten und besten Arbeiter verlieren würde. Große Aufregung. Anklage wegen Beleidigung von König und Adel. Die Geschworenen sprachen den Angeklagten frei. Die Frage, die so großes Aufsehen erregte, war durchaus nicht charakteristisch für die äußerste Position, die Saint-Simon erreicht hatte: für den beginnenden Kampf gegen die Herren der bürgerlichen Gesellschaft. Aber diese Frage und dieser Prozeß lenkten die Aufmerksamkeit der Öffentlichkeit auf ihn. Nur für einen Augenblick. Als 1821 sein ›*Système industriel*‹ mit dem Motto »Liebet Euch und helft einander« erschien, Darstellung der Idee einer Allianz von Königtum und arbeitender Klasse, fiel sein Wort wieder in den leeren Raum, echolos wie seit je.

Er war sechzig. Er war arm. Er war ohne Erfolg. Ein kleiner Kreis junger Schüler war das einzige Resultat des entbehrungsreichsten Lebens. Da verzweifelte er. Im März 1823 machte er einen Selbstmordversuch. Er wurde geheilt, verlor aber ein Auge. Zwei Jahre lebte er noch, zwei Bücher schrieb er noch: den ›*Catéchisme des Industriels*‹ und ›*Nouveau christianisme*‹. Der äußerste Punkt, zu dem er gelangte, war die Erkenntnis, daß es gelte, die Gesamtheit der Arbeiter von den Nachfolgern der alten Feudalen, den Besitzenden und ihren Advokaten, zu befreien. Das einzige Prinzip der christlichen Religion sei das Gebot: die Menschen sollen Brüder sein. Das ›Neue Christentum‹ will die bürgerliche Gesellschaft »dem großen Zwecke der schnellsten Verbesserung des Loses der ärmsten Klasse entgegenführen« ... Er hatte begonnen mit tausend unruhigen Plänen für Kanalbauten und Expeditionen. Er hatte sich jeden Morgen mahnen lassen, daß er viel zu vollbringen habe. Er hatte viel vollbracht. Sein Weg war sehr lang gewesen, sehr verschlungen. Aber dann war er doch angekommen. Auf dem Totenbett 1825 überblickte er seine Jahre: »Mein ganzes Leben faßt sich in einem Gedanken zusammen: allen Menschen die freieste Entwicklung ihrer Anlagen zu sichern.« Das hieß nach dem Stand der Dinge: Befreiung des Proletariats. Und sterbend verkündete der Graf Saint-Simon: es wird sich die Partei der Arbeiter bilden; die Zukunft ist unser.

Die Gegenwart hatte sich ihm versagt, die Zukunft war *seine* Zukunft. »Die Frucht ist reif, Ihr werdet sie pflücken«, war sein letztes Vermächtnis an seine Schüler. »Erinnere Dich, daß man begeistert sein muß, um große Dinge zu vollbringen!« – diese Mahnung vererbte er in den letzten Minuten seinem Lieblingsschüler als Ergebnis seines Lebens. Ach, den Epigonen fehlte jenes Zusammen von Wissenschaftlichkeit und Enthusiasmus, das dem Lehrer sein großes Werk ermöglicht hatte. In ihnen trat auseinander, was in ihm vereinigt gewesen war: Bazard erbte den kühlen, jeden Schritt wissenschaftlich sichernden, kritischen Verstand; Enfantin erbte die religiöse Begeisterung, jenen das Ziel vorwegnehmenden Aufschwung, der aber bei Saint-Simon nie ausgeartet war in wirklichkeitsfremdes Pathos. Bazard wurde durch seine nüchtern-energische Art der bedeutende, aber nicht durchdringende Systematiker. Enfantin wurde durch seine überschwenglich-phantastische Art der wirksamere Verfälscher, der einflußreichere Totengräber des Saint-Simonismus.

Saint-Simon hatte sich noch nicht eindeutig und eingehend darüber ausgesprochen, *wie* das Proletariat zu befreien sei. Er hatte zwar gesehen, daß das Eigentumsrecht die Grundlage der herrschenden Ordnung ist – eine Grundlage, die er durchaus nicht für unantastbar hielt. Aber er selbst hatte sie noch nicht angetastet: nicht das Recht auf Eigentum und nicht die Heiligkeit der Familie. So konnte man mit Fug von ihm sagen, was er von Luther gesagt hatte: *»Il a bien critiqué, mais pauvrement doctriné.«* Die Schüler gingen seinen Weg zu Ende. Sie fanden sich zusammen in der Zeitschrift ›*Le Producteur*‹, die als Motto das Zitat von Saint-Simon nahm: »Das goldene Alter, das eine blinde Tradition bisher in die Vergangenheit versetzt hat, liegt vor uns.« Bazard, einer der Führer der Carbonari, der internationalen Verschwörer-Vereinigung, welcher bei Aufdeckung dieser Verbindung nur durch ein Wunder dem Verratenwerden entgangen war, brachte sein radikales Temperament in die Ideen-Welt Saint-Simons und stellte nun die energische Frage: hat das individuelle Eigentum eine absolute Berechtigung? Diese Frage organisierte Saint-Simons mächtige, aber ungegliederte Gedankenmasse zum System. Drei Jahre nach dem Tode des Meisters trat der Schüler öffentlich als Lehrer auf. In der Rue Taranne bestieg er zum ersten Mal das Katheder vor einem kleinen Auditorium. Saint-Simon hatte gelehrt: die unterste Klasse ist die nützlichste und wichtigste; das Gebot der Religion, der Gang der Geschichte führen zur Verbesserung ihres Schicksals. Mehr hatte er nicht gelehrt. Bazard zog die Schlußfolgerung: also muß die Ungleichheit des Besitzes abgeschafft werden. Das Motto der Gegenwart hieße: *»Chacun pour soi, Dieu pour personne!«*, das Motto der Zukunft hat nicht »Jeder für sich, Gott für uns alle« zu heißen, sondern Assoziation, Zusammenhalt in Familie, Gemeinde, Nation, Staat, Staatenbund. Das letzte Ziel sei die *association universelle,* der Menschheitsbund; und weil nun der stärkste Widerspruch gegen dieses Ideal des Zusammenhalts die gegenwärtige Lage des Proletariats sei – deshalb sei die erste, die nächste Aufgabe: »Fortwährende Verbesserung des moralischen, intellektuellen und physischen Daseins der zahlreichsten und ärmsten Klasse!« Bazard wollte keineswegs den primitiven Baboeufschen Kommunismus, der das Eigentum radikal abzuschaffen beabsichtigte. Bazard schwebte eine differenziertere Verteilung vor. Er griff nur das Erbrecht an, nicht das individuelle Eigentum. Nicht die Familie, sondern der Staat sollte erben. Aber der Staat sollte die ererbten Vermögen nicht behalten. Er sollte jedesmal den Arbeiter suchen, der nach seiner Fähigkeit und seinem Eifer am besten das freigewordene Kapital zugunsten der Allgemeinheit verwerten könnte. So würde es weiter Ungleichheit im Besitz geben; aber diese Ungleichheit wäre dann nicht die Folge des sinnlosen Zufalls einer Erbschaft, sondern die Folge des sinnvollen Prinzips: dem Fähigsten die reichsten Mittel.

Bazard dachte Saint-Simons Ideen zu Ende. Enfantin, beeinflußt von dem Sozialisten Fourier, brachte fremde Gedanken in Saint-Simons Welt. Fourier hatte die Harmonisierung des Konflikts von Geist und Fleisch gelehrt. Enfantin machte das anti-asketische, anti-katholische »Heiligt Euch durch Arbeit und Vergnügen« zur Religion des Saint-Simonismus. Eine Religion, die den Saint-Simonismus weniger krönte als kompromittierte. Doch Enfantins Lehre hatte schon Wurzel gefaßt. Als man ein Collège einrichtete, eine Vereinigung der Eingeweihten, wurden Bazard *und* Enfantin als Häupter gewählt. Ein ungleiches Zwiegespann, das vorläufig zusammengehalten wurde durch die großen Chancen, welche die Zeit dieser Schule bot. Denn als 1830 die französische Juli-Revolution ausbrach, trat offen zutage, was Saint-Simon seit zwanzig Jahren in seinem Hirn-Laboratorium präpariert hatte: der alte Konflikt zwischen Feudalismus und aufstrebendem Bürgertum war abgelöst durch den schärferen Konflikt zwischen dem besitzenden Bürgertum und dem Proletariat. Jetzt interessierten die Fragen, die Lösungen dieser Schule; jetzt begann ihre große Zeit. Während des Juli-Kampfes ließen Bazard und Enfantin Anschläge in den Straßen machen: Aufforderung des Volkes zu einer großen religiösen Lebens-Gemeinschaft. Bazard ging zu Lafayette, dem alten Freiheitskämpfer, der allerdings nicht mehr jung genug war, um sich für Saint-Simon statt für den Herzog von Orléans zu entscheiden. In der Deputiertenkammer griff man die Lehren der Saint-Simonisten an – und machte sie so mit einem Schlage populär. Bazard und Enfantin antworteten. Am ersten Oktober 1830 veröffentlichten sie ein ›Sendschreiben an den Herrn Präsidenten der Deputiertenkammer‹: damit »die Aufmerksamkeit edelmütiger Herzen, die über die Bestimmung des Menschengeschlechts sich beunruhigen, geweckt werde«. Sie unterzeichneten ihre Namen mit dem Zusatz: »Häupter der Saint-Simonischen Religion,« Diese Häupter forderten – nun zum erstenmal vor den Ohren Europas: »Alle gesellschaftlichen Einrichtungen müssen zum Ziel die sittliche, geistige und körperliche Verbesserung der zahlreichsten und ärmsten Klasse haben; alle Vorrechte der Geburt, ohne Ausnahme, werden aufgehoben, jedem nach seiner Fähigkeit und jeder Fähigkeit nach ihren Werken.« Dies große historische Dokument wehrte öffentlich den öffentlich erhobenen Vorwurf ab, daß die Saint-Simonisten die Gemeinschaft der Güter und der Weiber erstrebten. Im Gegenteil: da sie an die natürliche Ungleichheit der Menschen glaubten, hielten sie die gleiche Teilung des Gesamtvermögens für eine größere Gewalttätigkeit, für eine empörendere Ungerechtigkeit als die bestehende Ungleichheit, natürliche Folge einstiger Eroberung durch Waffengewalt.

So hatten Saint-Simons Ideen endlich den Bezirk der unwirksamen, verborgenen Existenz überschritten: endlich, fünf Jahre nach dem Tode des Stifters, verbreitete sich diese neue Religion. Man wurde berühmt, man wurde reich. Die Saint-Simonistische Bibel konnte in drei Auflagen gedruckt und an die Armen gratis verteilt werden. Man kaufte ihre Zeitung, den ›*Globe*‹. Er lehrte in formvollendeten Aufsätzen breitesten Schichten den Unterschied »*entre les hommes oisifs et travailleurs*«, zwischen Müßiggängern und Arbeitern. Er forderte nicht die bürgerliche Freiheit, sondern die allgemeinere. Und er bereitete wohl als eins der ersten Blätter die Atmosphäre des Klassenkampfes vor. In ganz Europa hatte der ›*Globe*‹ begeisterte Leser; zum Beispiel die Berliner Rahel, die aus ihm lernte, daß »das Gute und Heilsame bewiesen werden kann«; die im Saint-Simonismus ihr altes Thema wiederfand (wie sie an Heine schrieb): »Die Erde verschönern: mein altes Thema. Freiheit zu jeder menschlichen Entwicklung: ebenso.«

In der Rue Monsigny lebten die Saint-Simonisten als

»Familie« beeinander, auf gemeinsame Kosten wurde gemeinsamer Haushalt geführt. Die Lehre entwickelte sich hier im Lärm der Feste. Ingenieure, Künstler, Ärzte, Advokaten hatten ihre Bahn verlassen, um hier zusammenzuleben: als Väter, Brüder und Söhne, als Mütter, Schwestern und Töchter. Hier war der Ausgangspunkt der Saint-Simonistischen Missionare. Die Lehre wurde durch Schulen in allen zwölf Stadtvierteln von Paris und in den fünf Kirchen zu Toulouse, Montpellier, Lyon, Metz, Dijon verbreitet. Zuerst predigte man in Paris wöchentlich, dann täglich. Der Zulauf war enorm; oft waren 1500 Menschen anwesend. Die Sonntags-Vorlesungen in der reichgeschmückten, mit roten Bänken möblierten, amphitheatralischen Salle Taibout, die drei Stockwerke von Logen unter einem gläsernen Dach hatte, waren vom auserlesensten Publikum besucht: von der berühmten Sängerin Malibran zum Beispiel; auch Franz Liszt und Heinrich Heine waren unter den Zuhörern. In den ersten drei Reihen saßen ernste junge Männer in blauer Kleidung und Damen in weißen Kleidern mit violetten Schärpen. Sobald Bazard und Enfantin, die »Päpste«, den Saal betraten, erhoben sich die Schüler ehrfürchtig; die anwesenden Zuschauer schwiegen. Bazard bewies, nur den Gesetzen der Logik folgend; Enfantin enthusiasmierte durch das Bild vom Gottmenschen, der jetzt endlich den ewigen Konflikt zwischen Körper und Seele in eine glückliche Harmonie aufgelöst hätte. Michel Chevalier, auch ein führender Saint Simonist, malte in wohlklingenden Sätzen vor der staunenden Gemeinde die »Verheißung der Zukunft«. Er malte das leibhaftige Paradies – herrliche Zeiten, in denen alles blühen und gedeihen werde zum Wohlgefallen des genießenden Menschen: »Die Menschheit wird dann nur eine Familie von unzähligen Kindern bilden. Alle Rassen, alle Menschen werden verbunden und gesellig vereinigt sein; und dann wird das Leben der Welt, harmonierend mit Deinem Leben, es zu entwickeln und zu verschönern dienen.« Man forderte Louis Philippe in Briefen auf, seinen Platz den Herren Bazard und

Enfantin abzutreten. Das Überwuchern der wünschenden Phantasie erstickte den lebendigen kämpferischen Kern.

Die Katastrophe begann mit dem Zwist Bazard–Enfantin. Bazard war der ernste Hüter der zukunftsträchtigen Forschungen Saint-Simons. Er verlor sich nicht an nebelhafte Zukunfts-Feerien. Er glaubte an die exakte Wissenschaft und ihre Vermittlung durch ein auf Beweis gegründetes Überzeugen. Enfantin war überschwenglich und aufbrausend, rücksichtslos und eitel; er zauberte, wo Bazard Konsequenzen zog. Zwei solche Temperamente, in der Führung verkoppelt, konnten sich nur unter Donner und Blitz voneinander trennen. Der lange Zeit geheime Konflikt kam bei der Frage nach der Emanzipation der Frau zum Ausbruch: Enfantin forderte völlige geschlechtliche Ungebundenheit im engeren Kreis der Eingeweihten; Bazard widersprach. Enfantin predigte: man hätte in ihrer kritischen Welt den göttlichen Einfluß der Frau des Mittelalters und der christlichen Jungfrau auf das Leben des Edelknaben und des Ritters vergessen; man wüßte nicht mehr, wieviel Aufopferung eine Schärpe, ein Blick, ein halbes Lächeln zu gebieten vermöchte, welche Macht in einer tugendhaften Liebkosung, einem frommen Kusse, einer heiligen Wollust liege. Bazard mißtraute dieser erotischen Religion. An dem sachlichen Gegensatz entzündeten sich private Antipathien. Enfantin stritt hemmungslos. Nach einer Nacht, die von einem letzten Zweikampf mit Enfantin angefüllt war, brach Bazard ohnmächtig zusammen.

Am neunzehnten November 1831 berief Enfantin eine allgemeine Versammlung ein. Bazard blieb fort. Seine Anhänger warteten mißtrauisch ab. In großen Worten predigte Enfantin das neue Weib, das die neue Moral zu neuem Leben berufen habe. Das Weib solle alles enthüllen, was es fühle und wünsche. Jeder, der dem Weib ein Gesetz auferlegen wolle, sei kein Saint-Simonist; die einzige Stellung des Saint-Simonisten dem Weibe gegenüber sei die, sich unfähig zu erklären, es beurteilen zu können. Und immer verstiegener predigte er sich hinein in eine intellektuelle Wollust, in eine sexuelle Heilsbotschaft, in eine »Reglementation des Ehebruchs« – wie die empörten Gegner sagten. Plötzlich schnitt Pierre Leroux diese Weiber-Predigt ab: »Sie entwickeln eine Lehre, die das Collège einstimmig verworfen hat; ich bin hierher gekommen, um es zu sagen; ich werde mich zurückziehen.« Enfantin war unbelehrbar. Er wies auf Leroux hin als ein Muster der alten Tugend, die unfähig sei, die große eroto-politische Idee des Priesters Enfantin zu verstehen. Die Opposition schied aus. Enfantin behauptete das Feld: von nun ab, durch Akklamation seiner Getreuen, der tugendhafteste Mensch, Vater der Familie. Das war das Ende.

Wenn die Führer sich zanken, fallen die Geführten ab. Sie fühlen, daß etwas nicht stimmt. Sie werden unsicher, mißtrauisch. In der Rue Monsigny, hinter verschlossenen Türen, wurde Tag und Nacht erregt diskutiert. Zart besaitete Naturen fielen in Ohnmacht unter dem Druck der Probleme und der schlaflosen Nächte. Die Krisis der Bewegung äußerte sich in fieberhaften Exaltationen. Und dann ging es abwärts. Die Saint-Simonisten verloren schnell an Boden. Die Kassen wurden leer. Der ›*Globe*‹ hatte am Ende des Jahres ein Defizit von 30 000 Francs. Enfantin suchte immer weiter das Weib für das an der Seite des Vaters ein leerer Stuhl bereitstand. Die Spaltung innerhalb der Schule wucherte fort. Aber Enfantin gab Bälle und Soireen, tanzte und beobachtete; denn er suchte das Weib, das ihn, den Vater, ergänzen sollte zur mann-weiblichen Einheit des sozialen Priesters. Er suchte und fand nicht. Inzwischen war die ihm noch treugebliebene Garde auf zweiundvierzig zusammengeschmolzen. Mit diesen Resten seiner Lieben zog er sich auf sein väterliches Gut Menilmontant zurück. Hier bearbeiteten Dichter, Musiker, Künstler, Ingenieure, Genieoffiziere das Gut, reparierten das Haus, fegten und wichsten die gemeinschaftlichen Säle, die Zimmer, die Höfe und machten unbebautes Land urbar. Sie führten einen mönchischen Haushalt und hatten sich das

Gesetz des Zölibats auferlegt, um die Reinheit ihrer Ideen über die Frau zu beweisen. Sie sangen die Lieder der Schule und umgaben ihre Mahlzeiten mit krausen Zeremonien. Sie ersannen eine eigentümliche Tracht: einen blauen Überrock, welcher sich vorn auf eine Weste öffnete, deren Öffnung sichtbar war; einen ledernen Gürtel; weiße Beinkleider; und eine rote Faltenmütze. Der Hals war bloß; der Bart mußte nach orientalischer Sitte lang getragen werden. Das Gefühl der Gemeinschaft rief diese Kleidung noch besonders dadurch hervor, daß man sich die Weste nicht ohne Hilfe eines Bruders anziehen konnte. Man machte so aus dem Saint-Simonismus eine Kuriosität, ein Schauspiel für die zu diesem Theater zugelassenen Zuschauer. Während sich diese letzten Saint-Simonisten mit Kleiderfragen beschäftigten, wütete in Paris der Straßenkampf.

Noch einmal interessierte sich die Öffentlichkeit für dieses Kuriosum, als sich im Februar 1832 die Gerichte mit der Schule Saint-Simons zu beschäftigen begannen, nachdem die Polizei schon oft ihre Versammlungen besucht hatte. Enfantin trat vor Gericht in der Uniform von Menilmontant, mit einem Schild »Der Vater«, großspurig auf. Als der Präsident ihn fragte: »Nennen Sie sich nicht Vater der Menschheit? Behaupten Sie nicht, Sie seien das lebendige Gesetz? . . .«, antwortete er mit vieler Kaltblütigkeit und Sicherheit: »Ja, mein Herr.« Die Zeugen, die man aufrief, wandten sich an ihn: »Vater, darf ich schwören?« Er verbot es ihnen. Als die Geschworenen auf seine gespreizte Art sauer reagierten, blitzte er sie an: »Der Zorn ist ein Beweis der Bewegung! Ich habe Euch besiegt.« Aber wichtiger als diese Kinkerlitzchen waren die Plädoyers dieser letzten Saint-Simonisten: da saß plötzlich auf der Anklagebank die französische Bourgeoisie und mußte die treffende Zergliederung ihrer Moral vor den Ohren ganz Frankreichs mitanhören. Daß fast alle Angehörigen wegen unerlaubter Verbindung, Aufreizung der Arbeiter und Verbreitung sittlich anstößiger Lehren zu einem Jahr Gefängnis verurteilt wurden, war gleichgültig vor dem

Erfolg dieses Prozesses: vor der öffentlichen Kritik der kapitalistischen Gesellschaft.

Bazard war wenige Monate nach seinem Streit mit Enfantin gestorben. Enfantin arbeitete nach seiner Entlassung aus dem Gefängnis am Nildamm als Ingenieur des Paschas. 1848 machte er dann noch einmal den Versuch, durch Herausgabe einer Zeitung die alten Ideen aufzuwärmen. Auch »das Weib« hatte er inzwischen gefunden; und Heinrich Heine stichelte 1855: »Die Märtyrer von ehemals werden jetzt weder verhöhnt noch verfolgt, sie tragen nicht mehr das Kreuz, wenn es nicht von ungefähr das Kreuz der Ehrenlegion ist; sie durchlaufen nicht mehr barfuß die Wüsten Arabiens, um dort das freie Weib zu suchen – diese Befreier vom Gattenjoch, diese Zerbrecher der ehelichen Bande haben sich bei ihrer Rückkehr aus dem Orient verheiratet und sind die unerschrockensten Epouseurs von der Welt geworden.«

Hatte sich der junge Graf Saint-Simon deshalb ständig erinnern lassen, wieviel er zu vollbringen habe – damit kurz vor seinem hundertsten Geburtstag Heinrich Heine feststellen konnte, daß die Apostel des goldenen Zeitalters sich damit begnügten, es sich gemütlich zu machen im silbernen Zeitalter, unter der Herrschaft des »Dieu argent«? Die geistige Erbschaft ist fast nie bei denen, die den Namen, gewissermaßen die Firma weiterführen. Enfantin hat Saint-Simons Namen berühmt gemacht – und sein Werk verschandelt. Saint-Simons Werk aber war, nach einem Wort Karl Grüns, eine Samenkapsel, deren einzelne Keime überall Grund fanden und aufgingen. Ein Grund war: Heinrich Heine. Die Lehre Saint-Simons ging mächtig in ihm auf.

IV.

Zwischen Bourgeoisie und Proletariat

»Wer nicht so weit geht, als sein Herz ihn drängt und die Vernunft ihm erlaubt, ist eine Memme; wer weiter geht, als er gehen wollte, ist ein Sklave.« Heine

Der Helgoländer Fischer und die goldenen Tage der Bourgeoisie

Nach sechsjährigen Studien hatte Heinrich Heine mit achtundzwanzig in Göttingen sein juristisches Examen bestanden. Er war Banklehrling und Kaufmannsgehilfe gewesen. Er hatte mit einem Manufakturwarengeschäft Pleite gemacht. Er hatte die Kultur des Mittelalters und das Corpus juris studiert. Er hatte Gedichte herausgegeben und öffentlich die Rechts-Thesen verteidigt: »Der Ehemann ist Herr der Mitgift.« »Der Gläubiger muß eine Quittung ausstellen.« Was wollte er werden?

Er wollte sich an der Berliner Universität habilitieren, das glückte ihm nicht. Er dachte sich in Hamburg als Anwalt niederzulassen, daraus wurde nichts. Er wollte in München eine Professur haben, das ging schief. Er spekulierte auf eine Syndikus-Stelle beim Hamburger Senat und verspekulierte sich. Einmal in diesen Jahren langte er an. Er war wenige Monate Cotta-Redakteur an der Münchener Zeitschrift ›Allgemeine Politische Annalen‹. Dann floh er vor dem täglichen Dienst. »In seinem Wesen lag etwas Zugvogelartiges«, schrieb ein Zeitgenosse von dem Studenten. Er war ein Vagant, der seßhaft werden wollte: weil er auch ein Bürger war; er stellte sich das Seßhaftwerden eines Vaganten phantastisch leicht vor.

Varnhagen von Ense, der befreundete Diplomat, Gatte der Rahel, durchschaute das Gesetz dieser Fehlschläge: »Glauben Sie, man wird ein Geschäftsmann, ein Bürger in Amt und Zutrauen, gleich mit einem Sprung, wie man etwa ein Dichter wird? Überhaupt haben Sie es durch Ihr ganzes bisheriges Leben und Dichten wohl am wenigsten darauf angelegt, im Staatsdienst Ihre Bahn zu finden. Selbst für eine Anstellung an einer höheren Lehranstalt würde man gründlich gelehrte

Beschäftigung mit ernsten, durch ihren Stoff gewichtigen und selbständigen Sachen vorher bewiesen sehen wollen.« Heine aber glaube, mit »geistreichen Seherflügen« einen bürgerlichen Posten erfliegen, nach »kühnen Ritterzügen« ohne weiteres eine solide gesellschaftliche Stellung beziehen zu können. Wo doch die Posten, diese Stellungen erbüffelt, ersessen, erkrochen oder wenigstens ererbt werden müssen. Was stand denn auf seinem Berechtigungsschein neben dem Zeugnis: bestanden »nach öffentlich und privatim gegebenen Beweisen der gehörigen Kenntnisse«, also neben diesem nicht gerade sehr glänzenden Genügend? Es stand: Dichter der ›Jungen Leiden‹, Dichter zweier Vers-Tragödien, Dichter der ›Harzreise‹. Wirklich keine sehr verlockenden Ausweise für einen Anwärter auf den Staatsdienst! Varnhagen mußte ihm erst das ABC des Lebens beibringen: das Bedürfnis schaffe noch nicht die Befriedigung; man habe nicht den Taler, weil man ihn brauche, sondern weil man ihn erspart habe. Hatte denn Heine bürgerliche Solidität erspart, so daß er jetzt die Zinsen eines soliden Rufes hätte einkassieren können? Heine hatte Gedichte gesät und wollte eine Staatsstellung ernten. Derart naiv war noch vor hundert Jahren ein Poet. Selbst die Phantastin Rahel staunte über soviel Kindlichkeit: »Mir kommt es ganz so vor, lieber Heine, als wollten Sie mit Bedacht den Zustand der Welt zu Ihren Gunsten stoßweise verkennen, um ihn zeitweise los zu werden.« Und außerdem war der »Zustand der Welt« damals gerade schlecht.

So bekam er, was ihm zukam, nicht was er wünschte: er bekam nicht einen festen Platz in der Welt, sondern die ganze Welt zur Eroberung. Er mußte sich seinen Posten schaffen; die Gesellschaft zwingt den Unabhängigen zu seiner Freiheit, die aus Ungesichertheit und allen andern Gebrechen des Außenseitertums besteht. Wer die vorgezeichneten Wege ablehnt, erlebt die Freuden und Kümmernisse ungebahnter Straßen. Weder Berlin noch Hamburg noch München nahm Heine auf. Er trieb sich unentschlossen herum. Saß viele Winter in Hamburg, viele Sommer in Norderney oder auf Helgoland; reiste nach England, gab ein paar Monate in München eine Zeitschrift heraus, reiste nach Italien, zog sich nach Potsdam zur Arbeit zurück – und veröffentlichte Gedichte, Dramen, Reiseberichte. Heine war nicht feurig, nicht stämmig, nicht breitschultrig und derb – wie man sich den gefürchteten Pamphletisten, den mächtigen Raufbold, den unfeierlichen Lyriker vorstellte. Er war schmächtig und vornehm, eine liebenswürdige Gestalt. Über einem glatten, blaß-zarten, ovalen Gesicht lag das schöne, weiche, blondbraune Haar. Die Augen waren klein und träumerisch; nur das Lächeln einer freundlichen Bosheit hellte sie ganz auf. Er sah wie ein kleiner Poesieprinz aus – und war ein schwerer Brocken für die deutsche Gesellschaft.

Wäre er nur Phantast gewesen, fest eingekapselt in seinen Traum, geschützt vor der äußern Welt durch die unumstößliche Wirklichkeit der innern, ein ganzer Poet, ein Dachstuben-Poet (den nur Poesie-fremde Zeiten lächerlich finden) – er wäre geborgen gewesen in dem zartesten und undurchlässigsten Stoff, der Illusion. Aber er hatte nur Anfälle von Poesie, nur Poeten-Minuten, nicht des Poeten lebenslänglichen Schutz: so lastete das Leben schwer auf ihm. Die Sorge um seine Zukunft drückte ihn nieder; der gehässige Streit mit dem Dichter Platen, in den er geraten war, ließ ihn nicht los; sein schlechtes körperliches Befinden verstimmte ihn; die schwüle Öde des politischen Lebens nahm ihm den Atem: »könnte man der Zeit entlaufen, wie man einem Ort entläuft.« Die Zeit war ein großer, faulender Morast; er konnte nicht heraus und mußte die Fieberdünste atmen. Er kämpfte gegen den Marasmus mit allen Mitteln: riß sich von sich los, stürzte sich in die Lust, trotzte dem »kranken, verdrießlichen Leibe soviel Lebensfreude als möglich« ab, fiel in jene heilsame Ermüdung, die der Übergang zu neuer Arbeitssehnsucht ist, verließ zufrieden Hamburgs Amüsierstätten und vergrub sich in dem Nest Wandsbek. Hier studierte er die Bibel und die Geschichte der Französischen Revolution, wie sie die Historiker Thiers und Mignet aufgeschrieben hatten.

Dann fuhr er an die Nordsee, die ewige Zuflucht; wurde in Helgoland von Sängerinnen und Tänzerinnen mit ihren Affairen geplagt; und las immer wieder die Bibel. Sein Stubennachbar, ein Justizrat aus Königsberg, hielt ihn wegen seines Bibel-Enthusiasmus für einen Pietisten. Heine debattierte viele Stunden mit dem Preußen über die Dreieinigkeit und hörte zu gleicher Zeit unter dem Bretterboden die Unterhaltung seiner Wirtin, der Frau eines kindlich-gutmütigen, unerschrockenen Seemanns, mit einem Holländer, »indolent und ausgebuttert wie der Käse, womit er handelt«. Der Holländer, den nicht einmal sein Lieblings-Thema, das Einsalzen der Fische, zu erwärmen vermochte, erklärte mit platter Eintönigkeit den Unterschied von Kabeljau und Stockfisch. In dieser Umgebung durchdöste Heinrich Heine den Juli 1830. Er hatte nach Helgoland kein Buch mitgenommen, das ihn an den Tag hätte erinnern können. Die Bibel, Homer, eine Geschichte der Langobarden, einige Scharteken über Hexenwesen zogen ihn in ferne Vergangenheiten zurück. Wenn er nicht las, saß er am Meer und hielt »geheime Zwiesprache« mit der See, der die tiefe Liebe seines Lebens gehörte. Was das Meer dem verliebten Heine sagte, wissen wir nicht. Aber wir wissen, was der unglückliche Heine dem Meer sagte. Ich bin müde, sagte er. Ich will Ruhe, sagte er. Ich bin zermürbt durch den langen Kleinkrieg. Ich will nicht immer in schwerer Rüstung laufen: eingeklemmt, eingeschnürt, eingeritten von einem fremden Schicksal. Ich will meine Phantasie schweifen lassen, ich will meine Träume austräumen. Welcher Dämon peitscht gerade mich, den Idylliker, zum Kampf gegen die Behaglichkeit meiner Landsleute? Ich möchte den ziehenden Wolken nachschauen; ich möchte eindringen in die geheimen Zauber, mit denen Dichter Worte binden; ich möchte alte Märchen durchwandern. Und was ist mir auferlegt? Einmischung in die Händel der Welt. Herausgabe politischer Blätter. Aufstachelung menschlicher Leidenschaften ... Das Meer rollte mit furchtbarem Donner bis vor seine Füße. Aber was können die Elemente –

und wenn sie noch so laut sind – dem Menschen anderes sagen, als daß er selbst einmal Element sein wird, bis dahin aber nur Rat finden kann bei sich selbst. Heine schlug die Wellen mit dem Spazierstöckchen, warf ihnen Kieselsteine weit entgegen und sprach weiter zu sich: Diese Zeit ist keine Zeit für Idylliker. In keinem Land. In Italien stehen die österreichischen Schildwachen vor den Zitronen-Bäumen. England, das der Ozean längst verschluckt hätte, wenn er nicht befürchtete, daß es ihm Übelkeiten im Magen verursachen möchte, diese ungeheuer komplizierte Fabrik, dieses sausende, brausende, stockende, stampfende und verdrießlich surrende Maschinenwesen, »wo die blankgescheuerten Utilitätsräder sich um altverrostete historische Jahreszahlen drehen« – England ist trotz des zu früh verstorbenen »göttergleichen Canning«, dem liberalen Gegenspieler der Heiligen Allianz, ein langer, magerer, knöcherner Hagestolz; dieser Hagestolz näht sich einen abgerissenen Knopf an die Hosen an, mit einem Zwirnfaden, an dessen Ende als Knäul die Weltkugel hängt – er schneidet aber ruhig den Faden ab, wo er ihn nicht mehr braucht, und läßt die ganze Welt in den Abgrund sausen. Und selbst im Lande der Freiheit, in Frankreich, blühen die Jesuiten, regieren »dieselben Toren, denen man bereits vor fünfzig Jahren die Köpfe abgeschlagen«; die Krönung »Karls des Einfältigen« (wie Béranger spottete) wurde nach gut mittelalterlichem Zeremoniell in Reims vollzogen; er hatte weder auf die heilige Ampulla verzichtet, jenes Salb-Gefäß, das eine Taube zur Krönung des Merowinger-Fürsten Chlodwig vom Himmel gebracht hatte, noch auf die Heilung von Skrofulösen durch Handauflegen. Amerika? Die Mutter der europäischen Revolution, das Geburtsland der Erklärung der Menschenrechte?! Dies Amerika hatte er geliebt, als er es noch nicht kannte. Jetzt kennt er es. Gewiß, es gibt dort keine Fürsten, keinen Adel – aber es gibt dort Millionen Menschen, die wie Hunde behandelt werden, weil sie eine schwarze oder braune Haut haben. Und Heinrich Heine, der sehnsüchtig ein Land suchte, in dem man unbekümmert in den weiten Himmel sehen dürfte, in dem man mit gutem Gewissen sein Leben damit zubringen könnte, dem Flug der Wolken zu folgen, fand bei seiner Helgoländer Bilanz: Es gibt dies Land nicht. »O Freiheit! Du bist ein böser Traum!« Ein Traum, der den Menschen unglücklich macht; weil er ihm eine Utopie als Ziel vorgaukelt.

Ein böser Traum, weil er immer wieder Menschen in den Irrsinn hineinhetzt, das Vergebliche zu wagen; wegen des Vergeblichen sich um ihr Leben zu betrügen. Aber nun ist Heinrich Heine kuriert von den Gaukeleien. Jetzt entzieht er sich ihrem Bann. Er wird nicht mehr philosophieren über die Wege der menschlichen Gesellschaft, er wird nicht mehr politisieren: er wird nur noch interesselos die Natur betrachten und Kunst schaffen. Die Qualen, die er erduldet hatte, die Lasten, die er auf sich geladen hatte, dies ganze Martyrium für das allgemeine Wohl – alles nutzlos; ein Opfer für nichts. Gewiß, die Menschheit steht nicht still, sie lebt – aber sie lebt nicht vorwärts. Es ist eine Bewegung im Dasein – aber nicht eine Bewegung zu einem Ziel. Das Gesetz dieser Bewegung ist der Kreislauf. Und der Kreislauf ist das Symbol der Hoffnungslosigkeit. Vorbei die Jugendträume; vorbei der Glaube, daß der Kämpfer fällt, der Kampf aber gelangt zum Ziel über die tausend fallenden Kämpfer hinweg. Mit dreiunddreißig hat man viel beobachtet, viel erfahren. Das große Resultat heißt: Resignation.

Er sah auf das Meer, das vorrollte und zurückwich, vorrollte und zurückwich; und nun erhielt er vom Meer doch noch eine Antwort: Ebbe und Flut – ist das Leben. Auf der Insel Helgoland, im Hochsommer 1830, gab Heinrich Heine den Kampf für ein besseres Morgen auf.

Gestern noch hielt er traurige Zwiesprache mit dem Meer, das hoffnungslos vorstürmte und zurückebbte in unabwendbarem Turnus – und heute schon riecht die ganze See nach frischgebackenem Kuchen. Gestern noch blätterte er in den tausend Jahre alten Schwarten müde herum – und heute schon brennt in seinen Händen das dicke Zeitungspaket mit den fertigen Nachrichten aus Paris. Diese »Sonnenstrahlen, eingewickelt in Druckpapier«, entflammen ihn zum wildesten Brand. Der Hoffnungsstrahl aus Paris war in seine Seele gefallen und hatte hier alles entzündet, was für ein besseres Dasein glühen konnte. Er hatte ein Zeichen bekommen, daß es doch vorwärts geht; das war »die Flut, die endgültig Neuland erobert«; die Bourbonen-Restauration nach Napoleons Sturz war also nur eine schlechte Episode der Weltgeschichte gewesen, nicht die übliche Ebbe nach der üblichen Flut. Heine war berauscht vor Glück. Vor Glück küßte er die dicke Wirtin und den gutmütigen Seebären, ihren Mann. Vor Glück umarmte er den Justizrat aus Ostpreußen, der allerdings keinen Moment die Überlegenheit des Unglaubens verlor; denn er war ohne Phantasie. Vor Glück drückte er sogar den ausgebutterten Holländer an sein Herz; doch der spürte nicht, was dieses Herz schlug. Aber lebte Heine denn überhaupt bei dem frostig-lächelnden Juristen? Bei dem indifferenten holländischen Fettgesicht? Er lebte in den Straßen von Paris, in denen das Pflaster aufgerissen war und das Lilienbanner gestürzt von der Trikolore. Er lebte mit Lafayette, dem göttergleichen Greis, dem die silbernen Locken herabwallten über die heilige Schulter. Vor sechzig Jahren war dieser Lafayette aus dem amerikanischen Freiheitskampf mit »den zehn Geboten des neuen Weltglaubens« zurückgekehrt. Jetzt kämpfte er zusammen mit den Enkeln jener Männer, die schon damals in der neuen Welt mit ihm für Freiheit und Gleichheit gestritten hatten.

Heine ließ sich zu einer kleinen Sandinsel, auf der man badete, von einem Fischer hinüberrudern. Der Fischer lachte ihn an: »Die armen Leute haben gesiegt.« Dieses Lächeln, dieser naive Glaube – das war der Sieg, den Heine brauchte, um weiterkämpfen zu können. Hatte er nicht eben noch Sehnsucht nach Ruhe gehabt? »Ich weiß jetzt wieder, was ich will, was ich soll, was ich muß.« Was will er, was soll er, was muß er? Er muß der sein, der er ist: »Der Sohn der Revolution.« Nicht einer ihrer harten, unerbittlichen Söhne wie Robespierre, wie Marat, wie St. Just! Sondern einer, der sein Haupt mit Blumen bekränzt zum Kampf, der nach der Leier ruft und Schlachtlieder singt. Offenbar ein etwas pathetischer, etwas theatralischer Krieger in diesem schmucklosen Kampf, in dem nicht blitzende Rüstungen ein glänzendes Kriegsspektakel gaben – in dem viel mehr (wie Heine bald genug sah) graue Hungerleider vorstürmten gegen soignierte Zivilisten. Aber war er auch ein etwas lyrischer Sohn der Revolution, ihr hartes Muß fühlte er genauso wie die weniger Dithyrambischen; und mit Robespierre bekannte er: »Ich bin ein Sklave der Freiheit.« Auch wenn er nicht feldgrau schrieb, auch wenn noch die Sätze, die schlagen sollten, blühten: er empfand diesen Kampf nie als einen frisch-fröhlichen Krieg, nie als ein vergnügtes Abenteuer – was seine bekränzten Sätze oft vortäuschten. »Wir ergreifen keine Idee, sondern die Idee ergreift uns und knechtet uns und peitscht uns in die Arena hinein, daß wir, wie gezwungene Gladiatoren, für sie kämpfen.« Auch jetzt noch, im Aufschwung, sah der Gladiator die ganze Schwere der Verurteilung zum Kampf. Aber sie war jetzt erträglich; denn der Helgoländer Fischer hatte gelacht.

Der Helgoländer Fischer hatte gelacht: »Die armen Leute haben gesiegt.« Aber schon krächzte auch in dieser Landschaft der Hoffnung der erste Rabe. Die armen Leute haben gesiegt? »Es hilft ihnen nichts, wenn sie nicht auch das Erbrecht besiegen«, meckerte der Justizrat aus Ostpreußen. Und er hatte recht. Die Enthusiasten haben nie recht, die Skeptiker haben immer recht. Aber nicht die Skeptiker, die Enthusiasten schaffen das Neue.

Enthusiasmus ist bengalische Beleuchtung der Seele. Die Seele hat illuminiert: nun trägt die ganze Innen-Welt die Farbe eines einzigen glücklichen Ereignisses. Aber die Lichter brennen herunter. Der Helgoländer Fischer hatte gelacht: »Die armen Leute haben gesiegt.« Heine hatte auf der Insel in inselhafter Isolierung einer neuen Welt entgegengejubelt;

als er Ende August nach Hamburg kam, fand er die alte, bekannte Welt vor. Auch Hamburg feierte die Juli-Revolution, auf seine Weise. Braunschweig hatte einen verhaßten Regenten verjagt, der Kurhesse stolperte über seine kostspielige Mätresse, in Göttingen eroberten Professoren ein Städtchen, in Leipzig zerstörten Handwerker die Druckerpressen von Brockhaus, in Berlin protestierte das Publikum gegen die Miet- und Hundesteuer und gegen das Verbot, im Tiergarten zu rauchen – die freie Reichsstadt Hamburg hatte keinen Regenten, dafür um so mehr Juden. An einem Septemberabend wurden Schlag neun alle Juden aus den öffentlichen Lokalen herausexpediert, vor allem aus den Alster- und Elbpavillons. Wer sich durch einen Taufschein legitimieren konnte, wurde in Gnade aufgenommen. Am nächsten Tag machte der Pöbel in den Straßen Jagd auf Juden oder warf ihnen die Fenster ein, wenn sie am Abend Licht zu machen wagten. Viele Häuser wurden demoliert. Das Haus, das Onkel Salomon am Jungfernstieg hatte, entging gerade noch einem Steinhagel, obwohl der Millionär in weitesten Kreisen sehr beliebt war. Die Polizei war machtlos. Man zog lärmend zum Stadthaus und zertrümmerte Scheiben. Dann wurden die Fensterscheiben wieder eingesetzt, der Senat veröffentlichte ein Tumult-Edikt, das hanseatische Kontingent, die Bürgerwehr wurden mobil gemacht und bekamen eine kräftige Ration Brot und Käse; so endete die berühmte Juli-Revolution in der freien deutschen Reichsstadt Hamburg.

Der Hamburger Herbst nach dem französischen Sommer ernüchterte Heine. Er begriff, daß das Paradies noch nicht da war. Was sollte er tun? Die Mode mitmachen und sich eine Jakobinermütze aufsetzen? Sich einreihen in die Front der Konjunkturritter, die in Massen jetzt *à la hausse*, auf Liberalismus spekulierten? Wäre es da nicht besser, Novellen zu schreiben? Und noch eine andere Frage quälte ihn, die er heute so, morgen entgegengesetzt beantwortete: Welche Bedeutung hat der einzelne für die Gestaltung der Zukunft? Er ging nicht aus Neigung in den Kampf – er mußte also genau wissen, ob es auch wirklich auf ihn ankäme; ob er beiseite bleiben dürfe, ob er sich einmischen müsse. Die Bewegung flaute ab. Er spürte, daß es auf ihn ankam; und er blies die Schlachttrompete mit einer angriffsmutigen Einleitung zu dem Buch ›Kahldorf über den Adel‹. Es wurde immer wieder charakteristisch für Heine, daß er die schärfsten Attacken in dem Moment ritt, in dem der Gegner vordrang; und daß er das Interesse verlor, sobald ihm sein persönlicher Einsatz nicht mehr nötig zu sein schien. So stand sein politisches Leben unter diesem Auf und Ab von Vorstoß und Nachlassen. Jetzt, Mitte 1831, sah er sehr trübe; jetzt stieß er wieder energisch vor; jetzt träumte er jede Nacht, er packe seine Koffer und reise nach Paris, um frische Luft zu schöpfen; nach Paris, dem »Mekka der Liberalen«. Nach Paris, Geburtsstätte der neuen Religion – um hier »vielleicht als Priester derselben die letzten Weihen zu empfangen«. Also ging er nach Paris, getrieben von der Leidenschaft für den Kampf?

Er ging nicht mit fliegenden Fahnen; er ging nicht, wie Börne, aus Kriegsbegeisterung in das Hauptquartier der liberalen Ideen. Er ging zuletzt, weil er, wie er sich eingestand, beim besten Willen die Weisheit der deutschen Regierungen nicht für sich nutzbar machen konnte und deshalb vor ihren Torheiten flüchten mußte. Er ging, weil ihm die »liberalen Tartüffe« Berlins ebenso zuwider waren wie die Jesuiten Münchens. Er ging nicht, um im Zentrum des europäischen Kriegslagers zu leben – sondern obwohl er (wie er kleinmütig kurz vor der Abreise schrieb) in Paris leider eine Rolle spielen müsse, bei der all sein künstlerisches, poetisches Vermögen zu Grunde gehen werde. Er zauderte, weil er nicht wünschte, was ihm auferlegt war.

Darf ich ein Poet sein oder muß ich ein Kämpfer sein? Das war seine Frage! Er hätte sich »gern in die Poesie zurückgezogen und anderen Leuten das Schlächterhandwerk überlassen«. Darf ich zu Hause bleiben oder muß ich mich aus Deutschland verbannen? Das war seine Frage! »Ich will nichts unversucht lassen und mich zum Äußersten nur im äußersten Falle entschließen.« Das Äußerste war das Pariser Exil. Es kam zum Äußersten. Er verbannte sich nach Paris.

Zuerst genoß er Paris. Zuerst war Paris nicht eine Verbannung, sondern ein Zauber. Heine ließ sich bezaubern. Wie sich einer am warmen Ofen zur Erhöhung seines Wohlbefindens die naßkalte Nacht vorstellt, so dachte Heine in der turbulenten Weltstadt, um seinen Genuß am Kontrast zu erhöhen, an die deutsche Nachtwächter-Idylle: an die ruhig aufziehende Wache, an die Häuserfriese, um welche die Schwalben flattern, an die dicken Justizrätinnen, die aus den Fenstern lächeln, an den enormen Platz, welchen die Hunde zum Beriechen haben und die Menschen, um miteinander über das Theater zu schwätzen. Er dachte an Deutschland – und rieb sich vergnügt die Hände in dem Paris, von dem Hippolyte Taine schrieb: »Wer zum erstenmal herkommt, wird schwindlig.« Heine wurde vor Vergnügen schwindlig in den Straßen, in denen der Lärm brauste, durch welche die Menschenflut gewaltig strömte, die mit einem Katarakt von Eindrücken den provinzlerischen Deutschen überschwemmten. Er fand seine Überlegenheit bald zurück. Er schrieb den heitersten Paris-Baedeker. Auf dem Pantheon spottete er über dies Denkmal für Riesen, errichtet von Zwergen. In der königlichen Bibliothek ließ er sich den Manessischen Kodex der Minnesänger hervorholen. Die berühmte Gemäldeausstellung im Louvre beschrieb er in einem umfangreichen Aufsatz. In den Theatern lernte er die Stars kennen: Herrn Debureau, Fräulein Georges, Fräulein Déjazet. Er besuchte die Morgue, die Ausstellung der namenlosen Leichen und die Académie Française, in der er eine Krippe zugunsten alter, wieder kindisch gewordener Schriftsteller sah – eine Parallele zu jenen Hindu-Hospitälern, in denen abgelebte Affen gepflegt würden. In der Pairskammer fand er »die Nekropolis des Luxembourg, worin alle Mumien des Meineids, mit den einbalsamierten falschen Eiden, die sie als Dynastien der französischen Pharaonen geschworen«.

Er war damals (nach der Schilderung Théophile Gautiers) ein schöner Mann von fünfunddreißig Jahren, mit den Merkmalen einer groben Gesundheit, wie ein germanischer Apoll. Seine hohe, weiße, marmorne Stirn war von schwerem Blondhaar beschattet, die Wangen waren rundlich voll, nicht umdüstert von der damals üblichen romantischen Bleichsucht. Allabendlich schlenderte er in der Passage des Panoramas am Boulevard Montmartre auf und ab; bisweilen auch nur, um festzustellen, ob nicht eines von den Mädels, die er kannte, ein neues Kleid habe. Wohlig, die Hände in den Taschen, den Kopf mit dem weißen Filzhut in den Nacken geworfen, schwamm er in der Menschenflut und musterte durch seine Brille die Geschäfte, vor allem die Juwelierläden und die Pasteten des Herrn Felix. Und mit verliebten Augen fing er sich jene Musen ein, jene Zoen, Aglaen, Desiréen, Clarissen, Amalien, die hier auf und ab flanierten, bevor er sie für die Jahrhunderte in seine Verse brachte. Er fand die Legende bestätigt, daß die Pariserinnen mit allen möglichen Fehlern zur Welt kommen, daß aber eine holde Fee, die Grazie, sich ihrer erbarme und jedem ihrer Fehler einen Zauber verleihe, durch den er als neuer Liebreiz wirkte. Er sann nach, wie sich jemand, der die langen deutschen Glieder gewohnt ist, bei diesen zierlichen, feinen Geschöpfen einrichten könne. Er richtete sich gut ein bei diesen Mädels, die man nicht verführte und nicht verließ; bei denen man nicht der erste und nicht der letzte war. Die »Neuheit des Genres« tat es ihm an. Das Gesichtchen der ersten besten Grisette gefiel ihm, das erste beste Gericht im Palais Royal schmeckte ihm. Und er schrieb voller Daseinsglück: »Fragt Sie jemand, wie ich mich hier befinde, so sagen Sie: ›Wie ein Fisch im Wasser‹, oder vielmehr, sagen Sie den Leuten, daß, wenn im Meere ein Fisch den anderen nach seinem Befinden fragt, so antworte dieser: ›Ich befinde mich wie Heine in Paris.‹«

Er trug helle Röcke und bunte Westen. Er hatte rote Backen und besuchte fleißig die Oper. Heine war in seinem Element. Schon nach einem Jahr schwamm er »bis am Hals im süßesten Gesellschaftsleben«. Er atmete mit vollen Zügen die neue Welt ein. Was gab sie ihm? Heiterkeit! Er fühlte sich entlastet. Er war entzückt von der Höflichkeit der Pariser, von den artigen Entschuldigungen eines Franzosen, der ihn am Tage seiner Ankunft auf der Straße nur leise gestoßen hatte. Er war aufs stärkste angeregt von diesen Salons, den großen »Raritäten-Boutiquen«, wo neben Aristokraten des ancien régime, milden und forschen Republikanern auch Großwürdenträger des Empire und Jesuiten der Restauration saßen; Lebewesen aus vier Epochen.

So gesehen also: ein Paris-Bummler mehr; einer von den vielen tausend Deutschen, die sich seit je an der Pariser Luft betranken, die seit je für die Pariser Küche und die Pariser Grisetten, für die Pariser Höflichkeit und die Pariser Leichtigkeit schwärmten; für jenes Volk, das (nach Friedrich Engels) »die Leidenschaft des Genusses mit der Leidenschaft der geschichtlichen Aktion wie nie ein anderes Volk vereinigt«. Aber dieser Paris-Bummler Heine kreuzte nicht nur mit leichtem Sinn auf den Wogen der Großstadt, dort wo sie sich amüsierte; er lebte mitten »im Strudel der Begebenheiten, der Tageswellen, der brausenden Revolution«, und dieser Paris-Bummler wurde nicht nur angenehm gefüllt von leichten amoureusen Abenteuern.

Frankreich war sechzig Jahre lang, von der großen Revolution bis 1848, das Herz der europäischen Gesellschaft. Mit Recht begrüßte Friedrich Engels, nicht minder enthusiastisch als Heine, in Paris die Stadt, »in der die europäische Zivilisation zu ihrer vollsten Blüte sich entfaltet, in der alle Nervenfasern der europäischen Geschichte sich vereinigen und von der in gemessenen Zeiträumen die elektrischen Schläge ausgehen, unter denen eine ganze Welt erbebt«. Seitdem 1789 der Feudalismus vom nachrückenden Bürgertum gestürzt worden war, klopfte man dieses Herz ab, wenn man wissen wollte, wie es um die europäische Gesellschaft steht; es schlug sechzig Jahre leidenschaftlich für alle nur denkbaren Modelle einer neuen Ordnung. Selbst Treitschke gestand, daß Frankreich in seinen sozialen Kämpfen für den ganzen Weltteil gelitten habe. In den ersten vierzig Jahren hieß die herrschende Frage: Ist der Feudalismus besiegt? Seit der Juli-Revolution hieß die herrschende Frage: Kann das regierende Bürgertum den sozialen Konflikt, den Zwist zwischen Besitzenden und Besitzlosen lösen? Saint-Simons ›*Nouveau Christianisme*‹, Börnes ›Briefe aus Paris‹, Heines ›Französische Zustände‹ und ›Lutetia‹, Louis Blancs ›*Histoire de dix ans*‹, Lorenz von Steins ›Geschichte der sozialen Bewegung in Frankreich von 1789 bis auf unsere Tage‹ – wurden die großen zeitgenössischen Antworten.

Der Helgoländer Fischer hatte im August 1830 naiv frohlockt: »Die armen Leute haben gesiegt.« Aber es hatten die reichen Leute gesiegt! Gesiegt hatte das Bürgertum über die letzten Reste des Feudalismus. Die Zeit, die nun anbrach für Frankreich, für Europa, war die Zeit des besitzenden Bürgertums; nach Treitschke die »goldenen Tage der Bourgeoisie«. Louis Philippe war ihr König, die Ministerpräsidenten Périer, Thiers und Guizot waren ihre Verkünder. Und wie dies Bürgertum erstarkte, so erstarkte auch der Todeskeim, der von Beginn an in ihm lag: die Klasse der Besitzlosen. In den Helgoländer Enthusiasmus Heines hatte der ostpreußisch-justizrätliche Rabe das Wort vom Erbrecht hineingekrächzt. Das Erbrecht blieb – und die Armen hatten nicht gesiegt. Aber ihre Macht wuchs.

Zwischen den besiegten Feudalen und den noch nicht zum Sieg erstarkten Besitzlosen steuerte in diesen Jahrzehnten das Bürgertum hindurch und wurde auf den Namen Juste-milieu, eine wahrhaft goldene Mitte, getauft. Die Karlisten, Anhänger der abgesetzten Bourbonen-Linie, die Bonapartisten, Anhänger des jungen Bonaparte, wühlten von rechts; der Dichter Chateaubriand, Mitglied der Pairskammer, verweigerte Louis Philippe den Eid. Von links aber begann die große Kette von Aufständen, angefangen mit den Lyoner Arbeiter-Unruhen. Rechts und links standen oft genug zusammen im Kampfe gegen die verhaßte Mitte; die alten legitimistischen Bourbonen-Anhänger wurden bisweilen sogar republikfreundlich, so sehr haßten sie das konstitutionell-kapitalistische Bürgerkönigtum. Die Mitte Louis Philippes lavierte. *»Jamais une position nette«*, beklagte sich Metternich. Es war das Prinzip dieser Mitte, nie Farbe zu bekennen. Sie war gefährlich umbrandet: heute konnte das Leichenbegräbnis eines revolutionären Generals, morgen das Abenteuer einer Angehörigen der alten Dynastie, übermorgen die Panik im Gefolge einer Cholera-Epidemie ihr Ende bedeuten. Die Cholera, Frühjahr 1832, schuf eine sehr kritische Situation für die herrschende Ordnung. »Der Mißmut der armen Klasse ist grenzenlos«, schrieb Heine. Der Pariser Leichtsinn, angefeuert durch die Karnevalszeit, verschärfte die Epidemie. »Da wir doch morgen sterben müssen, wollen wir heute noch die Freuden des Lebens auskosten«, das war die allgemeine Stimmung. Man amüsierte sich über die Cholera-Karikaturen in den Kunsthandlungen. Mit herausfordernder Fröhlichkeit maskierte man sich; unter mancher Maske fand man »ein veilchenblaues Gesicht«. Als man endlich Vorsichtsmaßregeln traf, als man den Straßen-Mist wegschaffen ließ, revoltierten die Leute mit Spitzkorb und Hakenstock, die aus dem Kehricht das Brauchbare herauszufischen und weiter zu verkaufen pflegten. Sie verbündeten sich mit den Trödlerinnen, die ihnen die Kehricht-Funde abnahmen. Die Alliierten machten Sturm auf die neuen Reinigungskarren, zerschlugen sie und schmissen sie in die Seine. Unkontrollierbare Gerüchte hetzten die Pariser in furchtbare Exaltationen: die Leute, hieß es, stürben nicht durch Krankheit, sondern durch Gift. Eine Stadt fieberte; »es war, als ob die Welt unterginge«. Menschen, auf die Verdacht fiel, die vielleicht irgendein unschuldiges Pülverchen bei sich hatten, wurden erschlagen. Leer lagen die Boulevards. Die Theater waren ausgestorben. Die meisten Fremden waren abgereist. Die Leichenwagen reichten nicht aus; alle möglichen Fuhrwagen wurden schwarz drapiert. Aus den offenen Fiaker-Türen ragten die Enden der Särge heraus. Möbelwagen wurden »Totenomnibusse«. Vor dem Kirchhof stockte der Zug der Leichenwagen. Einige stürzten um; die Särge fielen auseinander, die Leichen quollen hervor. Die Zeit war wie geschaffen für Aufstände.

Das Juste-milieu hatte eine kräftige Natur. Es verdaute vorzüglich die Ränke der überwundenen Feudalen, es machte den Wortführern der revolutionären »Gesellschaft der Menschenfreunde« den Prozeß, es überwand sogar Naturkatastrophen wie die Cholera. Es verdiente. Es lächelte. Es hielt glänzende Reden. Und Louis Philippe war sein König. Er war kein König mit Krone und Szepter: seine Krone war ein runder, weißer Filzhut; sein Szepter war ein Regenschirm. Kein Purpur und kein Hermelin umgaben ihn mit einer majestätischen Isolierschicht. Er drückte jedem Spezereihändler und Handwerker die Hand, seine *»poignées de main«* wurden berühmt. Man sagte ihm nach, daß er den schmutzigen Handschuh gegen reines Glacé vertausche, sobald er Bankierministern die Hand drücken müsse. Das war kaum ein Rückfall ins Königliche, das war nur gut bürgerlich. Louis Philippe war weder ein König noch ein Volksmann. Er war ein gekrönter Bürger. Als solcher war er eine beliebte Witzblatt-Figur. Die Karikaturisten Daumier und Philippon stilisierten seinen länglichen, oben spitz zulaufenden Schädel auf Birne. Diese Birne hielt Périer, der Ministerpräsident, in der Hand, pries sie den Umsitzenden an und schlug sie für achtzehn Millionen (Louis Philippes jährliches Einkommen) los. Diese Birne lag als Alpdruck auf der Brust des schlafenden Lafayette, der (wie an der Zimmerwand angedeutet) von der besten Republik träumte – für die er das Regime Louis Philippes einst ausgerufen hatte. Louis Philippe war kein Absolutist und kein Demokrat; wie ein besitzender Bürger schied er durch einen unter Blumen verborgenen Wallgraben und ein Drahtgitterwerk von dem Tuilerien-Garten ein kleines Stückchen für seinen Privatgebrauch ab. Wie bescheiden, höhnten die Royalisten. Er »zieht einen Graben zwischen sich und dem Volk, er trennt sich von demselben auch sichtbar«, murrte die Menge. Und Béranger dichtete feindlich: *»Pauvre ouvrier, on n'est plus sous l'empire, on n'entre pas dans le palais des rois.«* Louis Philippe war nicht von Gottes Gnaden und nicht von Volkes Gnaden; er war ein Zwitter aus Vergangenheit und Zukunft. »Der gutmütige, schwammbäuchige Spießbürger, das lächelnde Fleischgesicht« – so zeichneten ihn die Philippons der Literatur, die Heine und Börne. War es dem bürgerlichen König übelzunehmen, daß er seine 18-Millionen-Stellung »als ein Monopol für sich und seine Nachkommen behalten« wollte? Er war ein vorsorglicher Familienvater! War es ihm zu vergen, daß er den geplanten vierzehn Forts um die Hauptstadt mehr Vertrauen schenkte als dem Schloß des Volkes? Er dachte: Sicher ist sicher! Er war kein Mann der vergangenen und kein Mann der kommenden Zeit; er war die Krone des Juste-milieu, er war gegenwärtigste Gegenwart. Und wer die reaktionären Karlisten haßte und mit radikalen Umstürzlern, die das Recht auf Besitz leugneten, nicht harmonierte – dem blieb nichts weiter übrig als der König und seine Bourgeoisie. Nicht dem Enthusiasmus, sondern dem Kompromiß verdankten diese mittelmäßige Gesellschaftsordnung und dieser unkönigliche König ihre Anhänger. Louis Philippe war jener Dritte, jener Meinetwegen-Kandidat, den niemand mag und der deshalb immer gewählt wird. Er war jene Mitte, die immer der Sammelplatz ist für die, welche auf der Flucht vor zwei Extremen sind. So war er »populär wie die liebe Notwendigkeit«. War er »ungewöhnlich edelmütig und großsinnig« – wie Heine einmal schrieb? Oder war er ein Simulant, der es dem Beobachter dank einer glücklichen natürlichen Anlage unmöglich machte, »durch die wohlwollende dicke Hülle, durch das lächelnde Fleisch« hindurch die geheimen Gedanken zu erspähen – wie Heine ein andermal schrieb? Es ist nicht so wichtig, dieses Entweder-Oder zu entscheiden. Wichtig allein war seine historische Funktion, die klar zu Tage liegt: er umgab die Welt der Bankiers mit der überkommerzialen Weihe eines verschlissenen Purpurs.

Und Casimir Périer war der Priester dieses Bürgerkults. Er war durch seine Herkunft vorbereitet für das Amt: er hatte mit seinem Bruder Scipion ein bedeutendes Bankhaus begründet. Er hatte dann durch eine Flugschrift, welche die französische Finanzpolitik kritisierte, großes Aufsehen erregt. Paris hatte ihn zum Abgeordneten gewählt. Seine Suada hatte ihm Beachtung verschafft. Périers energischer Kampf hatte dem Feudalismus gegolten. Zur Zeit der Julirevolution war er Präsident der Kammer gewesen. 1831 hatte er Lafitte als Premier abgelöst. Bis zu seinem Tode, fast ein Jahrzehnt, blieb er der führende Kopf des Juste-milieu: verherrlicht von den Besitzenden als starker Mann, als Bändiger der extremen Gruppen – verflucht von den Radikalen als Repräsentant der Mittelmäßigkeit, als »Feind der Begeisterung«, als »Herkules der Juste-milieu-Zeit«, als die »trübe Gestalt, die sich zwischen den Völkern und der Sonne des Julius so kühn gestellt«, als »der Atlas, der die Börse und das Haus Orléans« auf seinen Schultern trüge.

Wie stand es um diesen Herkules, um diesen Atlas? Im Reichtum geboren, im Reichtum erzogen, hatte er sich ungehindert entwickelt und ohne Gefahren in der ersten Linie mitmachen können: bei jener Opposition, in der das Bürgertum zwischen dem Sturz Napoleons und der Juli-Revolution gegen Jesuiten und Aristokraten gekämpft hatte. Casimir Périer war nie abhängig gewesen, er hatte sich immer den Luxus freiheitlicher Gefühle leisten können: und als er dann zur Macht kam, als er seine feudalen Gegner endlich niederwerfen konnte, gab er klein bei und trat sogar für die Erblichkeit der Pairswürde ein! Schon Jahre vorher hatte Saint-Simon in seinem (damals noch nicht zu historischem Leben erwachten) ›*Nouveau Christianisme*‹ festgestellt, daß Geldmacht und arbeitsloses Einkommen die natürlichen Verbündeten des Feudalismus sind. War Périer, einst Opposition, jetzt Verteidiger alles Bestehenden gegen die republikanische Opposition, inkonsequent? Nein! Die oppositionellen Gegner der Restauration waren im Juli dreißig angekommen. Jetzt galt es für sie nur noch: Stellung ausbauen, Stellung sichern. Ein bißchen Königtum, ein bißchen Adel war ein ganz guter Schutz für das Bürgertum gegen die zerstörerischen Elemente. Und so lächelte das Ministerium Périer; und so versicherte das Ministerium Périer, daß alles in schönster Ordnung sei, daß »das Thermometer des Volksglücks« auf gut Wetter stehe, da die Staatspapiere gestiegen seien, daß es ein untrügliches Zeichen gebe für das Wohlergehen des Volkes: die Fülle der Bälle und die Blüte der Oper. Paris strahlte damals von Festen und glanzvollen Darbietungen; denn jene Leute hatten ja »die Mittel, Bälle zu geben, und da tanzten sie nun, um zu zeigen, daß Frankreich glücklich sei; sie tanzten für ihr System, für den Frieden, für die Ruhe Europas, sie wollten die Kurse in die Höhe tanzen, sie tanzten à la hausse«. Wer achtete bei soviel Glanz auf jene blassen, röchelnden Gestalten, die auf dem feuchten Pflaster lagen und vor Hunger starben? Sie lagen im Schatten dieses blendenden Systems, das der große Staatsmann Périer unter Aufbietung aller seiner Kräfte festigte; dessen Mittelpunkt, dessen Schloß, dessen Heiligtum »das schöne Marmorhaus, erbaut im edelsten griechischen Stile« war, jenes »Meer des Eigennutzes, wo aus den wüsten Menschenwellen die großen Bankiers gleich Haifischen hervorschnappen«. Und schon vor hundert Jahren erkannte Heine, daß die Börsen »in dieser Zeit über Krieg und Frieden entscheiden«. Dann starb Herkules Périer – und nichts von dem, was dieser »Atlas« getragen hatte, fiel. Die Börse war bewegt. Viele Kaufleute hielten am Tage der Beerdigung ihren Laden geschlossen zum Zeichen der Trauer. Sein Gegner Heine aber mußte ihm diesen resignierten Nekrolog schreiben: »Nun ist der Leib begraben, aber das System lebt noch.«

Dieses System hatte zwischen dreißig und achtundvierzig einen einzigen ernsten Feind: jene »düsteren Gesellen, die wie Ratten aus den Trümmern des jetzigen Regiments hervorstürzen werden«, sobald das System eine undichte Stelle zeigen wird. Diese Ratten-Angst entband die mächtigen

Energien, die in einem Périer, einem Thiers, einem Guizot, dem ›Herzog von Alba‹ der Bourgeoisie, wirksam waren. »Jedes System bedarf der Aristokratie, die Feudalherren unserer Herrschaft sind die großen Kaufleute und Fabrikherren«: diese Worte eines Deputierten der Bourgeoisie charakterisierten ausgezeichnet, was sich durch den Sturz des Feudalismus – *nicht* geändert hatte. Nicht konstitutionelles Königtum oder Republik war die entscheidende Frage, wie man aus den Diskussionen jener Tage fälschlich entnehmen könnte; das Bürgertum hätte (nach dem Eindruck des Zeitgenossen Heine) die Tuilerien ebenso gern beschützt, wenn dort statt Louis Philippe ein *Comité du salut public* residiert hätte. Nicht auf die Staatsform kam es an, sondern auf die Bewahrung der bestehenden Besitzordnung, auf den Schutz der bestehenden Eigentumsrechte – »Begehrnisse, die eine Republik ebenso gut wie das Königtum gewähren kann«. Auch dieser Zeit kam es auf die Sicherung gegen unten an. Für das arme Volk, schrieb Treitschke später, erfand »das Geldprotzentum den niederträchtigen Ausdruck ›die gefährlichen Klassen‹«. So wurden die Bürger »konservativ durch äußere Notwendigkeit, nicht durch inneren Trieb«; die Furcht wurde »die Stütze aller Dinge«. Damals schuf ein großer Dichter, Heinrich Heine, in fünf Sätzen den Mythos der Ära: »Es ist alles still wie in einer verschneiten Winternacht. Nur ein leiser, monotoner Tropfenfall. Das sind die Zinsen, die fortlaufend hinabträufeln in die Kapitalien, welche beständig anschwellen; man hört ordentlich, wie sie wachsen, die Reichtümer der Reichen. Dazwischen das leise Schluchzen der Armut. Manchmal auch klirrt etwas wie ein Messer, das gewetzt wird.«

Ein ängstlicher Held

»Wie soll ein Mensch ohne Censur schreiben, der immer unter Censur gelebt hat! Aller Stil wird aufhören, alle Grammatik, alle gute Sitte!«
Heine 1848, nach Aufhebung der Zensur

Heinrich Heine, der diese Situation beschrieb – in deutschen Zeitungen und französischen Zeitschriften, in deutschen und französischen Büchern –, schrieb zwischen zwei Feuern: zwischen den Attacken der Reaktion, die ihm vor allem als Zensur auf den Leib rückte; und den Attacken der deutschen Radikalen in Paris, denen er zu lau war, die in ihm getarnte Reaktion witterten. Heines politischer Kampf wurde so ein typisches Beispiel für den bürgerlichen Schriftsteller zwischen den Fronten; die Tragikomödie der Unabhängigkeit in der politischen Welt der Abhängigkeiten.

Jedes der beiden Feuer warf seinen Schein auf Heines Wort; und nun leuchteten diese Worte, welche die Taten des Schriftstellers sind, vieldeutig für den naiven Leser, der glaubt, diese Sätze wären die Spiegelung seiner innersten Gedanken und Gefühle, während sie doch zum guten Teil Verteidigungscharakter haben, zum guten Teil aus taktischen Gründen gedämpfte, aus taktischen Gründen verstärkte Lautsprecher sind. »Ich übernehme«, schrieb Heine, »die volle Verantwortlichkeit für die Wahrheit der Dinge, die ich gesagt, aber keineswegs für die Art und Weise, wie sie gesagt worden.« Diese Art und Weise war eben in erster Linie bestimmt von den beiden aufgezwungenen Mitarbeitern; von der Zensur auf der Rechten und vom Radikalismus auf der Linken.

Der erste, der an den Artikeln des kämpfenden Schriftstellers Heinrich Heine mitarbeitete, war der deutsche Zensor. In

Deutschland hatte sich nach der Juli-Revolution nicht viel mehr ereignet als die Fürsten-Entthronung in Braunschweig, der Hundesteuer-Protest in Berlin und das Judenpogrom in Hamburg. Metternich hatte das schlafende Deutschland, welches sich hier und da die Bettdecke etwas heruntergestrampelt hatte, sorgfältig wieder zugedeckt. Die konstitutionelle Bewegung, die einige deutsche Mittel- und Kleinstaaten ergriffen hatte, war sehr schnell mit Hilfe des deutschen Bundes und seines Führers Preußen gedämmt worden. Die Reformen, die hier und da schon durchgeführt worden waren, baute man wieder ab. Die süddeutsche Presse, die am stärksten agitierte und im Hambacher Fest ihre große Propaganda-Schlacht schlug, hatte kein starkes Echo – außer in der kräftigen Gegenoffensive Metternichs. Österreich und Preußen wurden von den revolutionären Zuckungen dieser Jahre kaum berührt. Die einzigen Folgen der Juli-Revolution waren die Abwehrmaßnahmen der Reaktion.

Damals rechnete die Zensur selbst einen loyalen Schriftsteller von ultrapreußischer Färbung wie Willibald Alexis zu den Umstürzlern. Damals nahm ein frommer, regierungstreuer Mann wie Friedrich von Raumer seine Entlassung als Mitglied des Oberzensurkollegiums mit den Worten entgegen: anstatt »die schreibende und lesende Welt für größere, echte Freiheit zu erziehen und, ich möchte sagen, der literarischen Großjährigkeit immer näher zu bringen, hat vielmehr die Strenge und Ängstlichkeit der Aufsicht allmählich zugenommen, so daß Preußen, einst in dieser Beziehung der freigesinnteste und der Treue sowie der Vaterlandsliebe seiner Untertanen am meisten vertrauende Staat, jetzt fast hinter allen andern zurücksteht. Die Zahl der Verbote von Büchern und Zeitschriften wächst, obgleich dieser geistige Kordon das etwaige Böse noch weniger abhalten oder vernichten kann, als der jetzt aufgegebene medicinisch-militärische die Cholera. Hierbei wird der wissenschaftlich gebildete Mann behandelt wie das unerfahrene Kind, das sich in der Lesebibliothek schlechten Zeitvertreib holt; fremde Buchhändler beziehen den Vorteil, welcher dem einheimischen entgeht, und das Ausland druckt das, was (ich war selbst mehrere Male in dem Falle) hier das Imprimatur nicht erhält.« Und auch das Drucken im Ausland war bald kein Ausweg mehr. Damals untersagte man die Bucheinfuhr ohne besondere Erlaubnis, sobald eine Schrift nicht stärker als zwanzig Druckbogen war. Noch ein Stück weiter: da wurden die bekannten deutschen Buchhändler in Paris und Straßburg, die Verleger Heines und Börnes, in Bausch und Bogen verboten. Heine karikierte diese Zustände: die deutschen Fürstengeschlechter säßen auf allen Thronen Europas, die deutschen Rothschilde beherrschten alle Börsen der Welt, die deutschen Gelehrten regierten in allen Wissenschaften – »und wenn wir in den ›Hamburger Korrespondent‹ setzen wollen: ›Meine liebe Gattin ist in die Wochen gekommen mit einem Töchterlein, schön wie die Freiheit!‹ dann greift der Herr Doktor Hoffmann zu seinem Rotstift und streicht uns ›die Freiheit‹«. Irgendein Doktor Hoffmann strich dem Heine tatsächlich auch diesen Satz. Und noch ein Weilchen später: da waren die Zensoren von Heine ganz erlöst. Im Dezember 1835 kam jenes Edikt gegen das ›Junge Deutschland‹ heraus, das den Heine, Gutzkow, Laube, Wienbarg und Mundt vorwarf, »in belletristischen, für alle Klassen zugänglichen Schriften die christliche Religion auf die frecheste Weise anzugreifen, die bestehenden sozialen Verhältnisse herabzuwürdigen und alle Zucht und Sittlichkeit zu zerstören«. Es kündigte gegen diese Verfasser, ihre Verleger, die Drucker und Verbreiter ihrer Schriften die schärfsten Maßnahmen an.

Was waren damals die Sorgen Heinrich Heines? Wo – in Schleiz, Greiz oder in Gera – finde ich einen milden Rotstift? Wie schreibe ich noch rasch ein paar Dutzend Seiten, damit das Manuskript über zwanzig Druckbogen hinüberwächst und so der Vorzensur entgeht? Und war das Buch glücklich über zwanzig Bogen – dann gabelte der Verleger in irgendeinem Wandsbek doch noch eine höchst unschuldige Seele auf und ließ es doch noch zensieren; denn sicher ist sicher.

Heine war von seinem Verleger Campe mit dem guten Rat nach Paris entlassen worden, recht vorsichtig zu schreiben. Er hatte die Berichterstattung für die Augsburger ›Allgemeine Zeitung‹ übernommen. Er bat Cotta, den Besitzer des Blattes, an seinen Artikeln nichts zu ändern: sie kämen schon zensiert aus seinem Kopf. Metternich war anderer Ansicht. Er beauftragte seine »Feder« Gentz, dem Baron Cotta die Leviten zu lesen. Metternich und Gentz badeten sich zwar gern in den »melancholischen süßen Gewässern« Heinescher Lyrik, waren aber zu klug, um die revolutionäre Konterbande zu übersehen, die Heine in seinen scheinbar biedermännisch-frommen Berichten über die französisch-deutsche Grenze hinüberschmuggelte. Sie wollten keine offizielle Beanstandung von Seiten der deutschen Regierungen. Sie wollten nicht den Eklat, der Heines Artikeln noch mehr Gewicht gegeben hätte. Metternich war immer mehr für Intrige als für Gewalt; er war Diplomat. Wozu ein großer Spektakel, wenn schon ein kleines Briefchen zum Resultat führen wird? Und dieses Briefchen führte zum Resultat. In diesen Tagen verbot man die süddeutschen Oppositionsjournale: den ›Freisinnigen‹, die ›Deutsche Tribüne‹, den ›Westboten‹, die ›Zeitschwingen‹, den ›Wächter am Rhein‹. Gentz' Brief an Cotta hatte etwas von einem Wink mit dem Zaunpfahl nach diesem Kirchhof der Journale. Er setzte dem Herrn Baron auseinander, daß Heine mit seinen Artikeln über ›Französische Zustände‹ einen »Feuerbrand« in die »solchem pöbelhaften Mutwillen bis dahin unzugängliche Zeitung« geworfen habe. Ach, der gute Gentz wunderte sich gar nicht darüber, daß »die Frechheit und Bosheit eines Börne und Heine« ihr Publikum hätten und daß die armen und verlassenen Ordnungs-Hüter Louis Philippe und Périer den »unruhigen Köpfen« nicht ein bißchen imponierten. Wie aber der Baron Cotta, sein »edler Freund«, jene giftigen Exzesse dulden könne, die doch »ein edler Freund« von Gentz unmöglich dulden dürfe – das ginge ihm, Gentz, nicht in den Kopf. Den Dichter Heine liebte Gentz – er verschwieg es nicht; »noch immer«, hatte er kurz zuvor an Rahel geschrieben, »labe ich mich an dem ›Buch der Lieder‹«. Dem »verruchten Abenteurer« Heine aber, der die französische Regierung »in den Kot« trete – aus Motiven, die dem Gentz sehr durchsichtig seien: diesem Unhold Heine sollten die »achtbarsten Klassen des Mittelstands« endlich einmal das Handwerk legen. Gut: Adel und Geistlichkeit möge man nicht mehr; das hatte Gentz bereits verdaut. »Wenn aber Männer wie Périer und ihre Anhänger, d. h. Angestellte, Bankiers, Gutsbesitzer und Boutiquiers, noch mehr perhorresziert werden als die ehemaligen Fürsten, Grafen und Barone, wer soll denn zuletzt die Staaten regieren?« Gentz sah hinter dem Kampf gegen das Juste-milieu den Weltuntergang. Und Cotta ließ den Kulturbolschewisten Heine fallen.

Heine blieb die Antwort auf einen Angriff nie schuldig. Er sammelte seine Berichte – auch die, welche die Zeitung nicht gebracht hatte, auch die Stellen, welche die bayerische Zensur gestrichen hatte, und stellte sie zu seinem Buch ›Französische Zustände‹ zusammen. Er schrieb dazu (unter dem Eindruck der rigorosen Bundestagsbeschlüsse von 1832) eine heftige Vorrede. Da aber war nach dem geheimen Zensor Metternich-Gentz der offizielle Zensor zur Stelle. Er strich die Vorrede zusammen. Etwa so: Heine schrieb über Raumer – »er ist von allen schlechten Schriftstellern noch der beste«; der Zensor strich *nur* das Wort »schlechten«! Heine war »betäubt vor Kummer«. Er, der in der Vorrede offen Farbe bekannt hatte, erschien durch die fälschenden Striche des Zensors »als ein trübseliger Schmeichler des Königs von Preußen«. Er gab nicht nach, wie er nie unter Druck nachgab. Und er bat alle honetten Journale, diese Zeilen abzudrucken: »Nimmermehr hätte ich die ›Französischen Zustände‹ herausgegeben ohne diese Vorrede, worin ich die Gesinnungen, die in jenen Artikeln nur angedeutet sind, vollkräftig mitteilen und zugleich durch anderweitige Besprechungen einen großen Akt der Bürgerpflicht ausüben konnte. Wie soll ich nun die widerwärtige Empfindung ausdrücken, die mich berührt, als ich einen

Abdruck dieser Vorrede brieflich erhielt und daraus ersah, daß mehr als die Hälfte davon unterdrückt worden; ja, was noch fataler ist, daß durch diese Unterdrückung Alles, was ich sagte, nicht bloß entstellt, sondern auch mitunter ins Servile verkehrt worden ist!«

Der Zensor trat ihm in diesem Jahrzehnt nicht nur in Gestalt anonymer Rotstift-Helden entgegen, sondern auch in sehr vertrauten Umrissen: in der Figur seines Verlegers, des Freundes Campe. Heine konnte die Zensoren nicht erreichen – sie thronten hoch über den Federspitzen der Schriftsteller; aber er konnte Campe erreichen. So wurde Campe zum Sündenbock. Die große Korrespondenz zwischen Heine und seinem Hamburger Verleger hat in den ersten zehn Jahren seines Pariser Aufenthalts nur ein einziges Thema: Zensur. Und Heines Briefe haben nur einen einzigen Ton: Mein Freund Campe hat Schuld. Hatte sein Freund Campe Schuld? Campe legte auch Bücher über zwanzig Bogen, also Bücher, die nicht zensurpflichtig waren, dem Zensor vor: weil er, den die Reaktion ohnehin schon auf der schwarzen Liste hatte, viele Bücher-Verbote finanziell nicht riskieren konnte. Heine aber fühlte sich immer preisgegeben, immer verkauft, immer verraten; und wollte den Campe abmalen lassen mit einer Schlafmütze aus Korrekturbogen, auf denen jedes kühne Wort mit Rotstift angestrichen wäre. Schließlich kam es zu einem öffentlichen Zusammenstoß: Heine hatte für ein Jahrbuch von Hoffmann und Campe einen Aufsatz ›Schwabenspiegel‹ geschrieben, eine scharfe Auseinandersetzung mit den Dichtern der schwäbischen Schule – jenen Idyllikern, die, den Welthändeln fern, mit dem Falthütchen auf dem Kopf, auf kleinen Bänkchen säßen und das schöne Wetter, die Frühlingssonne und die Maienwonne, die Gelbveiglein und die Zwetschenbäume andichteten. Dieser Aufsatz erschien verstümmelt. Heine machte für die Verstümmelung seiner Schwaben-Kritik die heimliche Betriebsamkeit der »Wahlverwandten« verantwortlich. Campe widersprach; nur die sächsische Zensur sei an der Änderung beteiligt. Da schlug Heine in einem offenen Brief an den Verleger unter dem Titel ›Schriftstellernöthe‹ zu. Er rechnete ab: angefangen mit den ›Französischen Zuständen‹. Er motivierte Campes plötzliche Ängstlichkeit mit seiner Vermählung. Er charakterisierte Campes Vorsicht bei Heineschen Schriften als Sühneopfer für Press-Sünden, nämlich für die Herausgabe der Börneschen Schriften. Und verlangte kategorisch: künftig wird in keinem Buch und in keiner Zeitschrift, die bei Hoffmann und Campe erscheinen, ein Angriff auf Heine gedruckt werden. Die Folge der ewigen Zensur-Stiche, Zensur-Striche war eine Überempfindlichkeit des überreizten Dichters. Dem Campe aber verschaffte die Zensur ein nachträgliches Alibi: sie verbot Pauschquantum seinen gesamten Verlag. Der Dichter fürchtete mehr die Vorzensur, der Verleger fürchtete mehr die Nachzensur. Denn was den Passierstempel hatte – konnte immer noch nicht passieren. In der geheimen Ministerialkonferenz zu Wien vom zwölften Juni 1834 war beschlossen worden, daß die in einem Bundesstaat erteilte Druckerlaubnis ein Werk von den in den andern Ländern geltenden Aufsichtsregeln nicht befreie. So daß, wenn glücklich in Berlin oder in Hamburg ein Zensor Amen gesagt hatte – irgendein Weimar immer noch Nein sagen konnte.

Heine blies mit vollen Backen in die Kriegstrompete. Wollte man ihn, den Mann von Disziplin, sowieso schon verdächtigt wegen seiner Zurückhaltung, noch mundtot machen: dann sollte man einmal sehen, daß er weder die deutschen Fürsten noch ihren österreichischen Chef fürchtete; und er gab auf jeden Schlag anderthalbe. Und schrieb im gefährlichsten Moment, unmittelbar nach den Kampf-Maßnahmen gegen das Junge Deutschland: »Ich lasse mich nicht verblüffen und bin der Meinung: je keckere Stirn man bietet, je leichter lassen sich die Leute behandeln. Angst ist bei Gefahren das Gefährlichste.« Die Zensur trieb ihn in einen Mut, den er von Natur gar nicht besaß. Sie zwang ihn zu einer Hitze, die nicht der normalen Temperatur seines Temperaments entsprach.

Aber trotz aller Courage, trotz aller Heftigkeit – dieser Kampf war ein sehr ungleicher Kampf. Heine konnte schreien, so laut er wollte, die deutschen Nachtwächter löschten an der Grenze seine Schreie aus. Sie verboten sogar die Bücher, die er noch gar nicht geschrieben hatte. Da häuften sich die Manuskripte in seinem Schreibfach; für den Druck schrieb er »nur reine Phantasiearbeiten«, zum Beispiel die ›Florentinischen Nächte‹. Er konnte nicht mehr schlafen, aus Gram über die Verwüstungen, die man in seinen Büchern angerichtet hatte. Besiegt ist, wer die Nerven verliert. Heine hielt nicht mehr stand, er wurde müde. Er dachte daran, sich von der Politik zurückzuziehen; das Vaterland solle sich einen anderen Narren suchen. »Ist es mir nicht möglich, unverstümmelt gedruckt zu werden, so will ich lieber die ganze deutsche Schriftstellerei aufgeben.« Das Gräßlichste an diesem Kampf aber war, daß der Zensor in sein Hirn eindrang, sich hier festsetzte und schon die ungeborenen Gedanken belauerte. Heine wurde zum Selbst-Zensor; diese äußerste Verteidigung, die schon fast eine Kapitulation war, ging auf die Dauer über seine Kraft.

So schwankte sein Verhalten zwischen rücksichtsloser Abwehr und hoffnungsvoller Resignation, zwischen forscher Attacke und Bereitschaft zur Aufgabe des Kampfes. Dann balancierten sich die Gemütsexzesse aus, er begann wieder von vorn: mit Vorsicht, mit Diplomatie, auf Schleichwegen. Dreimal schrieb er (in der »Angst vor Zensur – auch das Unschuldigste ist jetzt bedenklich«) die Vorrede zum dritten Band des ›Salon‹, ein Pamphlet gegen den ›Denunzianten des Jungen Deutschland‹, gegen Menzel, Seitenstück zu Börnes »Menzel, der Franzosenfresser«, dreimal brach er in der Mitte ab: »Was hilft mir schreiben, wenn mir's nicht gedruckt wird«; und er versuchte diese delikaten Gegenstände in einer Form zu geben, »die alles Mißwollen der Regierungen entwaffnet«. Wer unterscheidet hier die Grenze zwischen Diplomatie und Ängstlichkeit, zwischen Klugheit und Feigheit? Eine glückliche Anlage gaukelte ihm, wenn er es am nötigsten hatte, Bilder der Hoffnung vor: daß sich die wichtigsten Männer in Preußen für seine Rückkehr interessierten; daß Metternich ihm gewogen sei. Dann wuchsen ihm Engelsflügel. Und er wurde friedlich wie ein liebes Kind.

War sein Nachgeben Kampftaktik oder Friedenswille? Beides! Unterwarf er sich tatsächlich oder nur scheinbar? Beides! War sein Brief »an die hohe Bundesversammlung«, Antwort auf das Edikt gegen das Junge Deutschland, ein hündischer Kniefall oder eine freche Ironie? Beides! War die Briefwendung, daß er in der hohen Bundesversammlung »die höchsten Autoritäten einer geliebten Heimat« ehre, daß er »in geziemender Untertänigkeit« die Versicherung seiner »tiefsten Ehrfurcht« darbringe, knechtisches Einlenken oder ironisch-souveräne Diplomatie, ein Streicheln der alten Perücken in »kindlich syruplich submissem« Ton? Er selbst legte seinen Brief als Ironie aus: »Der Bundestag wird gerührt sein. Jeder behandelt ihn wie einen Hund, und da wird ihm meine Höflichkeit, meine feine Behandlung um so wohler tun. ›Messeigneurs!‹ ›Vosseigneurs!‹ Das ist ihm noch nicht geboten worden! ›Seht‹, wird er sagen, ›da ist einmal ein Mensch, welcher menschlich fühlt, welcher uns nicht wie einen Hund behandelt! Und diesen edlen Menschen haben wir verfolgen wollen! Haben wir für irreligiös, für unmoralisch erklärt!‹ – Und sechsunddreißig Taschentücher werden von bundestäglichen Thränen benetzt werden.« Ist diese köstliche Parodie die witzige Maskierung seiner Unterwerfung oder die zielsichere Überlegenheit eines an kein Vorurteil gebundenen Taktikers? Beides! Denn er war stark und schwach, mutig und feige, opferbereit und auf seinen Vorteil bedacht: kein Heiliger, sondern ein ängstlicher Held.

Heine war kein Held, der in Drachenblut gebadet hatte. Er war an mehr als einer Stelle verwundbar, wie er immer wieder gestand. Er war von Natur furchtsam. Er zitterte, arretiert oder auf Forderung der preußischen Gesandtschaft ausgewiesen zu werden. Er fühlte immer Spione hinter sich. Am ersten Januar 1832 verteilte ein Bekannter Heines, ein

Flüchtling, unter seine Freunde als Neujahrsgeschenk mit Inschriften versehene Dolche. Heine, der auch solch einen Dolch erhielt, war tief erschrocken. Erfuhr er in einer Versammlung, daß man die *sergeants de ville* erwarte, so entfernte er sich. Er besuchte die Zusammenkünfte der ›*Société des amis du peuple*‹ und hörte mit großem Interesse Blanqui und Cavaignac. Als ihm aber sein Nachbar zuflüsterte: Nationalgarde und Linie würden das Haus umzingeln, ob er auch seine Pistolen bei sich habe, antwortete er: er wolle sie holen – und fuhr zu einer Soirée des Faubourg St. Germain. Seine Wohnung in Paris war nur den vertrautesten Freunden bekannt und mit Absicht so gewählt, daß sie schwer zu finden war. Zuerst logierte er in einem Hôtel, das hauptsächlich von Deutschen bewohnt war; dann mietete er einer alten Dame in einem zweiten Stock einige Zimmer ab, die an einem nach der Straße verdeckten, grasbewachsenen, stillen Hinterhof lagen; ein häßlicher Mohr bediente ihn. Er hatte Verschwörer-Allüren – aus Ängstlichkeit. Und oft genug glaubt man, in Heine einen Mann vor sich zu sehen, der nichts sehnlicher wünscht, als seinen Frieden mit der Welt zu machen. Jedes kleinste Zeichen von besserem österreich-preußischem Wetter stellt er mit großer Befriedigung fest. Tausend Briefstellen ordnen sich zu dem Bilde vom vorsichtigen, ausweichenden, jedes Risiko scheuenden Schriftsteller, der schon sein erstes politisches Buch als parteilose Beförderung des Verständnisses der Gegenwart ankündigt; der die »Selbsttortur«, auf das »Augsburger Prokrustesbett«, zur »Augsburger Hure« (wie man links die Augsburger ›Allgemeine Zeitung‹ nannte) zu gehen, damit rechtfertigt, daß es nützlicher sei, fünfzigprozentig in einem Weltblatt zu schreiben, als sein ganzes Herz in obskuren Winkelblättern auszuschütten. Ist es nicht verdächtig, wie er immer wieder betont, er könne auch vom Novellen-Schreiben leben, »man muß alles können, in schlechten Zeiten«? Gesteht er nicht selbst oft genug die Rücksichtnahme auf die Zensurnöte des Verlegers: daß er »die Selbstzensur sehr gewissenhaft übte« und sogar Angst habe, »des Guten zuviel getan zu haben«? Und war er nicht besonders entgegenkommend damals, als er das Wohlwollen der deutschen Regierungen für seine geplante deutsche Zeitung in Paris brauchte? Als er erklärte, er werde »in der Wahl der Korrespondenten nie das Mißfallen der Regierung riskieren«, er »brauche bei den wichtigsten politischen Fragen nur dem eigenen Willen zu folgen, um den preußischen Interessen zu willfahren«? Gewiß, albern war der Tratsch: er habe bei der preußischen Regierung vergeblich eine Anstellung gesucht und seine Äußerungen über Preußen seien die Rache des Abgeblitzten; oder er habe auf die anonyme Drohung preußischer Offiziere, nach Paris zu kommen, um ihn zu erschießen, in äußerster Bestürzung die Hilfe des französischen Polizeipräfekten und des preußischen Gesandten in Anspruch genommen. Im Laufe der Verbannung sammelte sich um Heine ein Kranz von lächerlichen Legenden. Aber die Dokumente, in denen er selbst offen niedergelegt hat, wie besorgt er sei, wie verträglich er sei, wie leicht er zu gewinnen sei, erzählen auf tausend Seiten vom unterworfenen Heine und seinen Friedens-Schalmeien.

Plötzlich aber zerreißt ein stürmischer Ton die Zephirmelodie: »Nie werde ich mich der preußischen Zensur unterwerfen, um ein Buch erscheinen lassen zu dürfen; dieses ist indirekter Verkauf, diese filzige Regierung will mich für mein eigenes wohlerworbenes Geld, für das Honorar meines Verlegers, kaufen. Hier ist ein Ehrenpunkt. Können Sie also das Buch nicht ohne Zensur drucken, so möge es ungedruckt bleiben.« Er will lieber das Bücherschreiben an den Nagel hängen als sich des Servilismus beschuldigen lassen. Woher dieser neue Ton? Wie paßt er zur Melodie der Verständigung? War Heine ein unnachgiebiger Kämpfer? Nein! War er ein Verräter, einer der umfiel und nur durch tausend Capriccios diesen Umfall verschleierte? Abermals: Nein! Wie ist Klarheit zu bringen in dieses irisierende Phänomen? In diesen doppeldeutigen Kampf Heines mit dem mächtigen Feind Reaktion auf dem einzigen Boden, auf dem sie miteinander kämpfen konnten: auf dem Boden der Zensur? Durch die Erkenntnis, daß er ein Streiter und ein Idylliker gewesen ist.

Und sein Kampf gegen den Zensor, schon doppeldeutig durch die Natur des ängstlichen Helden, wurde im geheimen noch verwirrend mitbestimmt von einem anderen Kampf: von Heines Kampf gegen den Linksradikalismus.

Die Tragödie des bürgerlichen Revolutionärs

Er hatte zeit seines Lebens gegen den Feudalismus gekämpft. Der Haß gegen den Adel lag ihm so sehr im Blut, daß er dem Freiherrn von Gaudy auf ein vortreffliches Buch nicht antwortete »aus kleinlichem Unmut gegen alles, was nach Noblesse riecht«. Und eine gute Freundin, die er herzlich liebte, mußte viele Übellaunigkeit ertragen: nur weil sie eine hannöversche Komtesse war und zu »adlig fatalster Sippschaft« gehörte. Mit dieser Sippschaft rechnete Heine noch einmal rigoros kurz vor seiner Übersiedlung nach Paris ab: »Der hochgeborene Kämpe sitzt auf seinem Tournier-Roß und behauptet fest die mittelalterliche Zote, daß durch adlige Zeugung ein besseres Blut entstehe als durch gemein-bürgerliche Zeugung, er verteidigt die Geburtsprivilegien, das Vorzugsrecht bei einträglichen Hof-, Gesandtschaft- und Waffenämtern, womit man den Adligen dafür belohnen soll, daß er sich die große Mühe gegeben hat, geboren zu werden.« Von der ›Harzreise‹ bis zum ›Vorwort zu Kahldorf über den Adel‹ hatte Heine gegen den untergehenden Feudalismus gefochten ... Nun hatte in der Juli-Revolution das besitzende Bürgertum gesiegt! Schlug sich Heine zum Sieger? Schon im Jahre dreißig, kurz nach der Revolution, schrieb er: »Ich weiß sehr gut, daß die Revolution alle sozialen Ideen umfaßt, und Adel und Kirche nicht ihre einzigen Feinde sind. Aber ich habe, zur Festlichkeit, die Letzteren als die einzig verbündeten Feinde dargestellt, damit sich der Ankampf konsolidiere. *Ich selbst hasse die ›aristocratie bourgeoise‹ noch weit mehr.*« Die Differenz zwischen der gemäßigten Opposition Heines und der radikalen (vor-marxistischen) Opposition derer um Börne lag in nicht viel mehr als in der Stärke des Tons.

Die Tonstarken, die deutschen »Tumultuanten«, waren nach der Juli-Revolution »in wilden Schwärmen« nach Paris geschwärmt, hatten sich um Börne versammelt und ein hitziges Treiben begonnen. Heine hielt sich von diesen Deutschen in Paris, achtzigtausend, möglichst fern. Er sah in ihnen nur »Lumpengesindel, Bettler, die da drohen, wenn man ihnen nicht gibt, Hundsfötter, die beständig von Ehrlichkeit und Vaterland sprechen, Lügner und Diebe«. Er ließ prinzipiell keine Deutschen mehr vor; die »deutsche Landsmannschaft« revanchierte sich auf die niederträchtigste Weise, durch Verleumdungen. Die große Dame Klatsch, welche die deutsche Kolonie in Paris beherrschte, hetzte die Menschen aufeinander; in allen Aufzeichnungen Börnes über Heine sieht man noch die Spuren der Gerüchte-Macher. Und nach all den Ondits, die Börne gewissenhaft aufzeichnete, gab er selbst zu: »Ich vermute zwar, daß Heine ein Schuft ist, aber ich kann ihm keine schlechte Handlung beweisen.« Diese deutschen Radikalen in Paris bemühten sich anfangs sehr, den einflußreichen, glänzenden Schriftsteller für ihre Ziele zu gewinnen. Als es ihnen nicht gelang, versuchten sie, ihn durch »Jakobinische Ränke« in eine extreme Situation zu drängen und so zu sich herüberzuziehen. Heine aber fand, daß in diesen Radikalen »deutscher Unverstand mit französischem Leichtsinn rivalisierte«; er stemmte sich ebenso kühn gegen den Jakobinismus wie einst gegen den Absolutismus. Bei einer Kollekte für die Unterstützung der freien Presse gab er zwar einige Franken, man benutzte auch seinen Namen als »Lockvogel«, aber jede engere Verbindung mit den politischen Verbänden lehnte er ab, und nicht erst seit der Juli-Revolution. Das hinderte die jesuitisch-aristokratische Partei in Deutschland nicht, in ihm einen der Spitzenmänner revolutionärer Exzesse zu sehen. Trotzdem waren für ihn die Angriffe von links weit peinlicher als die Angriffe von rechts: weil er doch links stand, weil die Angriffe von links ihn isolierten. Aber er gab nicht nach und sagte später einmal rückblickend: »Ich bin stolz darauf, daß ich einst den Mut besessen, weder durch

Liebkosung und Intrige noch durch Drohung mich fortreißen zu lassen in Unverstand und Irrsal. Wer nicht so weit geht, als sein Herz ihn drängt und die Vernunft ihm erlaubt, ist eine Memme; wer weiter geht, als er gehen wollte, ist ein Sklave.« Heine war keine Memme und kein Mitläufer. Es gibt nicht nur einen Mut gegen rechts, es gibt auch einen Mut gegen links; es gibt nicht nur den Mut des Radikalismus, es gibt auch einen Mut gegen den Radikalismus. Heine bewies den stärksten Mut, indem er zwischen den Fronten Posten bezog; und es nun von beiden Seiten bekam.

Die Radikalen knauserten nicht. Man brachte in der radikalen ›Tribune‹ eine »verstümmelte, übertriebene und verfälschte Übersetzung« seiner Pariser Berichte und ließ in einer Einleitung durchblicken, daß Heines Korrespondenz indirekt von der österreichischen Regierung beeinflußt sei. Der Zweck dieser Verleumdung war: Heine zu öffentlicher Stellungnahme zu zwingen, für oder wider die Radikalen. Er unterließ »das Erstere aus Überzeugung und das Andere aus Klugheit«: »ich bin nicht der Mann, der sich zwingen läßt, und sie bewirken nur, daß ich, aus Degout vor der jakobinischen Unredlichkeit, noch gemäßigter als jemals werde.« Und was genügte damals nicht schon alles, um bei den Radikalen als Reaktionär verfemt zu werden! Börne und achtundvierzig deutsche Handwerker sandten einen Protest gegen den Papst und seine Politik in der Romagna; Heine, schon lange angewidert von den ewigen sinnlosen Druck-Protesten, unterschrieb nicht: so reaktionär war er! Die größten Strolche glaubten, gedeckt durch einen billigen Lippen-Radikalismus, mit ihm über die Verdächtigungen, die gegen ihn ausgestreut wurden, plaudern zu dürfen. Ein deutscher Buchhändler, der unter Zurücklassung erheblicher Schulden seinen österreichischen Gläubigern entlaufen war und in Paris den Freiheitsapostel markierte, fragte Heine, wie es denn um seine Unabhängigkeit stände. Heine antwortete: Ich werde ebensowenig von den Österreichern bezahlt, wie die Österreicher von Ihnen bezahlt werden.

Was trennte Heine von den Radikalen trotz der gemeinsamen Front? Worin lag der Unterschied der Tonstärke begründet? War er nicht Revolutionär wie Börne? Kämpfte er nicht wie die um Börne gegen die jesuitisch-aristokratisch-bourgeoise Front? Bei Heine zeigte sich zum ersten Mal das Paradox des politischen Dichters, der eben doch nicht (wie man uns heute wieder weismachen will) ein dichtender Politiker ist. Der Künstler ist nicht dazu berufen, die Welt zu ändern; er wird immer die bestehende Welt beschreiben oder verklären oder zersetzen. Er wird nie der Regierung dienen. Deshalb wies Platon ihn mit Recht aus seinem strengen Staat. Heines Politik war Enthusiasmus gegen die Vergangenheit, Enthusiasmus für die Zukunft – nie nüchterner Kampf in der Gegenwart. Er schrieb, ein echter Künstler, mehr aus dem revolutionären Affekt als zu einem revolutionären Ziel. Er war ein Mit-Fühlender (in der Phantasie), nicht ein Mit-Handelnder in Reih und Glied (in der Wirklichkeit). Er ging vor aus aktueller Erregung gegen die Unterdrücker, aus aktuellem Mitleid mit den Unterdrückten. Er war nicht, wie der Soldat, mit jedem Schritt sicher in einer Front. Er kämpfte, wenn es gerade schlecht mit »der Sache des Liberalismus« stand. Er zog sich zurück, sobald die Gefahren nachließen. Er war Kämpfer von Fall zu Fall. Er erklärte sich nach dem Edikt gegen das Junge Deutschland für diese Richtung – mit der er nie sympathisiert hatte. Nun gerade! Und der Heine, der so friedenssüchtig war, rief plötzlich »zu einem offenen Krieg mit Preußen auf Tod und Leben«, wollte plötzlich, obwohl Verächter der Demagogen, den »schäbigsten Tumultuanten« die Hand reichen: als 1841 der Verlag Hoffmann und Campe von der Zensur abgewürgt werden sollte. Nun gerade! Er agierte nicht, reagierte nur. Er antwortete mit den Nerven, nicht aus Taktik: »An ihrer Torheit nahm ich keinen Teil, aber ich werde immer Teil nehmen an ihrem Unglück.« Er war kein Republikaner; er wußte, die Republikaner würden ihm nach einem Sieg die Kehle durchschneiden, weil er nicht bewunderte, was sie bewunderten. Aber als er die Orte betrat, die vom Republikaner-Blut gerötet waren, kamen ihm die Tränen in die Augen; und er wünschte, daß er und alle seine Mit-Gemäßigten statt der Republikaner gestorben wären. Der Klassen-Kämpfer sagt: Tränen und Wünsche sind billig. Heine lebte von Tränen und Wünschen und Aufwallungen – und nicht als rauher Krieger unter dem Joch einer Kriegsparole: er war ein Poet, kein Soldat.

Man kann sagen: der Künstler muß ausgerottet werden in der Ära des bewußten Klassenkampfes. Gut! Man kann sagen: es ist ein Verbrechen, während des Endkampfes um eine gerechte Ordnung der Menschheit produktive Kräfte für Phantasiegebilde zu vergeuden. Gut! Dann muß man die Poeten der Zeit erschlagen oder Schuster werden lassen; dann muß man sich selbst fragen: gebe ich jede Unze meiner Kraft für das Ziel? Aber man kann sich nicht blind machen vor der ehernen Tatsache: daß Künstler-sein eine anti-politische Existenzform ist; nicht ein leichtsinniges Sichdrücken vor politischer Stellungnahme. Ich zitiere hier als Kronzeugen Karl Marx, der (nach dem Bericht seiner Tochter an Karl Kautsky) den Dichter Heine liebte, mit ihm zusammen seine Verse durchfeilte und »auf das Nachsichtigste über seine politischen Schwächen« urteilte. »Dichter«, habe Marx erklärt, »seien sonderbare Käuze, die man ihre Wege wandeln lassen müsse. Man dürfe sie nicht mit dem Maßstab gewöhnlicher oder selbst ungewöhnlicher Menschen messen.« Marx liebte den politisch unzuverlässigen Dichter Heinrich Heine so sehr, daß er, bei der Ausweisung aus Paris, ihm schrieb: »Ich möchte Sie gern miteinpacken.« Marx kannte noch nicht die dogmatische Kunst-Feindschaft einiger Neo-Marxisten.

Heine war ein Poet. Wie Politik-fremd ist schon sein früher Traum gewesen: nicht ein großer Dichter, sondern ein großer Volksredner zu werden?! Er hatte diesen großen Volksredner auf öffentlichem Markte vor einer bunten Versammlung erträumt, wie er mit sonorem Wort die Leidenschaften aufwühlt und wieder beruhigt – er hatte den Dichter der Masse erträumt. Die Masse war das Material seiner

Phantasie, nicht das Material seiner Politik. Wie alle Phantasierer hatte er Nerven, welche die Wirklichkeit nur in Distanz ertrugen. Dieser Heine, der zu einer Revolution aufrief, wurde schon von der Lektüre einer Geschichte der Französischen Revolution so erregt, daß er nicht schlafen konnte, daß er sein rotes Bett für die Guillotine hielt. Dieser Heine, der sich als Dichter der Masse geträumt hatte, besaß nur eine kleine Stimme, konnte öffentlich nicht reden, war schüchtern und barschem Widerspruch nicht gewachsen. Dieser Dichter der Masse erschrak, als er die Besucher einer Volksversammlung mit »Tabakspfeifen im Maule« vorfand; der Qualm des schlechten Knasters, der dick im Saale hing, legte sich ihm auf die Brust und verschlug ihm das Wort. Die demagogische Großsprecherei stieß ihn ab. Die vertrauliche Anrede mit »lieben Brüdern und Gevattern«, das derbe Händedrücken widerten ihn an. Er variierte Börnes Ausspruch: daß er die Hand, die ihm ein König gedrückt, zur Reinigung ins Feuer halten würde ... dahin: daß er die Hand, die ihm das Volk gedrückt, nachher waschen würde. Er war sensibler und unmoralischer als Börne; wenn es unmoralisch ist, mit seiner Sensibilität zu kokettieren, während Millionen Hunger leiden. Daß seine Nerven so stark rebellierten, beweist die Konstitution des Phantasierens.

Heinrich Heine war in eine falsche Zeit hineingeboren. Die Zeitgenossen Börne, Laube, Wienbarg haben sein schlimmes Geschick richtig erkannt: es war sein eigentümliches Schicksal, sagte Laube, »daß er mit lauter poetischen Eigenschaften in einer durchaus politischen Gesellschaft auftrat«. Ein Schicksal, das hundert Jahre später wieder viele Dichter traf; wir wissen gar nicht, wie viele das Opfer einer »durchaus politischen Gesellschaft« geworden sind. Die Strudel der Zeit, vielleicht auch Eitelkeiten – schon 1827 stellte Campe fest, daß in der Politik leichter und mehr Ruhm zu erlangen ist als in der Poesie – rissen Heine immer wieder in einen Streit, den seine Natur nicht wollte: »Von Natur neige ich mich zu einem gewissen *dolce far niente*, und ich lagere mich gern auf blumigen Rasen und betrachte dann die ruhigen Züge der Wolken und ergötze mich an ihrer Beleuchtung; doch der Zufall wollte, daß ich aus dieser gemächlichen Träumerei oft durch harte Rippenstöße des Schicksals geweckt wurde; ich mußte gezwungenerweise teilnehmen an den Schmerzen und Kämpfen der Zeit, und ehrlich war dann meine Teilnahme.« Zum Beispiel in Helgoland 1830! Aber er blieb doch immer, der er war: trotz aller scharfen Attacken, die er ritt, ein träumender einzelner. Er verschmolz nie mit dem Kampf und nie mit den Kämpfern. Er ging nie unter in der Gefühlsflut einer Masse, er blieb immer eine gesonderte Empfindungswelt. Er wußte, wie denen in Reih und Glied zumute war; aber ihm war ganz anders zumute. Und während er mitten im Kampfe stand, Feind seiner Feinde, war er immer zugleich fern: ohne Fieber, unheimlich-unruhig, gedankenabwesend während der Schlacht. So konnte er gerecht sein, wie nie ein Kämpfer gerecht ist. So konnte er die Lehre vom Absolutismus ebenso gelten lassen wie jede andere politische Meinung – obwohl die Anwälte des Absolutismus meist sehr verdächtig seien und deshalb jeden in schlechten Ruf brächten, der ihn ehrlich verteidigte. Er wurde nie eins mit seinem Kampf: dieser Kampf war sein Verhängnis, nicht die beherrschende, das Glück seines Lebens tragende Leidenschaft. »Ach! Welch Übel ist der Krieg«, seufzte der Krieger Heinrich Heine. Dann konnte er vor Weinen nicht schreiben, vor Trauer über das Schicksal der armen Menschen, die mit Tränen in den Augen kämpfen müssen; die eine brennende Sehnsucht nach ziehenden Wolken haben, aber die Erde zum Schlachtfeld machen müssen. Nach langen Jahren des Kampfes wollte er auch einmal, klagte er, für sich leben, schöne Gedichte schreiben, Komödien und Novellen, zärtliche und heitere Gedankenspiele, die sich in seinem Hirnkasten angesammelt, und er wollte sich wieder ruhig zurückschleichen in das Land der Poesie, wo er als Knabe so glücklich gelebt habe. Aber da war die Arroganz der Privilegierten und die Not der Enterbten: sie packten ihn und trieben ihn immer wieder vorwärts.

Doch während des Marschierens blickte er sehnsüchtig aus nach der Zeit, wo die Völker weniger politische Geschäfte haben würden, wo alle in den grünen Wald gehen würden und singen würden vor der Schiedsrichterin Nachtigall. Während des Marschierens sehnte er sich nach einer ruhigen, deutschen Festung, wo eine Schildwache vor seiner Tür stünde und niemanden hereinließe. Er war ein politischer Tribun aus Verhängnis. »Weil er oft noch etwas anderes sein will als ein Dichter, verliert er sich oft«, urteilt Börne. Wollte er denn? Mußte er denn nicht? Hatte es ihm nicht die Zeit auferlegt, als Poet – zu kämpfen?

Heine opponierte gegen den Radikalismus, ein Poet gegen den bösen Alltag.

Und Heine opponierte gegen den Radikalismus, ein Bürger gegen den Feind des Bürgers.

Heine war der Metternich des Bürgertums. Metternich sah im sterbenden Feudalismus, Heine im (drohenden) Untergang des Bürgertums das Ende der Kultur. Beide sahen, kleingläubig, in der Zukunft das Herannahen der Barbarei, die Auflösung aller menschlichen Gesittung; und beide wußten, daß diese Zukunft für die Dauer nicht aufzuhalten ist. Beide fühlten sich zu ihrem Konservatismus verpflichtet; wie zur letzten Wehr gegen die andrängende Flut, die eine ewige Nacht über Europa bringen werde. Metternichs Welt war in Agonie, als er lebte; er erlebte noch, daß eine neue Welt die alte Ordnung ablöste. Heine spürte schon in den Pubertätsjahren des deutschen Bürgertums die Krisen seiner Reife; er ist ein alter Zeitgenosse der Aufsässigen von heute. Die Ängste, die ihn das Bürgertum von 1831 verteidigen ließen, waren die Ahnen heutiger Ängste. Seine Gegnerschaft gegen den Radikalismus war auch persönliche Verstimmung gegen Personen, war auch Degout eines zart Organisierten, war auch die ewige Feindschaft des Phantasierens gegen den Realisten: war aber vor allem die Angst vor dem Chaos, vor dem »allgemeinen Weltbrand«, vor dem »düsteren Held« Kommunismus. Heine, unbarmherziger Kritiker des Juste-milieu, war kein überzeugter Bürger; er wußte, daß »früh oder spät die ganze Bürgerkomödie in Frankreich mitsamt ihren parlamentarischen Heldenspielern und Komparsen ein ausgezischt-schreckliches Ende nimmt«. Und doch verteidigte er diese Heldenspieler und Komparsen gegen den »düsteren Helden«.

Weshalb? Heine, der Künstler Heine, der Denker Heine, hochgezüchtete Blüte der bürgerlichen Kultur, erzitterte unter den kulturlosen Parolen der *Égalité-Anbeter*. Er sah starr auf die »Gleichheitswut« der Radikalen, die nicht »das Niedrige erheben, sondern nur die Erhabenheit abflachen konnte«. Er sah gebannt auf »die öde Werkeltagsgesinnung der modernen Puritaner«, die sich über Europa wie eine graue Dämmerung vor starrer Winterzeit verbreite. Er trauerte den armen Nachtigallen nach, »die plötzlich schmerzlicher, aber auch süßer als je ihr melodisches Schluchzen erheben im deutschen Dichterwald«, weil sie ihr wehmütiges Ade singen. Er erkannte mit Abscheu den Prokrustes als den plebejischen Gott der Zeit, weil er den Großen verkleinerte und den Kleinen reckte, bis sie in sein »eisernes Gleichheitsbett passen«. Er schrieb über den radikalen Louis Blanc, den revolutionären Historiker des Bürgerkönigtums, die aufreizenden Worte: »Er selbst ist mäßig, scheint dem eigenen kleinen Körper keine Genüsse zu gönnen, und er will daher im Staate allgemeine Küchengleichheit einführen, wo für uns alle dieselbe spartanische Suppe gekocht werden soll, und was noch schrecklicher, wo der Riese auch dieselbe Portion bekäme, deren sich Bruder Zwerg zu erfreuen hätte. Nein, dafür danke ich, neuer Lykurg! Es ist wahr, wir sind alle Brüder, aber ich bin der große Bruder, und ihr seid die kleinen Brüder, und mir gebührt eine bedeutendere Position.« Zieht man auch von diesen Sätzen den Hochmut ab, der nur Verteidigung gegen die plebejischen Nutznießer des Gleichheitsprinzips ist, so bleibt doch immer noch das bürgerlich-individualistische Vorurteil übrig, als wäre der Individual-Stolz auf die eigene Tüchtigkeit so wichtig, daß ihm die Menschheit geopfert werden müsse. Heine, Wortführer der Elitären, dachte wie eine Frau, die sich ihren schönen Leib nicht zerschneiden und lieber die Krankheit den ganzen Leib zerstören läßt. Heine scheute die Operation und verschloß immer wieder die Augen vor der Krankheit, die er sah. So erblickte er im Triumph des Proletariats ein »Unglück für die Menschheit«, da es in seinem »blödsinnigen Gleichheitstaumel alles, was schön und erhaben auf dieser Welt ist, zerstören«, »in einer gewissen engbrüstigen Eifersucht« nichts über sich dulden wolle; da es gegen die Baukunst wie gegen die epische Poesie wie gegen »alle ausgezeichneten Individualitäten« anginge mit einem »gewissen Zwergneid, der allem Emporragenden abhold ist, der nicht einmal die Tugend durch einen Menschen repräsentiert sehen möchte, fürchtend, daß solcher Tugendrepräsentant seine höhere Persönlichkeit geltend machen könne«. Hatte er nicht deutlich beim Modell-Wettbewerb für das Mausoleum des Kaisers Napoleon sagen hören: »Wozu noch ein Monument für ehrgeizige Völkermörder?« Und er dichtete höhnisch im ›Atta Troll‹: »Strenge Gleichheit! Jeder Esel sei befugt zum höchsten Staatsamt, und der Löwe soll dagegen mit dem Sack zur Mühle traben.« Ist aber diese Ideologie ein Beweis gegen die Notwendigkeit einer Korrektur der bürgerlichen Kultur? Und ist sie nicht notwendig, wenn die Gesellschaft nicht zu retten ist?

Heine glaubte nicht an eine neue Ordnung. Er sah nur das Nächstliegende: die Barbarei, die immer die erste Folge eines Umsturzes ist. Er wandte gegen die Operation ein, daß sie Gewebe zerstöre; er wandte gegen den Umbau der europäischen Kultur ein, daß die Niederreißer keine Poeten sind. Ist das ein Einwand? Reißen denn Baumeister das baufällige Haus ein? Ihn ängstigte die notwendige Destruktion, die seine lebendige Phantasie so düster hinmalte; und er sah nicht, daß, wenn er diese Zerstörungen nicht wollte, er alle die schweren Krankheiten der bürgerlichen Welt bejahen mußte. Und da er dies oft nicht sah, da er im Kommunismus nur den schwarzen Mann und im Bürgertum die letzte (ungeliebte) Sicherheit vor der Sündflut erblickte, stärkte er nach Kräften dieses Bürgertum.

Eine dieser Stärkungen, die man nur in diesem Zusammenhang begreifen kann, war sein entschlossener Monarchismus: der Fürst als Anti-Symbol, als Gegen-Prinzip der Nivellierungs-Idee. Er warf dem Kommunismus den »Umsturz aller Autoritäten, der geistigen sowohl als der materiellen« vor: die Entthronung der Könige war ihm nur ein Zeichen für die Entthronung der Geistigen; in seinem Kampf für die Fürsten kämpfte er für die geistige Autorität; »der Lorbeer eines großen Dichters war unseren Republikanern ebenso verhaßt wie der Purpur eines großen Königs«. Heine verfolgte in denen, die das Königstum abschaffen wollten, immer nur die, welche eine Gleichheit des Stils dekretierten, welche einen guten Stil als aristokratisch verschrien: »der echte Demokrat schreibt wie das Volk herzlich und schlecht«; der Liebhaber der Form, der Freund der Kunst ist den Demagogen ein Feind des Volkes. Und so schrieb hundert Jahre vor der Verherrlichung der kunstlosen Reportage der Monarchist Heine: »Schönheit und Genie sind ja auch eine Art Königtum und sie passen nicht in eine Gesellschaft, wo jeder im Mißgefühl der eigenen Mittelmäßigkeit alle höhere Begabnis herabzuwürdigen sucht bis auf's banale Niveau.« Aus solchen Wurzeln stammte seine Verehrung für die Institution des Königtums, vielleicht auch etwas aus »angeborener Neigung«, aus Jugenderinnerungen: er verteidigte dies Königtum zugleich gegen den Adel, der es als Deckmantel für seine Raubgelüste genommen hätte, und gegen die »nüchternen Bacchanten der Vernunft, die in ihrem logischen Wahnsinn uns alle Ehrfurcht, die das uralte Sakrament des Königtums gebietet, aus der Tiefe unseres Herzens herausdisputieren möchten«. Nicht als Höfling war Heine Monarchist; sondern, akkurat wie sein Feind Metternich, aus Furcht; in dem Glauben, daß »das Königtum die letzte Garantie unserer Gesellschaft« sei. Er sah im sublimierten Königtum ein idealistisch-aristokratisches Ferment der bürgerlichen Gesellschaft. Er gestand, daß er aus

Angst vor dem Chaos ein Konservativer geworden sei: »Ich habe in die Tiefe der Dinge geschaut und es ergreift mich ein sonderbarer Schwindel – ich fürchte, ich falle rückwärts.« Er fiel rückwärts!

Wenn er sich aber noch so sehr schützend vor dem gefährdeten Bürgertum aufbaute, er war kein Bourgeois: weil er kein Vertrauen zum Bürgertum hatte; und weil er nie vergessen konnte, auf welchen Fundamenten die bürgerliche Kultur ruht. In der ›Lutetia‹ stellte er mit großem Nachdruck fest: es ist für den Kommunismus – »der einzigen Partei in Frankreich, die eine entschlossene Beachtung verdient« – ein unberechenbar günstiger Umstand, daß »der Feind, den er bekämpft, bei all seiner Macht dennoch in sich selber keinen moralischen Halt besitzt. Die heutige Gesellschaft verteidigt sich nur aus platter Notwendigkeit, ohne Glauben an ihr Recht, ja ohne Selbstachtung.« Die Bürger-Aristokratie taugte ihm ebensowenig »wie jene Noblesse, an deren Stelle sie trat, mit demselben Egoismus«. Heine sah diese Bürger-Aristokratie nackt, ganz ohne ihren Kultur-Behang. Sie gab sich auch ungeniert genug. Ein aufgeklärter Bankier, mit dem Heine einmal sprach, bestritt gar nicht die Vorzüge der republikanischen Verfassung. Bisweilen sei er selbst Republikaner, gestand der Bankier; aber wenn er dann seine Hand in die rechte Hosentasche stecke, worin sein Geld sei, erzittere er bei der Berührung des kalten Metalls, und dieser Schauer mache ihn monarchistisch; stecke er jedoch seine Hand in die leere Hosentasche, dann pfeife er lustig die Marseillaise. Heine durchschaute sehr scharf die Geschichte der Gesellschaft von der großen Revolution bis zu seinen Tagen: das Bürgertum hatte 1789 rebelliert, das Bürgertum hatte 1830 endgültig gesiegt; das Bürgertum mit seinen »Geldrittern«, seinen »Baronen der Industrie«, seinen »Auserwählten des Eigentums«, seinen »Enthusiasten des ruhigen Besitzes«, die Frankreich durch die Majorität in der Kammer beherrschten – dies Bürgertum verteidigte seinen Staat gegen den Andrang der Besitzlosen, die eine Neuordnung der Gesellschaft wollten.

Wollte Heine, Kenner und Feind und scharfer Kritiker der *»aristocratie bourgeoise«*, es ihnen wehren? Heine war kein Bourgeois, verhärtet durch Besitz. Heine war kein Wächterhund für Geldschränke, darauf dressiert, denen an die Beine zu springen, die sich den Geld-Heiligtümern in unlauterer Absicht näherten. Heine kannte den bürgerlichen »Kultus der materiellen Interessen, des Eigennutzes, des Geldes«. Aber er sah in den Kommunisten bestenfalls, mitleidig abwehrend, »die jüngsten und verzweiflungsvollsten Kinder der Revolution«, jene »verwahrlosten und enterbten Kinder, deren Elend ebenso groß ist wie ihr Wahnsinn«. Sein Mitleid billigte ihren Kampf; seine optimistische Phantasie malte das Ende dieses Kampfes, der kein Krieg der Völker, kein Krieg der Religionen sei, sondern der »große Zweikampf der Besitzlosen mit der Aristokratie des Besitzes«, paradiesisch aus: »Nur ein Vaterland wird es geben, nämlich die Erde, und nur einen Glauben, nämlich das Glück auf Erden.« Er ersehnte diesen Traum von dem einen Vaterland und von dem Glück aller Erdenkinder, der Poet schmückte diesen Traum mit Worten – der hoffnungslose Bürger Heine zerstörte ihn. Denn ein anderes Bild verdeckte ihm diesen Traum: jene 400 000 rohen Pariser Fäuste, welche nur »des Losungswortes harren, um die Idee der absoluten Gleichheit zu verwirklichen, die in ihren rohen Köpfen brütet«. Jene 400 000 Fäuste – das war die Anti-Ordnung, der furchtbare Feind. Und schon damals zeichnete sich der Umriß des »Retters« ab, der die Gesellschaft aus dem Sumpf des verrotteten Bürgertums, aus dem Wahnsinn der Kommunisten retten wollte: die Armee! Und schon damals fragte Heine, der keinen Ausweg wußte: Soldatenwirtschaft wäre das Ende des Liedes? Auf vielen Seiten, in politischen Artikeln und Gedichten und Briefen schrieb er gegen die Bourgeoisie; auf ebensoviel Seiten, in ebensoviel Artikeln und Gedichten und Briefen schrieb er gegen das Proletariat. Mit Schrecken malte er sich die Epoche aus, wo »diese finsteren Bilderstürmer« zur Herrschaft gelangen würden; wo sie »mit ihren schwieligen

Händen« erbarmungslos alle Marmorstatuen der Schönheit, die seinem Herzen so teuer waren, zerbrechen würden; wo sie »all jenes phantastische Spielzeug und Flitterwerk der Kunst«, das der Poet Heine so sehr geliebt, zertrümmern würden; wo sie alle seine Lorbeer-Haine fällen und in ihnen Kartoffeln pflanzen würden; und wo sein ›Buch der Lieder‹ dem ›Gewürzkrämer‹ dienen würde, daraus »Düten zu drehen«. In unsäglicher Trauer dachte er daran, wie nach dem Sieg des Proletariats seine Verse »ins Grab sinken werden mit der ganzen alten romantischen Welt«. Aber diese Nänie war nicht sein letztes Wort. Und ich liebe Heinrich Heine wegen seines hinreißenden Epilogs: wenn er den Satz, daß alle Menschen das Recht haben, zu essen, nicht widerlegen könne, so sei er auch genötigt, sich allen seinen Konsequenzen zu unterwerfen; dann würden alle Dämonen der Wahrheit ihn umtanzen, eine »hochherzige Verzweiflung würde sein Gemüt ergreifen, und er würde bekennen: ›sie ist seit lange gerichtet, verurteilt diese ganze Gesellschaft! – geschehe ihr wie recht ist!‹« So legte Heine selbst in Stunden der Einsicht seine Gedichte ins Grab. So sah er in Stunden der Einsicht, daß nicht die Intelligenz des Sozialismus, nicht die Saint-Simonisten und Fourieristen die Zukunft schaffen können; daß sie nur »dem rohen Bedürfnisse das gestaltende Wort leihen, gleichsam die Rolle der Kirchenväter übernehmen« können. Und wenn auch diesem letzten Wort immer noch ein allerletztes folgte, das ihn immer wieder von neuem hineinhetzte in die Dialektik von Zukunfts-Wille und Zukunfts-Angst – niemand darf sagen, daß er nicht die Situation des bürgerlichen Revolutionärs mit Ernst durchlebt hat. Und noch niemand kann heute sagen, er wäre weitergekommen.

Wer auf der Seite des Besitzes kämpft, gegen die Klasse der Besitzlosen, ist verdächtig, materiell interessiert zu sein. Nur weil die Gegner »die rationellen Gründe solcher Entfernung« vom Kommunismus nicht ahnen, schreien sie gleich über pekuniäre Motive ... verteidigte sich Heine. Genügte diese Verteidigung?

Heine war am Besitz persönlich interessiert. Er erhielt eine Rente von seinem Onkel, dem Hamburger Millionär. Rothschild half ihm bei seinen Börsen-Spekulationen. Von der Juste-milieu-Regierung bezog er eine geheime Unterstützung. Er hatte einen kleinen Aktienbesitz. Diese Tatsachen sind unumstößlich. Die Frage ist: Kämpfte er gegen den Kommunismus, weil er seine Interessen gefährdete?

Schon der Jüngling hatte geschrieben: »Es ist fatal, daß bei mir der ganze Mensch durch das Budget regiert wird. Auf meine Grundsätze hat Geldmangel oder Überfluß nicht den mindesten Einfluß, aber desto mehr auf meine Handlungen.« Es gibt innerhalb der kapitalistischen Gesellschaft drei prinzipielle Haltungen des Intellektuellen: die Askese, also die absolute Kompromißlosigkeit, also die Wahl von Armut und Verborgenheit – eine seltene Erscheinung; dann die absolute Korruption, die bedenkenlose Anpassung der Handlungen und der Urteile an die Wünsche der herrschenden Klasse. Schließlich, drittens und wichtigstens: die Anpassung der Handlungen, verbunden mit der Unerschütterlichkeit der Gesinnung; kompromißlerische Geschmeidigkeit im konkreten Fall, verbunden mit der Unverrückbarkeit des Prinzips. Den Menschen, die so das Unvereinbare vereinen, wird immer wieder die Lüge vorgeworfen werden, daß sie anders handeln und anders denken. Diese Lüge ist in unserer Ordnung das Höchste, was erreicht werden kann – für den, der nicht ein Eremit ist. So klar ausgesprochen werden muß, daß jeder, dessen Leben sich nicht mit seiner Gesinnung deckt, nicht makellos lebt – so klar muß doch andrerseits die Bedeutung einer nicht korrumpierten Gesinnung, selbst wenn sie sich nicht rein verwirklicht, erkannt werden. Man sagt: Was ist das schon, Gesinnung? Auf die Tat kommt es an. Es kommt auch auf die gute Gesinnung an, welche die schlechte Tat überdauert; eine Quelle möglicher guter Taten, eine dauernde Mahnung, ein dauerndes Gericht. Außer dem Heiligen kann nur der materiell Gesicherte moralisch sein. Heine war kein Heiliger. Er verstand sehr gut die Worte des Psalmisten: ›Herr Gott, gib mir mein täglich Brot, daß ich Deinen Namen nicht lästre.‹ Und er ging sogar bisweilen bedenklich weit in seinem Moral-Jesuitismus; zum Beispiel wenn er einen notorischen Schuft mit den Worten verteidigte: »In Deutschland ist man noch nicht so weit, zu begreifen, daß ein Mann, der das Edelste durch Wort und Tat befördern will, sich oft einige kleine Lumpigkeiten, sei es aus Spaß, oder aus Vorteil, zuschulden kommen lassen darf; wenn er nur durch diese Lumpigkeiten (das heißt Handlungen, die im Grunde ignobel sind) der großen Idee seines Lebens nicht schadet, ja, daß diese Lumpigkeiten oft sogar lobenswert sind, wenn sie uns in den Stand setzen, der großen Idee unseres Lebens umso würdiger zu dienen.«

Heine war kein Heiliger, aber seine Grundsätze blieben intakt: sie legitimierten sich in der Gestaltung seiner Abhängigkeiten. So hatte er zeit seines Lebens das Verhältnis zum Onkel aufs Spiel gesetzt. Aber erwies er nicht Rothschild Liebesdienste? Friedrich Steinmann hatte dem Verleger Campe eine »Geschichte des Hauses Rothschild« eingereicht, die zum Teil sehr scharfe Vorwürfe gegen einzelne Rothschilds enthielt. Campe gab Steinmann das verlangte Honorar, ließ aber das Buch nicht erscheinen – auf Heines Wunsch. Heine wollte sich für »die schönen liebreichen Dienste«, die ihm Rothschild seit zwölf Jahren erwiesen hatte, dankbar erweisen, fürchtete sich aber vor dem Eindruck, daß er Rothschild »ausbeuten wolle«. Konnte dieser Eindruck aufkommen? Nein! Er zeichnete Rothschilds Haus als das »Versailles der absoluten Geldherrschaft« und den Herrn von Rothschild als »Wetterfrosch«, den man respektieren müsse wegen des Respektes, den er den meisten Leuten einflößte. Er zeichnete den gallonierten Diener, der des Herrn von Rothschild Nachttopf über den Korridor trug, und den Börsenspekulanten, der ehrfurchtsvoll seinen Hut vor dem mächtigen Topfe zog. Mit solchen, nicht sehr schmeichelhaften, Erzählungen schmeichelte Heine seinen Gönnern. »Wenn ich schlechte Handlungen begehen wollte, ich stände gut mit der ganzen Welt.« Er stand schlecht mit der ganzen Welt: er lernte weder von denen, die in dem großen Interessen-Gewebe geben, um zu nehmen, noch von denen, die im Gewande radikaler Phrasen ihren moralischen Panzer haben, der sie gegen Verdächtigung schützt.

Heine hatte nie den Radikalismus gepredigt: durfte er nicht von der französischen Regierung eine Rente annehmen? Er durfte. Liegen hier aber nicht die Quellen seiner Feindschaft gegen den Radikalismus? Am 19. Dezember 1837 schrieb er in einem Brief: »Die politische Aufregung hat sich so sehr, seit drei Jahren, bei mir gelegt, daß ich wahrhaftig jetzt keine Konzessionen zu machen brauche, und daß es nur gilt, mich vor dem Verdacht zu schützen, als wäre ich von außen bekehrt worden, als habe man mich durch Geld oder Schmeichelei gewonnen – Gott weiß, daß ich weder durch das eine, noch durch das andere geleitet werden könnte, auch nur eine Silbe gegen meine innere Gesinnung zu schreiben.« Als die Republik von achtundvierzig die Papiere aus den Archiven der Louis-Philippe-Regierung veröffentlichte, gab man auch die große Liste der Namen heraus, die vom Bürgerkönigtum eine Rente empfangen hatten. Auf dieser Liste stand neben den Namen von Königen, Generälen und Gelehrten aus aller Welt auch der Name Heinrich Heine. Die ›Allgemeine Zeitung‹ kommentierte diese Tatsache: Heine habe nicht für das, was er schrieb, sondern für das, was er nicht schrieb, sein Geld erhalten. Nach dieser Perfidie des Blattes, für das er jahrelang gearbeitet hatte, schoß Heine seinen besten Pfeil ab: gegen jene ›Allgemeine Zeitung‹, die »seit 20 Jahren nicht durch das, was sie von mir druckte, als vielmehr durch das, was sie nicht druckte, hinlänglich Gelegenheit hatte, zu merken, daß ich nicht der servile Schriftsteller bin, der sich sein Stillschweigen bezahlen läßt«. Die französische Rente band ihn nicht: weil er in dem entscheidenden Punkt, in dem Kampf gegen den Kommunismus, immer mit dem Juste-milieu-Kurs übereingestimmt hatte. Der Vorwurf des Nationalisten Treitschke aber, Heine wäre ein »Söldner Frankreichs« gewesen, der sich »dem französischen Hof verkauft« habe, wendet die Begriffe des Nationalitäten-Europa auf eine Zeit an, deren charakteristisches Ereignis die Internationale der Heiligen Allianz gewesen ist. Treitschkes Vorwurf ist so unhistorisch, wie nur das Urteil eines Historikers sein kann; und ebenso vergeßlich: denn er vergaß, daß die geliebte Heimat alle Kräfte aufbot, um ihren Heine verhungern zu lassen. Heines Unabhängigkeit ist klar bewiesen durch die Feststellung, daß seine politischen Urteile in seiner Grundanschauung verankert waren, daß er zu allen Zeiten immer derselbe war: immer ein etwas mürrischer, unliebenswürdiger, ironischer Verteidiger des Bürgertums, der die Repräsentanten des französischen Staats, der seine Geldgeber Louis Philippe und Guizot nicht gerade sehr freundlich behandelte. Man kann Heine keinen Vorwurf machen, daß er in dem Augenblick, in dem das Edikt gegen das Junge Deutschland ihn materiell zu ruinieren drohte, eine Rente von einer Regierung nahm, mit der er harmonisierte, und die er kritisierte, wo er nicht mit ihr harmonierte.

Aber was bewog Frankreich, Heine Geld zu geben? Obwohl es nie von ihm den geringsten Dienst begehrte? Der Geschichtsschreiber Mignet hatte seinen Freund Thiers bewogen, Heine eine Staatspension zu gewähren. Die Fürstin Belgiojoso hatte Mignets Bitte bei Thiers unterstützt. Als Guizot Minister des Auswärtigen wurde, besuchte Heine ihn und dankte ihm, daß er ihm seine Pension weiter zahle, obwohl seine Urteile nicht ohne Schärfe wären. Guizot antwortete mit melancholischer Güte: »Ich bin nicht der Mann, der einem deutschen Dichter, welcher im Exil lebt, ein Stück Brot verweigern könnte.« Dann sah Heine ihn nie wieder; nie ließ Guizot ihn um etwas bitten. Welches Interesse hatte Frankreich an Heine? Man hätte ihn sehr leicht loswerden können. Heines Heimat bat Guizot oft und dringend, den lästigen Ausländer hinauszuwerfen. Und Louis Philippe hatte ihm den raffiniertesten Maulkorb angelegt: er hatte den Zensor der ›Allgemeinen Zeitung‹ zum Offizier der französischen Ehrenlegion gemacht. Welches Interesse hatte Frankreich an Heine? Er deutete die Rente, deren Weiterzahlung ihm die Republik später trotz Verwendung einflußreicher Persönlichkeiten, wie der Madame Jaubert, ausdrücklich abschlug, als »das große Almosen«, welches das französische Volk an viele tausend Fremde gab, die sich in ihren Heimatsländern revolutionär kompromittiert hatten und »an dem gastlichen Herde Frankreichs eine Freistätte suchten«. Und Franz Grillparzer bewertete diese Pension nicht anders als die 6000 Thaler, die Friedrich der Große Voltaire als Jahrgeld zahlte. Ob nun diese enthusiastischen und harmlosen Erklärungen richtig sind oder nicht – nicht auf Frankreich, sondern auf Heine kommt es an; und Heine hatte ein so gutes Gewissen, daß er Karl Marx' Verteidigung, die ihm in den Mund legte, er habe das Geld nur genommen, um ärmere Parteigenossen tätiger unterstützen zu können, strikt ablehnte. Heine erklärte mit dem Freimut, der immer charakteristisch für ihn war: er habe das Geld sehr gut für sich gebrauchen können.

Die moderne Moralpsychologie, die Psychologie des Mißtrauens, gibt nicht so leicht nach. Sie wird davon Kenntnis nehmen, daß er nicht für Geld seine Meinungen geändert hat; daß ihm der Hamburger Millionär und Rothschild und das spendable Juste-milieu keineswegs Rühr-mich-nicht-ans waren. Sie wird auch Kenntnis von den zahlreichen Briefstellen nehmen, in denen er nicht nur unverbindlich seine Reinheit, seinen Ehrenstandpunkt beteuert hat, sondern in denen er auch verbindlich durch Weisungen an den Verleger seinen Opferwillen bewiesen hat. Sie wird von allen Argumenten für die moralische Sauberkeit Heines Kenntnis nehmen – und dann wieder von vorn beginnen mit einem skeptischen: Vielleicht doch. Vielleicht war die Grundfarbe seiner Art, seine Mäßigung, doch das Symptom eines schwachen Charakters.

Vielleicht war diese Solidarität mit dem Besitz doch weiter nichts als das Stehen zu der Klasse, der er durch seine gesellschaftliche Stellung und seine Einkünfte angehörte. Vielleicht handelte er doch im Tiefsten wider besseres Wissen. War er charakterlos, wie alle Geheimberichte, die aus Paris an die österreichische Regierung gingen, übereinstimmend behaupteten? War er »persönlich feig, lügnerisch und seinem besten Freund untreu werdend«, »veränderlich wie eine Kokette, boshaft wie eine Schlange, aber auch glänzend und schillernd wie eine solche« – nach dem Urteil eines österreichischen Spions? »Was versteht man unter dem Wort ›Charakter‹? Charakter hat derjenige, der strikt innerhalb einer bestimmten Lebensanschauung lebt und waltet, sich gleichsam mit derselben identifiziert und nie in Widerspruch gerät mit seinem Denken und Fühlen. Bei ganz ausgezeichneten, über ihr Zeitalter hinausragenden Geistern kann daher die Menge nie wissen, ob sie Charakter haben oder nicht; denn die große Menge hat nicht Weitblick genug, um die Kreise zu überschauen, innerhalb derselben sich jene Geister bewegen. Ja, indem die Menge nicht die Grenzen des Wollens und Dürfens jener hohen Geister kennt, kann es ihr leicht begegnen, in den Handlungen derselben weder Befugnis noch Notwendigkeit zu sehen, und die geistig Blöd- und Kurzsichtigen klagen dann über Willkür, Inkonsequenz, Charakterlosigkeit. Minder begabte Menschen, deren oberflächliche und engere Lebensanschauung leichter ergründet und überschaut wird, und die ihr Lebensprogramm gleichsam in populärer Sprache ein für allemal auf öffentlichem Markte proklamiert haben, diese kann das verehrungswürdige Publikum immer im Zusammenhang begreifen, es besitzt einen Maßstab für jede ihrer Handlungen, es freut sich dabei über seine eigene Intelligenz wie bei einer aufgelösten Scharade und jubelt: ›Seht, das ist ein Charakter!‹« War Heine ein »moralisches und politisches Chamäleon«, wie die Spürhunde schrieben? Heine war ein Charakter! Die Widersprüche in seinen Schriften, die Schwankungen in seinen Äußerungen waren nur momentane, unbedeutende Abweichungen im Leben eines sehr impressionablen Menschen, in dem eine strenge Gesetzlichkeit herrschte.

Ein Charakter war Heine, nur kein moralischer – wie Börne, von dem er sagte: »Er ist viel besser als ich, viel größer – aber nicht so großartig.« Heine bestritt das Primat der »sittlichen Idee«. In ihm bahnte sich an, was dann später in Nietzsche europäisches Ereignis wurde: die Verherrlichung des Lebens, die Degradierung der »sittlichen Idee«, der Kampf gegen die Askese, der Kampf gegen jene Religion, die am stärksten der »sittlichen Idee«, dem Verzicht zugunsten einer moralischeren Zukunft, den Weg geebnet hatte, der Kampf gegen das Christentum. Christentum und Kommunismus wurden aus demselben Grunde gehaßt. Hier, in dieser Entscheidung für das Leben lag die Quelle von Heines Kampf gegen das andrängende Proletariat: er glaubte nicht an den Sieg einer Idee, er fürchtete die Entzauberung, die Schwächung des Daseins durch ein Soll. Diese Bejahung des Lebens, diese Furcht vor der Despotie der Moral war so stark, daß sie die in ihm wirkenden starken moralischen Kräfte niederzwang. Denn Heine hatte, ebenso wie Nietzsche, gewaltige moralische Instinkte; vor allem ein stark ausgeprägtes Mitleiden, ein sehr ausgebildetes Gerechtigkeitsgefühl: so daß er schmerzhaft sich selbst als unmoralisch empfand, sich nicht für tugendhaft genug hielt, um sich dem Kommunismus anzuschließen. Aber beide hatten eine noch stärkere antimoralische Überzeugung, eine ungeheure Liebe zum unangetasteten Dasein. Bei Heine hatte diese Verklärung bürgerlich-idyllische Färbung – er sprach vom großen Plan und gab dem Juste-milieu seinen Segen; er liebte die Erinnerung an die früheren Revolutionskämpfe und an die Helden, die sie durchkämpft hatten, und mochte dennoch nicht unter dem Regimente solcher Erhabenen leben. Bei Nietzsche hatte diese Verklärung des Daseienden heroische Färbung – und bekämpfte das Juste-milieu des deutschen Kaiserreiches. Aber bei beiden war diese Liebe zum Leben gerichtet gegen den Fanatismus der Idee, die das Leben unterjocht. Auch Nietzsche, der ein Heiliger war (was Heine nicht war), bekämpfte den politischen Radikalismus.

Jetzt haben wir die Warte erreicht, von der aus sich das Leben Heines übersehen läßt: sie liegt hoch über jener Schlammflut von Verdächtigungen, die auf Bestechlichkeit hindeuteten; von Verdächtigungen, denen gegenüber Heine immer eine »schöne, süße Ruhe« empfand. Sie liegt auch noch über dem charaktervollen Verdikt Börnes, der kein Jenseits von Gut und Böse kannte und in Heine deshalb »ein welkes Blatt« sah, »das der Wind umhertreibt, bis es endlich, durch den Schmutz der Erde schwer geworden, auf dem Boden liegen bleibt und selbst zu Mist wird«. Heine wollte das Leben genießen, nicht ändern. Er wollte das Leben gestalten, aber nicht vergewaltigen. Er hatte ein starkes Gefühl für Recht und Unrecht, er empfand eine starke Verbundenheit mit dem Mitmenschen; er litt mit, er freute sich mit; ihn riß es nicht nur hoch, wenn der Bürger vom Adel, wenn der Jude vom Christen getreten wurde – er rebellierte nicht nur für seine Klasse, für seine Leidensgenossen: er war innig verbunden der Menschenklasse, die nach dem Sturz des Feudalismus das Paria-Schicksal trug. Aber diese Sympathie für die Unterdrückten ging nie hinaus über momentane Aufwallungen; wurde nie das Zentrum seines Lebens. Und so stützte er das Bürgertum, indem er es nicht unerbittlich bekämpfte, indem er ihm die Philosophie schuf für seine Existenz. Heine entschied in dem großen, jahrtausendealten Prozeß zwischen Gegenwart und Zukunft, zwischen Leben und Askese, zwischen Passivität und Heroismus: für die Gegenwart, gegen die Zukunft, für das Leben, gegen die Askese; für das passive Dankbarsein, gegen das heroische Vorsehung-sein-Wollen; für Goethe gegen Börne. Das ist eine anti-moralische Entscheidung. Aber bis auf wenige Heroen, die echten Mönche der Idee, leben alle anti-moralisch – auch die Radikalen, die selten radikal leben, nur radikal reden. Ist Heines moralfeindliche Entscheidung Moral-Schwäche gewesen? Oder die Folge der Einsicht in die Don-Quichotterie des Moralischen, das

Fehlen des Glaubens an die Macht der Moral? Oder drittens (wie es bei Nietzsche war): die Bewunderung der amoralischen Kraft? Oder schließlich – wie der Marxismus sagt – Symptom der genießenden, kampfmüden Bourgeoisie? Der Zwist zwischen Genuß und Askese, zwischen einem das Seiende bejahenden und das Seiende moralisch verneinenden Weltgefühl, gehört zum tragischen Phänomen Mensch. Der tragische Riß ging durch Heine: wir werden seine Zerrissenheit noch eingehend schildern. Er versuchte vergeblich, ebenso vergeblich wie Nietzsche, dieser Zerrissenheit zu entrinnen, indem er die Moral preisgab – ein kleiner Heide des Juste-milieu:

Nur der eigenen Lust gehorchend,
Galoppierend oder fliegend,
Tummelt sich im Fabelreiche
Mein geliebter Pegasus.
Ist kein nützlich tugendhafter
Karrengaul des Bürgertums,
Noch ein Schlachtpferd der Parteiwut,
Das pathetisch stampft und wiehert!

Heine war dieser bürgerlich-heidnischen Moral-Feindschaft verhaftet, und seine politische Stellung spiegelte den tragischen Zwist. Er stand zwischen den politischen Fronten, weil er zwischen den geistigen Fronten stand. Er wurde von beiden Seiten angegriffen, und Börne sagte sehr schön: »Uns anderen miserablen Menschen hat die Natur zum Glück nur einen Rücken gegeben, so daß wir die Schläge des Schicksals nur von einer Seite fürchten; der arme Heine aber hat zwei Rücken, er fürchtet die Schläge der Aristokraten und die Schläge der Demokraten, und um beiden auszuweichen, muß er zugleich vorwärts und rückwärts gehen.« Heine war immer dazwischen. Börne fragte: »was sind wir denn, wenn wir viel sind?« ... und antwortete: »nichts als die Herolde des Volkes«. Börne sah zwei Schlachtreihen, stellte sich mit seinem bürgerlichen, vormarxistischen Radikalismus ein in die Reihe der Besitzlosen und war in Harmonie mit der damaligen politischen Wirklichkeit. Heine war hüben und drüben: so prasselten auf seine beiden Rücken zwei volle Tracht Prügel. Während ein Professor Wurm in einer Giftwurmkritik Heines Werk als das frivole Machwerk eines jakobinischen Fanfarons hinstellte, griff Börne ihn an, weil Heine es mit niemand verderben wolle. Es war sein Schicksal, dort zu stehen – wo er gar nicht stand: er war ein »Justemillionär« – ohne Million; und respektierte nicht, was er verteidigte. Sein geheimes Pathos, sein verschwiegen jubilierender Enthusiasmus galt dem Kommunismus – den er bekämpfte. Seine Ironie, seine glänzenden Despektierlichkeiten galten der Bourgeoisie – die er für ein notwendiges Übel hielt.

Im Zwiespalt der Instinkte: Wille zum Kampf, Verklärung des unangetasteten Lebens – riß es ihn hin und her: er gehörte zum disharmonischen Tragiker-Geschlecht des neunzehnten Jahrhunderts.

V.

Heine, Marx, Goethe und die Emigranten von 1933

Aus dem Kriegsdienst entlassen

In der schimmernden Feste Nazi-Deutschland, die mit Zwölf zugrunde ging, durfte seiner nicht gedacht werden. Er hieß, nach dem offiziellen Literaturhistoriker, Chaim Bückeburg – und der ist allerdings nicht der Autor von »Ich weiß nicht, was soll es bedeuten« gewesen. Aber in dieser deutschen Feste hatte er auch schon, als sie noch nicht so schimmernd gewesen war, seine erbittertsten Feinde gehabt – von ausländischen Deutschland-Freunden à la Carlyle noch ganz abgesehen, der ihn »eine dreckige, stinkige Wurst aus verdorbenen Viktualien« genannt hatte.

Seit mehr als hundert Jahren ist Heine aller Welt Liebling. Es lieben ihn die Backfische allerwärts, wenn er ihnen in jedem Frühling zuflüstert: »Im wunderschönen Monat Mai / Als alle Knospen sprangen / Da ist in meinem Herzen / Die Liebe aufgegangen.« Es lieben ihn die Liberalen allerwärts – nicht nur, weil er den Fürsten von Metternich »Fürst von Mitternacht« nannte, sondern weil auch Heine schon ganz fürchterliche Angst vor dem Kommunismus hatte. Es lieben ihn nicht weniger die Marxisten – obwohl Marx und Engels, Heines Freunde, die Doktoren der Revolution, wie er sie nannte, ihn in ihrem Briefwechsel einen »alten Hund« titulierten. Aber sie verehrten nicht nur die Flamme Heine und das Schwert Heine, den Dichter, der gedichtet hatte: »Ein Fluch dem König, dem König der Reichen / Den unser Elend nicht konnte erweichen / Der den letzten Groschen von uns erpreßt / Und uns wie Hunde erschießen läßt. / Wir weben, wir weben!« Sie verehrten auch den charmanten Poeten. Und standen öffentlich zu ihrem etwas zweifelhaften Freund Heine – gegen die moralisierenden Spießer.

Und es lieben ihn außer den Backfischen, den Liberalen, den Marxisten und den Pariser Grisetten – seit hundert Jahren alle nicht-deutschen Völker, sobald sie mit Deutschland im Krieg sind. 1870 zitierten ihn die Franzosen gegen sein Land. 1917 schlug man zwar in London vor: man solle die Heine-Gedenktafel am Haus 32 Graven Street entfernen. Aber, obwohl Heine zeit seines Lebens recht boshaft gegen die Insel geschrieben hatte, protestierten sofort viele Briefe an die Londoner ›Times‹: Wollen wir ebenso idiotisch handeln wie Wilhelm II., der von seinem Besitz Corfu ein Heine-Denkmal entfernen ließ?

Und nun gar im Zweiten Weltkrieg! Heine wurde der deutsche Kronzeuge der Welt gegen Deutschland. Vielleicht ist zwischen neununddreißig und fünfundvierzig kein Deutscher jenseits des deutschen Machtbereichs so ausgiebig zitiert worden wie Heinrich Heine. Ganz besonders liebten ihn natürlich die deutschen Emigranten, vor allem die Schriftsteller. Daß auch er ein deutscher Emigrant gewesen war, ließ sie manchmal die Köpfe höher heben, als ihrer Statur entsprach. Auch liehen sie sich von ihm die besten Pfeile gegen das Vater-Land, das gerade den Kinder-Mord im größten Stil praktizierte.

Wahrscheinlich ist kein Heine-Zitat von der deutschen Emigration und vom deutschfeindlichen Ausland häufiger gegen Deutschland abgeschossen worden als jener großartige Schluß seiner Schrift ›Zur Geschichte der Religion und Philosophie in Deutschland‹. Auch ich habe es in den Kriegsjahren dreiunddreißig bis fünfundvierzig als simple Munition benutzt; ich bekenne hier reumütig meinen aufgeregten Irrtum. Die Liberalen, die Marxisten, die feindlichen Ausländer und die Emigranten zogen Heine zum Kriegsdienst ein und legten ihm eine Uniform an: die anti-braune. Nur den Pariser Grisetten kann diese Barbarei nicht nachgewiesen werden.

Heines Buch ›Zur Geschichte der Religion und Philosophie in Deutschland‹ wurde im Jahre 1835 deutsch veröffentlicht. Es war zuvor bereits französisch erschienen. Es war geschrieben worden für die Zeitschrift ›Revue des deux mondes‹ – mit dem Ziel, die Franzosen bekannt zu machen mit der Entwicklung des deutschen Geistes: von Luther bis zu Hegel, der gerade (1831) gestorben war. Am Ende dieser »Geschichte« befindet sich also unsere so oft und so militant zitierte Stelle. Der deutsche Zensor strich sie im Jahre 1835 aus dem deutschen Manuskript heraus. Viele französische Blätter druckten sie nach. Im Jahre 1851 ist sie in der französischen Deputierten-Kammer vom Grafen Molé erörtert worden. 1870, während des deutsch-französischen Krieges, wies die französische Presse auf sie hin: seht, damals schon hat Heine uns und die andern Völker Europas vor den martialischen Teutonen gewarnt. Und im Jahre 1940 druckte die Londoner Zeitschrift ›The New Statesman and Nation‹ sie abermals ab.

Ach, der preußische Zensor ist nur der erste gewesen, der dies großartige Finale nicht begriffen hat. Der französische Nicht-Zensor war nicht schlauer; und alle, die sich an diesem Zitat gelabt haben, in hundert Jahren, bis zu uns, die wir die dreißiger Jahre des zwanzigsten Jahrhunderts hier wiedererkannten, unterlagen der Kriegspropaganda: dem Bild vom wackeren Fortschrittler und Anti-Deutschen Heine. Und vielleicht ist es noch heute manchem schwer, sich diesem Kampf-Klischee zu entziehen.

Ich aber bitte auch die, welche die folgenden Zitate auswendig kennen: lest sie zum ersten Mal!

Die Deutsche Revolution, die Heine im Jahre 1833 an die Wand malte, war nicht die Konterrevolution der Machtgier und untermenschlichen Frechheit – sondern die Konsequenz der Kantischen »Kritik« und des Fichteschen Transzendental-Idealismus im Bezirk des Alltags. Von dieser kommenden Revolution sagte er nicht nur voraus, daß sie die Welt »mit Entsetzen« füllen werde – sondern »mit Entsetzen und Bewunderung«. Sie wird, meinte er, ein Superlativ dessen sein, was in der Französischen Revolution erst ein kleiner, bescheidener Anfang gewesen ist; und wie Heine ein begeisterter Sohn der vergangenen Französischen Revolution war, so war er erst recht ein begeisterter Prophet der kommenden

Deutschen. Enthusiastischer Stolz, fast könnte man sagen: ein fichtesches Vertrauen auf die Deutschen vibriert in den Worten, die an die Franzosen gerichtet sind: »Und wenn ihr es einst krachen hört, wie es noch niemals in der Weltgeschichte gekracht hat, so wißt, der deutsche Donner hat endlich sein Ziel erreicht.« Dieser deutsche Donner-Keil der Heineschen Vision ist aber von Luther und Kant und Lessing und Fichte geschleudert worden – nicht von einem österreichischen Räuber, der bellte, weil menschliches Sprechen ihm versagt war. Es ist der Donner, in dem die Aufklärung ihr letztes Wort gesprochen hätte, auf deutsch – wenn sie nicht nur aufgeklärt genug, sondern außerdem auch noch mächtig genug gewesen wäre.

Heine hat also den Donner des laut gewordenen Gewissens gemeint – den Einschlag der Idee in die schlechte Wirklichkeit. Er, der militante Poet, donnerte in diesem ersten Grollen. Hingegen haben die mit Deutschland im Zweiten Weltkrieg befindlichen Zeitgenossen und wir Emigranten diesem erlauchten Donner das blutrünstige, ekelhafteste Gekreisch unserer Tage untergeschoben – um Heine einsatzfähig zu machen. Und da Heine dem Furor Teutonicus den »Talisman«, »das Kreuz«, entgegensetzte, freuten sich sogar die antifaschistischen Christen an Heine – wohl zum ersten Mal in ihrem Leben. Und das war recht leichtsinnig. Sie lasen nur nicht weit genug, die Zeitungs-Zitate brachen zu früh ab. Heine aber fuhr fort: »Jener Talisman ist morsch und kommen wird der Tag, wo er kläglich zusammenbricht.«

Aber warnt er denn nicht die Franzosen und alle andern (wie man heute sagen würde: friedliebenden Völker) vor den deutschen Barbaren – wie das hundert Jahre lang immer wieder gelesen worden ist? Ach ja, er warnte sie so, wie man wohl einen Zwerg warnen mag, mit dem man es sehr gut meint: Kleiner, besser du gehst dem Riesen da ein bißchen aus dem Wege! Er meinte es gut mit den Franzosen, in deren Mitte er sich sehr wohl fühlte. Er liebte Frankreich, ganz gewiß. Aber noch mehr als die Juli-Revolution und die Pariser Passagen mit den Pariser Mädeln und Napoleon und Mathilde liebte er die geistig-moralische Unerbittlichkeit des deutsch-philosophischen Idealismus und seine Zukunft in Fleisch und Blut – obwohl er selbst gar kein Unerbittlicher war; der hedonistisch interpretierte Spinoza und die glückseligen Saint-Simonisten waren viel mehr sein Fall.

Aber er sah auf zu dem protestierenden Luther und seinen philosophischen Erben als den großen Ahnen – wie jeder nachlesen kann. Er wußte nicht viel anzufangen mit der Erkenntniskritik und den weitausholenden Deduktionen – und antizipierte enthusiastisch ihre Folgen in der Wirklichkeit. Vor diesen herrlichen Folgen warnte er die Franzosen: »Wenn ihr dann das Gepolter und Geklirre hört, hütet euch, ihr Nachbarskinder, ihr Franzosen, und mischt euch nicht in die Geschäfte, die wir zu Hause in Deutschland vollbringen. Es könnte euch schlecht bekommen. Hütet euch, das Feuer anzufachen, hütet euch, es zu löschen. Ihr könntet euch leicht an den Flammen die Finger verbrennen.« Hört man nicht das wohlwollende Mitleid heraus mit einem Volk, das – nach seiner Ansicht – bereits zurückgeblieben war? (Und nicht nur in der Geburten-Ziffer!) Hört man nicht den Jubel über das: was sich da in diesem trägen, öden, spießig-hämischen Deutschland heimlich zusammenbraut: die Deutsche Revolution, verfaßt von Luther, Kant, Lessing, Fichte und Hegel? Er hat sich geirrt, der liebe Heine. Es war, angesichts der deutschen Heroen, ein sehr begreiflicher und ein über alle Maßen ehrenvoller Irrtum.

»Der deutsche Donner ist freilich auch ein Deutscher«, meinte der deutsche Emigrant mokant. Er liebte das Ungeschlacht-Klobige weiß Gott nicht. So bekam die Deutsche Revolution, die er da prophezeite: etwas Boschiges, etwas explodierend Boschiges – sagen wir ungeniert etwas Hitlerisches. Und dadurch ließen wir uns täuschen. Teutonisch-knallend ist aber nur das Exterieur. In dieser wenig ansprechenden, im höchst unsympathischen, kleinbürgerlich anrempelnden Germania wuchs ihm heran die größte Hoffnung: die

Deutsche Revolution, die volle Realisierung des radikalen deutschen Idealismus, das absolute Ernstmachen mit den Parolen der Französischen Revolution. Ach, er hatte eine große Neigung zu den Franzosen – aber gestehen wir es: eine etwas herablassende Neigung. Und so gab er ihnen den Rat: seid weise! bleibt abseits! mischt euch nicht ein, wenn die gründlichen Deutschen die Konsequenz ziehen ... Und wir Tauben hörten daraus den Aufruf für eine Super-Maginot-Linie – als Defensive gegen wilde Tiere!

Wie die deutsche Konsequenz aussehen wird im Licht, malte er in dem berühmten apokalyptischen Bilde. »Die Adler« werden »aus der Luft niederfallen, und die Löwen in der fernsten Wüste Afrikas werden die Schwänze einkneifen und sich in ihren königlichen Höhlen verkriechen. Es wird ein Stück aufgeführt werden in Deutschland, wogegen die Französische Revolution nur wie eine harmlose Idylle erscheinen möchte.« Wie stolz er war: Heine, der Deutsche.

Insofern ähnelte dies Propheten-Bild vielleicht dem Dritten Reich, als es den Löwen in der afrikanischen Wüste unangenehm dicht auf den Leib rückte – und außerdem keine »harmlose Idylle« war. Was aber auch schon alles ist. Daß hingegen das Dritte Reich eine Folge Luthers und Kants und Lessings und Fichtes und Hegels gewesen ist, die Heine mit enthusiastischer Verehrung beschrieb – und mit Heineschen Nasenstübern bedachte, das dürfte doch außer dem Propagandaminister des dümmsten Flügels der deutschen Emigration niemand für möglich gehalten haben. Der allerdings nahm Kant aus, weil er ein Schotte gewesen sei.

Die Deutsche Revolution, die Heine prophezeite, stolz und ängstlich, war also nicht der Schlußpunkt hinter der Geschichte der deutschen Barbarei – sondern der deutschen Philosophie, die er mit Recht den Franzosen als Heroen-Geschichte malte. Heine ist nie ein patriotischer Festredner gewesen, auf keiner Seite des Rheins. Er nannte »das große Frankreich« »das geräuschvolle, bewegte, vielschwatzende Land der Franzosen« – und zog Kant und Fichte bis aufs

Jägerhemd aus. Daneben aber und vor allem sprach er doch von ihrem Herzen: es graute ihm vor der Konsequenz dieser Herzen – und stolz zeigte er sie den Franzosen vor als den geheimen Schatz der Welt. Und machte sich im Jahre 1852 lustig über die Leute, die in dieser Hymne auf Deutschland eine »Verkleinerung und Herabsetzung Deutschlands« »dem Auslande gegenüber« sahen – wie er sich in diesen Jahren über uns lustig gemacht hätte, die wir mit dieser »Verkleinerung und Herabsetzung« jene Deutschen treffen wollten, die Deutschland wortwörtlich verkleinert haben.

Manchmal war unser Heine sogar ein bißchen zu stolz auf das Land, das ihn verjagt hatte – zum Beispiel, wenn er den Franzosen vorerzählte: nicht einmal in Griechenland habe der menschliche Geist sich so frei aussprechen können wie in Deutschland, von der Mitte des achtzehnten Jahrhunderts bis zur französischen Invasion; namentlich in Preußen habe »eine grenzenlose Gedankenfreiheit« geherrscht. Da hatte er wohl vor lauter Deutschland-Sehnsucht ganz den Kultusminister Wöllner und sein Religions-Edikt vergessen. Und hatte nicht vorher selbst Friedrich der Große die Königsberger Professoren durch Königliches Handschreiben daran erinnert, daß sie philosophieren dürften – nur nach der Richtschnur des amtlich akkreditierten Lehrbuchs? Heine hat die deutsche Vergangenheit (nicht seine deutsche Gegenwart!) in einem zu rosigen Licht gesehn. Und hat so wenig die deutsche Schmach vorausgeahnt, daß man nicht schlechter prophezeien konnte. Er erwartete von Deutschland das Höchste. Es war ein Irrtum, der ihm Ehre macht.

Und diese falsche Verkündung eines kommenden deutschen Heroen-Zeitalters nahmen wir Emigranten, nahm die Welt, wann immer sie im Kampf mit Deutschland war, für die richtige Voraussage eines Zeitalters blutiger Schmieristen. Die aber hatten weder Kant im Blut noch Fichte oder Hegel – am wenigsten übrigens Nietzsche: und handelten danach.

Wollte Heine die Revolution, die er kommen sah? Wieso ist hier immer die Rede von stolz – und ängstlich? Sein

Glaube war: »Die Menschheit ist zur Glückseligkeit bestimmt« – nicht zum Kämpfen und Töten. Er wollte keine Kriege, keine Revolutionen – nur das Ziel jener Kriege, jener Revolutionen, welche die Feinde menschlicher Glückseligkeit vernichten. Und wußte um seine Unlogik. Und damit sind wir genau bei uns. Er ist viel mehr unser Zeitgenosse als die Mehrzahl derer, die in dieser Stunde schreiben und reden – als bezahlte und unbezahlte Funktionäre irgendeiner wohletablierten Ordnung.

Ich habe hier nicht dem Heine die Kriegs-Uniform ausgezogen, damit ihm deutsche Eitelkeit ihre Uniform anzieht. Es ist Heines Preislied auf den deutschen Geist, die Schrift ›Zur Geschichte der Religion und Philosophie in Deutschland‹, ebensowenig ein Gruppen-Größenwahn wie Fichtes Preislied ›Reden an die deutsche Nation‹. Sie sagten nicht: worauf sich die Deutschen etwas einbilden dürfen – sondern was sie von den Deutschen erwarteten. Sie irrten in ihrer Erwartung. Nicht das deutsche Ideal, sondern die deutsche Schäbigkeit hat gedonnert. Dieser Irrtum gereicht Heine und Fichte zur Ehre und ihrem Volke zur Schande. Deshalb sollte, wer Heine liest, nicht triumphieren: Wie unbändig viel er von den Deutschen hielt! – sondern klagen: Wie sehr er sich irrte! Wie er sich irrte in dem Glauben, daß wir das Volk Lessings sind – und jenes Fichte, der als einzelner in Jena und Berlin den Kampf gegen die Deutschen aufnahm: gegen ihre Studenten, gegen ihre Professoren, gegen ihre Regierungen.

Wer Heine liest – nun, wo er wieder in Zivil ist, wird einen Deutschen finden, auf den sich der Deutsche nicht berufen kann. Ebensowenig aber kann sich auf ihn berufen die trübe Metaphysik des Deutschen-Hasses.

Die Doktoren der Revolution

Im Oktober 1843 fuhr der sechsundvierzigjährige Heinrich Heine – seit zwölf Jahren in Paris, im freiwilligen Exil – zum erstenmal nach Deutschland zurück, um seine Familie und den Verleger Campe in Hamburg zu besuchen.

Es war acht Jahre her, seitdem der Bundestag in Frankfurt ein Edikt gegen »die Schule des Jungen Deutschlands« herausgebracht hatte; Druck und Verkauf der Bücher Heines, Gutzkows und Laubes wurden verboten. Heine bot im Pariser *›Journal des Débats‹* in einem offenen Brief »An die Hohe Bundesversammlung« an, sich zu verteidigen. Die Antwort lautete: man werde das Journal nicht mehr ins Land lassen, wenn es auch in Zukunft Beiträge Heines aufnehme.

Die Spannung zwischen der Regierung und der literarischen Opposition ließ im Jahre 1840 nach. Es sah in Deutschland so aus, als ob sich alles zum Besseren wenden würde. Zwar war es das Jahr, in dem die Silberhochzeit der Heiligen Allianz gefeiert wurde; aber auch das Jahr, in dem Friedrich Wilhelm IV. auf den preußischen Thron kam und die Fee spielte. Er verzieh den Demagogen, gab der Presse die langersehnte Freiheit, begnadigte sogar die Emigranten. Der Historiker Dahlmann, einer der Göttinger Sieben, wurde nach Bonn berufen. Arndt erhielt seine Professur zurück. Der Monarch söhnte sich mit der katholischen Kirche aus und gab den Berliner Juden, die er nicht liebte, die Versicherung, er sei kein Anhänger der blinden Vorurteile früherer Jahrhunderte. Heinrich Heine wurde so milde, daß der junge Friedrich Engels im Jahre 1842 von »Apostasie« sprach.

Der preußische Frühling war sehr kurz. Der Lyriker Herwegh, den der König in huldvoller Audienz empfing, beantwortete Nicolas Beckers nationalen Schlager »Sie sollen ihn nicht haben, den freien deutschen Rhein« mit dem militanten

»Protest«: »Was geht mich all das Wasser an, vom Rheine bis zum Ozean? Sind keine freien Männer dran, so will ich protestieren.« Es regnete Zeitungsverbote; unter anderen auch gegen die Rheinische Zeitung, deren Redakteur Karl Marx war.

Ein »Verbotszirkular« ging im Dezember 1841 an Hoffmann & Campe, den Verleger Heines. Seine Bücher wurden mit den anderen Werken dieses Hauses verboten. Die neue Situation in Deutschland, vor allem das »Verbotszirkular« gegen den Verleger seiner Bücher, radikalisierte ihn. Aber nun hatte er keine Bundesgenossen.

Als in diesen Jahren die Berliner Regierung die französische Polizei um eine Beschreibung Heines bat, antwortete man: »Heine, Schriftsteller, 50 Jahre alt, mittlere Statur, spitze Nase und spitzes Kinn, betonter israelitischer Typ, ein Wüstling, dessen müder Leib die Erschöpfung bekundet.« So ähnlich charakterisierten ihn die radikalen Deutschen auch. Als Friedrich Engels die deutschen Liberalen in Paris pries, schrieb er: »Nicht alle bleiben entnervt liegen wie der neue Tannhäuser Heine.«

Im Oktober 1843 hatte ihm der preußische Gesandte von Arnim einen Paß verweigert, so daß er preußisches Gebiet nicht passieren konnte. Als Heine im Dezember nach Paris zurückkehrte, in sehr kämpferischer Stimmung, lernte er Karl Marx kennen. Heine brauchte in diesem Augenblick nichts nötiger als einen einflußreichen Freund – unter den feindlichen deutschen Radikalen.

Der junge Doktor der Philosophie, der fünfundzwanzigjährige Karl Marx aus Trier, der seit Oktober in Paris lebte, war im Jahre zuvor nach Köln übersiedelt, um die Redaktion der Rheinischen Zeitung zu übernehmen. Die Allgemeine Zeitung in Augsburg warf ihr Kommunismus vor. Der Redakteur wies diesen Vorwurf zurück und kündete »eine gründliche Kritik« der kommunistischen Ideen »nach lang anhaltendem und tief eingehendem Studium« an. Im November 1842 war ein Konflikt zwischen Regierung und

Zeitung ausgebrochen; Marx versprach, die »Form« zu mäßigen, »soweit es der Inhalt erlaubt«.

Er stand – ähnlich wie Heine – zwischen zwei Feuern. Auf der einen Seite waren die Aktionäre der Zeitung, die ihn drängten nachzugeben. Auf der anderen Seite drückten auf ihn die radikalen Mitarbeiter, die sogenannten »Freien«, deren abstrakte kommunistische und atheistische Gemeinplätze er zurückwies. Er verlangte: Eingehen auf die konkrete Situation, Anknüpfen an reale Kämpfe.

Die Rheinische Zeitung wurde am 1. April 1843 verboten. Marx beschloß, ins Ausland zu gehen. Er war nicht der einzige. Herwegh und Bakunin, Ruge, Prutz und Freiligrath wanderten aus. Marx plante, in Paris Deutsch-Französische Jahrbücher herauszugeben. Sein Programm, wie er es in einem Brief an den Mitherausgeber Arnold Ruge formulierte, lautete: rücksichtslose Kritik alles Bestehenden, keine Scheu vor Konflikten mit den herrschenden Mächten, Aufhebung des Privateigentums. Der Hegelianer Marx stand Feuerbach nah, über dessen Thesen zur Reformation der Philosophie er damals schrieb: es sei ihm »nur nicht recht«, »daß Feuerbach zu sehr auf die Natur und zu wenig auf die Politik hinweise«. Marx war noch nicht der Organisator des Proletariats und noch nicht der Dogmatiker des Kommunistischen Manifestes, das erst fünf Jahre später erschien. Aber die Elemente seiner späteren Theorie waren schon in Kraft. Er suchte Bundesgenossen.

In diesem Moment, im Dezember 1843, lernte er Heine kennen – und blieb in enger Fühlung mit ihm, dreizehn Monate lang, bis er Paris verlassen mußte. 1844 fand Marx den großen Bundesgenossen: nicht Heine, sondern Engels.

Heine war einundzwanzig Jahre älter als Marx. Marx kannte Heine – wie jeder Heine kannte; Heine kannte Marx höchstens vom Hörensagen. Der junge Mann war nicht unbekannt im Kreise der gleichstrebenden deutschen Jünglinge. Vor zwei Jahren hatte Moses Heß an Berthold Auerbach geschrieben: »Dr. Marx, so heißt mein Abgott, ist noch ein ganz junger Mann (etwa 24 Jahre höchstens alt), der der mittelalterlichen Religion und Politik den letzten Stoß versetzen wird, er verbindet mit dem tiefsten philosophischen Ernst den schneidendsten Witz; denke Dir Rousseau, Voltaire, Holbach, Lessing, Heine und Hegel in einer Person vereinigt, nicht zusammengeschmissen, so hast Du Marx.«

Und nach seiner Redaktionszeit war er noch mehr ein leuchtender Stern – in dem kleinen philosophisch-politischen Kreis. Aber wer war er in Paris – und vor Heine? Heine war der Dichter des ›Buchs der Lieder‹, das glänzende Haupt der deutschen literarischen Opposition – unter Opponenten und Nichtopponenten der diskutierteste deutsche Schriftsteller. Marx war einer von den vielen, die in seinen Kreis gezogen wurden. Marx brauchte Heine als Alliierten – und noch viele Jahre nach Marx' Tod kann man auf diesen Bundesgenossen nicht verzichten. Heine brauchte Marx – im Jahre 1844 und 1845. Sie waren wenig verwandt, nach Art und Begabung: der eine ein Denker, welcher im Begriff war, der Wirklichkeit seine Interpretation von ihr aufzuzwingen – der andere ein erregbarer Poet, der mit Gedichten gelegentlich vom Leder zog und sich nie lange mit ihnen identifizierte. Heine schwankte zwischen den Klassen; Marx konstruierte aus dem Begriff eine, die noch keine volle Realität, erst Fäuste hatte. Woher stammt die Legende von ihrer Zwillingsbrüderschaft?

Der erste, der die Legende von der engen Beziehung zwischen Heine und Marx schuf, war der preußische Staat. Er begann damit, in Heine und Marx zwei gleiche Brüder zu sehen. Am sechzehnten April 1844 wurden alle preußischen Oberpräsidenten beauftragt, Marx, Ruge und Heine, sobald sie preußisches Gebiet beträten, zu verhaften und ihre Papiere zu beschlagnahmen. Preußen verhandelte mit Frankreich während des Jahres 1844 über Ausweisung der revolutionären Schriftsteller Marx, Ruge und Heine. Einer der Gründe dieser Zusammenstellung war der Umstand, daß alle drei Mitarbeiter des ›Vorwärts‹, der Pariser deutschen Zeitschrift waren, die am ersten Januar 1844 zu erscheinen begann und Ende des Jahres verboten wurde. Heine veröffentlichte hier seine »sanglantesten« Gedichte (nach seiner eigenen Charakterisierung). Der preußische Gesandte Heinrich Friedrich von Arnim bat den Minister Guizot, dem Blatt »wegen der empörenden Schmähungen auf des Königs Majestät« die Lizenz zu entziehen. Es geschah. Der Herausgeber Bernays wurde zu Gefängnis verurteilt, Marx ausgewiesen. Heine blieb. Es gab ein Gesetz vom vierzehnten Oktober 1814, Artikel 3, das sagte: alle zwischen 1791 und 1801 in Düsseldorf Geborenen seien als ehemalige französische Untertanen zum unbeschränkten Aufenthalt in Frankreich berechtigt. Auch war Heine dem Minister Guizot nicht nur unrühmlich bekannt. Und sogar der preußische Gesandte gab dem französischen Innenministerium eine Handhabe, von einer Ausweisung Heines abzusehen.

Die Schüler des Karl Marx gaben dann die Legende von der engen Zusammengehörigkeit, die im Jahre 1844 amtlich hergestellt war, durch die Jahrzehnte weiter. 1918 brachte der Spartakusbund die Werke Heines in einer Massenauflage heraus. Der begleitende Text lautete: »Teilnehmer der Revolution von 1918! Nehmt und lest! Hier findet Ihr so glänzende, frische Worte, als wären sie gestern – nein heute in unsern rebellischen Tagen geschrieben!« Und als im Jahre 1937 die Stadtverwaltung von Moskau die Errichtung von Denkmälern plante, wurde neben den Bürgern da Vinci, Shakespeare und Beethoven auch Heine ein Monument zugebilligt. Heine fällt heute im Vokabular der marxistischen Literaturgeschichte nicht unter die Kategorie »Nihilismus« (obwohl das nicht schwer zu rechtfertigen wäre), sondern unter die Kategorie »Kulturerbe« (was auch leicht zu beweisen ist). Der Grund für die hundertjährige Allianz zwischen dem Marxismus und Heine (bei Ablehnung anderer radikaler Liberaler jener Zeit) ist in der Geschichte der Beziehungen zwischen Marx und Heine zu finden.

In Marx' Schriften vor 1844 wird Heine nicht erwähnt, nicht positiv und nicht negativ. Von dem Moment der

Bekanntschaft an ist Marx sehr hinter dem Dichter her, fordert ihn wiederholt zur Mitarbeit an Zeitschriften auf, die ihm nahestehen. In der einzigen Nummer der Deutsch-Französischen Jahrbücher erschienen Heines ›Lobgesänge auf König Ludwig‹. Im ›Vorwärts‹, der unter Marx' Einfluß stand, erschien der größte Teil der Heineschen Arbeiten des Jahres 1844, die ›Zeitgedichte‹: ›Der Kaiser von China‹, ›Prometheus‹, ›Zur Beruhigung‹, ›An den Nachtwächter‹, ›Verkehrte Welt‹, ›Doktrin‹, ›Erleuchtung‹, ›Wartet nur‹. Außerdem: ›Die schlesischen Weber‹ und ›Deutschland. Ein Wintermärchen‹. Im Januar 1845 lud ihn Marx zur Mitarbeit an den ›Rheinischen Jahrbüchern‹ ein: »da wir jede Gelegenheit benutzen müssen, uns in Deutschland selbst anzusiedeln«; er schlug Heine vor, ›Unsere Marine. Ein nautisches Gedicht‹ beizusteuern. Im Jahre 1847 forderte er ihn zur Mitarbeit am Album, im Jahre 1848 an der ›Neuen Rheinischen Zeitung‹ auf. Heine war sehr nützlich. Den Verlegern lag viel an der Beteiligung des berühmten Schriftstellers; sie ließen ihn durch Marx angehen. Es kann aber aus dieser Aktivität nicht gefolgert werden, daß Marx sich mit Heine mehr identifizierte als mit irgendeinem der radikalen deutschen Liberalen, denen Heine nicht so fern stand, wie heute von marxistischen Literaturhistorikern behauptet wird.

Von 1844 ab findet man Heine-Zitate in Marx-Aufsätzen: aus dem Gedicht ›Der Wechselbalg‹, aus ›Deutschland. Ein Wintermärchen‹. Marx schreibt an Heine »Lieber Freund«; und, im Begriff, Paris zu verlassen: »Von allem, was ich hier an Menschen zurücklasse, ist mir die Heinesche Hinterlassenschaft am unangenehmsten«. Von Brüssel schickt er ihm seine ›Heilige Familie‹; ob Heine sie gelesen hat, wieweit er Marx gelesen hat, ist nicht so leicht festzustellen – wie: daß in Heines Werk keine Spuren von solch einer Lektüre, sollte sie stattgefunden haben, festzustellen sind. Es sieht so aus, als ob Heines Anteil an dieser Verbindung darin bestand, sich umwerben und gebrauchen zu lassen. Er war in dieser Funktion der erste einer langen Reihe von namhaften bürgerlichen Schriftstellern.

Marx hat vor seiner Bekanntschaft mit Heine auch Börne nicht erwähnt. Im Jahre 1840 war Heines Schrift ›Ludwig Börne‹ (gestorben 1837) erschienen, eine großartige Schilderung der Zeit und ein schandbares Stück Revolver-Journalismus – wie, unter sehr vielen anderen, auch der junge Engels bemerkte. Im selben Jahr 1840 hatte dann Börnes Freundin, Jeannette Wohl, die persönlich beleidigt worden war, mit einer Anthologie geantwortet: »Ludwig Börnes Urteil über Heinrich Heine (ungedruckte Stellen aus den Pariser Briefen).« Fünf Jahre später, von Brüssel, schreibt Marx an Heine: »Vor einigen Tagen fiel mir zufällig eine kleine Schrift gegen Sie in die Hände.« Marx' Urteil über die Börne-Stellen lautete: »Ich hätte ihn nie für so fad, kleinlich und abgeschmackt gehalten.« Heine, der erklärte Epikureer, hatte Börne »Immoralität« vorgeworfen, weil er mit Jeannette Wohl und ihrem Mann zusammenlebte. Er hatte Madame Wohl als »eine magere Person« beschrieben, »deren gelblich-weißes, pockennarbiges Gesicht einem alten Matzekuchen glich«. Marx nahm auch für diesen Heine Partei – und bis zu diesem Tag ist ein unqualifiziertes Pro-Heine und Anti-Börne die literaturhistorische Parteilinie. Marx' öffentliche und wirkliche Ansicht über Heine differieren. Wie auch heute die öffentliche und wirkliche Ansicht der Marxisten über bürgerliche Schriftsteller nicht identisch ist.

Das Prinzip in der Haltung zu Leuten wie Heine war schon damals ein politisch-taktisches, nicht ein moralisch-persönliches: Integrität ist Privatsache, wichtig ist die gesellschaftliche Funktion. Heines Persönlichkeit rechnete nicht, es rechnete sein Kampfwert. Den schätzte man hoch ein. Bei Engels wird die taktische Einstellung noch sichtbarer als bei Marx; denn er hatte vor 1844 leidenschaftlich Stellung genommen für Börne, den »Johannes Baptista der neuen Zeit« – gegen Heine, das Synonym für »Weltschmerz«, »Koketterie« und Servilismus. Im Jahre 1844, nach seiner

Allianz mit Marx, schwenkte Engels ein; Heine war eine der ersten Konzessionen, die er machte. In einem Bericht an ›*The New Moral World*‹ heißt es nun: »*... Henry Heine, the most eminent of all living German poets, has joined our ranks, and published a volume of political poetry, which contains also some pieces preaching Socialism.*«

Heine hatte sich weder den Reihen von Marx und Engels angeschlossen (es gab damals gar keine solche Reihen) noch Sozialismus gepredigt. Er war ein bürgerlicher Individualist und karikierte die »Gleichheitsflegel«. Heine war betonter anti-sozialistisch als mancher andere radikale Liberale. Aber man hatte ihn erkoren, weil er der Glänzendste war. Ganz inoffiziell aber schrieb Engels an Marx: »Der alte Horaz erinnert mich stellenweise an Heine, der sehr viel von ihm gelernt hat, auch au fonds ein ebenso kommuner Hund politice war. Man denke sich den Biedermann, der den vultus instantis tyranni herausfordert und dem Augustus in den Hintern kriecht. Sonst ist der alte Schweinigel doch auch sehr liebenswürdig.«

Börne hatte auch nichts Schlimmeres über Heine gesagt, nur zurückhaltender. Marx und Engels hielten Heine für politisch unzuverlässig, korrupt, charmant, weitblickender – wenn auch nicht mutiger als die meisten Vormärzler; und, dank seiner brillanten Polemik und seines außerordentlichen Prestiges, für höchst nützlich. Und ließen ihn deswegen nicht aus den Augen.

In den Jahren 1845 bis 1848 kam der Journalist Ewerbeck oft zu Heine; in Briefen an das kommunistische Verbindungsbüro, an den Bund der Kommunisten, an Marx berichtet er regelmäßig über ihn. Engels schreibt an das »Kommunistische Korrespondenz-Komitee« in Brüssel von solch einem Besuch, den Ewerbeck und er Heine abstatteten. Engels zweiter Bericht über einen Heine-Besuch geht an Marx. Beide Berichte beziehen sich auf Heines körperliches »Kaputtgehen«. Auch stand Richard Reinhardt, der mehrere Jahre Heines Sekretär war, mit Marx in ständigem Briefwechsel; diese

Briefe sind noch nicht veröffentlicht. Das Interesse an Heine war groß in der Gruppe um Marx.

Heine schenkte diesen Männern nicht die Aufmerksamkeit, mit der sie ihn bedachten. Er schrieb nur einen einzigen Brief an Marx. Der begründete die Zusendung von ›Deutschland. Ein Wintermärchen‹: »Erstens, damit Sie sich damit amüsieren, zweitens, damit Sie schon gleich Anstalten treffen können, für das Buch in der deutschen Presse zu wirken, und drittens, damit Sie, wenn Sie es ratsam erachten, im Vorwärts das erste aus dem neuen Gedichte abdrucken lassen.«

Der Brief beginnt mit »Liebster Marx« und endet mit »Leben Sie wohl teurer Freund« und der Versicherung: »Wir brauchen ja wenige Zeichen, um uns zu verstehen.« Wobei Marx Heine verstand und Heine Marx – und auch, daß sie nur eine sehr begrenzte Interessengemeinschaft hatten. Heines Interesse wird in dem Brief deutlich: verfemt von den Radikalen, verfolgt von den Reaktionären, hatte er hier radikale und einflußreiche Freunde, die ihm assistierten. Das »Herzinnigst«, mit dem der Brief schließt, galt nicht den Gleichgesinnten, sondern den bewundernden Gefolgsleuten. Wie wir Marx' und Engels' wirkliche Meinung über Heine aus ihrer Korrespondenz kennen, so Heines wirkliche Meinung über sie aus den ›Geständnissen‹, die auf Aufzeichnungen aus dem Jahre 1844 zurückgehen:

»Die mehr oder minder geheimen Führer der deutschen Kommunisten sind große Logiker, von denen die stärksten aus der Hegelschen Schule hervorgegangen, und sie sind ohne Zweifel die fähigsten Köpfe und die tatkräftigsten Charaktere Deutschlands. Diese Doktoren der Revolution sind die einzigen Männer in Deutschland, denen Leben innewohnt, und ihnen gehört, ich fürchte, die Zukunft.«

Über das »ich fürchte« kann gestritten werden. Das *»Je crains«* stand in der *›Revue des Deux Mondes‹*, später in der deutschen Buch-Ausgabe, nicht aber in der französischen. Die Stelle wird ganz eindeutig, wenn man andere Äußerungen Heines über den Kommunismus heranzieht.

Näher als Marx und Engels stand ihm Lassalle. In einem Brief an Varnhagen empfahl er diesen jungen Mann mit einem Überschwang, der absticht von der sehr respektvoll-reserviert-ironischen Haltung vor den »Doktoren der Revolution«: »Herr Lassalle ist nun einmal ein ausgeprägter Sohn der neuen Zeit, der nicht von jener Entsagung und Bescheidenheit wissen will, womit wir uns mehr oder minder heuchlerisch in unserer Zeit hindurchgelungert und hindurchgefaselt.«

In Marx bewunderte er einen der großen »Logiker«, in Lassalle, der seinem Herzen näher war, den gleichgestimmten glänzenden militanten Epikureer. Marx und Engels haben über Heine nicht anders gedacht als über Lassalle – nur sich nicht so durchaus absprechend geäußert. Heine und Lassalle gehören als Charaktere und in ihren Einsichten viel enger zusammen als Heine und Marx.

Arnold Ruge berichtet, er und Marx hätten zu Heine gesagt: »Lassen Sie doch die ewige Liebesnörgelei und zeigen Sie den politischen Lyrikern einmal, wie man das richtig macht – mit der Peitsche.« Daraufhin, so lautet die Legende (und nicht nur die marxistische), habe Heine im Jahre 1844 die ›Zeitgedichte‹, die im ›Vorwärts‹ veröffentlicht (und später in die Sammlung ›Neue Gedichte‹ aufgenommen) wurden, die ›Lobgesänge auf König Ludwig‹, ›Unsere Marine‹, ›Deutschland. Ein Wintermärchen‹ und ›Die schlesischen Weber‹ geschrieben. Aber erstens hatte Heine auch vorher schon mehr geschaffen als »ewige Liebesnörgelei«; und zweitens liegt in dem Superlativ »sanglantest«, den er zur Charakterisierung eines dieser Gedichte gebrauchte und der für alle gilt, nur ein Grad der Intensität, nicht ein Inhalt.

Außer Frage steht, daß die Aggressivität der Gedichte gegen Friedrich Wilhelm IV. und Ludwig I. nicht mehr zu übertreffen ist. Mehr als fraglich aber ist, ob das der Einfluß von Marx war oder nicht vielmehr der neuen Situation. Sollte Marx eine Rolle gespielt haben in Heines Produktion des Jahres 1844, dann vielleicht in dem Sinne, daß er Heine mit Blättern (den ›Deutsch-Französischen Jahrbüchern‹, dem ›Vorwärts‹) in Verbindung brachte, in denen der Dichter mit einer Schärfe schreiben konnte, die vorher solche Gedichte zur Schreibtisch-Schublade verurteilt hätte. Marx beeinflußte ihn nicht mit seinem Temperament oder mit seiner Theorie, sondern mit seinen Beziehungen – und nur in der Intensität.

Das wird ganz deutlich, wenn man die inhaltlichen Aussagen in den Heineschen Gedichten von 1844 untersucht. In demselben ›Vorwärts‹, in dem am zehnten August Marx zwei Artikel über den Weber-Aufstand erscheinen ließ, hatte Heine am zehnten Juli das Gedicht ›Die schlesischen Weber‹ veröffentlicht. Marx analysierte einen Artikel, geschrieben im Anschluß an die »kgl. preußische Cabinettsordre über den schlesischen Arbeiteraufstand und die Meinung des französischen Journals La Réforme über die preußische Cabinettsordre«. Seine Kritik vermittelt Einsicht in soziale Bewegungen, Streiflichter fallen auf England und Frankreich. Er kommt zu dem (von der Forschung nicht bestätigten) Resultat: »daß kein einziger der französischen und englischen Arbeiter-Aufstände einen so theoretischen und bewußten Charakter besaß, wie der schlesische Weberaufstand«.

Wenn man mit Marx' soziologischer Analyse der bürgerlichen Gesellschaft dreier europäischer Länder Heines Gedicht vergleicht, so kann nicht der geringste Verdacht eines mehr als äußerlichen Zusammenhangs aufkommen. Heine seziert nicht die Bourgeoisie, sondern apostrophiert im höchsten Affekt Deutschland. Es geht nicht gegen ein Gesellschaftssystem, sondern gegen ein Land, Preußen, mit seinem »Gott, König und Vaterland« – der Devise auf dem weißen Kreuz der von Scharnhorst geschaffenen Landwehr. Diese Dreieinigkeit wird als preußische, nicht als bürgerliche Gottheit ironisiert. Das Gedicht hätte auch zehn Jahre früher geschrieben werden können.

In der einzigen Nummer der ›Deutsch-Französischen Jahrbücher‹ erschien Heines Gedicht ›Lobgesänge auf König

Ludwig‹. Er wird karikiert als »angestammelter König«, als »Kunst-Eunuch«, als Schöpfer der »Walhallagenossen« bei Regensburg, als Schreckgespenst, vor dem sich selbst die Jungfrau Maria schüttelt. Heine gibt die Kritik einer Person, nicht eines Systems. Er schafft die Karikatur eines Menschen, Ludwig, der zufällig König von Bayern ist, nicht seiner gesellschaftlichen Funktion. Und Heines ›Unsere Marine. Ein nautisches Gedicht‹, das Marx für die ihm nahestehenden ›Rheinischen Jahrbücher‹ haben wollte, war eine Verulkung des deutschen Flottengedankens jener Jahre und einiger zeitgenössischer Schriftsteller, die ihn propagierten – ohne jeden Zusammenhang mit Marxschen Fragestellungen. Für Heine ist die Aktualität des Tages und die Person, nicht (was Marx allein interessierte) die ökonomisch-ideologische Aussage das Thema.

Auch in dem größten der ›Zeitgedichte‹ (›Deutschland. Ein Wintermärchen‹) ist Deutschland, nicht die Bourgeoisie das Thema – eine sehr rücksichtslose und sehr pessimistische Variante eines alten Heine-Themas. Revolutionär ist dies Gedicht in demselben (von Marx nicht beeinflußten) Sinn, in dem schon zehn Jahre zuvor Heines ›Zur Geschichte der Religion und Philosophie in Deutschland‹ revolutionär gewesen war. Caput VI. des ›Wintermärchens‹ handelt vom Doppelgänger: »Ich bin die Tat von deinem Gedanken.« Heine sieht in diesem »Liktor« »mit dem blanken Richtbeile« nicht den Schöpfer eines neuen Deutschland, nur den Henker des alten. Marx war viel zuversichtlicher. Von seiner Dogmatik, die damals in den Elementen schon da war, findet sich in Heines Gedichten nicht eine Spur.

Heine hat eher einige Ideen Marx' antizipiert (sie waren ja von gleicher Herkunft), als daß er beeinflußt worden ist. Er war ein um einundzwanzig Jahre älterer Links-Hegelianer, ein Anhänger Feuerbachs (»auf französisch *fleuve de flamme«)* – nicht wie Marx Anhänger und Kritiker. So interpretierte Heine Hegels »Alles, was ist, ist vernünftig«: »Alles was vernünftig ist, muß sein«; und wies (im Jahre 1844) auf »die fortgeschrittensten Geister, die Philosophen der großen Schule« hin – als Inkarnation einer Prophezeiung, die er bereits im Jahre 1834 gemacht hatte: »daß die politische Revolution der Deutschen aus jener Philosophie hervorgehen wird, deren Systeme man so oft als eitel Scholastik verschrien«. Heine sagte Marx voraus, aber nicht den Marxismus.

Heine war ein Sohn der Französischen Revolution. Er übersetzte *Égalité*: »Alle Menschen gleichgeboren / sind ein adliges Geschlecht.« Er schrieb in einem Brief an Immermann: »Die Poesie ist am Ende doch nur eine schöne Nebensache.« Sieben Jahre später nannte er die »Poesie« ein »heiliges Spielzeug«; und forderte: »Ein Schwert sollt Ihr mir auf den Sarg legen; denn ich war ein braver Soldat im Befreiungskriege der Menschheit.« Das erste der ›Zeitgedichte‹ beginnt: »Schlage die Trommel und fürchte dich nicht«, und dann heißt es: »Das ist die Hegelsche Philosophie.« Und es blieb nicht bei diesen emotionellen Abstrakta.

Viele Ingredienzien des Mixtum compositum, das man heute Marxismus nennt, finden sich bei Heine in den zwanzig Jahren vor seiner Bekanntschaft mit Marx. In der Tragödie ›William Ratcliff‹ (1822) wird bloßgestellt, was man später ideologischen Überbau nannte: »O, seht mir doch die klugen satten Leute / wie sie mit einem Walle von Gesetzen / sich wohlverwahret gegen allen Andrang / der schreiend überlästigen Hungerleider!« In den ›Briefen aus Berlin‹ (1822) wird der dann so berühmte Materialismus formuliert: »Haben Sie die Idee eines Mittagessens begriffen, mein Lieber? Wer diese begriffen hat, begreift auch das Treiben der Menschheit.« In der ›Lutezia‹ (1841) wird drei Jahre vor der Bekanntschaft mit Marx der Unterschied zwischen politischer und ökonomischer Freiheit formuliert: »Es handelt sich nicht mehr um die Gleichheit der Rechte, sondern um die Gleichheit des Genusses auf dieser Erde.« Heine bleibt nicht mehr im Bereich der Ideen, die Wendung von der Philosophie zur Politik wird vollzogen. Seit 1840 kehrt das Wort »Fäuste« immer wieder: die »geballten«, »rohen« Fäuste.

Seine Berichte sind durchsetzt von unheimlichen Bildern: Menschen, die »das bunte, klirrende Spielzeug der vornehmen Welt mitsamt dieser vornehmen Welt selbst gar jämmerlich zertrümmern«; »die halbnackten trotzigen Gestalten« »in jenen ungeheuren Werkstätten, wo Metalle verarbeitet werden«; das Geschlecht, das »in verborgenen Dachstuben auf seinem elenden Strohlager hinlungert«.

Heine teilte mit Marx den Blick auf das Elend und das Mitleid. Aber Heine hatte keine Dogmatik, die ihm sagte, wie es dahin gekommen ist – und daß die bürgerliche Gesellschaft das nicht ändern kann. Der Saint-Simonismus hatte ihn gelehrt, daß »durch die Fortschritte der Industrie und der Ökonomie es möglich geworden, die Menschen aus ihrem materiellen Elende herauszuziehn und auf Erden zu beseligen«. Heine teilte mit Marx, was viele damals mit ihm teilten; das Entscheidende trennte ihn von ihm: er wollte Marx' Ziel – aber nicht mit Hilfe der »geballten Fäuste«.

Die Marxisten und Heine-Forscher (wie Friedrich Hirth, der ihnen nahestand), verwischen das eindeutige Bild der Beziehung zwischen Heine und Marx, wenn sie Heines Widerwillen gegen die »geballten Fäuste«, seine Karikatur der Kommunisten, seine Hoffnung auf eine allmähliche, bürgerliche Wandlung des Gesellschaftssystems verschleiern. Er wandte sich immer wieder gegen die »Idee der absoluten Gleichheit«, »die in ihren rohen Köpfen brütet«. Er sah zwar ein »Kommunistenregiment« voraus – »von langer Dauer kann es freilich nicht sein«; »der unzeitige Triumph der Proletarier« ist »nur von kurzer Dauer und ein Unglück für die Menschheit«. Und in Verteidigung Guizots formulierte Heine sein Ziel: »in allmählicher Entwicklung ohne gewaltsame Plötzlichkeit« zu einer Umgestaltung der Gesellschaft zu kommen. Heine war ein bürgerlicher Reformer mit ganz unbürgerlichen scharfen Tönen: vor seiner Bekanntschaft mit Marx und nachher.

»Das siegreiche Proletariat« hat nicht, wie er sich vorstellte, seine Verse bedroht, sondern auf die fliegenden Banner geschrieben – und damit umgeschrieben. Diese Zensur hat Heine nicht vorausgesehen. Er kannte nur das Vor-Marxsche Proletariat. Er sah nur die »rohen Fäuste« – er ahnte nicht die »rohen« Federn. Er fürchtete sich vor der Barbarei des Pöbels, er ahnte nicht seine Bürokratie. »Das siegreiche Proletariat« war ihm der Sieg der Analphabeten; er sah nicht voraus, was die Kirchenväter des Proletariats anstellen konnten mit der Tradition, zu der auch die Heineschen Gedichte gehören. Man kann Heine ebensowenig für wie gegen den regierenden »Kommunismus« zitieren, weil, was regiert, nicht Kommunismus ist – und, was er mit Schrecken kommen sah, nicht kam, und, was kam, er nicht ahnte.

Frau Eleanor Marx-Aveling behauptet, Heine und Marx hätten mehr über Literatur als über Politik gesprochen. Das ist unwahrscheinlich. Aber, wenn man Heines Werke nach 1843 betrachtet, sieht es so aus, als hätte die Tochter recht. Heine hatte vor Marx großen Respekt – und schrieb acht Jahre nach dem ›Kommunistischen Manifest‹ (1848) noch immer, als wäre das neue Dogma und das Proletariat, wie Marx es sah, nicht auf der Welt. Heine setzte sich sowohl in den ›Geständnissen‹ (1852) als auch in der Vorrede zur französischen Ausgabe der ›Lutezia‹ (1855) noch mit demselben Phänomen auseinander, das ihn schon vor der Begegnung mit Marx und seinem Kreis fasziniert hatte: immer noch mit dem »schauderhaft nacktesten, ganz feigenblattlosen, kommunen Kommunismus«. Er zittere nicht für seine Habe; er hatte »die geheime Angst des Künstlers und Gelehrten«, »unsere ganze moderne Civilisation« sei bedroht durch »die rohe große Masse, welche die einen das Volk, die andern den Pöbel nennen«. Er empfahl dagegen nicht (wie Marx) die von regierenden Theoretikern verordnete Diktatur des Proletariats, sondern (wie andere Liberale und Sozialisten jener Jahre) Brot und »öffentliche Schulen für das Volk«. Heine war kein Marxist; er hatte Furcht vor dem »Volk«, das er als »rohe Masse«, als »Pöbel« sah; die Zaren des Proletariats sah er nicht voraus.

In Marx bewunderte Heine die von ihm vorausgesagte Konsequenz der Philosophie des deutschen Idealismus – mit schlimmen Vorahnungen. Heine war pessimistisch – auf kurze Sicht; er glaubte, die nahe Zukunft werde eine Anarchie, ein Trümmerfeld sein. Auf weitere Sicht war er zuversichtlich: er glaubte an den Traum der Aufklärung – nur nicht, daß sich die Entwicklung krisenlos vollziehen werde. »Eine Revolution ist ein Unglück«, formulierte er seine Furcht in der Schrift ›Ludwig Börne‹.

In Heine bewunderte Marx die kriegerische Musik, den Witz, den Charme und die bisweilen radikal formulierte Einsicht, daß nicht das Politische, sondern das Ökonomische der Hebel ist, der die Bewegung lenkt. Marx hatte für Heine eine Schwäche – wie Metternich, auf der anderen Seite. Er hatte es leichter als Metternich, Heine nicht zu bekämpfen. Ohne diese Schwäche hätten er und Engels Heines Epikureismus nicht als fortschrittlich geduldet, sondern als bourgeoise Dekadenz stigmatisiert. Marx war dem asketischen Börne viel näher.

Heine war komplexer sowohl als Börne als auch als Marx. Heine führte einen unorganisierten Fünf-Fronten-Krieg: gegen die Feudalen; gegen die Nation der Deutschtümler; gegen die »goldenen Tage der Bourgeoisie«; gegen die liberal-politischen Extremisten à la Börne; und gegen die »abgedroschensten, plattesten Gemeinsprüche, welche der Troß der Kommunisten im Munde führte«. Das waren auch die Fronten, an denen Marx kämpfte. Als er aber zeigte, wie diese Kämpfe zusammenhängen und wie man gewinnen kann, schenkte ihm Heine nicht die geringste Beachtung und hoffte weiter auf eine (nur von der Episode eines »Kommunistenregimes« etwas gestörte) Evolution.

Goethe und Heine

Im Jahre 1827, zwölf Jahre nach dem Wiener Kongreß, fünf Jahre vor Goethes Tod, erschien Heinrich Heines ›Buch der Lieder‹.

Es war eine Zusammenfassung der Lyrik, die der einunddreißigjährige Poet in den letzten fünf Jahren veröffentlicht hatte: ›Gedichte‹ (1821), ›Lyrisches Intermezzo‹ (1823), ›Die Heimkehr‹ (1826), ›Aus der Harzreise‹ (1826), ›Die Nordsee‹ (1826, 1827). Der Dichter versprach sich von dieser Sammlung wenig. Sie sei »nichts als eine tugendhafte Ausgabe« – weil er darin einigen Kritikern eine Reihe beanstandeter Verse geopfert hatte. Er nannte die Sammlung ein »harmloses Kauffahrteischiff«, das »ruhig ins Meer der Vergessenheit hinabsegeln« werde. Sein Verleger, der ihm um fünfzig Louisdor das Ganze für alle Zeiten abkaufte, versprach sich noch weniger. ›Das Buch der Lieder‹ wurde ein gewaltiger literarischer Erfolg. Zwar waren die ersten fünftausend erst 1837 verkauft; aber dann folgten, in den zwanzig Jahren bis zu Heines Tod, noch dreizehn große Auflagen.

Mit der ersten Veröffentlichung von Heines Lyrik begann die lange Geschichte der enthusiastisch lobenden, aber auch der verdammenden Kritik. Sofort waren die Bewunderer da: Varnhagen von Ense, Immermann. Dieser schrieb: Heine »hat das, was das Erste und Letzte beim Dichter ist: Herz und Seele, und das, was daraus entspringt, eine innere Geschichte«. Sofort traten aber auch die Ankläger auf: bei Heine erscheine neben der Madonna immer die Fratze. Hebbel, der dankbar »die Freude einer Unterhaltung« mit ihm bekannte, sah in dem Verfasser einen fragwürdigen Künstler, der »erst den Kopf und dann den Hintern zeigt«.

Freunde und Feinde waren zeit seines Lebens und in dem Jahrhundert nach Heines Tod nicht nur Preisende und Verächter seiner Poesie. Sie ergriffen Partei für und gegen den ganzen Mann: für den Freiheitskämpfer und für den armen, von einer furchtbaren Krankheit schwer heimgesuchten Lazarus; für den glühenden Epikureer und für den verliebtesten Liebhaber. Andere (Richard Wagner und Treitschke und der ›Stürmer‹) nahmen Partei gegen den Anti-Hohenzollern, den Anti-Teutonen, gegen den Feind aller himmlischen Tyrannen und ihrer Priester – oder aber, wie sie es kurz ausdrückten: gegen den jüdischen Fremdling. Der Berliner Professor Erich Schmidt, noch ein liberaler Mann, sagte im Kolleg: Heinrich Heine hätte wegen seiner Gedichte gegen die Hohenzollern verdient, daß man ihm den Hintern vollhaue. Auch wenn man einzelne Werke anklagte, meinte man fast immer das Universum Heine: dieses vielfältig verlockende, vielfältig provozierende Poetendasein, das oft gar nicht poetisch war.

In dem Urteil seiner großen Zeitgenossen, bei Robert Schumann, Leopold von Ranke, Franz Grillparzer findet man viel Bewunderung für den Mann, aber nur wenige Äußerungen über seine Poesie. Hans Christian Andersen jedoch hörte »den Pulsschlag eines deutschen Herzens, welches ewig in den Liedern vernommen wird«. Mörike schrieb: »Er ist ein Dichter ganz und gar.« Und Nietzsche, Heine am engsten verwandt, spürte die Faszination solcher Poesie: »Den höchsten Begriff vom Lyriker hat mir Heinrich Heine gegeben. Ich suche umsonst in allen Reichen der Jahrtausende nach einer gleich süßen und leidenschaftlichen Musik ... und wie er das Deutsche handhabt! Man wird einmal sagen, daß Heine und ich bei weitem die ersten Artisten der deutschen Sprache gewesen sind – in einer unausrechenbaren Entfernung von allem was bloße Deutsche mit ihr gemacht haben.«

Unter den Verächtern war Karl Kraus, einer der stärksten Söhne aus dem Heine-Geschlecht, maßlos ungerecht: in dem Pamphlet ›Heinrich Heine und die Folgen‹ formuliert er großartig und endgültig einzig das, was tot am lebenden Heine ist – vor allem ein gut Teil der Liebes-Lyrik im ›Buch der Lieder‹. Leider ist diese beschränkte, in ihrer Beschränkung korrekte, in ihrer Beschränktheit schrankenlos törichte Aburteilung im zwanzigsten Jahrhundert Mode geworden; sie ist viel schwieriger aus dem Wege zu räumen als die antisemitisch-teutonische Weise, die nach 1945 (von einigen Ausnahmefällen abgesehen) in ein korrektes Ignorieren einmündete. Wo Heine heute attackiert wird, liebt es der Angreifer, sich von dem mächtigen Karl Kraus schützen zu lassen.

Heine hatte das Pech, daß er durch viele Jahrzehnte der Dichter des ›Buches der Lieder‹ war, so wie Nietzsche das Pech hatte, der Philosoph des ›Also sprach Zarathustra‹ zu sein. Da hatten die Gegner es leicht; denn die berühmtesten ihrer Bücher waren nicht ihre besten. Seitdem Karl Kraus seinen kritischen Mißgriff unübertreffbar, meisterhaft praktiziert hat, ist zu erkennen: das Neuartige bei Heine war nicht das ›Feuilleton‹. In Gedichten wie ›Gespräch auf der Paderborner Heide‹ bricht dieses Neue durch, das innerhalb der Geschichte der Grundstimmung in den letzten hundert Jahren einen großen Beginn darstellt: das Sentiment, das kein Zutrauen zu sich hat – und deshalb seine Wärme künstlich verkältet und die Unwahrheit dieser Kälte einsieht.

Es gibt einen Zyklus (›Unterwelt‹), der drei Strophen aus Schillers ›Klage der Ceres‹ zitiert – und diese durch Hineinstellen der pathetischen Rhythmen zwischen frech galoppierende Heine-Verse parodiert. Heine holte Schiller, den er als »den edelsten, wenn auch nicht größten Dichter der Deutschen« bewunderte, durch diesen genialen Trick vom hohen Pegasus herunter. Er ging viele Wege der Entpathetisierung.

Und wenn er, einer der schöpferischsten Romantiker, als Anti-Romantiker auftrat, so aus demselben Grunde: sie sangen so schön, sie sangen so schlicht – aber sie sangen nicht die Wahrheit dieser Zeit. Heine war sich der Situation sehr bewußt: »Diese frommen und ritterlichen Töne, diese Nachklänge des Mittelalters ... verwehen jetzt im Lärm der neuesten Freiheitskämpfe, im Getöse einer allgemein europäischen Völkerverbrüderung und im scharfen Schmerzjubel jener modernen Lieder«, die keine »Harmonie der Gefühle« erlangen wollen und »vielmehr, jakobinisch unerbittlich, die Gefühle zerschneiden der Wahrheit wegen«. Um der Wahrheit willen erlaubte sich der Romantiker Heine nicht, romantisch zu sein – und verleugnete seine Zugehörigkeit doch nicht. Er sah dem Spukbild ›Die Götter Griechenlands‹ (die sowohl er als auch Schiller unter diesem Titel bedichtete) nach: melancholisch und spöttisch zugleich. Er war kein Aufklärer im Stile Nicolais. Er war der Dichter der ›Loreley‹ und liebte die schlichten Weisen und erlaubte sie sich nicht und nahm Abschied von jedem (unwahr gewordenen) Frieden. Er lebte zwischen gestern und morgen, ohne sie zu verleugnen.

Die Goetheaner (das heißt: die gesamte deutsche Nation, will man dem Bekenntnis ihrer Lippen glauben) kamen nie über das »und« in der Wendung »Goethe und Heine« hinweg, die schon früh auftauchte und die von Heine, dem (etwas aufsässigen) Verehrer Goethes, gefördert wurde. Die wütende Abwehr der Gemeinde besagte seit eh und je: Goethe war objektiv, das Universum noch einmal – Heine war subjektiv, eingemauert in ein sehr klägliches Ich.

Wäre dies Objektiv-Subjektiv wirklich ein Argument – es wäre noch immer keins. Geben wir die neckischen Amor-Strophen preis, die billigsten Sonne-Mond-und-Blümelein-Reimereien; Heine blieb ungewöhnlich lange ein Epigone. Aber seine ›Nordsee‹ gehört zur vollendetsten Natur-Lyrik innerhalb der deutschen Literatur. Und Balladen wie ›Belsazar‹, ›Zwei Grenadiere‹, ›Die Wallfahrt nach Kevelaar‹ sind ebenbürtig den besten Balladen, die in Deutschland gedichtet worden sind; mir scheinen sie in dem Zusammenraffen, in der Präzision, in ihrer kolossalen Epigrammatik, die eine Stimmung gibt, ohne stimmungsvoll zu werden (›Der Asra‹), unvergleichlich.

Nur das Artistische Goethes und Heines ist zu vergleichen; und man vergleiche ihr Bestes, nicht die vollkommensten Gedichte des einen mit den miserabelsten des andern. Erst dann hat man ein Recht, von Goethe und Heine zu reden.

Allerdings, Heine war nicht Goethe. Der lebte in seinem Heute, in seinem und dem »ewigen« Heute der Goethe-Priester – und Goethe ist seit mehr als hundertfünfzig Jahren der Maßstab. Mit diesem Stab schlug man Heine beträchtlich. Im dreizehnten Buch von ›Dichtung und Wahrheit‹ findet sich ein Satz über die wahre Poesie: »Wie ein Luftballon hebt sie uns mit dem Ballast, der uns anhängt, in höhere Regionen und läßt die verwirrten Irrgänge der Erde in Vogelperspektive vor uns entwickelt daliegen.« Schon einer der ersten Kritiker Heines hielt diese ästhetische Goethe-Maxime dem jungen Mann drohend entgegen und schrieb vom ›Buch der Lieder‹: Es besteht »aus lauter Sünden gegen den Zweck der Poesie«. Und es heißt weiter: »Betrachten wir jetzt den Geist, der in den Poesien Heines herrscht, so vermissen wir nicht allein jenes versöhnende Prinzip, jene Harmonie, worauf selbst die wildesten Leidenschaftsausbrüche berechnet sein sollten, sondern wir finden sogar darin ein feindliches Prinzip, eine schneidende Dissonanz, einen wilden Zerstörungsgeist, der alle Blumen aus dem Leben herauswühlt und nirgends aufkeimen läßt die Palme des Friedens.« Und nachdem der also Angeklagte als Mißtöner verurteilt worden war – ein Urteil, das immerhin noch auf seine Ursprünglichkeit hinwies, wurde er auch noch als »Anempfinder« abgetan.

Unvergleichbar ist Goethes »Es war doch schön« und der schrillere, zerbrochenere Preisgesang des Troubadours Heine, der auch ein Gassenjunge war. Man kann das Nicht-Gleiche sehr leicht soziologisch reduzieren: auf Herkunft und Weg der beiden Poeten und auch auf den Unterschied des europäischen *ancien régime*, in dem Goethe großgeworden war, und der Zeit nach der Französischen Revolution, die Heines Dasein bestimmte. Heine war sich bereits darüber klar: »Der allgemeine Charakter der modernen Literatur besteht darin, daß jetzt die Individualität und die Skepsis vorherrschen. Die Autoritäten sind niedergebrochen ... Die Poesie ist jetzt nicht mehr objektiv, episch und naiv, sondern subjektiv, lyrisch und reflektierend.«

Aber es bleibt ein Rest, den man nicht mythologisieren, sondern aussprechen soll. Sagen wir es so: Es begann die Ära, in welcher die Dissonanzen über die Auflösungen dominierten. Goethes Werk ist viel weiter und mächtiger als alles, was Heine schuf. Aber wir sind eher Heines Zeitgenossen. Die Poesie hat schon viele Nöte gelindert, kein Balsam hat ein Monopol. Es bedeutet auch eine Linderung, wenn ein Mißklang, der sich nicht auflösen läßt, seinen vollendeten Ausdruck erhält.

Der melancholische Kämpfer

Siebzehn Jahre nach Veröffentlichung des ›Buchs der Lieder‹, 1844, erschienen Heines ›Neue Gedichte‹. Er wollte sie ›Buch der Lieder, zweiter Teil‹ nennen, dann ›Nachtrag zum Buch der Lieder‹. Zu einem Teil waren sie wirklich nur ein »Nachtrag«; dann aber auch noch viel mehr: neu.

Heine hatte vielfach Schiffbruch erlitten. Nur eins war ihm geglückt: Er war ein ebenso anerkannter wie umstrittener Poet.

Es gab noch viel Altes in den ›Neuen Gedichten‹, schon beim Erscheinen Verwestes. Heine, der schärfste Kritiker seiner selbst, meinte, »daß Deutschland keinen Mangel hat an dergleichen lyrischen Gedichten«. Aber da war auch sehr viel Neues. Zum Beispiel Paris: Das »Mekka der Liberalen«, das Dorado deutscher Provinzler – und auch Heine rechnete sich zu ihnen. Die ›Jungen Leiden‹ wandelten sich in die Freuden des Vierzigers; die unglückliche Liebe wandelte sich in sehr glückliche, die himmlische Minne in die »niedere« (wie ein Heine-Herausgeber schrieb). Die Schule Saint-Simons schenkte ihm die Philosophie dazu. Der ›Neue Frühling‹, wie ein Teil des Bandes heißt, war nicht mehr Frühlings Erwachen, schwer und katastrophenreich; eher Frühlings raffiniertere Wiederkehr. Seraphine und Angélique, Diana, Hortense und Clarisse, Yolante und Marie, Emma, Friederike und Katharina glichen nur selten einmal dem Mädchen Amalie, das ihm einst die Wunde zugefügt hatte, aus der mancher Vers der ›Jungen Leiden‹ herausgeblutet war. Der Dichter hatte die Liebe gelernt, das Genießen gelernt, das süße Spiel – und staunte bewundernd dies vielfältig vergängliche Lieben an.

Nicht selten taucht ein uns Späteren bekannter Klang auf; bekannt nicht aus den achtzehn Jahrhunderten vor Heine, sondern aus der Zeit nach seinem Tode:

Mensch, verspotte nicht den Teufel,
Kurz ist ja die Lebensbahn . . .

Der ›Diana‹-Zyklus beginnt:

Diese schönen Gliedermassen
Kolossaler Weiblichkeit . . .

Der Anfang von ›Ein Weib‹:

Sie hatten sich beide so herzlich lieb,
Spitzbübin war sie, er war ein Dieb . . .

Das Gedicht endete:

Um sechse des Morgens ward er gehenkt,
Um sieben ward er ins Grab gesenkt;
Sie aber schon um achte
Trank roten Wein und lachte.

Als Heine dies niederschrieb, wurde Wedekind, der Dichter der ›Lulu‹, der Hymniker des ›Erdgeistes‹ geboren. Wedekind fand dann doch noch Ohren, die hörten; Heine nicht. Selbst das ›Junge Deutschland‹ nahm Anstoß. Heine schrieb an Gutzkow: »Ich danke Ihnen nochmals für das Wohlwollen, mit welchem Sie mich auf den Splitter, den Sie in meinem Auge bemerkt haben, aufmerksam machen.«

Das Neue der ›Neuen Gedichte‹ war nicht nur die Paris-Seligkeit, sondern auch die Deutschland-Sehnsucht des Ausgewanderten. Sie ist materialisiert in einigen seiner schönsten Lieder; die einen sind so scheu (›In der Fremde‹), die anderen so keck (›Deutschland ist noch ein kleines Kind‹), daß sie gegen ekelhafte Benutzung und Beschmutzung geschützt sind.

Heine war – sehr kritisch – sehr stolz auf sein Deutschland. Es war der Stolz auf den aktivistischen Idealismus Luthers und Kants – die er außerdem auch noch recht spaßig und ebenso seriös an den Ohren zog; er schrieb über sie und über Lessing hymnische Seiten in dem Buch ›Zur Geschichte der Religion und Philosophie in Deutschland‹. Kürzer, lakonischer feierte er das Land seiner Liebe und seines Grimms in dem aphoristisch flotten Liebeslied ›Anno 1839‹.

Er war kein vaterländischer Barde. Er trompetete sein inniges Gefühl nicht heraus. Er fühlte ambivalent, was die Dame Germania betraf. Und begann er einmal weinerlich die sentimentalen ›Nachtgedanken‹: »Denk ich an Deutschland in der Nacht«, so sorgte er dafür, daß auch dieses Denken und diese Schlaflosigkeit harte, realistische Konturen erhielt.

Diese berühmteste, die meistzitierte Zeile Heinrich Heines ist ein Fehl-Zitat. Es ist richtig zitiert, aber im falschen Sinne.

Ich will nicht sagen, daß Heine niemals um den Schlaf gebracht wurde, wenn er am Tage oder in der Nacht an Deutschland dachte – aber bestimmt nicht in diesem besonderen Fall, wo er es so zitierbar zu sagen schien. Schien: weil die meisten Zitierer entweder das Gedicht nicht kannten oder unter dem Lärm des bekannten Zitats gar nicht mehr hinhörten. Obwohl Heine unmißverständlich sagte, daß er sich um Deutschland keine Sorgen mache und daß er nach Deutschland nicht so sehr »lechzte« – wäre die Mutter nicht dort.

Von den zehn Strophen sind sechs der Mutter gewidmet, die letzte ist eine Apotheose seiner französischen Mathilde, ein Hymnus auf »französisch heiteres Tageslicht« – und nur die ersten vier Zeilen scheinen ein Lechzen nach Deutschland zu sein. Scheinen! Dieser Schein entstand durch Trennung der ersten vier Zeilen von den sechsunddreißig folgenden:

Denk' ich an Deutschland in der Nacht,
Dann bin ich um den Schlaf gebracht,
Ich kann nicht mehr die Augen schließen,
Und meine heißen Tränen fließen.

Die Jahre kommen und vergehn!
Seit ich die Mutter nicht gesehn,
Zwölf Jahre sind schon hingegangen;
Es wächst mein Sehnen und Verlangen.

Mein Sehnen und Verlangen wächst,
Die alte Frau hat mich behext,
Ich denke immer an die alte,
Die alte Frau, die Gott erhalte!

Die alte Frau hat mich so lieb,
Und in den Briefen, die sie schrieb,
Seh' ich wie ihre Hand gezittert,
Wie tief das Mutterherz erschüttert.

Die Mutter liegt mir stets im Sinn.
Zwölf lange Jahre flossen hin,
Zwölf lange Jahre sind verflossen,
Seit ich sie nicht ans Herz geschlossen.

Deutschland hat ewigen Bestand,
Es ist ein kerngesundes Land;
Mit seinen Eichen, seinen Linden,
Werd' ich es immer wiederfinden.

Nach Deutschland lechzt' ich nicht so sehr,
Wenn nicht die Mutter dorten wär';
Das Vaterland wird nie verderben,
Jedoch die alte Frau kann sterben.

Seit ich das Land verlassen hab',
So viele sanken dort ins Grab,
Die ich geliebt – wenn ich sie zähle,
So will verbluten meine Seele.

Und zählen muß ich – Mit der Zahl
Schwillt immer höher meine Qual,
Mir ist als wälzten sich die Leichen
Auf meiner Brust – Gottlob! sie weichen!

Gottlob! durch meine Fenster bricht
Französisch heitres Tageslicht;
Es kommt mein Weib, schön wie der Morgen,
Und lächelt fort die deutschen Sorgen.

Seltsam. Weshalb leitet der Beginn etwas anderes ein als das, was folgt? Diese Richtungsänderung ist sehr heinesch. Sie ist immer das große Mittel seiner Desillusionierung. Was immer zitiert wurde als das klassische Lechzen des deutschen Emigranten nach der Heimat, ist hier genau das Gegenteil: die Ironisierung aller Sentimentalität. Allerdings hat er diese Wirkung nicht erreicht; es hafteten nur die ersten Zeilen, die erst später, als es zu spät war, ironisch desavouiert wurden. Der klassische Vierzeiler zu Beginn hatte sich selbständig gemacht, bevor die folgende Destruktion ihn antasten konnte.

Unberührt von dieser Komik bleibt, daß Heine Deutschland-süchtig war wie nur irgendeiner seiner verstiegensten Schwärmer.

Heine, neben Hölderlin und Nietzsche der unerbittlichste Richter über Deutschland, hat seine Liebe oft mit Kraft gestaltet: am kürzesten, schlichtesten und vollendet in folgenden unscheinbaren Sätzen, die mir (anders als die ›Nachtgedanken‹ mit ihrer leeren achten und neunten Strophe) ein unvergeßliches Gedicht zu sein scheinen: das dritte im Zyklus ›In der Fremde‹:

Ich hatte einst ein schönes Vaterland.
Der Eichenbaum
Wuchs dort so hoch, die Veilchen nickten sanft.
Es war ein Traum.

Das küßte mich auf deutsch und sprach auf deutsch
(Man glaubt es kaum
Wie gut es klang) das Wort: »Ich liebe dich!«
Es war ein Traum.

Man zögert heute, nach den Jahren, die mit 1933 begannen, sich dieser scheuesten Liebe Heines zu erinnern. Verklärt sie nicht das Hassenswerteste? Leistet man mit dieser Erinnerung nicht jenen fragwürdigen Heine-Verteidigern peinlich Vorschub, die ihn den Deutschen schmackhaft machen wollen mit der Entschuldigung: er habe sein Land doch sehr geliebt? Und die nie hinzufügen, was er an ihm gehaßt hat.

Neu war Paris; neu war die Welt der so göttlich-irdischen Liebe; neu war das Gefühl für jenes Deutschland, mit dem er verwachsen war – und neu waren die Geschosse des »rheinischen Schützen«, wie sie in der ›Nachlese‹, auch in den Versepen ›Atta Troll‹ und ›Deutschland. Ein Wintermärchen‹ zu finden sind. Heine gab seinem Pegasus die Sporen und ritt gegen Feinde der verschiedensten Couleurs: gegen Privatpersonen, gegen bekannte Künstler, gegen gekrönte Häupter, gegen Germania maculata und – gegen Onkel Salomon, den Millionär, der Heine schließlich im Stich ließ. Heine dichtete gegen ihn und die Seinen den großartigen Zyklus ›Orphisch‹ und vor allem ›Affrontenburg‹. Heine dichtete (wahrscheinlich) gegen Napoleon III. ›König Langohr der Erste‹, gegen Richard Wagner und Franz Liszt den ›Jung-Kater-Verein für Poesie-Musik‹, gegen Meyerbeer das ›Festgedicht‹.

Es bedarf auch nach achtzig Jahren nicht eines Kommentars, um die Strophen ›Lobgesänge auf König Ludwig‹ (von Bayern), um die Gedichte gegen Friedrich Wilhelm IV. (›Der Kaiser von China‹, ›Der neue Alexander‹, ›Schloß-Legende‹), gegen die deutsch-völkische und gegen die kommunistische Tendenz-Poesie im ›Atta Troll‹ zu verstehen. Verse veralten nicht wegen ein paar Anspielungen, die eine Fußnote nötig haben; sie waren einmal ein Anlaß und sind unwichtig geworden. Die Geschichte vom Bär ›Atta Troll‹ ist allerdings etwas kompliziert, weil er sowohl den deutsch-völkischen als auch den kommunistischen Reklame-Trompeter zu repräsentieren hat – und dann, drittens, auch noch jene Kritik am Lebewesen Mensch, in welcher (nach einem alten Trick) das Tier den Kritiker macht.

Heines Hymnen auf Deutschland verbergen nicht, daß er es außerdem hart gezüchtigt hat: hart, wie Hölderlin vorher und Nietzsche nach ihm; aber keiner ging so weit wie der Dichter von ›Deutschland. Ein Wintermärchen‹ – und keiner hat die ekelhafte Zukunft so sehr vorweggenommen wie Heine im Caput XXVI. dieses lyrischen Epos.

Als Ernst Elster im Jahre 1890 seine »kritisch durchgesehene und erläuterte Ausgabe« Heines erscheinen ließ, schrieb er mit »zitierender« Anspielung auf die deutsch-feindlichsten Verse: Dem preußischen Adler, dem »häßlichen« Vogel, der »schwarzen, geflügelten Kröte«, seien die Federn nicht ausgerupft und die Krallen nicht abgehackt worden; es sei dem rheinischen Schützen nicht gelungen, diesen Vogel von der Stange herabzuschießen; auf die neue, von Friedrich Wilhelm IV. eingeführte Pickelhaube seien des Himmels modernste Blitze nicht herabgefahren; der Kölner Dom sei nicht in einen Pferdestall verwandelt, sondern ausgebaut worden, und die Zukunft Deutschlands gleiche nicht dem Inhalt jenes Gefäßes, das die Hammonia dem Dichter zeigte. Das wurde 1890 geschrieben, zwei Jahre nach der Thronbesteigung Wilhelms, des Glänzenden. Heute wissen wir, daß der »rheinische Schütze« allerdings nicht imstande gewesen ist, den preußisch-deutschen Vogel »von der Stange herabzuschießen«, so viel vermochten Poeten nie. Es ging eher zu wie in der großen Tragödie: wer so tief fällt, hat sich selbst zu Fall gebracht. Das wußte man 1890 noch nicht. Aber Heine wußte es, ein halbes Jahrhundert früher.

Seine Kampf-Lyrik erreichte den Höhepunkt in dem Kampf für das Proletariat, das gerade erst ins Bewußtsein der Bewußtesten getreten war. ›Die schlesischen Weber‹, ›Die Wanderratten‹, ›Das Sklavenschiff‹ sind nicht nur mächtige Tyrtäus-Gesänge für eine menschlichere Gesellschaft; sie sind Schönheiten höchsten Ranges. Ich weiß nicht, ob es in der deutschen Literatur Klänge gibt, die den Einbruch eines Sturms in die ebenso geordnete wie unmenschliche Menschlichkeit derart kühn und so klingend komponiert haben.

Reaktionäre und progressive Romantik

Heine war Sozialist und Liberaler. Er war auch Rheinländer, Deutscher und Europäer. Er war aber eins mehr als alles andere: Romantiker. Da nun das Phänomen ›Romantik‹ unter gewaltigen Literatur-Bergen vergraben liegt, soll hier noch ein Wort zu diesem zentralsten Thema der letzten 150 Jahre gesagt werden.

Das Wort ›Romantik‹ ist unentbehrlich im Wörterbuch der letzten hundertfünfzig Jahre: nicht nur im täglichen Leben, auch in den Geisteswissenschaften.

Schon die flüchtigste Überschau über die Deutungen dieses Wortes zeigt, daß eine sehr bunte Liste die Überschrift Romantik trägt: anti-klassisch, emotionell, extravagant, phantastisch, unruhig, sehnsüchtig, Zug zur Vergangenheit, Liebe zum Mittelalter, Hang zum Exotischen. Die Definition hängt auch davon ab, ob man mit dem Wort eine begrenzte Bewegung meint (am Ende des achtzehnten und zu Beginn des neunzehnten Jahrhunderts) – oder ob man (wie wir hier) in der Romantik eine der wesentlichsten Tendenzen der letzten anderthalb Jahrhunderte sieht.

Zu den problematischsten Bestimmungen gehört nun ihre Bezeichnung als »reaktionär«; man sah seit je vor allem in der *deutschen* Romantik eine rückschrittliche Bewegung. Deshalb definiert Webster, ganz sorglos, ›Romantik‹: »Die reaktionäre Bewegung, die im XVIII. Jahrhundert von Deutschland ausging.« Und Geschichtler, Literatur-Wissenschaftler, Musik-Historiker arbeiten höchst unkritisch mit der Kategorie ›reaktionäre Romantik‹. Zum Beispiel: Veit Valentin. Er setzte an die Spitze seines (1946 erschienenen) Buches ›Die Deutschen‹ das Sünden-Register der Romantik. Unter anderem »Teutonismus«, »Pan-Germanismus«, »Nationalismus«, »Altpreußisches Junkertum«, »Autoritäres

Regime«, »Expansion«, »Antisemitismus«, »Macht-Politik«. Und Valentin war nicht der einzige Liberale, der in der Romantik den großen Schwarzen Mann sah; eher war er die Regel.

Alfred Einstein spricht in seinem Buch ›Die Musik in der Romantischen Ära‹ von dem »romantischen Virus«, der die deutsche Seele ganz furchtbar attackierte. Und um noch ein jüngeres Beispiel anzufügen: im Jahr 1950 ist eine deutsche ›Akademie für Sprache und Dichtung‹ gegründet worden; sie gab eine Zeitung heraus mit dem Titel ›Das literarische Deutschland‹. In der ersten Nummer hieß es: die Romantiker schauen »rückwärts, in die verklärte Vergangenheit, als ahnten sie, daß nun, unwiderruflich und schicksalhaft, der Äon der Hast, des Verkehrs, der Tempoteigerung kommen werde«. – Die echte Romantik war weder ein Virus x, noch stolperte sie vorwärts mit rückwärts gedrehtem Kopf. Das ist nur eine »freisinnige« Mythe, von niemand besser widerlegt als von dem großen romantischen Aufklärer und Kämpfer Heinrich Heine.

Die Literaturkritik des dialektischen Materialismus, deren bester deutscher Repräsentant Georg Lukács ist, variiert das liberale Verdikt mit marxistischen Formulierungen. Lukács rechnet fast alles, was nach Goethe und Schiller kam, vor allem die Romantik (ähnlich wie sein liberaler Schweizer Kollege, der Literatur-Historiker Emil Ermatinger) zur Literatur der Auflösung. Nur sagt der Marxist anstatt Auflösung – »Imperialismus«. Lukács verteidigt zum Beispiel Goethes Ablehnung des Romantikers Kleist, den er eine »Mischung von Reaktion und Dekadenz« nennt. Übrigens läßt sich die marxistische Anti-Romantik zurückverfolgen bis zu Marx' Freund Ruge, dem Links-Hegelianer, der zusammen mit Echtermayer in den Halleschen Jahrbüchern ein ›Manifest gegen die Romantik‹ (1838) veröffentlichte.

Der politische Angriff von Liberalen und Marxisten ist also so alt wie die Romantik selbst. ›Reaktionär‹ meinte ursprünglich: Rückfall ins Feudale – und später allgemeiner:

Blockierung aller Kräfte, die eine rückständige Gesellschaft und ihre Ideen-Welt vorwärts treiben, zugunsten eines abgelebten oder erträumten Zustandes.

War und ist Romantik reaktionär?

Man kann nicht leugnen, daß Romantiker sich illiberal verhielten und mitschufen an den Ideologien und Theologien der Reaktion.

Vor allem Adam Müller, der alte Friedrich Schlegel, Schopenhauer. Sie schmiedeten die geistigen Waffen der Restauration, vom Beginn bis zum Ende des neunzehnten Jahrhunderts. Adam Müller, Friedrich Schlegel und Karl Ludwig von Haller wurden katholisch; sie sahen mit Recht im Katholizismus das stärkste Bollwerk gegen jene Kräfte, welche die Französische Revolution entfesselt hatten. Clemens von Brentano legte wohl am besten das persönliche Motiv frei, das viele dieser Übertritte hervorrief. Er schrieb: »Ich spreche mir allerlei Wiegenlieder vor, damit das weinende Kind in meinem Herzen endlich schweigt.« Ein solches Wiegenlied war der Katholizismus. Die Regression zur Wiege war ein Ursprung der romantischen Regression.

Adam Müller, wie sein Freund Schlegel ein Angestellter des Fürsten von Metternich, war der führende romantisch-reaktionäre Politiker. Wie er über den Befreiungskampf des europäischen Bürgertums zu Beginn des neunzehnten Jahrhunderts dachte, kann man den Worten entnehmen: »Die Geschichte der Französischen Revolution ist ein durch dreißig Jahre fortgeführter Beweis der Wahrheit, daß ein Mensch aus sich selbst und ohne die Religion keine Kette, die ihn drückt, zerbrechen kann, ohne in tiefere Sklaverei zu versinken.« Er war auch der Ansicht, daß Gott und nicht das Volk den Aufklärer Napoleon gestürzt habe, und folgerte: also dürfte das Volk die Früchte dieses Sieges nicht genießen.

Adam Müller benutzte die romantische Entdeckung der Geschichte und der Gemeinschaft zur Fesselung des Individuums. Sein Freund Friedrich Schlegel ging gar, in seinen alten

Jahren, so weit, dem Individuum überhaupt nur noch ein einziges Recht seiner Regierung gegenüber zu konzedieren: es darf die Weisheit dieser Regierung anerkennen. Sein Ideal war eine mittelalterlich-feudale Monarchie auf katholischem Fundament. So endete einer der stürmischsten Stifter der romantischen Revolution. Aber dieses Ende war eben nicht romantisch, sondern die äußerste Anti-These.

Dieselbe Lektion kann man studieren an dem größten Denker der Romantik. Schopenhauer, der in seinem Werk die Welt sprengte, indem er ihr den Weg zur Verneinung des Daseins zeigte, mumifizierte als deutscher Bürger das Dasein – genauer: die Mitte des neunzehnten Jahrhunderts. Er bedachte in seinem Testament die Hinterbliebenen jener Soldaten, die 1848 auf die Liberalen geschossen hatten. Schützte die übelsten Despoten mit dem Sätzchen: »Überall und zu allen Zeiten hat es viel Unzufriedenheit mit den Regierungen, Gesetzen und öffentlichen Einrichtungen gegeben; großenteils aber nur, weil man stets bereit ist, diesen das Elend zur Last zu legen, welches dem menschlichen Dasein unzertrennlich anhängt.« Und schmetterte in den Jahren, da das schwache deutsche Bürgertum sehr schwache Versuche machte, sich selbst zu regieren, den jungen Liberalen den Satz entgegen: »Selbst das Planetensystem ist monarchisch.« Hier war etwas Ähnliches vorgegangen wie im Fall Schlegel: der Romantiker, der im Ich den Gott gefunden hatte, welcher das All bewegen kann – bekam es mit der Angst zu tun und beschloß, diesen gefährlichen kleinen Gott möglichst fest abzuriegeln.

Es ist also kein Zweifel, daß eine der Folgen der Romantik – die politische Reaktion war. Aber nur so, wie auch eine der Folgen des Pionier-Daseins das Zugrundegehen ist. Falsch aber ist, zu schließen, daß die Reaktion die logische Folge der Romantik gewesen ist und sein muß. Um das zu beweisen, zergliedere man ein romantisches Gebilde, das wohl allgemein für eminent reaktionär gehalten wird: Novalis' christliches Europa.

Schon seinen Romantiker-Freunden war jener Essay ›Die Christenheit oder Europa‹ fatal. Sie lehnten es ab, die kleine Schrift, die schon sie für finster hielten, im ›Athenäum‹ zu veröffentlichen. Mir aber scheint, daß seine Idee von der schönen Harmonie des europäisch-christlichen Mittelalters dieselbe Funktion hatte, wie (zum Beispiel) Tacitus' Idee von den alten Germanen als frommen, braven Vorzugs-Schülern oder Rousseaus Idee von den ursprünglichen Menschen als unschuldigen Hirten oder Engels' Idee von dem klassenlosen Ursprung der Gesellschaft. In allen diesen leuchtenden Gebilden sollte immer nur (bewußt oder unbewußt) ein Hintergrund geschaffen werden für die scharfe Kritik an einer Gegenwart.

Man hat das mißverstanden und Novalis interpretiert: als wolle er die Weltgeschichte zurückdrehen. Er aber schrieb, deutlich genug: »Fortschreitende, immer mehr sich vergrößernde Evolutionen sind der Stoff der Geschichte.« Er pries die Protestanten – und tadelte nur ihre reaktionärste Tat: »die Religion irreligiöserweise in Staatsgrenzen eingeschlossen« zu haben. Es ist nicht der Geist des Protestantismus, den er attackierte, sondern sein Ungeist. Es ist auch nicht der Geist der Aufklärung, gegen den er schrieb, sondern ihr Ungeist. Novalis gehört in jene erhabene Reihe von Aufklärern, die im neunzehnten und zwanzigsten Jahrhundert die »Aufklärer« – aufklärten. Dieses kritisch-progressive Element des berüchtigten Essays ist zu oft übersehen worden.

Novalis wurde noch deutlicher. In seiner ersten Fragmenten-Sammlung, ›Blütenstaub‹, beginnt eine Eintragung: »Die meisten Beobachter der Revolution, besonders die klugen und vornehmen, haben sie für eine lebensgefährliche und ansteckende Krankheit erklärt. Sie sind bei den Symptomen stehen geblieben.« Seit Burkes Angriff auf die Ideen von 1789 und seit Gentz' Übertragung ins Deutsche war die Stellung zu diesem folgenreichsten Ereignis der Zeit bezeichnend für jeden Intellektuellen. Novalis stand also nicht auf seiten der Burke und Gentz: er hielt die klugen und vornehmen Anti-Liberalen für oberflächlich. Und vollendete die Aufzeichnung mit einem Satz, der niemanden mehr trifft als den genialen Metternich: »Die genialvollsten Gegner drangen auf Kastration. Sie merkten wohl, daß diese angebliche Krankheit nichts als Krise der eintretenden Pubertät sei.«

Aber – könnte man einwenden – war dieser Hardenberg-Sproß nicht zumindest ein konservativer preußischer Monarchist, wie er sich in der Verherrlichung Friedrich Wilhelms III. und der Königin Luise zeigte? Damit wird angespielt auf seine zweite Fragmenten-Sammlung: »Glaube und Hoffnung oder der König und die Königin«. Will man dieses kleine Werk nicht verfehlen, so muß man eine sprachkritische Vor-Überlegung anstellen. Ein Wort wie »König« etwa, das hier eine zentrale Funktion hat, kann gebraucht werden, um eine Realität abzuzeichnen – oder ein Ideal zu setzen. Novalis verwendet Zeichen wie ›König‹, ›Hof‹ fast ausschließlich in einer (ihnen von ihm verliehenen) normativen Bedeutung. Ein Beispiel: »Dort gibt es keine Monarchie mehr, wo der König und die Intelligenz des Staates nicht mehr identisch sind. Daher war der König von Frankreich schon lange vor der Revolution dethronisiert, und so die meisten Fürsten Europas.« Novalis war also so wenig ›Monarchist‹ (das heißt: anhänglich an ein angestammtes Haus ohne Ansehen seines Wertes), daß er an die Monarchen einen Maßstab legte, dem selbst Könige, welche die Liberalen noch anerkannt hätten, nicht gewachsen waren. Er hat aber in diesem Konzept ›König‹ ein Element jedes fortschrittlichen Staates gefunden, das die Demokratien erst noch zu entdecken haben: die beispielhafte öffentliche Figur. Sie ist auch die Wahrheit in dem romantischen (vom Narziß und vom Demagogen) schrecklich entstellten Bilde des Führers.

Novalis gehörte zu jenen progressiven Romantikern, die – zu Beginn der Industrialisierung Deutschlands, am Anfang der Ära der Vermassung – weder dem Mann auf der Straße schmeichelten noch eine von Ekel erfüllte Verachtung für die Viel-zuvielen verbreiteten. »Alle Menschen sollen thronfähig werden«, heißt es bei ihm. Er sagt also weder, daß sie es sind, noch daß sie es nicht werden können. Und fährt fort: »Jeder ist entsprossen aus einem uralten Königsstamm. Aber wie wenige tragen noch das Gepräge dieser Abkunft.« Das ist die romantische Wortgebung der viel ärmlicheren Vorstellung vom *Common Sense*. Und ist auch insofern gültiger als die übliche Formel: daß die Menschen gleichgeboren sind ..., als sie schärfer zum Ausdruck bringt, daß diese Gleichheit auf dem Niveau der erlesensten Exemplare erst erobert werden muß. Die Aufklärung lebt in Vorstellungen, wie sie Locke, Voltaire und Kant geschaffen haben: sie liegen mehr oder weniger auf der Ebene des Intellekts. Die Romantik hat tiefere Wurzeln – zum Beispiel in dem Satz des Meister Eckhart: »Was weißt Du, welche Fähigkeiten Gott der menschlichen Natur verliehen habe? Die doch nicht zu Ende beschrieben sind, vielmehr noch verborgen. Denn die über die Fähigkeiten der menschlichen Seele geschrieben haben, die sind doch nicht weiter gekommen, als ihre natürliche Vernunft sie getragen hat: sie sind nie in den Grund gekommen.« Dieser Satz bricht mit der Vorstellung vom Faktum Mensch. Er gibt »dem Bekannten die Würde des Unbekannten« – wie Novalis das Romantisieren definierte. Er öffnet die Sicht auf ein Menschen-ähnliches Geschöpf, das die historisch bekannte Gattung transzendiert. Nietzsche hat dieser Antizipation, in welcher das Herz der Romantik klopfte, nur das farbigste Antlitz gegeben.

Es muß hier noch eingereiht werden eine zweite Illustration, weil sich die Assoziation zwischen Novalis' Verkündigung der Thron-Fähigkeit aller Menschen und der Verkündung des Hölderlinschen Empedokles nicht abweisen läßt. Empedokles erscheint dem ersten, flüchtigen Blick als ein typisch romantischer Einzelgänger, ein feierlicher Aristokrat und feiner Massen-Verächter, der (fast georgesch) deklamiert: »Ha, geht nun immerhin zugrunde, ihr Namenlosen.« Und werden nicht im ›Tod des Empedokles‹ alle Merkmale des Mobs, hier Volk genannt, bloßgestellt? Als dann aber zum Schluß die Leute von Agrigent doch noch ihrem Empedokles die Königskrone antragen, antwortet er:

Schämt euch,
Daß ihr noch einen König wollt; ihr seid
Zu alt; zu eurer Väter Zeit wärs
Ein anderes gewesen. Euch ist nicht
Zu helfen, wenn ihr selber euch nicht helft.

Empedokles war ein Vor-Bild, nicht ein Fron-Vogt. Man hat gewöhnlich die Vor-Bilder (›König‹, ›Übermensch‹, ›Führer‹), welche die Romantiker schufen, für Fron-Vögte gehalten. Hier liegt die Wurzel des Mißverständnisses von der ›Reaktionären Romantik‹. – Es ist vielleicht aber nicht unwichtig, anzumerken, daß bereits die Klassiker der Reaktion, Metternich und seine österreichische Aristokratie, in der Romantik die liberalhumanitäre Revolution witterten; und daß Victor Hugo die Romantik definierte als *»le libéralisme dans la littérature«*. Alte Einsichten, die nach hundertjähriger Verschüttung wieder neu zu entdecken sind.

Die Massenkultur, die aus der industriellen Revolution geboren wurde, hat zwei Gegenbewegungen ausgelöst: die reaktionäre und die progressive Romantik. Die erste wollte zurück: in eine Vergangenheit, die weder die Maschine noch das isolierte Massen-Atom Mensch gekannt hatte. Die zweite drängte vorwärts zur Überwindung des »Zeitalters der vollendeten Sündhaftigkeit«, wie der Romantiker Fichte seine Zeit in der Schrift ›Grundzüge des gegenwärtigen Zeitalters‹ taufte.

Gemeinsam war beiden Gegenbewegungen die Rebellion gegen eine Gegenwart, die immer liebloser und farbloser wurde. Aus dieser Gegenwart strebten sie fort – und wegen dieses gemeinsamen Fort verwechselt man bis zu diesem Tage die reaktionären und revolutionären Romantiker. Aber es unterscheidet sie, wohin sie strebten: in die Vergangenheit oder in die Zukunft. So gab es feudalistische, liberale und sozialistische Romantiker. Nach dem Wort des Novalis: »Alles wird romantisch, wenn man es in die Ferne rückt« – ist die Vergangenheit ebenso romantisch wie die Zukunft. Und das erklärt die Zweideutigkeit, die diesem Wort seit je eigen war. Um so klarer muß man die Rückschrittler trennen von Novalis, der in jedem Menschen einen potentiellen ›König‹ sah; von Empedokles-Hölderlin, der ein Vor-Bild war, kein Tyrann; von Heinrich Heine, dem Romantiker, der großreinemachte im reaktionär besudelten Haus der Romantik; von Georg Büchner, dem romantisch-verzweifelten Nihilisten, der für die sozialistische Hoffnung kämpfte; von Nietzsche, dem Schöpfer des revolutionärsten Romantiker-Wortes, das die zukunftsträchtige Romantik in die zehn Buchstaben ›Übermensch‹ faßte; von Frank Wedekind, dem abenteuerlichen Experimentierer auf dem Wege zu einem unverkrüppelten Menschen. Sie alle kann man auf einen paradoxen Generalnenner bringen: sie waren anti-romantische Romantiker.

Allen voran Heinrich Heine, der erste Romantiker, der gegen die romantische Reaktion focht – weshalb er sich den letzten Romantiker nannte. Sein Kampf ist beschrieben in der Schrift ›Die Romantische Schule‹, die keine literaturgeschichtliche Studie, sondern eine Kriegs-Erklärung ist. Georg Büchner, durchtränkt in jedem seiner köstlichen Sätze von romantischer Verzweiflung über die Verwesung aller Werte, an denen das europäische Herz hing – eine Verzweiflung, die in ihm die großartigsten Bilder und endgültigsten Sätze gefunden hat –, schuf aus der Tiefe des romantischen Nihilismus einen Sozialismus, der seinen schönsten Ausdruck in einem biblischen Pamphlet gefunden hat. Nietzsche, der größte Nachfahr des christlich-mystischen Atheisten Eckhart, mit seinem berühmten »Gott ist tot« der romantischen Revolution ihre wesentlichste Formulierung schenkend, schuf auch ihr leuchtendstes Vor-Bild. Schon der junge Friedrich Schlegel hatte gesagt: »Es ist der Menschheit eigen, daß sie sich über die Menschheit erheben muß.« Nietzsche sagte es in einem einzigen Wort, Peter Hacks in dem romantisch-militanten Zweizeiler:

Es ist von solchem Ernst die Welt beschaffen,
Daß nur ein Gott vermag, ein Mensch zu sein.

Vor dieser großartigen Dynastie von Romantikern aber rechnen jene vor einem Despoten oder dem Kreuz Zusammengebrochenen, vom Mut Verlassenen nicht. Auf keinen Fall kann man in ihnen das Phänomen der Romantik erkennen. Romantik ist nicht nur verhärtete Tradition, sondern Leiden am Traditions-Schwund – und Tasten nach einem neuen Grund.

VI.

Henri und Mathilde

Für Sascha:
Der Heimat
in der Verbannung
1951

Die Ehe zweier Kinder

Bevor sie Mathilde genannt wurde, hieß sie Crescentia Eugenie Mirat. Sie war die illegitime Tochter einer Bäuerin und eines schönen, reichen, besseren Herrn, der sich nicht um sie kümmerte. In Vinot, einem Dorf des Departement Seine-et-Marne, wurde sie geboren. Hier wuchs sie ärmlich unter Bauern auf, hier hütete sie die Kühe, bis sie mit fünfzehn Jahren Vinot verließ. Vertrug sie sich nicht mit der Mutter, die geheiratet hatte? Oder sprengte sie durch ihre Art den Rahmen des bäuerlichen Lebens? Oder hatte man – ehrgeizig – mit der Kleinen Großes vor? Jedenfalls gab man sie als blutjunges Ding in die Hauptstadt. Tante Maurel hatte in einer Pariser Passage, nahe beim Justizpalast, einen Schuhladen. Die kleine Crescentia wurde Tante Maurels Lehrling. Sie konnte, als sie nach Paris kam, weder lesen noch schreiben. Aber sie hatte Phantasie und Temperament; sie plapperte unaufhörlich heraus, was ihr unaufhörlich einfiel. Sie plapperte sich in die Herzen der Leute. Sie war ein schönes Mädchen: ihre Formen waren plastisch; ihre Haut schimmerte blendendweiß; das kastanienbraune, nicht sehr lange Haar lag glattgestrichen an den Schläfen. Ein Grübchen machte die kleine, lebenslustige Person noch lustiger. Sie tanzte gern, sie schwatzte den Kunden gern etwas vor, sie stand gern in der Ladentür, lächelte die Passanten an und wurde von ihnen angelächelt.

Ein junger Mann – Mitte dreißig; langes, dunkelblondes Haar; nicht sehr groß; mildes Gesicht – ein vornehmer Jüngling ging auch vorbei, sah sie mit jenem werbenden Blick an, mit dem er schon tausend Pariser Mädchen gestreichelt hatte, und wurde von ihrer kleinen Grübchen-Munterkeit festgehalten. Immer wieder promenierte er an dem Schuhladen von Tante Maurel vorbei. Eines Tages wird er der Kleinen ein paar neckende Worte zugerufen haben. Eines Tages wird er ihr ein *billet doux* verschwiegen zugesteckt haben – das sie nicht lesen konnte. Eines Abends wird er ihr die ersten heimlichen Blumen zum Fenster hinaufgereicht haben. Viele Abende wird er ihr Gedichte ins Ohr geflüstert haben; und sie vernahm trotz seines holprigen Französisch die Sprache der Liebe. Dann ging er mit Tante und Nichte zum Tanz. War Madame Maurel eine Kupplerin? Nutzte sie es aus, daß ein begabter Elegant angebissen hatte? Gewiß ist nur, daß Heine nach den Jahren der leichten Liebesabenteuer mit den Hortensen, Jolanthen, Marien, Angelicen, Katharinen und Clarissen wieder an der Liebe litt. Offenbar sahen auch noch andere Flaneure die reizende Crescentia verlangend an. Offenbar gingen auch noch andere Kavaliere mit der kleinen Tanzboden-Ratte zum Ball. Da nahm sie Heine fort. Er setzte das kleine flatternde Ding in einen Liebes-Käfig; und machte ein Schild daran: »Mathilde«. Weil der Name Crescentia ihm »immer in der Kehle weh tat«? Er war ein Dichter und gewohnt, den Dingen Namen zu verleihen. Er schuf sie und benannte sein Geschöpf.

Man kennt viele Geschichten, wenn man ihr Resultat kennt. Auf diese Weise kennen wir auch das erste Zusammenleben von Henri und Mathilde. Er sperrte sie ein in die Gitter seiner Eifersucht; sie sperrte ihn ein in das Dickicht ihrer kindlich-ungebrochenen, durch keine Erziehung gemilderten Launen. Er wollte sich seinen Besitz sichern, indem er sie an die Grenze seiner Besitzer-Vernunft band; sie hatte nicht das geringste Interesse für seine verständigen Predigten. Sie wollte sich putzen, sie wollte auf Bälle gehen, sie wollte ihre Lebenslust austollen. Er hatte sie Nacht für Nacht im Arm – und konnte sie nicht erobern. Wer war sie? Der Doge von Venedig fuhr Jahr für Jahr hinaus und versenkte einen Ring ins Meer, zum Zeichen seiner Vermählung mit der Adria. Heine fand in dieser Geschichte das Symbol jeder Verbindung von Mann und Frau; der Mann »weiß nicht, was drin, was er heiratet: Schätze, Perlen, Ungetüme, unbekannte

Stürme«. Und das Rätsel Mathilde warf nach und nach aus dem verborgenen Grunde ihrer Natur ihrem Liebhaber zu: Schätze, Perlen, Ungetüme und unbekannte Stürme. Er war sehr verliebt, schmerzlich verliebt wie alle großen Liebenden: verliebt mit jener gefährlichen Liebe, die das einsame Eiland will, die alles auslöschen will, die in Liebe ertrinken will. Sie kannte diese Liebe nicht. Sie war ein Kind. Sie liebte Papageien und schöne Kleider und Henri und ein lustiges Fest und Champagner und noch tausend andere schöne Dinge der schönen Welt. Er war eifersüchtig, weil sie nicht die Welt auslöschte für ihn, wie er die Welt auslöschte für sie. Deshalb raste er heute gegen diesen, morgen gegen jenen Mann und übermorgen gegen ihren geliebten Papagei Cocotte: mit dem einen habe sie zu oft getanzt, mit dem andern habe sie zu intim geschäkert, und bei dem krächzenden, grellen Tier habe sie ihn vergessen. Mathilde, die nie wußte, was Liebes-Überschwang ist, weil die Liebe ihr Wesen nur wärmte, nie auflodern ließ, wird wie ein Kind empfunden haben, dem man dies und das und das verbietet – es weiß gar nicht weshalb und spürt nur die rätselhafte Last des unbegreiflichen Peinigers. Die Frau, die keine Isolde ist, muß Tristan als lästig empfinden. Sie wußte nicht, was er von ihr wollte; sie lehnte sich auf, weil sie ihn nicht begreifen konnte. Mal wird sie gebockt haben, mal wird sie nachgegeben haben, mal wird sie geweint haben, und mal wird sie den Kampf mit ihren beiden Kinderfäusten aufgenommen haben ... und immer wird sie den Henri als ein fremdes Wesen betrachtet haben, das schwer auf ihr lastete, das sie immer wieder im täglichen Kampf abwerfen mußte. Heine aber erfuhr, daß es keinen furchtbareren Krieg gibt als den immer vergeblichen Versuch einer Unterjochung elementar-eigenwilliger, der Vernunft wie der großen Liebe unzugänglicher Kinder. Er verlor sie täglich, schmerzlich; denn »schmerzlicher als der Verlust durch den Tod ist der Verlust durch das Leben«.

So litt er wieder an der Liebe. Die Narben der ›Jungen Leiden‹ fingen wieder zu brennen an. Er hatte geglaubt, die

Liebe, die ihn zehn junge Jahre so furchtbar gepackt hatte, wäre überwunden. Er hatte geglaubt, die Stürme der qualvollen Jugendliebe hätten ihn gefestigt. Er hatte geglaubt, ein für allemal den Strudeln entronnen zu sein, die ihn einst fast hinabgerissen hatten. Er hatte sich schon ganz sicher gefühlt: ein gereifter, gesetzter, besonnener Mann in den Dreißigern, der gelernt hatte, die Liebe in vielen flüchtigen Abenteuern zu dosieren. Aber es stand geschrieben, daß er »von dem großen Übel, den Pocken des Herzens, stärker als andere Sterbliche heimgesucht werden sollte«. Hätte man gedacht, daß diese vielen leichten Schattenrisse seiner Liebeslyrik noch einmal abgelöst würden durch das Hohe Lied des König Salomo, in dem allein er jetzt die mächtige Flut seiner Liebe gespiegelt fand?

Nach Monaten dieser Liebesqual floh er vor seiner Zeder vom Libanon nach Schloß Jonchère, zur Fürstin Belgiojoso, der italienischen Emigrantin, mit der er befreundet war. Auf ihrem Gut, in Marley bei St. Germain, kam er wieder zur Ruhe; ein anregender Kreis, die harmonische, charmante und geistreiche Fürstin machten ihn wieder heiter und gelassen. Von hier aus sah er sein Pariser Abenteuer mit den mondänen Augen der guten Gesellschaft, die in der Liebe des berühmten Dichters zu dem kleinen Bauernmädchen, zu einer Ladenmamsell, kaum viel mehr als einen etwas niedrig-perversen lächerlichen Hang erblickte: »Ich bin verdammt, nur das Niedrigste und Törichteste zu lieben.« Von Schloß Jonchère floh er weiter nach Boulogne: immer mehr Wälle türmte er auf; er schob auch die Arbeit zwischen sich und Mathilde.

Eines Dezember-Abends kam er wieder in Paris an. Er hatte noch Energie genug, nicht sofort in ihre Wohnung zu stürzen. Am Morgen aber nahm er Blumen in den einen Arm, einen Käfig mit einem Drosselpaar in den andern. Und dann blieb er zwanzig Jahre bei ihr, liebte sie innig; und seine Liebe war, wie im Lied des Königs Salomo steht, »stark wie der Tod«.

Mathilde wurde ein vielverschlungenes Gerank aus den zarten, liebeglühenden, melancholisch-neckenden Hymnen eines großen Poeten und dem plumpen Geraune einer kleinen Nachbarschaft. Mathilde wurde der Enthusiasmus eines Dichters und der Speichel im Munde zeitgenössischer Klatschweiber. Mathilde wurde das Hohe Lied auf die Frau, die dem armen Lazarus letztes Glück und letzte Hilfe in tiefster Not gespendet hat, und der Gassenhauer von der putzsüchtigen, dummen Gans, die ein vernarrter Gatte, der ein Genie war, in die Literatur brachte. Liebe macht blind – aber nur die Blinden, nie die Sehenden. Mathilde war nicht deshalb die einzige Frau, die den immer verliebten Heine halten konnte, weil Heine verblendet war, sondern weil sie sein Leben ergänzte. Man hält seit je zuviel von dem Gemeinsamen, das zwei in der Ehe verbinden soll. »Kantianer sucht Kantianerin zwecks Ehegemeinschaft«: diese unphilosophische Annonce ist die groteske Ausgeburt eines allgemein verbreiteten Irrtums vom Wesen der Zweisamkeit. Welchen Sinn sollte es haben, mit jemand zusammen zu leben, um sich zu verdoppeln? Jeder Mensch ist ein Fragment; das Fragment leidet an dem, was ihm fehlt: wo Zweisamkeit einen Sinn hat, ist sie eine Symbiose zwischen zwei Wesen, die einander jene Kräfte abgeben, welche dem andern fehlen. Hätte Goethe eine Frau heiraten sollen, welche die ›Wahlverwandtschaften‹ verstanden und dem Dichter gebildet auseinandergesetzt hätte, was er mit seinen Dichtungen sagen will? Was hätte Heine von einer Frau gehabt, die ›Das Buch der Lieder‹ wie ein Literaturhistoriker seziert hätte? Was hat Heine verloren, daß Mathilde sich bei seinen Freunden erst erkundigte, ob Henri wirklich so ein großer Dichter sei? Daß er ihr, genau wie »andere Sangeslichter«, ins Poesiealbum »versifizierten Firlefanz« hineinkritzeln mußte? Daß er, nach ihrer flüchtigen Lektüre der ›Reisebilder‹, schwören mußte, nie wieder Liebesworte an erfundene Gestalten zu richten? Daß Mathilde ihre Ansicht über Heine in dies göttlich schöne Urteil preßte: *»Heine, c'est un très-bon garçon, très-bon* *enfant; mais quant à l'esprit, il n'en a pas beaucoup!«?* Nichts hat er verloren! Und er hat das Köstlichste gewonnen: in seiner nächsten Nähe einen unverbildeten Menschen zu haben; Erholung von den Myriaden männlicher und weiblicher Blaustrümpfe, die ihn ekelhaft umschwirrten. Er brauchte nicht das Beifalls-Echo der Dichtersgattin; den Stuß, mit dem die Frau Gemahlin in Gesellschaft die Geistesfrüchte des reimenden Männchens auftischt; die untertänige Dienerin, die sich auslöscht, um keinen Blick abzuziehen von dem blendenden Gatten. Aber er, der Gebrochene, brauchte die ständige Nähe eines ungebrochenen Geschöpfs; der Tragiker brauchte den Duft des untragisch Elementaren. Mathilde gehörte zu den mächtigen Erd-Kräften, die ihn ans Leben banden. Wie war er glücklich über dies derbe, redliche, schlichtbürgerliche Wesen, das, mit einer ungeheuren Widerstandsfähigkeit ausgestattet, selbst durch den europäischen Ruf Heines nicht verleitet wurde, eine Nachbeterin ihres Mannes zu werden, eine dem Werk dienende Dichtersgattin! Also war Haus Heine ein »Puppenheim«? Heine war kein Pascha; er liebte in Mathilde das Fremde. Ihr höchster Reiz war für ihn: »ihre Unwissenheit«.

Nur keine Idealisierung dieser Frau, einer von Millionen! Nur keine Verklärung dieser Ehe, die mit schweren Spannungen geladen war! Heine war ein Mann, dessen starke Instinkte richtig wählten – aber er war auch ein Mann des Salons, nicht ohne eine gehörige Portion Eitelkeit; keineswegs unberührt davon, was seine so herzlich von ihm verachteten Mitmenschen über Mathilde dachten, flüsterten, sagten und schrieben. Er ließ Mathilde in den ersten Jahren nicht hereinkommen, wenn er Besuche empfing. Er opferte der bürgerlichen Gesellschaft, indem er Mathilde ins Pensionat schickte, damit sie hier nachhole, was sie bei den Kühen versäumt hatte. Er fand es selbst sehr komisch, daß sie nun die Reihe der ägyptischen Könige besser hersagen konnte als er. Aber eitel, wie er war, wollte er Staat mit ihr machen; so überwachte er ihre Fortschritte in Orthographie, Literatur,

Rechnen, Geschichte und Geographie. Vergebliche Liebesmüh. Er ließ ihr deutschen Unterricht geben, ohne daß sie es zu mehr als zu den Wendungen »Meine Frau« und »Nehmen Sie Platz« gebracht hätte. Sie ließ sich nicht kultivieren. Oder ließ es Heine, trotz seines Schielens nach gesellschaftlichem Beifall, doch an der nötigen Energie fehlen, weil er fühlte, daß hier kein Geist zu veredeln, aber eine Natur zu verkrüppeln war? Er tröstete sich: »Sie hat einen schwachen Kopf, aber ein ganz vortreffliches Herz.«

Das Gezischel der Leute von der Mesalliance des Genies mit der unbedeutenden Person war nicht die einzige Belastung. Mathilde war nicht nur ein Kind, das zufrieden am Strande der Normandie Muscheln suchte, das in einem großen braunen Strohhut die Beete ihres Gartens begoß, Früchte sammelte, Pflanzen setzte und Blumen pflückte – Mathilde war auch ein sehr ungezogenes Kind. Und Heine war nicht nur ein problematischer Geist, der sich an der elementaren Schönheit dieses naiven Daseins erbaute, sondern auch ein sehr sensibler, sehr nervöser Herr, dem die »tolle Laune«, die elementare Rücksichtslosigkeit dieses Quälgeistes oft furchtbar auf die Nerven ging. Sie war ungezügelt in all den tausend Ausbrüchen ihres heftigen Temperaments. Sie war »durchaus keine stille Seele«, durchaus nicht der Frieden eines Poeten. Sie war auch keine geduldige Seele; sie trug nicht, was sie drückte, sondern warf es ab, unter Donner und Blitz. Sie war sein Hausvesuv. Hatte sie eine von ihren nervösen Attacken, so zerbiß sie das Wasserglas, welches man ihr reichte, so krampfhaft, daß man ihr die Glasscherben aus dem Munde reißen mußte. Bekam sie ihren Willen nicht, so warf sie sich wild auf den Boden und gab furchtbar an, mit Weinen und Schreien. Heine behandelte ihre Füllen-Hysterie richtig: mit Lachen und Ironie. Sobald sie dann merkte, daß sie nichts erreichen konnte, sprang sie mit überreiztem Gelächter wieder auf und kapitulierte vor dem friedenssüchtigsten Sieger. Henri und Mathilde vertrugen sich sehr schnell – wenn er gesiegt hatte. Aber diese Siege nahmen ihm viel

Kraft. Mathilde hielt ihn Tag und Nacht in Atem, mit Widerspruch und Liebe. Und der Feind aller »Entsagungspoesie« seufzte tief auf: »Das Platonische hat auch sein Gutes!«

Die Ehe-Schnüffler, die Schlafzimmer-Ethiker, die diese Verbindung katechisierten, fragten mit strenger Miene: Hat er sie wirklich geschlagen, wie in den Chroniken zu lesen steht? Er ist mit ihr ins Dorf Vinot gefahren. Er kramte an der Stätte ihrer Jugend aus der Truhe ihrer Mutter das Hemdchen jenes Babys heraus, das jetzt seine Frau war – und betrachtete dieses Hemdchen zu Haus, am Schreibtisch, während ihrer Abwesenheit, wie die Reliquie einer Göttin. Er zelebrierte in Vinot einen Kult der Erinnerung an jene kleine, Kühe hütende Heilige, die jetzt die unheilige, dicke Madame Heine war. Aber hat er sie nicht (nach dem Bericht von Augenzeugen) gehauen: »wie der erste beste Droschkenkutscher«? Augenzeugen sehen oft nur mit den Augen. Sie sehen die Gebärden einer Szene, aber können sie nicht recht deuten. Heine war jähzornig, Mathilde hatte keine Gewalt über sich. Da werden sie schon hier und da »wie kleine Köter« aneinandergeraten sein. Wer hat angefangen? Wer hat den Kampf aus der Zone der Worte in die Zone der Muskeln verlegt? Es ist nicht wichtig; aber ein Würdenträger stand dabei und notierte etwas auf über die Würde, über die Unwürde des Ehemanns Heinrich Heine. Inzwischen malte dieser Ehemann auf ein Stück Papier die vielen Zeugnisse seiner Würde, die ein reifer Humor war. Während Mathilde mit einer alten, tauben Magd zankte, während ihr Papagei nervenzerreißend quarrte – löschte der Dichter diesen ganzen häuslichen Klamauk aus, indem er ihn in Verse bannte:

Lächelnde Weiber! Plappern immer,
Wie Mühlenräder stets bewegt!
Da lob' ich Deutschlands Frauenzimmer,
Das schweigend sich zu Bette legt.

So löste er seine alltäglichen Konflikte in Melodien auf. Er sperrte das laute, tolle, launische Kind Mathilde in leichte Strophen ein; er lächelte die Unruhe des Hauses fort mit humoristischer Lyrik.

Vor der amtlichen Moral gilt kein Lächeln der Poeten. Heine war ein würdeloser Ehemann – und Mathilde eine ›Grisette‹. Man verglich sie mit Therese Lavasseur, der Geliebten Rousseaus. Man bezeichnete Heines Haushalt als Grisettenwirtschaft. Was wußten die Bewohner des Teutoburger Waldes von den Pariser Grisetten? »Haben Sie schon eine echte Pariser Grisette gesehen?« fragte Heine. »Rund, drall, ewig heiter, liebenswürdig, treu und ehrlich? Sie müssen durchaus keinen deutschen Begriff in das Bild mischen, sonst beschmutzen Sie es; Mathilde ist nicht leidenschaftlich, aber auch nicht sentimental; sie ist durch und durch gut, keine Geliebte im lyrischen Sinne, aber eine Freundin, wie es eine Französin nur sein kann.« Zwischen den Menschen derselben Zeit können Abgründe liegen. Die Hamburger Bürger von 1840 und die Pariser Grisetten von 1840 waren mehr als fünf Erdteile voneinander getrennt. Sie sprachen nicht nur nicht dieselbe Sprache; die Worte der einen Rasse bedeuteten das Gegenteil von den Worten der anderen. Heinrich Heine aber hatte das Pech, zu zwei Rassen zu sprechen, auf beiden Seiten des Abgrunds zu stehen: auf der einen Seite, die ihn für sich und für ihre Begriffe vom Leben in Anspruch nahm, durch seine Herkunft – auf der andern Seite durch seine Art. Vergeblich sang er den deutschen Bürgern seine Grisetten-Lieder, Verherrlichungen des unkostümierten Lebens; im besten Falle verzieh man dem Sänger dieses Hurenvolk, weil er europäischen Ruhm hatte. Nur wenige konnten sein Leben vorurteilslos sehen; etwa Grillparzer. Er schilderte die kleinen Stuben, in denen Heine mit zwei Mädels zusammenwohnte, von denen er das eine als seine »Kleine« vorstellte. Aber er nahm aus der »tollen Wirtschaft«, in der die beiden Weiber unaufhörlich die Betten durchstöberten, während Heine ihnen vergnügt zusah, den Eindruck eines sympathischen Leichtsinns mit. Sicher war Mathilde keine züchtig waltende Hausfrau mit Schlüsselbund, Autorität bei den Dienstboten und Zehenspitzen-Ängstlichkeit vor dem Arbeitszimmer des Mannes. Sicher war Mathilde eine große Schlampe: ließ am Personal ihren Ärger aus, statt es zu planmäßiger Arbeit anzuhalten; trieb sich mit der Gesellschafterin Pauline jeden Vormittag im Bois de Boulogne oder in den Putzläden herum, statt ihre Wirtschaft in Ordnung zu bringen; und wenn Heine mittags fragte, was es zu essen gäbe, antwortete sie: Hammelbraten; weil er Hammelbraten haßte und sie dann zu Vefour zum Sekt-Essen einlud. Mathilde erschütterte durch zwanzig Jahre seine Finanzen, weil sie nicht wußte, was Geld ist. Und durch zwanzig Jahre nannte er sie immer wieder mit lächelnder Resignation »die süßeste Verbringerin, die je auf der Welt ihren Mann gequält und beglückt«. Ernste Männer mit langen Bärten und doppelter Buchführung haben es sich nicht nehmen lassen, die verschwenderische Ausbeuterin al fresco zu malen, wie sie dem armen, sich abschuftenden Dichter das Geld aus der Tasche zog. Mußte sie bei Vefour essen und Sekt trinken, statt fürs Mittagessen zu sorgen? Mußte sie von ihren Spaziergängen die teuersten Spitzen mitbringen, die Henri dann noch als »Gelegenheitskäufe« zu bewundern hatte? Konnte sie ihre Passion für Leinen nicht eindämmen? War jene grüne Robe nötig, die Heine die Vitzliputzli-Robe nannte, weil sie soviel kostete, wie ihm sein Vitzliputzli-Gedicht im ›Romanzero‹ eingebracht hatte? Heine seufzte unaufhörlich, daß er »im schönsten, kostspieligsten Frieden« lebe; aber nie erzwang er ein sparsameres Leben, wie er auch allen anderen bürgerlichen Mängeln dieses »tollen Engels« nie ernsthaft begegnete. Er hatte eine geheime Sympathie für diese Mängel, die aus ihrer Natur flossen, die nie die Gier eines raffinierten Schmarotzers waren. Er war ein Kind und liebte das Kind. Er war ein Humorist, ein wissendes Kind – und schnörkelte in das Kinderspiel die Überlegenheit des Wissenden:

Trägt nach einem Shawl Verlangen
Deine Frau, so kauf' ihr zwei;
Kauf' ihr Spitzen, goldne Spangen,
Und Juwelen noch dabei.

Henri und Mathilde, das war die Ehe zweier Kinder: des Kindes Mathilde, das nie eine Erwachsene wurde, und des Kindes Henri, der über das Erwachsensein hinausgewachsen war.

In seinen Skizzen ›Shakespeares Mädchen und Frauen‹ wundert sich Heine, daß Shakespeare den Romeo zuerst die Rosalinde lieben läßt, bevor er die Julia liebt. »Ach, wenn man zum zweitenmal im Leben von der großen Glut erfaßt wird, so fehlt leider dieser Glaube an ihre Unsterblichkeit, und die schmerzlichste Erinnerung sagt uns, daß sie sich am Ende selber aufzehrt.« Heine liebte zum zweitenmal; er dachte daran, »daß unsere wildesten und herrlichsten Gefühle sich mit der Zeit in eine zahme Lauheit verwandeln, daß wir die Augen, die Lippen, die Hüften, die uns jetzt so schauerlich begeistern, einst mit Gleichgültigkeit betrachten werden«. Voll Sorgen fragte er sich: »Wie werde ich ihre Launen, ihren Lärm, ihre Schlamperei ertragen, wenn nicht mehr der Wohllaut ihrer Stimme und die Gracie ihrer Art ihre Unarten fortzaubert?« Aber diese ab und zu aufblitzende Zukunftsangst, diese Sorge, daß dies Abenteuer einmal schrecklich enden werde, wurde verdeckt von dem großen Liebesleid, das ihn bis zum letzten Tag quälte: von seiner Eifersucht. Hier verließ ihn der Humor, hier verließ ihn die Kraft des Wortes, das ihn so oft befreien konnte. Er ließ sie zwar mit Freunden in den Zirkus und ins Theater gehen. Er ging selbst mit ihr in Konzerte und auf Bälle, obwohl er nicht tanzte; denn »die Liebe befestigt kein Mietskontrakt, die bedarf der Freiheit, um zu bestehen und zu gedeihen«. Mathilde war nicht die Haremsfrau eines Sultans. Aber er litt an der Phantasie seines Mißtrauens. Er kämpfte mit seiner Einbildung; und dieser Kampf war grotesk wie jede Don-Quichotterie. Hatte der Student am Nebentisch nicht Mathilde fixiert? Heine sprang auf, schlug zu. War Mathilde nicht schon seit zwei Uhr fort? Wollte sie nicht schon um vier Uhr zurück sein? War es jetzt nicht schon acht? Gott sei Dank, ihr Papagei Cocotte ist noch da – dann kommt sie bestimmt nach Haus. Er fuhr nach Hamburg, um seine Mutter nach zwölf Jahren wieder zu sehen. Er schrieb Mathilde, die er in Paris zurückgelassen hatte, glühende Briefe: es würde ihn glücklich gemacht haben, sie beim Familientanz »mit ihrem dicken Popo herumwirbeln zu sehen«. Aber stärker als seine Sehnsucht war die furchtbare Angst, er könne sie verlieren. Immer wieder durchzittert diese Briefe: »Du bist die einzige Freude meines Lebens. Mache mich nicht unglücklich.« Er warf sich vor, daß er sie zurückgelassen hatte. Er beschwor sie, ihn nicht zu erzürnen. In seinen Briefen wurde Paris ein großer Abgrund, voll von Gefahren für ein kleines ahnungsloses Mädchen – und der abwesende Heine wurde ein allgegenwärtiger Gott, dessen Auge in jedem Moment prüfend auf ihr ruhte: »Ich weiß alles, was Du tust, und was ich jetzt nicht weiß, werde ich später erfahren.« So schüchterte er sie ein; aber sein Mißtrauen war noch größer als der Glaube an die Macht seiner zwingenden, magischen Drohungen. Er fand keine Ruhe. Seine aufgeregte Phantasie umkreiste die ferne Mathilde Tag und Nacht; und immer wieder porträtierte er sich als ihren treuen »Schäfer«, dessen Hut sie nicht verlassen dürfe, und porträtierte sich zugleich, da er kein Vertrauen zu ihrer Einsicht hatte, als ihren »Hund«. Als ihren »Hund« zu den Füßen der Herrin Mathilde oder als ihren Wächter-»Hund«, der unbarmherzig jedem Dieb an die Waden gehen würde. Hier, in Mathilde, war Heine verwundbar. Hier konnten ihn seine zahlreichen Feinde treffen. Sie konnten sie ihm stehlen. Sie konnten sie in eine Falle locken, um ihn zu kompromittieren. Heine zitterte – wie er nie in seinem Leben, nicht vor dem Kampf und nicht vor dem Tod, gezittert hat.

Heine, der Zyniker, der Dichter lockerer Verse, legte den

größten Wert darauf, daß sein Ehestand »ebenso moralisch wie der beste in Krähwinkel« sei. Heine, der frivole Heine, war sehr empfindlich bei der geringsten nicht respektvollen Äußerung über sein Verhältnis zu Mathilde. Er verdachte es einem französischen Freund, daß er ihr respektlos ins Stammbuch schrieb: *»Il n'y a qu'un seul moyen de se défaire d'une maîtresse. Il faut en faire sa femme«;* man wird seine Mätresse nur los, wenn man sie heiratet. Er, der mit Gott nur ironisch zu verkehren pflegte, ließ ihr das Kruzifix und das wächserne Jesusbild in ihrem Zimmer und vermied ängstlich jede Erschütterung ihres Glaubens; nur über »Lütheer«, den Heine für den größten Deutschen und Mathilde für einen abscheulichen Ketzer hielt, konnten sie sich nicht einigen. Als er sie nach vielen Jahren heiratete, ließ er sich in der Kirche Saint-Sulpice mit ihr katholisch trauen.

Mit der Trauungsurkunde empfing er die Instruktion: »Jeder Christ sollte wissen, daß die Ehe nicht nur ein Übereinkommen ist, um den Gatten bürgerliche Rechte zu geben, sondern auch ein von Jesus Christus selbst eingesetztes Sakrament, das die Vereinigung von Mann und Weib heiligt.« War der Christ-feindliche Heine fromm geworden? Der frisch Eingesegnete gab einen Hochzeitsschmaus – nur für die wilden Ehen unter seinen Bekannten. Er karikierte seine Situation als Ehemann: »Ich treibe Monogamie.« Ist das zu vereinigen: die feierliche Handlung in Saint-Sulpice und die Ironie des Hochzeitsfestes? Heine blieb immer Heine: die junge Nähterin Frisette, mit der Mathilde ihn einmal ertappte, wird nicht seine einzige Extratour gewesen sein; er wird Monogamie getrieben haben, wie man für Wochen Spanisch oder Stenographie treibt. Für ihn war die positive Religion ein Schutz, für ihn war die Heiligkeit der Ehe ein Damm gegen Verführer; denn »jede Pariserin ist in fünf Minuten verführt«. Er war nicht einverstanden mit dem »Weiber-Emanzipations-Enthusiasmus«; nicht aus Frömmigkeit, aus Pfaffen-Klugheit respektierte er Mathildes Glauben – wie er in den ›Geständnissen‹ zugab: »Der Unglauben ist in der

Ehe jedenfalls gefährlich.« Jemand fragte Napoleon, weshalb er die Schwarzen nicht emanzipieren wolle. »Weil ich weiß bin«, antwortete der Kaiser. »Und ich, ich bin – verheiratet!« setzte Heine hinzu. Auch in der Ehe war er, wie in der Politik, konservativ aus Pessimismus.

Mathilde war dick geworden. Sie wog jetzt 180 Pfund. Aber gehörte immer noch zu jenen französischen Kaminen, von denen Heine sagte, daß sie schlechter wärmten als die deutschen Öfen, aber daß man bei ihnen das Feuer lodern sähe. Mathilde wärmte nicht »treu und scheinlos«, aber ihr buntes Lodern, ihr farbiges Geprassel elektrisierten Heine noch nach zwanzig Jahren. Sie war sein Gedicht; auch andere bewunderten in Mathilde die bildschöne, naive und anmutige Französin »mit ihrer üppigen Figur und dem wundervollen, matten, samtartigen Teint«. Andersen, der Märchenerzähler, fand in ihr eine »lebhafte, nette, junge Frau«. Während Heine im Nebenzimmer ein Gedicht für ihn schrieb, spielten Andersen und Frau Mathilde, die zu dem Dichter sofort Vertrauen hatte, mit den Nachbarskindern, welche gerade in ihrem Zimmer waren.

Onkel Salomon war allerdings kein Märchenerzähler und Hamburg war kein Märchen. Als Heine ein Jahr nach seiner ersten Deutschlandfahrt mit einer stattlichen Dame im einfachen grauen Reisekostüm aus dem Le Havre-Boot ausstieg und den Hamburger Landungssteg betrat, gab es sofort den ersten, gar nicht märchenhaften Zwischenfall. Heines Schwager nahm der Dame galant den Kasten ab, den sie trug; ließ ihn aber sehr schnell, sehr ungalant fallen: Cocotte, der Papagei, hatte ihn in den Finger gebissen. Mathilde flammte empört auf: erst war der arme Cocotte seekrank, jetzt behandelten ihn die Hamburger Tölpel so elend – wahrscheinlich verfluchte sie schon in diesem Moment die ganze Reise zu Henris Familie. Die Szene auf dem Landungssteg war keine gute Einführung bei den neuen Verwandten. Vielleicht hätte eine raffiniertere Person sich in die Gunst einer Familie eingeschmeichelt, die zunächst einen lästigen Eindringling in ihr sehen mußte. Mathilde, mit ihren zwei Brocken deutsch, eine unnachgiebige, kindlich-selbstsüchtige Fremde, lastete kalt und fremd in dem fremden Clan wie ein erratischer Block. Stumm saß sie an der Tafel des Onkels, der eine Abneigung gegen Unterhaltungen in fremder Sprache hatte; verstand kein Wort, das gesprochen wurde; fühlte sich gehemmt durch die steife Förmlichkeit der Hamburger Etikette – und aß die Traube auf, die der Onkel lediglich als Schaustück in seinem Traubenhaus gezogen hatte. Dann erfand sie eine schwere Erkrankung ihrer Mutter und floh nach vierzehn Tagen.

Nun war es auch mit Heines Ruhe zu Ende. Er rief ihr mit derselben rührenden Angst, die er schon vor einem Jahr durchlitten hatte, nach: »Bleibe ruhig in Deinem Neste, mein armes Täubchen; zeige Dich nicht öffentlich, damit niemand meiner Bekannten erfährt, daß Du ohne mich in Paris bist.« War sie so unzuverlässig, ein Raub des ersten besten Verführers? Heine hatte nur die Phantasie für die Wirklichkeit und die ausschließliche Liebe. Diese ausschließliche Liebe, die sich immer mehr in der Sorge für Mathildes Zukunft auslebte, stürzte ihn jetzt in seinen aufreibendsten Streit.

Krieg gegen die Sippen

Wovon lebten unnütze Mitglieder der menschlichen Gesellschaft wie Heine? Vom ererbten Geld oder von einem fremden Beruf oder von einem zufälligen Mäzen oder in der Dachkammer. Heinrich Heine, Fabrikant nicht gefragter Güter, von Haus aus arm, ein gescheiterter Kaufmann, ohne Beruf – schrieb Gedichte über eine unglückliche Liebe, Reiseberichte, Essays. Aber davon konnte er, trotz seiner frühen literarischen Erfolge, nicht leben. Um so weniger, als er sich viele Beziehungen durch seine oppositionelle Haltung zu den Herrschenden, seine Ehe, seine Abenteuer, seine Zynismen verscherzt hatte. Aber Heine wollte nicht nur leben, sondern auch gut leben: er war von Geburt arm; leistete sich den Luxus der kompromißlosen Produktion – und führte ein Leben wie ein gutsituierter Angestellter. Diese Unstimmigkeit führte ihn in Abhängigkeiten; sie machte sein Leben zweideutig. Denn die Deutschen setzten, wie Gutzkow es damals glossierte, wohl Goethe und Schiller und Lessing Denkmäler aus Stein; aber sie kauften nicht Heine ein Landgut, was die Franzosen für Berryer taten, zahlten nicht Heines Schulden, wie die Engländer die Schulden Scotts.

So lebte Heine von Mäzenen: von der Louis Philippe-Regierung, vom Baron Rothschild, dem »Nero der Finanz«, der Heine bei seinen Börsenspekulationen, zum Beispiel bei der Aktienemission gelegentlich des Baus der französischen Nordbahn, gewinnbringend unterstützte; der Heine bei »fast jeder seiner großen Operationen, oft auch gänzlich unaufgefordert« beteiligte; der Heine zuweilen in der geschickten Form eines für ihn getätigten Aktiendifferenzgeschäftes etwas zukommen ließ. Der Baron scheint ein charakteristischer Mäzen des neunzehnten Jahrhunderts gewesen zu sein: er lud die Rossinis und Meyerbeers und Heines ein – mit Verachtung für die schlecht verdienenden Genies; und schwärmte nur für tote Dichter, »die aller irdischen Geldnot entrückt sind«. Balzac karikierte ihn als Baron Nucingen. Der Schlachtenmaler Horace Vernet malte ihn auf einem Bilde als fliehenden Juden, der sich nicht um das Gemetzel kümmert, sondern nur sein Kästchen mit Gold und Edelsteinen zu retten sucht. Und der Gold-Pascha malte sich sein Selbstporträt in diesen Worten: »Was tue ich mit all den faulen Schriftstellern und Künstlern? Wenn ich will, kaufe ich sie dutzendweise.« Heine antwortete: »Wohl möglich, aber wie werden Sie es anfangen, wenn Sie gekauft haben, sie mit einem guten Verdienst wieder loszuwerden??« Nach den Anekdoten, die überliefert sind, scheint Heine den Baron nicht selten gehänselt zu haben. Als er wichtig bemerkte, daß das trübe Wasser der Seine in der Nähe der Quelle klar und hell sei, stichelte Heine: »Ihr Herr Vater soll auch ein sehr rechtschaffener Mann gewesen sein.« Als Rothschild ihn fragte, warum ein Wein ›Lacrimae Christi‹ heiße, schlug Heine zu: »Übersetzen Sie nur! Christus weint, wenn reiche Juden solchen Wein trinken, während soviel arme Menschen Hunger und Durst leiden.« Und als Rothschild seinen im Renaissance-Stil erbauten Palast mit der üblichen koketten Frage präsentierte: *»Comment trouvez-vous mon chenil?«*, soll Heine ihm ins Ohr geflüstert haben: »Wissen Sie, daß chenil Hundehütte heißt? Wenn Sie so schlecht von sich denken, verschweigen Sie es wenigstens.« Aber echt heinesch: er kitzelte ihn – und blieb sein Freund; und leistete ihm für geleistete Dienste den Liebesdienst, ein gegen die Rothschilds geschriebenes Buch zu verhindern. Im selben zweideutigen Verhältnis wie zum Regime Louis Philippe, wie zu Rothschild stand er zu dem kleinen Rothschild von Hamburg, zu dem Millionär Heine, seinem Onkel und Mäzen. Salomon Heine war ein gutmütiger Tyrann: aufbrausend, launisch, mit einem Zug zu opernhafter Mildtätigkeit. Heute stand er unerkannt in einer Kneipe, hörte die Klagen des Wirts – und half im geheimen. Morgen sah er ein armes Mädchen in einer Kapelle knien –

und schüttete ungesehen einen kleinen Geldberg neben sie. Dann wieder spielte er den Harun al Raschid für einen kleinen Theaterarbeiter. Alle diese Szenen waren die Extratouren eines sparsamen Millionärs. Er hielt die Groschen zusammen – und machte große Stiftungen; er schenkte, aber ließ sich nichts schenken: »Ich nehme aus Grundsatz von keinem ein Geschenk, und alle lassen es und verschonen mich.« Er war sarkastisch; den Sarkasmus des Dichters verdaute er nicht.

Dieser rechnende Mäzen gab dem dichtenden Neffen Geld, weil er der Sohn des Bruders war und weil Salomons Vorgänger, die Mäzene früherer Jahrhunderte, auch ihren Poesie-Etat hatten. Konnte der solide Onkel mit freudigem Herzen einem Manne Geld geben, der unsolide war, sich ohne Beruf herumtrieb, obwohl er für Salomons schweres Geld viele Jahre studiert hatte. Einem Manne, von dem die Sätze kursierten: Meine Mutter hat schönwissenschaftliche Werke gelesen und ich bin ein Dichter geworden, meines Onkels Mutter dagegen hat den Räuberhauptmann Cartouche gelesen und Onkel Salomon ist Bankier geworden? Der in gemeinen Pamphleten das besitzende Bürgertum, Onkel Salomons Brüder, angriff? Der die leichten Mädchen noch großartig besang? Der über den Onkel an ein neues Familienmitglied schrieb: »Fürchte Dich nur nicht gleich, wenn er brüllt, ist er doch sonst gut und edel, am umgänglichsten aber in der Fütterungsstunde«? Mußte der herrische Hamburger Rothschild sich nicht fragen: unterstütze ich den Schlingel für diesen gesellschaftsfeindlichen Schnickschnack? Und oft genug zog er sich auf die harte Weisheit zurück: wer nicht hören will, muß fühlen. Der Student Heine, »kein delikater, zartfühlender Jüngling, der rot wird, wenn er Geld borgen muß«, nahm die Wechsel, muckte auf gegen die despotische Art des Paschas von Hamburg, kroch zu Kreuze, wollte sich frei machen von der unwürdigen Abhängigkeit, weil er nicht groß genug sei, um eine Erniedrigung zu ertragen, regte sich auf über Salomons Schwiegersöhne, die gegen ihn intrigierten

– und ließ sich weiter von dem »goldigen Onkel« unterstützen, obwohl die frechsten Gegner im Hause seines Onkels verkehrten, von seinem Onkel unterstützt wurden. Obwohl der Onkel nicht ungern die Niederlagen seines Neffen buchte – und nach Platens Angriff ihn mit den Worten reizte: aber, ohne Schmeichelei, Henry, der Platen hat Dir gut getrefft.

Seit seiner Übersiedlung nach Paris erhielt Heine eine Jahresrente von 4000 Francs; seine schriftstellerischen Arbeiten brachten ihm damals nur 3000. Als dann durch den politischen Boykott seiner Bücher, durch den Ruin eines Freundes, bei dem er Geld deponiert und für den er obendrein noch gebürgt hatte, seine Finanzen in furchtbare Unordnung gerieten, bat er den Onkel um Hilfe. Salomon Heine antwortete mit Anklagen: wieder war der Bruch zwischen Onkel und Neffe da; wieder lenkte Heinrich Heine ein – mit der stolzen Unterwürfigkeit des bittenden Vorwurfs: »Sagen Sie mir, warum der Mann, der so weich fühlt, so mitleidig, so barmherzig ist gegen fremde Menschen, sich jetzt so hart zeigt gegen seinen Neffen?« Ein Jahr später war der Onkel in Paris. Mathilde gefiel ihm. Die Berühmtheit des Neffen wird nicht ganz ohne Eindruck gewesen sein. Er erhöhte die Rente auf 4800. Mathilde sollte nach Heines Tod die halbe Rente beziehen. Salomons Briefe an Heinrich waren damals kurz und herzlich; voll neckender Anspielungen auf die hochmütigen Worte seines frechen Neffen, der einst dem Onkel ins Album geschrieben hatte: »Lieber Onkel, geben Sie mir 100 000 Mark und vergessen Sie auf ewig Ihren Sie liebenden Neffen.« Onkel und Neffe waren beide aus einem Holz, liebten sich im stillen, hackten mit Vorwürfen von der einen Seite, mit eleganten Unverschämtheiten von der anderen Seite aufeinander herum – zwei Souveräne, die einander anerkannten und miteinander jahrelang scharmützelten.

In Heinrich Heines vierzigstem Lebensjahr war dieser Krieg beendigt. In seinem vierzigsten Jahr stabilisierten sich seine Finanzen. Er hatte seinem Verleger den Erlös aus seinen Werken für elf Jahre abgetreten. Damit konnte er seine

Schulden abdecken. Als er in Hamburg war, vereinbarte er mit Campe eine feste Rente: für die ersten vier Jahre, die schon bezahlt waren, je 200 Mark, von 1848 ab 1200 Mark, von 1853 ab 1500 Mark. Diese Rente sollte nach seinem Tode Mathilde ausbezahlt werden. Endlich war er heraus aus den Kalamitäten, endlich verließ ihn die schwerste Sorge: Mathildes Zukunft. Da starb im Dezember 1844 der Onkel. Heinrich Heine hatte ihn mehr geliebt, als seine boshaften Aperçus zugegeben hatten. Die Todesnachricht traf ihn schwer: »Mir sagte er viel Hartes, er hat diesen Sommer mir in der Aufregung sogar einen Schlag mit dem Stock gegeben. – Ach Gott! Wie gerne bekäme ich wieder meine Schläge.« Salomons letzte Verfügungen machten ihm keine Sorgen. Zu Unrecht. Salomon Heine hatte den öffentlichen Wohltätigkeitsanstalten in Hamburg und Altona große Legate vermacht; er hatte seine Schwiegersöhne, deren Kinder, viele Neffen reichlich versorgt; Heinrich Heine und seine Brüder erhielten nur ein paar tausend Mark. Genau bedacht waren das Betty-Stift mit 3000 Mark, der Verein für nützliche Gewerbe unter den Israeliten mit 8000 Mark, der Feuerungsverein, der Brot- und Suppenverein, der Frauenverein, der Verein für Greise, Männer und Weiber, der Krankenpflegeverein, der Mieteverein, der Witwenverein, die Schillingssammlung für alte Jungfern, der Gärtner in Ottensen nebst Töchtern, der Kutscher, der Unterkutscher, der Reitknecht: von Heinrich Heines Rente – kein Wort! Im Testament stand noch die Drohung: wer diesen letzten Willen anfechten würde, verlöre damit sein Erbteil. Der Haupterbe, Salomons Sohn Karl, ließ in einer kühlen Benachrichtigung an seinen Vetter Heinrich durchblicken, daß er die Auszahlung des kleinen Legats noch von des Dichters Versprechen abhängig machte, nie gegen ein Mitglied der Familie Karl Heine zu schreiben. Heinrich raste: »Ich will mein Recht, und müßte ich es mit meinem Tode besiegeln.« Er besaß Zeugnisse für seinen Anspruch von des Onkels eigener Hand. Der Komponist Meyerbeer bezeugte schriftlich, daß Salomon diese

Rente, die er durch Meyerbeers Vermittlung dem Neffen zugebilligt hatte, auf Lebenszeit festgesetzt hatte: sie sollte den Dichter in alten Tagen vor Sorge schützen.

Heine wollte den Sensationsprozeß. Er wollte den Machtkampf; er wollte die Zeitungen aufwiegeln, seine Freunde Meyerbeer, Lassalle, Varnhagen, Fürst Pückler vorschicken, Memoiren schreiben, den Vetter Karl vor Gericht zermürben. Er ließ Salomons Schwiegersöhnen die Anfahrt »ungeheurer Mistkarren« ankündigen. Ihm mache es nichts aus, an dem Klatsch-Pranger der öffentlichen Meinung zu stehen; er sei es gewöhnt und könne sich in den »Purpurmantel« seines Ruhms hüllen. Aber die lieben Verwandten, die ehrbaren Bürger? Er forderte Lassalle, den Helfer, auf, »dem Bären die Daumenschrauben« anzulegen: »Schonen Sie kein Mittel, den Bär zum Tanz nach unserer Pfeife zu bringen.« Sein Revolver war immer der öffentliche Skandal, er wollte mit Mist schießen, Macht gegen Macht; Heine ist auch der große Klassiker des Revolver-Journalismus. Er drohte: »Mein Schwert ist meine Feder.« Dieses Schwert sollte mit der Unritterlichkeit der Goldmächtigen kämpfen – nicht nur in diesem Kampf. Später, im Kampf gegen Lassalles Schwager, sublimierte er die Revolver-Schriftstellerei; weil er erkannte, daß er durch die Furcht vor seiner Feder mehr ausrichten könne als durch die Feder selbst – »und die große Aufgabe sei, diese Furcht gehörig auszubeuten«.

Man riet ihm zur Nachgiebigkeit. Heine, immer aufbrausend und immer schnell zugänglich einem guten Wort, bot als Friedenspfand: die ehrenwörtliche Verpflichtung, kein Mitglied der Familie Karl Heine anzugreifen; er wolle seinen »Privatgroll verschlucken und gar nicht über das Lumpenpack schreiben, das sich alsdann seines obskuren Daseins ruhig erfreuen mag«. Er war sogar bereit, die Schuld am Streit der Öffentlichkeit gegenüber auf sich zu nehmen. Karl Heine blieb unerbittlich. Er ließ das Legat auszahlen; die Rente bewilligte er nicht. Wie ist diese Feindschaft zu erklären?

Weshalb setzte Salomon Heine, der ein seitenlanges, detailliertes Testament gemacht hatte, in dem nicht einmal die Töchter des Gärtners vergessen waren, die Rente des Neffen nicht testamentarisch fest? Weshalb zahlte der Vetter Karl, den Heinrich während der Pariser Cholera hingebend gepflegt hatte, die Rente nicht aus? Aus Geiz – nachdem er dreißig Millionen geerbt hatte? Es gibt nur eine plausible, allerdings nicht beweisbare Lösung: Salomon, immer von seiner nächsten Umgebung gegen seinen Neffen beeinflußt, wollte die Regelung seinem Sohn überlassen. Und Karl, »Heines intimster Jugendfreund und Blutsverwandter«? Karl war verheiratet mit einer Pariserin, einer Fould-Furtado. Die Interessen dieser Foulds hatte Heinrich Heine »gekreuzt«; er hatte die Kammer-Deputierten Achille und Benoit Fould in der ›Allgemeinen Zeitung‹ recht heftig durchgehechelt. Das ließ ihn Karl Heine jetzt entgelten; er brauchte den Abhängigen, auf seine Gnade Angewiesenen. Hatte Cécile Furtado noch einen anderen Grund, Heine zu hassen? War etwas zwischen ihnen gewesen – und sie verzieh ihm Mathilde nicht?

Vom Prozeß war Heine abgekommen; er wollte nur noch den Skandal, von dem er sich mehr versprach. Er bot Laube und Schücking, Ferdinand Lassalle und Varnhagen auf. Fürst Pückler, sein Freund, wandte sich an Karl Heine. Der Dichter machte sich nur in Briefen an die Freunde Luft: grollte und fluchte und drohte und klagte – ein wimmernder Herkules, bald mitleiderregend in seiner Ohnmacht, bald furchterweckend, wenn er mit der Schreibkeule ausholte.

Da erkrankte er schwer auf dem Wege in das Pyrenäenbad Barèges. Er mußte in einer Sänfte über die Berge getragen werden. Man meldete fälschlich seinen Tod aus Glockenthal bei Thun. Karl Heines Härte schmolz; er hatte keinen Haß über das Grab hinaus. Im November 1846, gleich nach seiner Rückkehr, zehn Jahre vor seinem Tod, machte Heinrich sein erstes Testament: »Obgleich ich von der Natur und vom Glücke mehr als andere Menschen begünstigt ward; obgleich es mir zur Ausbeutung meiner Geistesgaben weder an Verstand noch an Gelegenheit gebrach; obgleich ich, aufs engste befreundet mit den Reichsten und Mächtigsten dieser Erde, nur zuzugreifen brauchte, um Gold und Ämter zu erlangen: so sterbe ich dennoch ohne Vermögen und Würden. Mein Herz hat es so gewollt, denn ich liebte immer die Wahrheit und verabscheute die Lüge. Meine Hinterlassenschaft ist daher so geringfügig, und ich sehe mit Betrübnis, daß ich meine arme Ehefrau, die ich, weil ich sie unsäglich liebte, auch unsäglich verwöhnte, verhältnismäßig mit ihren Bedürfnissen in einem vielleicht an Dürftigkeit grenzenden Zustande zurücklasse.« Immer war Mathilde der Mittelpunkt seiner Geldsorgen.

Wenige Tage später kam ein Brief Karl Heines, der allen Streit beendete; wenige Monate später trafen die Vettern in Paris zusammen. Karl hatte immer noch einen solchen Respekt vor Heinrichs Wortpfeilen, die er im Schreibtisch vermutete, daß er drohte: selbst wenn nach Heinrichs Tod und wider Heinrichs Willen einer seiner Angriffe auf Karls Familie gedruckt würde, zöge eine solche Veröffentlichung für Mathilde den sofortigen Verlust der Pension nach sich.

Heinrich Heine vergaß nie diesen Streit, den er vor allem um Mathildes Zukunft geführt hatte. Einmal übermannte ihn das Gefühl; als ihm Karl zum Pfande seines feierlichen Versprechens, immer für Mathilde zu sorgen, die Hand reichte, drückte er sie an die Lippen – so tief war er erschüttert. Aber so schnell und so ungehemmt sich Heine einem starken Gefühl überlassen konnte – und er war schnell gepackt von Äußerungen der Güte: so wenig Spuren ließ es in ihm zurück. Er hatte für Karls freiwillige Hilfe in seinen Briefen und auch in jener öffentlichen »Berichtigung«, in welcher er den Vorwurf, er würde von seiner Verwandtschaft vernachlässigt, zurückwies, nur immer eine kühle, fast frostige Anerkennung. Noch ein Jahr vor seinem Tod sang er in dem Gedicht ›Affrontenburg‹ der Familie Salomon Heine das unversöhnlichste Abschiedslied. Er konnte den Sippen und Magen nicht verzeihen, daß er sich von ihnen hatte knebeln lassen. Und er löste den Knebel – und dichtete einen gigantischen Fluch:

Nicht gedacht soll seiner werden,
Nicht im Liede, nicht im Buche –
Dunkler Hund im dunklen Grabe
Du verfaulst mit meinem Fluche.

Mit diesem Lied kam Karl Heine in die Literatur – gegen den Willen seines Dichters. So einen furchtbaren Fluch, so einen herrlichen Vers hat Karl Heine nicht verdient.

Ein Grab ohne Ruhe

Es hatte begonnen mit der starken Reizbarkeit des Knaben Harry, dem Lärm und lautes Sprechen sehr unangenehm waren; der die kleine Schwester bat, nicht so laut zu reden. Durch hundert Briefe des Studenten zogen die Klagen über Kopfschmerzen und Migräne, »diese kleine Hölle, welche man im Gehirn trägt«. Der Jüngling forderte einen Bonner Kameraden auf, die Uhr vom Tisch zu nehmen, weil ihn das Ticken störe; er ließ den Vetter Schiff die Wanduhr anhalten, da ihm der Pendelschlag auf die Nerven ging; er bestellte sich als Dreiundzwanzigjähriger sein Berliner Zimmer mit der Weisung, daß kein Schlosser und überhaupt kein klopfender Handwerker in der Nähe wohne und daß dies Zimmer an kein anderes grenze, in dem man laut spräche; die Helgoländer erzählten noch nach Jahren von seiner Abneigung gegen das Geräusch der Hausuhr. Er war ein Neurastheniker: raschem Wechsel der Stimmungen unterworfen; enormen Spannungen zwischen Trübsinn und guter Laune ausgesetzt; schnell verfallend und schnell wiederaufblühend. Gegen dies undefinierbare Leiden, das man ihm nicht immer glaubte, kämpfte er mit Sturzbädern und Spaziergängen, mit Reisen und Amüsements; und vor allem mit den vielen Aufenthalten an der Nordsee, dem »wahlverwandten Element«. Aber die quälenden Kopfschmerzen, die furchtbaren Depressionen blieben: obwohl er nicht rauchte, nicht trank; seine sogenannten erotischen Ausschweifungen sind wohl nur literarhistorische Zimperlichkeiten, Diagnosen hinterwäldlerischer Familienväter. Es kamen auch Tage und Wochen, in denen der Druck wich; vor allem zu Beginn der Pariser Jahre. Aber immer wieder schloß sich der bleierne Ring.

In seinem zweiten Pariser Jahr zeigten sich die ersten Lähmungserscheinungen, an zwei Fingern; kurz darauf begann das Augenleiden. Langsam schlich die zentrale Krankheit, die vom Rückenmark ausging, vorwärts und lagerte hundert trübe Symptome ab: die Neuralgien verstärkten sich, das gelähmte Augenlid mußte er mit dem Finger heben, wollte er jemand erkennen, die Arme versagten den Dienst; hinzu kamen häufige Anfälle von Katarrhen und Grippen, von Magen- und Darmstörungen. Sein Leben wurde ein einziges unaufhörliches Kranksein, mit wenigen kurzen Unterbrechungen. Aber erst sechzehn Jahre nach den ersten Lähmungen, erst 1848, hatte ihn die Krankheit unter. Im Frühjahr fühlte er sich etwas besser. Er ging aus, um seine Kräfte zu erproben. Als er matt wurde, trat er, um sich auszuruhen, ins Erdgeschoß des Louvre, in den Statuen-Saal ein, »wo die hochgebenedeite Göttin der Schönheit, Unsere liebe Frau von Milo, auf ihrem Postamente steht«. Noch einmal genoß er das Glück des Daseins. Der Besuch bei der Göttin war sein letzter Ausgang. Der Vorhang fiel. Der einundfünfzigjährige Heine legte sich in »ein Grab ohne Ruhe«, auf ein halb Dutzend übereinandergelegter Matratzen. Im ersten Jahr dieses ruhelosen Grabes schrieb er:

»Sterben ist kein Unglück, aber jahrelanges Leiden, ehe man es dahinbringt, zu sterben.«

Und dann lebte er noch acht Jahre.

Einst im Hochsommer, er war Anfang dreißig, er lag auf Helgoland – da brach die Juli-Revolution aus: der Enthusiasmus stellte mit einem Schlag den müden Melancholiker wieder her. Jetzt, achtzehn Jahre später, war Winter, er war über fünfzig, er lag im Krankenhaus – da brach die Februar-Revolution aus. Achtzehn Jahre Bürgerkönigtum hatten seinen naiven Enthusiasmus zerstört; vor allem: es waren keine Kräfte mehr da, die neu belebt werden konnten. Er war nicht mehr der Jupiter mit den zu kurzen Beinen, der Bonvivant mit dem wohlgenährten Bäuchlein und der rosig angehauchten Haut, der weltliche Abbé, das volle Gesicht glatt wie das eines Kammerherrn. Dies magere Männchen mit dem wachsbleichen Antlitz, dem einen geschlossenen und dem einen glanzlosen Auge, dem grauen Vollbart, Folge einer Rebellion der Nerven gegen das Rasiermesser, dem langen, verwilderten, graugesprenkelten Kopfhaar, der spitzen Nase, dem schmerzlich verzogenen Mund, dem gewaltsam in die Höhe gereckten Haupt, damit wenigstens die rechte Pupille durch den schmalen, kaum noch geöffneten Lidspalt hindurchblicken könne – dieser verfallende Heine war von keiner Revolution mehr ins Leben zurückzuholen. Einst, im Hochsommer, hatte er sich auf die Badedüne hinüberrudern lassen, der Helgoländer Fischer hatte ihn angelächelt: »Die armen Leute haben gesiegt« – und an diesem Lächeln war Heine genesen von den dunkeln Schatten. Jetzt, 1848, liegt er nicht am Meer, sondern im Maison de santé; der Wagen, mit dem er eine Ausfahrt gemacht hat, wird zum Barrikadenbau benutzt – und der kranke, lärmempfindliche Mann grollt in ein paar Korrespondenzartikeln über den europäischen »Kuddelmuddel«, über die »Universalanarchie«. Was die Welt trieb und hoffte, war seinem »Herzen völlig fremd«. Vielleicht hätte das Jahr 1848 den gesunden Heine noch einmal aus der schmerzlichen Resignation zu kurzem Hoffen hochgerissen: der kraftlose, fast blinde Mann, der – nach dem Wort eines Besuchers – »wie eine sehr traurige Elegie aussah«, wurde nur noch tiefer in seine verbitterte Gegenwarts-Fremdheit hineingetrieben. Die Jahre, die er, nur noch durch ein Fernglas mit der Straße verbunden, zu leben hatte, waren gegenwartsfern; er lebte nur noch in dem »unvergänglichen Frühling der Poesie«, in den zeitlosen Regionen »der unvergänglichen Dinge« und in der privaten Welt seiner Familie, seiner Geschäfte, seiner Bedürfnisse.

In der Wohnung der Rue d'Amsterdam lag er viele Jahre, ohne Baum und Strauch zu sehen und ohne den Anblick der Straße, aber unter einem ständigen Pianofortegeklimper. Die Schülerinnen, welche die Etuden von Czerny produzierten, wuchsen und trugen die ›Sehnsucht nach Kiew‹ vor. Aber in dem Krankenzimmer, in dem diese Studien verhallten, stand die Zeit. In einem Frühling trug man ihn hinaus in ein Sommerhaus. Die letzte Wohnung, die er bezog, ein Jahr vor seinem Tode, Avenue Matignon 3, lag dicht bei den Champs-Élysées. Hier hatte er Sonne, frische Luft, Aussicht ins Grüne. An milden Tagen brachte man ihn auf den kleinen Balkon, der hundertundfünf Stufen über dem Lärm der Straße lag; ein Marquisendach schützte ihn gegen die Sonne, Tapetenwände schützten ihn gegen den Wind. Dann ließ er sich das Opernglas seiner Frau bringen, hob, die linke Hand über den Kopf führend, das rechte Augenlid und schlürfte mit Wollust ein, was er so lange entbehrt hatte, was er so innig ersehnte: das Leben.

Was sah er? Er sah die Spaziergänger und Equipagen dem Arc de triomphe entgegenfluten, um sich dann ins Bois de Boulogne zu verlieren. Er sah einen Pastetenbäckerjungen, der zwei Damen in Krinolinröcken seine Pastetchen anbot. Er sah einen kleinen Hund, der auf drei Beinen an einem Baum stand und sein Geschäft verrichtete. Und er beneidete den Hund. Denn Heines Beine waren jetzt »wie Baumwolle«. Zwischen dreißig und vierzig war er dick geworden – jetzt, in den Fünfzigern, magerte er zum Skelett ab; schließlich lag ein kleiner Kinderkörper im Sarg. Das Sprechen wurde ihm schwer. Im Kauen und Schlucken war er behindert. Der Schwund der Lippenmuskulatur, der Schlund- und Kehlkopfmuskulatur löschte ganze Welten für ihn aus. Einst hatte er philosophiert: »Ja, ich küsse, also leb' ich!« Jetzt fühlte er nichts mehr beim Küssen; und alles, was er aß, schmeckte wie Erde. Krämpfe zogen ihn zusammen. Opiate waren die einzige Hilfe. Das Morphium, das man ihm in eine immer offen gehaltene Wunde streute, wurde seine Religion, wurde der Gott, auf den er in den schlimmsten Schmerzensstunden bauen konnte. Acht Jahre lang. Ich bin, schrieb der Besucher Saphir, von Heines Krankenbett verdüsterter weggegangen als von Börnes Grab.

In den ersten Jahren hatte die Sensation noch viele Menschen zu ihm gelockt: vor allem Frauen, die »große Nation«; immer warteten Equipagen vor Heines Tür. So besuchte ihn eine Lady Duff, der er vor vielen Jahren als kleinem Mädchen in Boulogne schöne Märchen erzählt hatte. Auch viele deutsche Touristen besuchten ihn: Reporter auf der Jagd nach einem neuen bon mot des sterbenden Spaßmachers – der ihnen manchen Bären aufband; Schnorrer von Empfehlungsbriefen, Klatschmänner von Beruf. Liebe Freunde besuchten ihn: Friedrich Hebbel und Heinrich Laube und Karl Grün, Jugendfreunde und die Kinder von Jugendfreunden, wie die Tochter der Frau von Hohenhausen. Französische Schriftsteller besuchten ihn: Alexandre Dumas, dessen Romane er sich zu seiner Unterhaltung vorlesen ließ, Théophile Gautier, George Sand, die er einst geliebt hatte; der fünfundsiebzigjährige Béranger, seine Übersetzer Gérard de Nerval und Saint-René Taillandier. Aus vielen Ländern wallfahrteten sie zu ihm wie zu einer »Reliquie«. Aus dem Gefängnis schrieb man an ihn, daß die Sonne seiner Poesie sogar in die Gefängnisse scheine und die Gefangenen stärke: »So groß ist die Macht der Ironie, die ich in Ihrer Dichtung finde, daß ich mich frei fühle, trotzdem ich in einem Loch sitze, daß ich mich über meine Gefängnisaufseher mokiere, weil ich freier bin als sie, weil ich in meiner Seele die ewige Freude der Poesie trage.« Viele Damenbriefe erteilten ihm schriftliche Ratschläge: er solle den kranken Teil des Rückens mit stählernen Nadeln bestecken und durch diese Nadeln einen elektrischen Strom leiten lassen. Auch bat ihn einmal ein Unbekannter, seiner Frau eine französische Kammerjungfer zu besorgen. Im Herbst vor seinem Tode schickte der Kölner Männergesangverein, der in Paris zum Besten des Dombaus Heinesche Lieder gesungen hatte, die besten Sänger zu ihm. Sie sangen an seinem Sterbebett »Leise zieht durch mein Gemüte«. Aber acht Jahre sterbenskrank: das war eine Geduldsprobe für die Mitwelt. Dieser Stellungskrieg des Mitleids zermürbte manche gütige Seele. Heine wußte, daß eine »Teilnahme von Kautschuk« dazu gehöre, um solche Ausdehnung auszuhalten. So wurde es immer stiller um ihn. Heine war in den letzten Jahren seines Lebens nur schwer zu finden. Kein

Adreßbuch verzeichnete ihn, kein Buchhändler kannte seine Straße, weder in der Gesandtschaft noch auf der Polizei konnte man Auskunft über ihn erhalten. Er klammerte sich an jeden lieben Besuch; jeder Abschied mündete in den Satz: »Bleiben Sie nicht zu lange aus, es wäre unvorsichtig.« Und der einsame Heine, der alles Schwere leicht machte durch seinen souveränen Witz, verflüchtigte auch noch die Qualen der Einsamkeit zum bon mot; als Hector Berlioz einmal zu ihm kam, sagte er: Berlioz ist doch immer originell.

Dieser souveräne Witz war die eine Macht, die er der furchtbarsten Krankheit entgegenzusetzen hatte. Sein Geist blieb klar, seine Seele blieb unverletzt: »Eine müde Blume ist sie ein bißchen gebeugt, aber keineswegs welk, und sie wurzelt noch fest in der Wahrheit und Liebe.« Er wußte in vielen Stunden, vielen Monaten, vielen Jahren: ich werde nie mehr auf Berge steigen, ich werde nie mehr Frauen küssen, ich werde nie wieder in lustiger Gesellschaft einen guten Rinderbraten essen. In vielen Jahren schwärmten seine Gedanken aus in die weite Welt, die er noch immer mit ungebrochener Leidenschaftlichkeit sehnsüchtig liebte – und kehrten immer wieder todtraurig zurück in jenen dürren, entstellten, sich auflösenden Körper, der nur noch im matten Vorwärtsschleichen über hundert mächtige Störungen hinweg kümmerlich vegetierte. Nicht immer half ihm da die große Serenitas, die Heiterkeit einer dankbaren Seele, die noch einmal den Genuß des vergangenen Lebens »in der träumerischen Süße der Erinnerungen« nachschmeckte, über die unerträgliche Gegenwart hinweg; oft genug war er in Gefahr, mit sich selbst Mitleid zu haben; oft genug kam in seinem Gemüt »eine Weinerlichkeit und Seufzerei« auf, die ihn tief schreckte, weil sie ihm so fremd war. Aber er hatte doch neben den Giften, welche die Schmerzen töteten, jenes leidstillende Mittel, das ihm seit frühester Jugend half, er hatte seinen Humor: »Doktor, Sie kennen die Nerven im allgemeinen, aber die meinigen sind ganz besonders merkwürdig elender Natur, daß ich überzeugt bin, Sie würden in der

Exposition die große, goldene Medaille für Schmerz und Elend erhalten.« Als er sich bei einem seiner letzten Ausgänge auf dem Rücken eines Dieners zu seiner Freundin Madame Jaubert hatte hinauftragen lassen, um ihr das Versprechen abzunehmen, ihn nie zu verlassen, hatten ihn auf ihrem Sofa die furchtbarsten Krämpfe gepackt. Sein erster Gedanke nach dem Anfall war: Was hätten die Leute kombiniert, wenn ich auf diesem Sofa gestorben wäre? Von welch reizendem Roman wäre ich der Held geworden? So setzte er in langen Leidensjahren den furchtbaren Schmerzen kleine reizende Denkmäler aus glitzernden Ironien, Monumente eines unbesiegbaren Lebenswillens. Sie verhinderten nicht die furchtbaren Attacken, aber sie verhinderten jenes Kapitulieren, jenes Sich-fallen-Lassen, das der Tod ist. Als der Arzt ihn nach einem ungewöhnlich schweren Hustenanfall untersuchte, fragte er den Patienten: *»Pouvez vous siffler?« »Hélas, non!«* antwortete Heine, *»pas même les pièces de Monsieur Scribe!«* Und als jemand sah, wie er vom Stuhl ins Bett getragen wurde, ein kleiner Kinderkörper mit verdrehten Gelenken, parierte er diesen furchtbaren Anblick ganz heinesch: »Da sehen Sie, wie man mich in Paris auf Händen trägt.« Wir wollen nicht mit diesen Anekdoten das Grauen eines jahrelangen, entsetzlichen Sterbens gefällig verhüllen; wir wollen nur die großartige Ungebrochenheit dieser Seele aufdecken, seine nicht zu verwüstende Lebenskraft. Er zog die miserabelste Erden-Existenz den himmlischen Freuden vor. Die Blüte seines Geistes aber zeigen die Meisterwerke seiner letzten Jahre: »Mein Körper leidet große Qual, aber meine Seele ist ruhig wie ein Spiegel und hat manchmal ihre schönen Sonnenaufgänge und Sonnenuntergänge.« Diese Auf- und Untergänge eines sterbenden Liebhabers des Lebens wurden in den schönsten Sätzen der deutschen Sprache verewigt.

Er lag mit geschlossenen Augen ausgestreckt auf dem Matratzenberg, ein halbjähriges Kind im Arm; an seine Schulter geschmiegt – halb stehend, halb sich gegen das Bett lehnend – sah ihn sein Patenkind Alice, die Tochter einer französischen Freundin, mit großen leuchtenden Augen an; ein drittes Mädel stand am Fußende des Lagers. Heinrich Heine erzählte vom Himmel, von seiner Schönheit und seinem Glanz, daß man dort oben von morgens bis abends Kuchen esse und daß die Küchenjungen des lieben Gottes, die Engel, wenn sie recht Leckeres verzehrt hätten, sich den Mund mit ihren weißen Flügeln abwischten. *»Ce qui du reste est bien sale de leur part!«*, diese Schmutzfinken – schrie ein kleines Mädchen; Heine aber machte in der folgenden Nacht die lustigsten Verse. Dies kleine Mädchen wird ihm wohlgetan haben, es machte ihm das verdunkelte Sterbezimmer hell – wie der Klang von Mathildes hoher Stimme. Dieser Lazarus hatte seinen Witz, seine Poesie, Kinder – und Mathilde.

Sie war keine Heroine der Liebe. Sie spielte in der Geschichte des armen Lazarus Heinrich Heine keine fromme Samariter-Rolle. Sie pflegte ihn acht furchtbare Jahre mit derselben unsentimentalen Anhänglichkeit, mit derselben gefühlstemperierten Treue, mit derselben gleichmütigen Sicherheit, die ihrer Natur entsprach. Vielleicht wäre eine mitleidigere Frau zugrunde gegangen am Mitleid mit diesem zermarterten, zerfleischten, von Schmerz und Seelenqual zerriebenen Dulder. Heines »dickes Kind« wurde immer dicker, während er immer magerer wurde. Für ihn war es ein großes Glück, daß die Natur sie so stabil gemacht hatte. Wenn die hohe, helle Stimme seiner Frau aus dem Nebenzimmer in die Krankenstube hinüberklang, soll Heine im Gespräch innegehalten, aufgelauscht haben, ein freundliches Lächeln überspielte sein Gesicht; und er horchte dann so lange, bis wieder Stille eintrat. Er liebte seine alte Mutter, der er sein Sterben verheimlichte, indem er ihr die Gerüchte über seinen Zustand als eine sinnreich erdachte Spekulation seines Verlegers hinstellte. Er liebte seine Schwester und seine Brüder. Er nahm teil an dem Schicksal der Kinder seiner Geschwister. An die Erde band ihn allein: Mathilde. Alle Hoffnungen waren längst erloschen; alle alten Lebens-Wunden waren längst wieder aufgebrochen unter den Marterwerkzeugen einer inquisitorischen Krankheit; alle Schmerzen, alle Leiden an der Vergangenheit und an der Zukunft lockten ihn fort ins Dunkel, das für ihn nur eine Erlösung sein konnte. Auf der Seite des Lebens stand allein Mathilde. Und Mathilde siegte: »Beneidenswert war selbst mein Schmerzensleben – denn liebend durft' ich Dich im Herzen tragen.« Mathilde wickelte die täglichen Haushaltsgeschäfte immer noch mit einem solchen Spektakel ab, daß ihre Diskussionen mit der Köchin Heine aus dem Konzept brachten. Aber Mathildes Stimme war ihm auch immer noch ein »tönender Balsam« für seine wunde Seele – »wenn sie eben nicht zu laut gackelt«: »Ich liebe sie mit einer Leidenschaftlichkeit, die über meine Krankheit hinausragt, und in diesem Gefühl bin ich stark, wie lahm und matt auch meine armen Glieder.« Er logierte sie in das entfernteste Zimmer, um sie nicht zu stören. Er gönnte ihr das Leben, weil er sie liebte. Sie ging aus und brachte aus dem Strom der Straße in die Zelle des Eingekerkerten: tausend kleine Beobachtungen, die sie eingefangen, tausend kleine Gespräche, die sie geführt – kleine Abbilder des Lebens, das er nur noch in diesem Abglanz haben konnte. Sie las ihm vor. Sie warf auch manchmal seinen Arzt hinaus – weil er gesagt hatte: Heine sei nicht gut versorgt. Und in einer Nacht, in der einer der furchtbaren Krämpfe den Kranken zu vernichten schien, schluchzte sie: »Nein, Henri, nein, Du wirst mir das nicht antun, Du wirst nicht sterben! Du wirst Mitleid mit mir haben. Diesen Morgen habe ich schon meinen Papagei verloren; wenn auch Du stürbest, ich wäre zu unglücklich!« Sie war immer noch die alte törichte, wundervoll-ursprüngliche Mathilde.

Aber auch er war immer noch der alte Henri. Einst hatte er den Papagei Cocotte mit Rattengift umgebracht, weil er dem Vieh die Aufmerksamkeit Mathildes nicht gegönnt hatte. Jetzt beneidete er die Katze, die sich beim Fall vom Kamin das rechte Ohr aufgeschunden hatte; denn Mathilde machte ihr die Nacht hindurch kalte Umschläge, während sie noch nie für ihn gewacht hatte. Jetzt schleifte er sich mit Hilfe der Ellbogen und der Unterarme, die noch funktionierten, von seiner Matratze durch die Stube zu ihrer Tür, um zu hören, mit wem sie spräche – sie sprach mit ihrem Papagei. Jetzt notierte er in seinen ›Geständnissen‹: »Ich glaube wahrhaftig, mein Freund Balzac hatte recht, als er mir einst in einem sehr seufzenden Ton sagte: *›La femme est un être dangereux.‹«* Wenn dieses *être dangereux* Mathilde ausgegangen war, suchten ihn immer noch jene alten Phantasien von dem großen Paris und dem kleinen dummen Mädchen heim, immer noch durchlitt er alle Torheiten – die sie nicht beging; und vielleicht milderte nur die Resignation der Ohnmacht, der Humor des Besiegten, seine selbstquälerische Passion: »Ach, was kann ich tun! Ich muß jetzt alles dem Schicksal und dem lieben Gott überlassen! Wie kann ich kranker Mann jetzt noch mit einer halben Million Männer konkurrieren.« Mathilde war nicht mehr sein Weib: sie war der Mensch, in dem seine Innigkeit, seine Güte, seine Sorge verkörpert war. Da lag der Schatten eines Menschen, hilflos, ein letztes dünnes Flackern von Leben. Daneben stand, in der Blüte ihrer Jahre, Mathilde: irdisch-dick. Aber der Schatten war der Vater, und die Blüte war das Kind; der Schatten war der Wächter, und die Blüte war der Schützling. Er hatte dies Kind nicht selbständig machen können. Die Nordbahn-Aktien, die er ihr einst anvertraut, um sie langsam an das praktische Leben zu gewöhnen, hatte sie aus Gutmütigkeit verschenkt. Was sollte aus ihr werden, wenn er nicht mehr war? So flehten die Refrains seines innigsten, unvergänglichsten Gedichtes ›An die Engel‹: »Beschützt, beschirmt mein armes Kind Mathilde.« So baten seine Briefe an den Vetter Karl Heine, an den Verleger Julius Campe: laßt meine Frau nicht Not leiden. So legte er in mehreren Testamenten – immer in Sorge, dies verwöhnte, unselbständige Kind noch nicht genügend gesichert zu haben – unter Paragraph eins und zwei und drei ihre Renten fest; und bekräftigte auch noch gerichtsnotorisch seinen unauslöschlichen Dank, seine tiefe Liebe. In seinen ›Gedanken und Einfällen‹ steht: »In der Jugend ist die Liebe stürmischer, aber nicht so stark, so allmächtig wie später. Auch ist sie in der Jugend nicht so dauernd, denn der Leib liebt mit, lechzt nach leiblichen Offenbarungen in der Liebe und leiht der Seele allen Ungestüm seines Blutes, die Überfülle seiner Sehnenkraft. Später, wo diese aufhört, wo das Blut langsamer in den Adern sintert, wo der Leib nicht mehr verliebt ist, liebt die Seele ganz allein, die unsterbliche Seele, und da ihr die Ewigkeit zu Gebote steht, da sie nicht so gebrechlich ist wie der Leib, nimmt sie sich Zeit und liebt nicht mehr so stürmisch, aber dauernder, noch abgrundtiefer, noch übermenschlicher.« Seine letzte Liebe war übermenschlich. Wer war Mathilde? Das große Liebesgedicht Heinrich Heines, an dem er ein Vierteljahrhundert gedichtet hat: zuerst mit allen Sinnen, zuletzt mit aller Seelenglut. Zuletzt wurde das Gedicht Mathilde die reine Hülle jener unendlichen Liebe, die immer stärker aufwuchs, je schattenhafter der Körper verging. Unter den zwanzig ›Lazarus‹-Gedichten steht das Gedicht ›Gedächtnisfeier‹: das süße Denkmal einer großen Liebe.

Mathilde starb an Heinrichs achtundzwanzigstem Todestag. Er hatte ihr im Schmerz das Versprechen abverlangt, daß sie nach seinem Tode wieder heiraten werde: damit wenigstens ein Mensch täglich seinen Tod beklagen könnte, nämlich Mathildes zweiter Mann. Mathilde blieb Heines nachgelassenes Gedicht. Sie ehrte den *»pauvre Henri«*, indem sie seinen Verwandten, die sie besuchten, seine Lieblingsspeisen vorsetzte. Ist das nicht gerade so, als ob das Gedicht sich selbständig weitergedichtet hätte? Sie las die Schnecken am Wege auf und lachte in kleinen Boulevard-Theatern. Bewerber lehnte sie ab. Sie lebte als Hinterlassene. Sie selbst hinterließ Cocotte, sechzig Kanarienvögel, drei weiße Bolognerhunde und kein Buch.

VII.

Der sterbende Aristophanes

»Sauerkraut mit Ambrosia bewässert, das ist meine Poesie.« Heine

Ein geduckter Heide

Acht Jahre Totenbett, acht Jahre Reporter-Interviews mit dem sterbenden Heine, acht Jahre lyrische Bulletins über den Stand seiner Krankheit, über die Verfassung seiner Seele, über seine untertänigsten Neckereien mit dem lieben Gott, von ihm selbst herausgegeben als ›Geständnisse‹, ›Lamentationen‹ und ›Lazarus‹-Lieder: da wuchsen dem recht unmythischen Spötter Heinrich Heine die mythischsten Kränze. Es wurde geraunt und geschrieben und gedruckt: vor allem vom Wunder seiner Bekehrung. Mit Unrecht?

Hat er nicht selbst in der neuen Ausgabe seines Buches ›Zur Geschichte der Religion und Philosophie in Deutschland‹ die heilige Versicherung abgegeben, daß alles, was in diesem Buch namentlich auf die große Gottesfrage Bezug habe, ebenso falsch wie unbesonnen sei? Daß also »ebenso falsch wie unbesonnen« die Leugnung eines persönlichen Gottes sei? Hat er, Heinrich Heine, einer der »gottlosen Selbstgötter« neben seinen Mitgöttern Karl Marx, Bruno Bauer, Ludwig Feuerbach nicht selbst in den ›Geständnissen‹ gestanden: »Ich kehrte zurück in die niedere Hütte der Gottesgeschöpfe, und ich huldigte wieder der Allmacht eines höchsten Wesens, das den Geschicken dieser Welt vorsteht«? Hat er nicht, im dritten Jahre seines Bett-Kerkers, die Gedichtsammlung ›Romanzero‹ mit den Worten herausgehen lassen: »Ich bin zurückgekehrt zu Gott, wie der verlorene Sohn, nachdem ich lange Zeit bei den Hegelianern die Schweine gehütet«? Hat er nicht »eine aufrichtige Reue« über die »krasse Religionsspötterei« der ›Reisebilder‹ bekannt? Alle diese Konfessionen lasen die Frommen mit großem Wohlgefallen. Sie rieben sich vergnügt die Hände: da hat also wieder einmal ein törichter Held wider Gott die gottlosen Waffen gestreckt. Die Protestanten wollten ihm das klare Bekenntnis zum Protestantismus, die Katholiken das klare Bekenntnis zum Katholizismus abluchsen. Man lechzte nach dem Mirakel, das sich im Krankenzimmer des großen deutschen Poeten ereignet habe: man fragte in vielen Briefen an, ob er nicht »wie Saulus ein Licht erblickte auf dem Wege nach Damaskus«. Und während die Kirchengläubigen schon ihr »Gerettet« jubelten, verdammten die fanatischen »Mönche des Atheismus«, die »Großinquisitoren des Unglaubens«, den verwandelten Heine als einen Abtrünnigen. Mit Unrecht?

Ja, mit Unrecht! Heine ist weder Protestant noch Katholik noch Jude noch überhaupt ein Abtrünniger geworden. Allerdings sagte er dem Protestantismus, den er schon immer als Bahnbrecher moderner Geistesfreiheit geschätzt hatte, viel Angenehmes wegen seiner Verdienste um die Neuentdeckung und Verbreitung der Bibel. Allerdings sagte er dem Katholizismus, der dem Rheinländer von Jugend auf vertraut war, den der junge Heine in Marienliedern verherrlicht hatte, viel Angenehmes über die Poesie seines Kults und die imposante Geschlossenheit seiner Denksysteme; er gestand, daß er sogar »im zornigsten Ekel«, im wütendsten Kampf gegen »das verfaulte Pfaffengeschmeiß« dennoch immer »eine Ehrfurcht vor dem wahren Priesterstand« bewahrt habe, und versuchte sogar eine Ehrenrettung der »armen Väter von der Gesellschaft Jesu«. Aber sie bekamen ihn doch nicht: weder die Protestanten noch die Katholiken noch die Hebräer, denen er in den ›Hebräischen Melodien‹ mehr gab als ein koscher essendes Gemeindemitglied. Er blieb allein. Er konnte zwar »aus Courtoisie ihre Uniformen tragen, wie zum Beispiel der russische Kaiser sich in einen preußischen Gardeoffizier verkleidet, wenn er dem König von Preußen die Ehre erzeigt, einer Revue in Potsdam beizuwohnen«: so hatte er als Uniform-Protestant gelebt, so hätte er auch die katholische Uniform angelegt, wäre sie Vorschrift für die katholische Trauung mit Mathilde gewesen. Aber auch an seinem traurigen Lebensabend entschied er sich nicht für ein konfessionelles Dogma, für einen kirchlichen Kult: er wurde kein »Frömmler«, kein »frommes Lämmlein«; und protestierte heftig, als »diese und jene Herren sich einbildeten«, er sei »ein Betbruder« geworden. Ist es wahr, fragte Bruder Gustav, der Herausgeber des Wiener Fremdenblattes, bei einem seiner letzten Besuche, daß du ein Betbruder geworden bist? Ich bete, antwortete Heinrich Heine, zum lieben Gott, daß er dir, lieber Bruder, bessere politische Gesinnungen eingebe ... Zu welchem Gotte hatte er sich bekehrt?

Heines »Bekehrung« war – ein Irrtum der Zeitgenossen, den der schillernde Heine mit schillernden Worten begünstigte. Heine war auch in den Jahren des Sterbens, was er immer gewesen war: kein Christ und kein Atheist, kein Gläubiger und kein Ungläubiger – ein tragisches Zeichen; ein Mensch zwischen den Polen, an deren einem Gottvater sitzt, weise waltend über dem Lauf der Welt, an deren anderem »eine alte Jungfer sitzt mit bleiernen Händen und traurigem Herzen: die Notwendigkeit«.

Als Heinrich Heine 1831 nach Paris kam, stand der Saint-Simonismus, »die fortgeschrittenste Partei im Befreiungskampfe der Menschheit«, in jener vollen Blüte, der in kurzem der Tod folgt. Heine war damals mit den Häuptern der Schule, mit Enfantin, Chevalier und Leroux gut befreundet. Er war gerade im Saal der Saint-Simonisten, als der königliche Prokurator ihn schließen ließ und die Häupter vor Gericht zitierte. Heine trat dann noch in jenen Tagen für Enfantin ein, als – nach seiner Verurteilung, seinem Gefängnisjahr und seiner Abreise – die Stimmung so gegen ihn war, daß man sagte: Er war uns hier im Wege, deshalb haben wir ihn nach Ägypten spediert; vielleicht passiert ihm dort irgendein interessantes Unglück und er kommt darin um, dann ist er nachher bei der Masse als Märtyrer vortrefflich zu gebrauchen. Heine bekannte damals offen seine Sympathie für die Verurteilten, die in den Journalen schändlich beschimpft wurden. Ihn hatten weniger ihre Einsichten in den Bau der kapitalistischen Gesellschaft interessiert – obwohl ihre Formel »Ausbeutung des Menschen durch den

Menschen« seinen engeren, aus dem Kampf gegen den Feudalismus stammenden Begriff »Aristokratie« erweiterte; ihn hatten vor allem ihre religiösen Ideen interessiert: die große Heilslehre vom harmonischen Menschen, die Enfantin, »der bedeutendste Geist der Gegenwart«, auf die kritischen Ergebnisse seines Lehrers Saint-Simon gepfropft hatte. Von hier empfing der fünfunddreißigjährige Heine das Begriffs-Gerüst für sein Lebensgefühl. Seine Lebenslust, sein Drang aus der Zerrissenheit des Melancholikers in die endämonische Harmonie, die einst in Griechenland geherrscht hatte, kleidete sich in die Lehre Enfantins von der Harmonie der Materie und des Geistes. Gott ist nicht reiner Geist, fern der schönen Erde in glänzender Abgeschlossenheit. Wir müssen unsere blühenden Lebenstriebe nicht opfern, indem wir uns von den Lebensherrlichkeiten abwenden. Gott ist ein *dieu progrès,* ein wachsender Gott. Heine war ein epikureischer Hegel.

Im Schutze der Saint-Simonistischen Religion war Heines Liebe zum Irdischen damals üppig aufgeblüht: nun hatte er das System zu seiner Lebenslust und seiner Freiheitsreligion, zu seiner Freude am Dasein und seinem Kampf für eine bessere Menschenordnung. Heine war kein Begriffsanatom, kein spintisierender Theologe: er stellte die neugewonnene Philosophie in einigen blühenden Figuren hin. Malte mit grauen Worten den Typus des Nazareners: mager, trübsinnig, sinnenfeindlich. Daneben mit leuchtenden Worten den Typus des Hellenen: heiter wie Homer, schönheitsliebend wie Phidias, blühend wie die griechischen Götter. Und predigte mit ausladenden Gebärden vor diesen Monumental-Figuren: immer warnend vor dem welken Nazarener, immer enthusiastisch preisend den Hellenen als glänzenden Beweis für die Möglichkeit der Vereinigung von Körper und Geist.

Heine hatte in jenen Jahren sein Buch ›L'Allemagne‹, die französische Fassung des Buches ›Zur Geschichte der Religion und Philosophie in Deutschland‹, in dem er zum erstenmal sein hellenisches Glaubensbekenntnis ablegte, dem Prosper Enfantin gewidmet. Enfantin hatte in einem vom Nildamm datierten, ebenso umfangreichen wie abstrusen Bild geantwortet. Heine hatte nie etwas zu tun mit den krausen Phantasien des Wirrkopfs Enfantin; aber aus dem Keim seiner Lehre, welche die Welt vergöttlichte, indem sie den Gegensatz von Geist und Stoff, von Moral und Trieb aufhob, war, ein Menschenalter vor Nietzsche, Heines großer Hymnus auf das Leben gewachsen; war, ein Menschenalter vor Nietzsche, Heines mächtiger Bannfluch gegen alle Verächter des Lebens erstanden. Denn: »die Menschheit ist zur Glückseligkeit bestimmt«.

Wen traf damals Heines Bann? Vor allem das Christentum, eine von den »überspanntesten Studenten-Ideen der jugendlichen Menschheit«, »die beste Religion nach einer verlorenen Schlacht«. Im Christentum wollte er, wie später Nietzsche, den Geist der Askese, die Lehre der Geschiedenheit von Stoff und Geist, die Verachtung des Körpers vernichten. So deutete er die Zeit, die am Kreuze begonnen hätte, als eine große Krankheitsperiode. Aber das Fieber Christentum sei nun überwunden. Und Heine schilderte, wie der Alte, der Jehova a. D., der Jupiter a. D., selber sich zum Tode bereitete, wie unter dem Klingeln des Glöckchens einem sterbenden Gotte die Sakramente gebracht wurden, schilderte diese Szene halb feierlich, halb gotteslästerlich; mit derselben bangen Kühnheit, mit der später Nietzsche Gottes Tod proklamierte.

Das Christentum war der prominenteste Feind dieser Renaissance des Heidentums im neunzehnten Jahrhundert. Der Geist des Christentums lebte in vielen Verkappungen. Da waren vor allem die romantischen Freunde des Mittelalters; Nietzsches Feind Wagner war nur ein Nachzügler dieser Feinde Heines: Enthusiasten jener Zeit, deren »heilige Vampyre uns soviel Lebensmut ausgesaugt«. Sie schlichen herum in mondscheinbeglänzten Ruinen, in feierlich-abgelegenen Waldkapellen; und mischten sie sich in die Händel der Welt, so höchstens als »erprobte Stütze des Despotismus«. Da waren aber auch die politischen Fanatiker, die Radikalen, die

Börnes – Börne war Heines bête noire, auch er wollte das Leben einem jenseitigen Gespenst, nämlich einer Idee, aufopfern: ebenso Nazarener also wie der christliche Jenseitsler und wie der Ritter-gläubige Baron de la Motte Fouqué.

An den Horizont aber malte er mit berauschten Buchstaben die »Demokratie gleich herrlicher, gleich heiliger, gleich beseligter Götter«. Heine sang – voller Zukunfts-Hoffnung, weil nur den irdischen Konflikten zugewandt: »Es wächst hienieden Brot genug für alle Menschenkinder« und »Wir wollen hier auf Erden schon das Himmelreich errichten«.

Der Gott aller Religionen des Irdischen ist der Genuß. Georg Büchner schrieb in jenen Jahren: »Wer am meisten genießt, betet am meisten.« Heine wurde zum Priester des Genusses. Sein Berechtigungsschein für diesen Posten war seine Genußfähigkeit, auf die er sehr stolz war. Nun wurde das Höchste: das Ausschlürfen jedes Moments. Nicht mehr den Augenblick aufgeben für idealistische Gespenster! Die Parole hieß: »Lieber ein lebendiger Hund sein als ein toter Löwe!« Nur kein Heroismus, der auch so eine nazarenisch-lebensfeindliche Zwangsidee der Menschheit ist; und Heine gab seinen Lesern den Rat, das Hüttchen im Tal zu bauen, nicht auf dem Gipfel. Nur kein napoleonischer Ehrgeiz. Heine wollte nicht einmal Pankow erobern, geschweige die Welt.

Als er dann auf dem Totenbett lag, ausgesetzt auf die winzige Insel von der Größe einer Matratze, fern dem Leben, das er so innig besungen hatte, zwang ihm die Krankheit viel Dämmer auf, viel Zeit zur Erinnerung, viel Anlaß zur Durchpflügung seiner Seele; und »das himmlische Heimweh überfiel« ihn. Die Schmerzen machten ihn nicht mürbe: er war von einer großartigen, tief zu verehrenden geistigen Widerstandsfähigkeit; er winselte nicht nach Illusionen; er verbat sich testamentarisch jede kirchliche Bestattung. Aber er dachte nun doch mit Kopfschütteln an jenen übermütigen Heiden Heine, der einmal so stolz auf seine Göttlichkeit gewesen war; der sich einmal für so groß gehalten hatte, daß er, sooft er unter der Porte St-Martin oder St-Denis hindurchgegangen war, unwillkürlich das Haupt gesenkt hatte, um nicht an den Bogen zu stoßen. Er dachte mit Widerwillen an jenen trunkenen Heine, der sich einmal als Herr der Welt gefühlt hatte; nur dazu da, Gottes Schöpfung zu genießen – ein metaphysischer Gernegroß; der sich Hegels Philosophie recht größenwahnsinnig so zurechtgelegt hatte, daß er selbst, Heinrich Heine, »hier auf Erden der liebe Gott sei«. War Heine wirklich einmal als kleiner Grieche über die Erde gewandelt? Erinnerte sich der arme Exgott Heine wirklich nicht mehr an den Heine von einst?

Ach, dieser prächtige heidnische Hellene Heine von einst war doch nur – der Fiebertraum des armen Lazarus Heine. Gewiß hatte er einst die Lebenslust, den Lebensgenuß, das selige Menschentier verkündet: aber was für ein melancholischer Verkünder hatte doch immer hinter der prächtig-glänzenden Verkündigung gegeistert! Heine ist genausowenig je ein harmonischer Grieche gewesen, wie der Asket Nietzsche je ein Dionysos, wie der große Zweifler Kierkegaard je ein Gläubiger gewesen ist. Sie predigten alle nur – ihre Sehnsucht. Heine war immer – auch in seinen Saint-Simonistischen Maientagen – beheimatet in geborstenen Ritterburgen mit Fledermäusen, in alten Klöstern mit Litaneien singenden Nonnen; und sein Heidentum war immer nur das Auf-den-Zehenspitzen-Tanzen eines Menschen gewesen, der nie richtig stehen konnte. Gewiß: Heine war einst, in der Blüte des Fleisches, sogar recht fett gewesen; jetzt, unter den Krallen der Krankheit, ähnlicher dem Nazarener als dem Herkules. Aber er hatte immer zum großen Geschlecht der tragischen Giganten des neunzehnten Jahrhunderts gehört, welche die Harmonie des Daseins so leidenschaftlich besangen, weil sie ihre eigenen Dissonanzen übertönen mußten. Erinnerte sich Heine in den Jahren des Sterbens nicht, daß er selbst immer, mitten in seinen trunkensten Gesängen, eingestanden hatte – ich nicht, aber ihr: *ich*, der ich meine schönsten Lebensjahre im Kyffhäuser, im Venusberg und in anderen »Katakomben der

Romantik« verbracht habe, bin noch verzaubert vom Weihrauch toter Götter, von Gespenstern toter Jahrhunderte, von Bildern des Nirgendwo, der »letzte und abgedankte Fabelkönig« des tausendjährigen Reichs der Romantik – *ihr* aber, Ihr sollt Euer eigenes Leben leben; *ich bin* noch eine kranke, zerrissene, von tausend wirklichkeitsfeindlichen Dämonen ausgesogene Kreatur, der es deshalb noch lange nicht besser geht, weil sie ihrer Krücken spottet – *ihr aber,* die ihr die Krankheit eurer Väter kaum mehr begreifen werdet, ihr sollt Götter sein; ich stehe an der Schwelle, ich gehöre noch einer untergehenden Welt an, ich ahne erst eine neue Geburt – ihr aber, ihr werdet im gelobten Lande leben? Da war der Jüngling Ferdinand Lassalle, der sich ihm feurig anschloß, dessen Wissen und Scharfsinn und Darstellungskraft ihm gefiel, dessen Energie er bewunderte: dieser Ferdinand Lassalle war dem Fünfzigjährigen die Verkündung der neuen glücklichen Zeit; die Verkündung einer Jugend ohne Askese und ohne heuchlerische Bescheidenheit, einer wundervoll genußsüchtigen, wundervoll selbstischen Generation, die nichts mehr wissen wolle vom Unsichtbaren, von »Schattenküssen und blauen Blumengerüchen«. So war Heines Leben immer ein ständiges Auf-der-Schwelle-Sein, ein ständiges Abschiednehmen, ein wehmütiges Zurückstellen, ein ängstlich-hoffnungsvoller Vorwärtsblick – sein Herz hing an Uhland, er riß es los und rief: Es lebe Lassalle!

Nein, Heine ist nie jene lebensstrotzende, kräftige Menschenblüte gewesen, wie sie der arme Kranke jetzt mit der Schadenfreude des Bekehrten hinmalt, immer sich an dem Kontrast masochistisch labend: Einst, vor fünfundzwanzig Jahren in Berlin, ließ ich mir von dem seligen Professor Hegel sagen, der Mensch sei »ein zweibeiniger Gott«. Einst, in den Tagen meiner Kraft, liebte ich »die Gesänge von den Taten des Peliden«; »damals war so sonnengoldig und so purpurn mir zumute, meine Stirn umkränzte Weinlaub und es tönten die Fanfaren.« Einst! Jetzt sehe ich nun, was so ein Gottmensch wirklich ist! Jetzt verachte ich die »dialektischen

Spinngewebe« des toten Professors. Jetzt erkenne ich die Herzlosigkeit der Griechen und des modernen Griechen, Goethe. Jetzt liebe ich die Gesänge der Bibel – ganz »wie der Onkel Tom«. Moses, nicht Achilles, ist jetzt mein Heros – und mein stolzer Siegeswagen liegt gebrochen. Derselbe Heine, der immer in grellen Farben plakatiert hatte: ich Riese und ihr Zwerge, ich Sonnenkönig des Geistes und ihr Dunkelmänner des Ungeistes – dieser Titanen-Protz ließ nun mit der Fanfare einer öffentlichen »Berichtigung« verkünden: »Ich bin kein göttlicher Bipede mehr; ich bin nicht mehr der ›freieste Deutsche nach Goethe‹, wie mich Ruge in gesünderen Tagen genannt hat; ich bin nicht mehr der große Heide Nr. II.« Was denn? »Ein armer todkranker Jude, ein abgezehrtes Bild des Jammers, ein unglücklicher Mensch!« In diesem Einst-und-Jetzt, in diesem Gemälde einer finsteren Gegenwart auf dem Goldgrund der strahlenden Vergangenheit, in diesem selbstquälerisch betonten Bekenntnis des Sturzes haben wir nicht etwa die echte Historie von dem Gott, der ein Lazarus wurde, haben wir auch nicht den zerknirschten Heine, sondern gerade den verkappten Hochmut. Nicht duldet er still, nicht kommt er leise ins reine mit seinem Gott; immer noch nimmt er sich wichtig, immer noch ist der Grundakkord seiner Gedanken: ich, der ich ... mir das! Er ist jetzt ebensowenig ein Gotteskind geworden, wie er vorher ein göttlicher Heide gewesen war. Der ungebrochene, im Saft des Lebens stehende Gigant Heine und die demütig leidende Kreatur Heine: zwei Illusionen. Heine war nie das eine oder das andere, sondern immer beides.

Aber erkannte er jetzt nicht, nach den vielen Geständnissen, einen persönlichen Gott an? Das kann für Theologen wichtig sein. Für uns ist wichtiger, wie er den neu akkreditierten Gott behandelte. Echt heinesch! Also etwa wie ein sehr mächtiger Vasall den König, der nur für ihn da ist und dem er deshalb, im eigenen Interesse, offiziell Ehrerbietung zukommen läßt – mit einem boshaften Augenzwinkern. Hatte er ein Damaskus erlebt? In der Februar-Revolution verlor Heine auf einer Privatbank sein erspartes Geld, damals verlor er auch seine Gesundheit: seine »Göttlichkeit geriet dadurch sehr ins Stocken«. In dieser Misere betraute er den lieben Gott, dem er »in dem schönen heiligen Erziehungsbuche für kleine und große Kinder, in der Bibel«, seit dem Helgoländer Juli oft begegnet war, mit seinen persönlichen Angelegenheiten: »Letztere waren während der Zeit, wo ich meine eigene Vorsehung war, in bedenkliche Verwirrung geraten, und ich war froh, sie gleichsam einem himmlischen Intendanten zu übertragen.« Das ist Heines Bekehrung. Und wie er Gott als Rechnungsrat der Firma Heine pries, so pries er ihn auch als Präsidenten aller irdischen Wohltätigkeits-Veranstaltungen, dessen göttlicher Plan es dem »armen Exgott« Heine abnehme, den »Gemeindeversorger« aller Hilfsbedürftigen mimen zu müssen; und pries ihn schließlich noch als himmlischen Verleger, der ihm nicht nur die auf dem Altar der Frömmigkeit geopferten Verse besser bezahlen werde als der Verleger Campe, sondern noch ein Extra-Honorar dazu. Dies Extra-Honorar war die Unsterblichkeit der Seele, ein Geschenk des lieben Gottes für die treuen Seinen: eine Zugabe »wie der schöne Markknochen, den der Fleischer, wenn er mit seinen Kunden zufrieden ist, ihnen unentgeltlich in den Korb schiebt«. Heinrich Heine, der einst den Franzosen auseinandergesetzt hatte, wie die deutsche Philosophie in ihrer Entwicklung den lieben Gott immer mehr an die Wand drückte, bis er knockout war – dieser Heine gab jetzt einen Beweis für den persönlichen Gott, den der große Zerstörer der Gottesbeweise, Immanuel Kant, tatsächlich zu zerstören vergessen hatte: »Wenn man nun einen Gott begehrt, der zu helfen vermag – und das ist doch die Hauptsache –, so muß man, auch seine Persönlichkeit, seine Außerweltlichkeit« annehmen ... In dieser Art spielte der arme Heine in seinen Leidenstagen mit dem lieben Gott, der wirklich in der Bett-Gruft ein geeigneterer Spielkamerad für ihn war als der alte Griechengott. Im Jahre 1850 sagte er zu Laube: »Ich habe das Dogma von einem wirklichen, persönlichen Gott wieder hervorgezogen.« Man sperre die Ohren weit auf, lasse das Wort »hervorgezogen« tief hineinsinken – und denke nach über die Welt von Selbstironie, die in diesem Wort liegt. Dann ist man gut vorbereitet, um alle Sätze, in denen Heine sich zu einem persönlichen Gott bekennt, mit geübten Ohren zu hören. Gewiß, wenn einer acht Jahre vor seinem Tod schon totgesagt wird und die Nachrufe auf sein Leben lesen muß, wenn einer fünf Jahre vor seinem Ende bereits sagt: »meines bevorstehenden Todes wegen« und dann weder stirbt noch gesund wird, wenn einer – jahraus jahrein auf seiner »Matratze festgenagelt« – schreibt: »ich liege ruhig meinem Grabe entgegen«, wenn ein Mensch selbst in seinen Träumen nicht von den Schmerzen loskommt, wenn er noch in diesen Träumen als Johann von Leiden in einem Käfig hängt, umgeben von den wildesten Schmerz-Traumbildern: dann wird er sich inniger dem Nichtirdischen zuwenden, als würden Arbeiten, Pläne, Abenteuer und Alltäglichkeiten sein Leben bis zur letzten Stunde füllen. So blühten auch die Jenseits-Süchte, die immer in Heine gekeimt hatten und nur zeitweilig gewaltsam unterdrückt worden waren, in seiner »Zelle« stärker auf, als sie im Getriebe der Straße und der Salons aufgeblüht wären. Aber eine Bekehrung war diese Einkehr ins Nichts keineswegs.

Heine war ein Dichter und brauchte Symbole; was einst Jupiter geleistet hatte, das leistete nun Gottvater – zu dem er gelegentlich auch einmal betete, wenn die Schmerzen ihn zu heftig attackierten. Doch er war keiner von denen, die so wenig klug sind, daß sie sich dumm machen können; ihn umnebelten nie die »Phosphordünste der Glaubenspisse«: »Die religiöse Umwälzung, die in mir sich ereignete, ist eine bloß geistige, mehr ein Akt meines Denkens, als des seligen Empfindens.« Er bekannte ausdrücklich, daß er »als Dichter sterbe, der weder Religion noch Philosophie braucht und mit beiden nichts zu schaffen hat«; daß er nichts abgeschworen habe, nicht einmal seine alten Heidengötter, von denen er in Liebe und Freundschaft geschieden sei. Gottvater wird an diesem nicht gerade sehr reuigen Sünder kaum großes Vergnügen gehabt haben. *»Dieu me pardonnera, c'est son métier«:* auf dieser Basis verkehrte der sterbende Heine mit seinem Gott. Redete dieser Bekehrte von seinem Herrgott nicht wie ein geduckter Heide? »Was kann dem großen Elefanten des Königs von Siam daran gelegen sein, ob ein kleines Mäuschen in der Rue d'Amsterdam zu Paris an seine Größe und Weisheit glaubt oder nicht?« Er betete – aber hielt das Beten für ein schlimmes Zeichen. Er hörte den Abbé Caron, den ihm die Fürstin Belgiojoso zugeführt hatte, an – kehrte doch aber entschieden wieder zu den Kataplasmen zurück. »Die Linderung ist prompter.« Er sprach von Gott – aber seiner Zunge war der Plural »Götter« immer noch geläufiger; und die Korrektur: »vielmehr der liebe Gott (wie ich jetzt zu sagen pflege)« ist eher die Geste eines Namengebers als ein Ausdruck der Demut. Er fühlte sich ganz als ein mit Recht gezüchtigter Empörer – aber ist ein Vergleich mit Prometheus, seine Auffassung, daß die Götter ihm grollten, weil er den Menschen einige Lichter aufgesteckt habe, daß die Götter, seine »Geister«, ihn aus »Rankünе« marterten, eine gerade sehr gotteskindliche Demut? Er verkündete: »Gut sein ist besser denn Schönheit« – aber feilte er nicht unter Qualen bis zum letzten Tage an seinen Versen um der Schönheit willen? Und war dieses Feilen nicht sein letzter Gottesdienst? Seine Verse, die er auf dem Krankenbett für sich hinsummte, »kirren« seine Schmerzen wie »Zauberweisen« – hat er von Gott jemals berichtet, daß er ihm geholfen hat? Zwei Tröstungen sah er an seinem Bette sitzen: die deutsche Muse und Mathilde. Und Gott? Und Gott?

Gott ist das Unerreichbare seines Daseins, das repräsentativ ist für alle Existenzen des kommenden Jahrhunderts, die an ihrem Unglauben litten. In der Mitte seines Lebens verleugnete diese Kreatur die Wurzeln im Dunkeln; weil sie glaubte, daß nur der Mensch das Leben wirklich lebe, der lebt im Licht, im Irdischen ganz. Am Ende des Lebens erkannte er seinen Irrtum: der Mensch könne dadurch ein

Gott werden, daß er sich als Herr der Schöpfung etabliert. So wandelte sich in seinem Leben nur dies: daß bald mehr der Gott Heine, bald mehr die Kreatur Heine hervortrat. Aber dies Leben war an seinem Anfang, in seiner Mitte und an seinem Ende immer dies eine Leben: die Verkoppelung zweier feindlicher Elemente, eine Tragödie. Einen »Zerrissenen« nannte man ihn – er hielt sich für den »Ganzesten«: mit Recht; denn die Ganzheit des Modernen liegt in dem Zusammen des Unvereinbaren. Wie er politisch eingeklemmt war zwischen Bürgertum und Proletariat, so war er religiös eingeklemmt zwischen dem absoluten Glauben an das Irdische und der Sehnsucht nach dem Sinn des Daseins, dem Nachfolger Gottes. Der Riß seines Jahrhunderts, unseres Jahrhunderts, ging mitten durch ihn hindurch und machte ihn zu jenem Paradox, dessen Charakter die Dissonanz ist, die Vereinigung des Unvereinbaren. In jenen Jahren klingt der irdische, in diesen Jahren der jenseitige Ton vor: und immer sind diese Töne aneinandergekoppelt nicht als Harmonie, sondern in schrillem Mißklang. »Alles, was war, ist nicht mehr, alles, was sein wird, ist noch nicht« – schrieb Alfred de Musset. Heinrich Heine lebte zwischen »War« und »Noch-nicht« sein ungeschütztes Leben.

Armer Subjektivling

Heine hatte prophezeit, daß eine neue Zeit eine neue Kunst hervorbringen werde, die »mit ihr selbst in begeistertem Einklang sein wird«, die es nicht mehr nötig hat, im Material einer »verblichenen Vergangenheit« zu arbeiten. Diese neue Zeit und neue Kunst war noch nicht da. Und so blieb dem Dichter der Zwischenzeit nichts übrig, als die »verblichene Vergangenheit« zum Blühen zu bringen: alten Historien und Histörchen das Blut eines Poeten zu schenken, der, trotz der todbringenden Krankheit, noch ganz von Leben erfüllt war. Der sterbende Heine lebte unter dem Adel der Jahrhunderte, der nun seine Schlösser und Wappen zerfallen sah, unter den Bürgern, denen jetzt die »behaglich enge Weise der Altvordern verdrängt« wurde »durch weite, unerfreuliche Modernität«. Er lebte in Domen und Synagogen, die sich jetzt zu leeren begannen; lebte in den Bananenwäldern Hindostans, »wo der seufzende Brahmane das Absterben seiner Götter, die Zerstörung ihrer uralten Weltordnung und den ganzen Sieg der Engländer voraussieht«. In den ›Historien‹ und ›Hebräischen Melodien‹ sind Vergangenheit und Gegenwart untrennbar verschmolzen.

Die Geschichte des ägyptischen Königs ›Rhampsenit‹ wird frei nach Herodot und eine Szene aus der ›Schlacht von Hastings‹ frei nach dem französischen Historiker Auguste Thierry erzählt – und die Freiheit liegt darin, daß beide Historien von Heine erfunden sein könnten. »Der weiße Elefant« des Königs von Siam, Mahavasant, wird zur Chiffre für die schöne russische Gräfin Kalergi; und der hymnische Nekrolog auf »Pomare«, die berühmte Schönheit des Pariser Vergnügungs-Etablissements im Jardin Mabille, wird zum Gleichnis für das vitale Sterben des jubelnden Heine, der sein lautes Verzagen im Liede laut überspielt.

Gestern noch fürs liebe Brot
Wälzte sie sich tief im Kot,
Aber heute schon mit vieren
Fährt das stolze Weib spazieren.
In die seidenen Kissen drückt
Sie das Lockenhaupt und blickt
Vornehm auf den großen Haufen
Derer, die zu Fuße laufen.

Wenn ich dich so fahren seh',
Tut es mir im Herzen weh!
Ach, es wird dich dieser Wagen
Nach dem Hospitale tragen,
Wo der grausenhafte Tod
Endlich endigt deine Not
Und der Carabin mit schmierig
Plumper Hand und lernbegierig
Deinen schönen Leib zerfetzt,
Anatomisch ihn zersetzt –
Deine Rosse trifft nicht minder
Einst zu Montfaucon der Schinder.

Es sind dies alles hurtig und keck und routiniert versifizierte historische Stoffe und kein historischer Klatsch und noch weniger historische Ammenmärchen. Sie haben, auch in den seriösesten Fällen, nie die steife Majestät einer sogenannten Geschichte der Menschheit; sie haben nie die unendliche Langeweile pompöser Schlachten und anderer Kulturbilder. Sie sind oft im ganzen recht locker, zu locker; im einzelnen voll Phantasie, Witz, Grazie und Schlankheit. Unter den kurzen ›Historien‹ sind ein paar Vollkommenheiten: vor allen das gedichtete arabische Märchen ›Der Asra‹ und die ›Zwei Ritter‹, »Krapülinski und Waschlapski, Polen aus der Polackei ...«

Die großen Gedichte der letzten Jahre, die ›Lamentationen‹, kamen nicht mehr aus einer unglücklichen Liebe und auch nicht aus einer glücklichen: nur noch aus der Erinnerung an sie; nur noch aus der vorauseilenden Sorge um seine liebste Witwe Mathilde (›Gedächtnisfeier‹, ›An die Engel‹, ›Babylonische Sorgen‹); nur noch aus der eigentümlichen Situation eines Sterbenden, der sich in den letzten Monden (gewissermaßen in Agonie) noch einmal unsterblich verliebte und dies Ereignis genoß, durchlebte und, ein großer poetischer Humorist, aufzeichnete – in vielen kleinen Billets doux und in den Poemen unter dem Heine-Titel ›An die Mouche‹.

Diese Gedichte der letzten Jahre, in einem ätherischen Zwielicht, entsprangen nicht mehr einer heidnischen Ausgelassenheit, aber auch durchaus nicht (wie man deutelte) der Niederlage, die ihm Jehova bereitet hätte. Sie sind noch einmal Schlachtrufe gegen alle Priester, die von ihren Göttern leben – freche, blendend gelaunte, übermütige, siegesgewisse Verse. Wie ungebrochen er ist, der kein heiles Glied mehr besitzt, in der Aufsässigkeit Hiobs!

Laß die heilgen Parabolen,
Laß die frommen Hypothesen –
Suche die verdammten Fragen
Ohne Umschweif' uns zu lösen.

Warum schleppt sich blutend, elend,
Unter Kreuzlast der Gerechte,
Während glücklich als ein Sieger
Trabt auf hohem Roß der Schlechte?

Woran liegt die Schuld? Ist etwa
Unser Herr nicht ganz allmächtig?
Oder treibt er selbst den Unfug?
Ach, das wäre niederträchtig.

Also fragen wir beständig,
Bis man uns mit einer Handvoll
Erde endlich stopft die Mäuler –
Aber ist das eine Antwort?

Man hat gesagt: In den Gedichten und in der Prosa seiner letzten hundert Monate sei er, kraft der Macht des furchtbaren Schicksals, über sich (gemeint ist: über seinen Leichtsinn, über seine Frivolitäten) hinausgewachsen. Man hat gesagt: Angesichts des Todes habe sein Dichten den großen Ernst erhalten. Aber es gibt kein Schicksal, das Eintagsfliegen zu Helden macht und Schmieranten zu Dichtern. Auch der Tod kann aus einem Mann nicht mehr herausholen, als in ihm ist. Für die, welche schwer begreifen, wird Heine allerdings erst als Dulder voll sichtbar: der sich so hoch erhob, wie er niedergeschlagen worden war. Er schrieb: »Unbegreiflich ist es mir, daß ich in meiner jetzigen tiefsten Misere noch den ›Romanzero‹ schreiben konnte.« Dies Unbegreifliche, das wir bis heute empfinden, wurde vielen erst offenbar, als die geistige Kraft dieses Mannes noch die Verzagtheiten der furchtbaren acht Jahre in reine Poesie verwandelte.

Da ist zunächst das Staunen vor einer Heldentat. Hier gibt es keinen Lazarett-Trübsinn, obwohl jeder Biograph das Recht hat, alle Sinne des imaginären Krankenbesuchers mit dem Anblick der Qual, mit den Jammerlauten des Gequälten, mit den gräßlichen Gerüchen der vielen wirkungslosen Tinkturen zu affizieren. Und Heine sperrte alle diese Schrecken nicht aus vor den Toren seiner Gedichte. Er befreite sich und den Leser nicht durch Flucht in Regionen, in denen es leidende Leiber nicht mehr gibt. Nirgends wie hier kann man studieren, was ein gültiges Bei-Namen-Nennen, was die Transposition in das distanzierende und verdeutlichende Bild, was vor allem der Humorist vermag – der dennoch keine Sekunde vergißt, auf welches Elend er mit dem pathetischsten Amüsement herabsieht.

»Die selbsttrunkenste Subjektivität, die weltentzügelte Individualität, die gottfreie Persönlichkeit« – Heinrich Heine kam an ihre Grenze und blickte in neuer Ergriffenheit und mit altem Spott auf ihre Endlichkeit.

Heinrich Heine leugnete, daß der Stil der Spiegel des Menschen ist. Nur jene impulsiven Schriftsteller, deren Schreibweise unmittelbarer Ausdruck ihrer Erregung sei, würden sich in ihrer Wortgebärde verraten. Aber nicht die »Artisten«, nicht jene Meister des Wortes, die nie ihre Triebe unwillkürlich einfließen ließen, sondern immer objektiv schrieben – vom künstlerischen Ziel her, nicht von der Emotion her; deren Stil also kein Zeichen ihres Charakters, sondern das Resultat einer überpersönlichen Leistung sei.

Heine ist das beste Beispiel gegen seine Theorie. Sein Stil ist seine eindeutige Autobiographie. Der Stil bewahrt vielleicht bei Dilettanten die privaten Schwankungen der Aufwallungen und der Müdigkeiten, der Absichten und der Vorwände, während die künstlerische Vollendung diese privaten Kanten und Buckel wegschleift. Aber den Kern des Menschen gibt der Stil gerade um so vollkommener wieder, je größer die Meisterschaft ist. Das gilt allerdings nur für das Zeitalter der losgelösten Einzelheiten. Ist der Schriftsteller gebunden an eine Welt, wie Homer gebunden war an die Griechen-Aristokratie und ihre Götter, wie Dante gebunden war an den christlichen Mythos, dann ist der Stil nicht Abbildung eines Menschen, sondern einer Menschenwelt; jener Welt, die er darstellt. Aber Heines Dichtung war nicht Ausdruck einer durch ein Weltbild einsgewordenen Gesellschaft. Und er selbst erkannte klar sein Schicksal, das Schicksal der Literatur seiner Zeit: »Der allgemeine Charakter der modernen Literatur besteht darin, daß jetzt die Individualität und die Skepsis vorherrschen. Die Autoritäten sind niedergebrochen ... Die Poesie ist jetzt nicht mehr objektiv, episch und naiv, sondern subjektiv, lyrisch und reflektierend.« Der Dichter malt nicht mehr mit Worten eine der Allgemeinheit gegenwärtige Welt aus: die Einheit seines Werkes ist – er selbst, ein »armer Subjektivling«. Dieser arme Subjektivling zeichnet den Lesern nicht ihr Leben auf, ihre Götter, ihr Dasein – von ihrem Alltag bis zu ihren Mysterien: er zeichnet nur seine eigenen Irrungen auf, weil er das Gemeinsame nicht fassen kann; dieses Gemeinsame wurde zersplittert mit der Zerklüftung des Baus der Gesellschaft, mit dem Schwinden des Himmels dieser Gesellschaft. So zieht sich der moderne Dichter auf sich zurück; die Folge ist »die selbsttrunkenste Subjektivität, die weltentzügelte Individualität, die gottfreie Persönlichkeit«, die aus allen Vergangenheiten alle Symbole in den Dienst einer Dichtkunst stellt, welche selbst keine Symbole mehr hervorbringen kann.

Diese unglückliche Wendung des Dichters auf sich selbst entbindet aber seelische Energien, wie sie jene Zeiten nicht kannten, in denen das Erleben des Dichters an eine Transzendenz gekettet war, nicht frei ausschwingen konnte wie in der Lyrik Heines und Nietzsches. Dies Sich-Aussingen einer nackt und einsam im Weltraum frierenden und bangenden Seele ist der Ursprung der Heineschen Lieder: von den Liebesklagen der ›Jungen Leiden‹ bis zur Trauer der ›Lazarus‹-Verse. In diesen Gesängen weint und jauchzt, klagt und jubiliert dies fessellose Ich. In einigen (frühen) Versen hat Heine das ewige Subjekt zum Wort gebracht, gültiger Ausdruck für alle Zeiten; in jenen Versen hat er erreicht, was den Volksdichtern glücklicherer Zeiten selbstverständlich war – anonymes Sprachrohr für Tausende zu sein. Diese Verse gehören nicht ihm, nicht seiner Zeit – sie stiegen auf aus den Tiefen unterhalb des Wandels der Zeiten, eine ewige Sprache. War er deshalb ein »Anempfinder«, »das gewaltige Nachahmetalent der Weltliteratur«? Diese Verse sind unheinesch, weil sie überhaupt kein Gepräge irgendeiner Herkunft tragen: sie tragen dasselbe Gepräge wie die großartig-unpersönlichsten Gedichte Bürgers, dessen Volkstümlichkeit Heine verehrte, Goethes oder der Minnesänger oder der Upanishads – Findelkinder der Seele. Es ist, als ob diese Verse auf den Wiesen der durch die Jahrtausende ewig gleichen Erde gewachsen sind; sie tragen nicht die Farbe eines individuellen Schöpfers, sie sind auch oft (wie »Es fiel ein Reif in der Frühlingsnacht«) nur überarbeitete Volkslieder. Sie sind der innerste Kreis Heinescher Lyrik: ihm nur zugehörig, weil er sie gefunden hat. Rückert wollte nicht zugeben, daß Heine diese Lieder selbst gemacht hat, er könne ihn hier nur als Organ gelten lassen. Ein unbeabsichtigtes hohes Lob, das in der Ära des Subjektivismus nur wenigen Dichtern zukommt.

Heines Lyrik beginnt erst mit jenen schmerzlichen Hymnen, die auf dem schmalen Grat zwischen Lust und Leid gewachsen sind, dort, wo beide verschmelzen zu einem seltsamen Gemisch. Heine schuf Melodien für Menschen, die, wie er, wissen, daß sie sterblich sind, daß ihnen nur eine kurze Spanne Zeit vergönnt ist, das Glück zu suchen – »sie müssen es schnell erhaschen, hastig ans Herz drücken, ehe es entflieht«, deshalb sind seine »Liebeslieder auch so zart, so innig, so süß ängstlich, so verzweiflungsvoll lustig, ein so seltames Gemisch von Freude und Schmerz«. Diese melancholische Lebenslust ist der Grundton vieler Heinescher Klänge. Um diesen zweiten Kreis lagert ein dritter, ein vierter: sie machen Heines Lyrik zu einem sehr vielfältigen Gebilde. Historien aus allen Ländern und aus allen Zeiten sang Heine seinem Publikum vor. Er hatte nicht – wie Homer, wie Shakespeare – seine Historie, die lebende Historie seiner Leser: er galvanisierte mittelalterliche und orientalische Geschichten durch den Atem eines keck modernisierenden, in alte Dome und Tempel und Alcazare frische Töne hineinorgelnden, in viele Vergangenheiten und Fernen pietätlos-frech verliebten Troubadours; eines Troubadours, der ein Gassenjunge war. Und der Heine, der wußte, daß eine neue Zeit auch eine neue Kunst hervorbringen werde, die »mit ihr selbst in begeistertem Einklang sein wird«, die nicht nötig haben wird, im Material einer »verblichenen Vergangenheit« zu arbeiten – dieser Heine mußte, ein Dichter ohne Gegenwart, immer wieder die verblichene Vergangenheit beschwören, zwar als ein Vorbei, aber als ein Vorbei, dem der Dichter nachtrauert als einer starken, leider vergangenen Gegenwart: der Dichter Heinrich Heine lebte in den Nationalerinnerungen der europäischen Völker, die nun ihre poetischen Eigentümlichkeiten der europäischen Uniform opferten. Er lebte unter dem Adel, der nun seine Schlösser und Wappen verfallen sah. Er lebte unter den Bürgern, denen nun die »behaglich enge Weise der Altvordern verdrängt wird durch weite, unerfreuliche Modernität«. Er lebte in den katholischen Domen, aus denen nun der Glaube floh, und in den rabbinischen Synagogen, aus denen nun die Gläubigen flohen. Er lebte sogar in den Bananenwäldern Hindostans, »wo der seufzende Brahmane das Absterben seiner Götter, die Zerstörung ihrer uralten Weltordnung und den ganzen Sieg der Engländer voraussieht«. Der Politiker Heine half das ganze überfällige Weltgerümpel zerschlagen – der Poet stocherte noch in den Scherben herum, weil die Gegenwart nur ein Tummelplatz politischer Tendenzen war, aber nicht eine Kultur, die ein Poet beschreiben konnte.

Drang aber die Gegenwart in seine Poesie ein, so als Kritik, als Polemik. Diese unpoetische Poesie, Verschmelzung von Lyrik und Angriff, von Gesang und Werturteil, von Hymnus und Glosse, diese gesungene Kritik, Vorläuferin der Lyrik Nietzsches, bewies am besten: daß die moderne Poesie die Gegenwart nicht schmücken kann, nur befehden. Und Heine, der starke Hasser, kämpfte energisch mit Hilfe der Poesie. Er rühmte sich einer friedlichen Gesinnung. Er wünschte sich eine bescheidene Hütte, ein Strohdach, aber ein gutes Bett, gutes Essen, Milch und Butter, sehr frisch, vor dem Fenster Blumen, vor der Tür einige schöne Bäume – und wenn der liebe Gott ihn ganz glücklich machen wolle, ließe er ihn die Freude erleben, daß an diesen Bäumen etwa sechs oder sieben seiner Feinde aufgehängt würden. Er wollte seinen Feinden sogar verzeihen – aber erst, wenn sie gehenkt worden seien. Er hatte vor, seine Gegner zu lieben – aber erst, wenn er sich an ihnen gerächt hätte. Und noch in seinem ›Vermächtnis‹ vererbte Lazarus Heine seinen Feinden all sein Siechtum und Verderben, seine sämtlichen Gebresten:

Ich vermach' euch die Koliken,
Die den Bauch wie Zangen zwicken,
Harnbeschwerden, die perfiden
Preußischen Hämorrhoiden.
Meine Krämpfe sollt ihr haben,
Speichelfluß und Gliederzucken,
Knochendarre in dem Rücken,
Lauter schöne Gottesgaben.
Kodizill zu dem Vermächtnis:
In Vergessenheit versenken
Soll der Herr eu'r Angedenken,
Er vertilge eu'r Gedächtnis.

In Heines Werk sind aufbewahrt die Skalpe seiner persönlichen Feinde: die Skalpe des Grafen von Platen-Hallermünde und des August Wilhelm Schlegel, Börnes und Menzels und der Schwäbischen Dichterschule. Heine kritisierte nicht – er schoß mit dem Wort und wollte Blut. Er kämpfte nicht nur gegen die geistige Existenz seiner Gegner mit geistigen Waffen, er »gürtete« mit vergifteten Wort-Pfeilen seine »Lende« – er machte einen Anschlag auf die bürgerliche Existenz des Feindes und »schlug so scharf wie möglich«. Ihn interessierte nur, »ob der Kopf herunter ist«. Er litt daran, daß das Wort nicht köpfen kann. »Wenn ich Stricke schreiben könnte, so hinge er längst.« So hatte er immer die Neigung, den Kampf der Worte überzuführen in einen Kampf der Körper: mit allen Mitteln reizte er den Kritiker Menzel zur Mensur; Strauß, den Gatten der Freundin Börnes, bekam er schließlich auf den Schießplatz; und wenn er nach der Lektüre von Platens Angriff seinen Freund Lyser fragte: »Was wetten Sie, ich ärgere den Platen noch tot« – so war dies im Munde Heines keine Metapher. Er verteidigte die ungewöhnliche Schärfe seiner literarischen Kämpfe damit, daß die Zeit des Schiller-Goetheschen Xenienkampfes, der doch nur ein »Kartoffelkrieg« gewesen, vorbei sei: damals, in der »Kunstperiode«, wäre es nur ein Kampf um die Kunst gewesen, um den schönen Schein – jetzt gälte es die höchsten Interessen des Lebens selbst.

Heines Kämpfe waren ein unentwirrbarer Knäuel von politischen Kämpfen und persönlicher Rachsucht. Alle seine harten Angriffe hatten einen politischen Kern – alle diese Angriffe führte er mit häßlicher Intimität. Fast immer in der gleichen Art: mit einer Verhöhnung der körperlichen Gebrechen des Gegners. Gewiß: er wollte in Platens Lyrik das ästhetische Kunstgewerbe treffen; er wollte dem Dichter Platen, der ihn, ohne seine Bücher zu kennen, im »Romantischen Ödipus« als »Pindarus vom kleinen Stamme Benjamin«, als »Petrark des Laubhüttenfestes«, als »Synagogenstolz«, als »Samen Abrahams« karikiert hatte, den antisemitischen Parteigänger der Münchener Klerikalen, den »frechen Freudenjungen der Aristokraten und Pfaffen« erledigen – und suchte ihn lächerlich zu machen als Homosexuellen. Gewiß: er wollte in August Wilhelm Schlegel die ranzig gewordene Romantik anprangern – und erzählte einen ägyptischen Mythos, der nur eine Verbrämung des Klatsches von der Hochzeitsnacht des Herrn und der Frau Schlegel, geborene Paulus, war, in der Schlegel schlecht abgeschnitten haben soll. Gewiß: er wollte in Menzel, der gegen das Junge Deutschland der »Huren und Buben«, gegen den »aus den Bordellen herauswankenden Ausschuß der Nation« gezetert hatte, den politischen »Denunzianten« treffen; er traf auch seinen Charakter herrlich – zum Beispiel in jener schönen Anekdote, wie Menzel dem Baron Cotta seine in Lobsprüchen auf den Verleger Goethes und Schillers ausklingende »Deutsche Literatur« anbot und die Lobsprüche in Tadel verkehrte, als Cotta den Verlag des Werkes ablehnte. Er traf Menzel mitten ins Herz – und witzelte über Menzels Aussehen, das es ihm leicht mache, tugendhaft zu bleiben, da das Laster einen zu guten Geschmack habe, um dem Menzel nachzulaufen. So verdarb er sich immer seine guten Kämpfe durch die hämische Karikierung des gegnerischen Körpers. Am tollsten trieb er es in seinem Kampf gegen Börne – ein Kampf, der ihm alle Sympathien raubte, der ihm von Friedrich Engels den Namen »Schweinigel« eintrug und von dem jungen Ferdinand Lassalle diese Tagebuch-Notiz: »Und dieser Mann ist abgefallen von der Sache der Freiheit! Und dieser Mann hat die Jacobinermütze von seinem Haupte gerissen und einen Interessenhut auf die edlen Locken gedrückt.« Heine griff Börne einige Jahre nach seinem Tode an, ein großer epochaler Angriff gegen den politischen Radikalismus – und machte Börnes noch lebende Freundin, Frau Wohl, lächerlich als »eine magere Person, deren gelblich-weißes, pockennarbiges Gesicht einem alten Matzekuchen glich«; und machte Frau Wohls Mann, Börnes Freund Strauß, lächerlich als freiwilligen Hahnrei, dessen »Immoralität« den Dichter des ›Buchs der Lieder‹ – »anwiderte«.

So verlegte Heine den Kampfplatz vieler guter Kämpfe immer wieder – ins Schlafzimmer des Feindes. Diese Dessous- und Unterhosen-Kritik wurde ihm schließlich zur lieben Gewohnheit; auch dort, wo er seinen Gegner nur ritzen wollte. Er konnte über die von ihm verehrte George Sand nicht schreiben, ohne mitzuteilen, daß andere Zeitgenossen die Reize ihres Busens besser beschreiben könnten, er wäre inkompetent; und das war nicht einmal sein Verdienst. Über Victor Hugo verzeichnete er den Bericht eines Freundes, der dabei war, als der Dichter das Hemd wechselte und eine mißgewachsene Hüfte enthüllte. Mit unangenehmem Witz verbreitete er sich eingehend über Meyerbeers chronisches Darmleiden: »Bei seinem Anblick dachte ich an den Diarrhöen-Gott der Tartarischen Volkssage, worin schauderhaft drollig erzählt wird, wie dieser bauchgrimmige Kakodämon auf dem Jahrmarkte von Kasan einmal zu seinem eigenen Gebrauche 6000 Töpfe kaufte, so daß der Töpfer dadurch ein reicher Mann wurde.« Eine Sängerin kritisierte er, indem er das Gerücht von ihren falschen Haaren, Zähnen, Hüften, von ihrem falschen Hinterteil behaglich mitteilte; und in dem Steckbrief, den er dem Kapellmeister Joseph Dessauer, dem »Wanzerich«, nachsandte, wurde nicht nur Dessauers »ältliches, katzenbucklicht gekrümmtes und benautes Aussehen« verzeichnet, sondern auch seine Hämorrhoiden und Harnbeschwerden. Heine war in sein Subjekt verhext. Der große Weise, Goethe, sah mit Kopfschütteln auf diese armen Subjektivlinge: »Platen ärgert Heine, und Heine Platen, und jeder sucht den andern schlecht und verhaßt zu machen, da doch zu einem friedlichen Hinleben und Hierwirken die Welt groß und weit genug ist« ... Heine hat sich bei Frau Wohl entschuldigt. Heine hat selbst festgestellt, daß er in der Beurteilung Schlegels »die Grenze überschritten, wie weit man das Leben dieser Leute besprechen darf«. Heine hat die Kapitel in den ›Bädern von Lucca‹, in denen er Platen anpöbelte, schwer bereut. Aber sein Haßrausch, der ihn schon überkommen konnte, wenn Freund Meyerbeer seiner Frau ungünstige Karten zur ›Propheten‹-Premiere besorgte, sein Haßrausch, der ihn schon in seiner Jugend eine schwarze Liste von allen Menschen anlegen ließ, die ihn je zu kränken gesucht – dieser Haßrausch blieb bis zum letzten Tag eine der großen Quellen seiner Poesie. Und sein Mund, der böser war als sein Herz, war boshaft bis zur letzten Stunde – und sang die hinreißendsten Haßgesänge.

Aber es war nicht allein dieses Eindringen eines biblischen Zorns in alle Teile seines Schrifttums, was seine Prosa und Poesie so schrill durchsetzte, es war nicht nur eine sich sehr bewußt vordrängende Eitelkeit und Rachsucht, die Heines Lyrik dem Tag überlieferte – es steckte in den tausend Dissonanzen dieser Poesie eine Absicht, die bewußt das Zeitliche einführte in das Zeitlose, die Realität einführte in das Gespinst der Phantasie: die jenen Stilbruch hervorrief, der seit hundert Jahren gültiger ist als alle ungebrochenen Stile, die kamen und gingen. Dieser Stilbruch ist der künstlerische Niederschlag der Zwischen-Situation des tragischen Menschen. Er glaubt nicht mehr den »süßen Lügen der Nachtigall, der Schmeichlerin des Frühlings«; er weiß, wie schnell des Frühlings Herrlichkeit verwelkt; er sieht in der jüngsten Rosenknospe immer schon die schmerzrote Blüte, das fahle

Verwelken und den Staub im Wind; er sieht überall einen »verkappten Winter«. Wie soll er da den Frühling naiv besingen? Einige innige Töne, für Momente ein Sich-Überlassen an das selige Drängen einer knospenden Welt – und dann sofort auf die zarten lyrischen Triebe der Rauhreif vom Wissen um das Vergehen. So ist sein Gedicht das selige Vertrauen, unbewußtes Echo des Frühlings und der Nachtigallen und des ganzen zur Blüte drängenden Lebens – und dann das Mißtrauen, das Bewußtsein, welches ein Mangel an Unschuld ist. Jauchzt das Vertrauen auf, so krächzt das Mißtrauen hinterher: das ist das Schicksal dieses skeptischen Lyrikers; das ist der Grund, weshalb er immer, wie Hebbel sagte, »erst den Kopf und dann den Hintern zeigt«. Er reist durch den Harz – und weiß nicht, »wo die Ironie aufhört und der Himmel anfängt«. Hat er, der Dichter, nicht das Recht, sentimental zu werden wie der »lumpigste Ladenschwengel«? Es rinnen zusammen Erscheinungswelt und Gemütswelt, die grünen Bäume und die Gedanken, der Vogelsang und die Wehmut, der Kräuterduft und die Erinnerung. Er sitzt in einem Gewebe, in dem Außenwelt und Innenwelt zusammengewachsen sind, einander durchdrungen haben; er lebt in wunderbarer Geborgenheit. Da reißt das Gewebe: das Bewußtsein scheidet die Welten in Traum und Wirklichkeit.

Heine war ein Träumer, ein Phantasierer, ein Märchenerzähler, dem die Welt »der Traum eines weinberauschten Gottes« war, »der sich aus der zechenden Götterversammlung à la française weggeschlichen und auf einem einsamen Stern sich schlafen gelegt und selbst nicht weiß, daß er alles das auch erschafft, was er träumt«. Und Heine war ein Realist, ein Rationalist, ein Märchenzerstörer, die »heilsame Reaktion gegen den einseitigen Idealismus«, die Entwurzelung des reinen Gefühls. Heine war ein Zungenredner und ein Vernünftler. Man nannte ihn einen *»romantique défroqué«*, einen entlaufenen Romantiker – aber er war nicht entlaufen, die Romantik hielt ihn an langer Kette fest: er hatte nur eine »unglückliche Passion für die Vernunft«. Heine hat oft genug bekannt, daß er nicht zu den Vernünftigen gehöre und sich trotzdem zu ihrer Partei geschlagen habe: »Meine Stellung ist unnatürlich: alles, was ich tue, ist den Vernünftigen eine Torheit und den Narren ein Greuel.« So schlug immer die Ironie seine Schwärmerei, die Realistik seine Phantasie. So wurde sein Enthusiasmus zur Selbstpersiflage, das Kind Heine zum *»enfant perdu«*, das sich aus Furcht – »die frechen Reime eines Spottgedichtes« pfiff. Am intimsten bekämpfte er deshalb die Romantik nicht in ihren reaktionären Tendenzen, nicht in ihrem Infantilismus, in diesem »Singsang von Harnischen, Turnierrossen, Burgfrauen, ehrsamen Zunftmeistern, Zwergen, Knappen, Schloßkapellen, Minne und Glaube, und wie der mittelalterliche Trödel sonst heißt« – am intimsten bekämpfte er in ihr sich selbst: die »Klänge aus der längst verschollenen Traumzeit«, die Jugendträume, die er »träumte mit Chamisso und Brentano und Fouqué in den blauen Mondscheinnächten«. Kämpfte, indem er »moderne Triller« schrill »durch den alten Grundton gaukeln« ließ, eine einzige lyrische Selbstverhöhnung. Er war nicht, wie man sagte, »der Verwesungsprozeß der Romantik«. Er gehörte zu dem Geschlecht der verwundeten Schwärmer – wie Kleist, wie Georg Büchner, wie Grabbe. Aber was bei Kleist zum tragischen Pathos wurde, zum ununterbrochenen Enttäuschungs-Schrei; was bei Georg Büchner bleierne Melancholie wurde, durchsetzt von zynischen Zoten; was bei Grabbe Verzweiflung wurde, geschminkt auf brutale Bramarbasiererei – das wurde bei Heine sein lyrisches Grimassenschneiden, das schmerzlich-lachende Bajazzo-Salto. Von Beginn an war diese Grundmelodie da, wie sie am Ende in wunderbarer Reife aus seinen letzten Versen tönte: schon der Bonner Student schilderte feierlich eine heilige patriotische Szene und schloß mit seinem Schnupfen – der sterbende Heine klagte, daß niemand das Totengebet für ihn sprechen werde, und schloß mit dem Rat an Frau Mathilde, sich nach dem Besuch seines Grabes einen Fiaker zu nehmen. Die Gefühle dürfen nicht mehr ausklingen: sie dürfen nur anklingen; den Platz behauptet der gefühlsfremde Alltag. Heine hatte nicht mehr den ungebrochenen Mut zur Begeisterung, so maskierte er sie, wie in der ›Prinzessin Sabbath‹:

Schalet, schöner Götterfunken,
Tochter aus Elysium!
Also klänge Schillers Hochlied,
hätt' er Schalet je gekostet.

In diesem Lob auf die jüdische Speise, in dieser Persiflierung Beethovenschen Pathos' verbarg sich ganz schüchtern seine Liebeserklärung an die Welt der Ahnen. Die Schönheit dieser gebrochenen Liebeslieder, die Schönheit dieser verschämten Hymnen, die Schönheit dieser bocksfüßig vermummten Engelchöre – vielen verborgen, sogar dem klugen Ästhetiker Vischer, enthüllte sich ganz dem großen Nachfolger, Friedrich Nietzsche, der in Heine den einzigen Dichter neben Goethe sah; der »umsonst in allen Reichen der Jahrtausende nach einer gleich süßen und leidenschaftlichen Musik« suchte; der in Heines Sprache jene »göttliche Bosheit«, Vereinigung von Gott und Satyr, fand, ohne die er sich das Vollkommene nicht zu denken vermochte.

Heines Humor wuchs aus dieser Spannung zwischen den Hochgefühlen des Menschen und der Armseligkeit seiner Wirklichkeit: die humorlosen Treitschkes nannten diese Dissonanz ein undeutsches »Zwitterspiel zwischen Poesie und Prosa«; und warfen dem »Bannerträger jüdisch-journalistischer Frechheit« vor – weil er kein teutonischer Stammtischler war: »nach Germanenart zechen vermochte der Orientale nicht.« Wohingegen ein größerer Deutscher, Friedrich Nietzsche, darauf hinwies, daß man Heine in Paris *»L'adorable Heine«* nannte: »Was wüßte deutsches Hornvieh mit den Délicatesses einer solchen Natur anzufangen?« Und wohingegen ein zweiter Deutscher, Richard Dehmel, den kranken Juden und den großen Künstler besang, »der unsere Muttersprache mächtiger sprach als alle deutschen Müllers oder

Schulzes«. Heine verehrte Gott als den großen humoristischen Urpoeten, der den verzweifelten Republikaner, welcher sich das Messer ins Herz stechen wolle, noch vorher daran riechen ließe, ob auch kein Hering damit geschnitten worden sei. Dieser humoristische Primus wäre gefolgt: dem Aristophanes, der die grauenhaftesten Bilder des menschlichen Wahnsinns nur im lachenden Spiegel des Witzes zeigte; Goethe, der die Ohnmacht des Menschen in den Knittelversen eines Puppenspiels ausspräche; Shakespeare, der den lachenden Narren das Traurigste sagen ließe. So sah Heine seine Ahnenreihe. Er vergaß nur Jean Paul, dessen Porträtierung durch Heine fast ein Selbstporträt geworden ist: »Ein Jean Paulscher Roman fängt höchst barock und burlesk an, und geht so fort, und plötzlich, ehe man sich dessen versieht, taucht hervor eine reine, schöne Gemütswelt«, »die mit all ihrer still blühenden, duftenden Herrlichkeit schnell wieder versinkt in die häßlichen, schneidend kreischenden Wogen eines exzentrischen Humors«. Heine selbst war dieses Humoristen-Geschlechts bewußtester Sprößling. Er verriet sein eigenes Geheimnis, als er den großen englischen Humoristen Sterne malte: »Wenn sein Herz manchmal ganz tragisch bewegt ist, und er seine tiefblutenden Herzensgefühle aussprechen will, dann, zu seiner eigenen Verwunderung, flattern von seinen Lippen die lachend aggressivsten Worte.«

Diese leicht-flatternden, aggressiven Heine-Worte sind schon früh mißverstanden worden. Aber Heine war nicht scheu genug, um sich mißverstehen zu lassen. Der Dreißiger drückte das rotseidene Taschentuch, das er sich zur Nacht um den Kopf gelegt hatte, mit beiden Händen an die glatten Haare, wickelte und zupfte den Schlafrock zu einem Faustmantel zurecht und lehrte mit Lächeln und Blinzeln den jungen Literatur-Dachs Wienbarg »die tiefere, welthistorische Bedeutung seiner liederlichen Lieder«. Heine war sich sehr klar über die Schwermut seiner Keckheit; schon mit sechsundzwanzig stellte er fest: »Es geht mir oft so, ich kann meine eigenen Schmerzen nicht erzählen, ohne daß die Sache komisch wird.« Die Bewußtheit machte dann aus dem organisch gewachsenen Schmerz-Lachen eine Manier. So sehr Heine sich schon früh gegen den »Witz in der Isolierung« aussprach, so sehr er den Witz nur anerkannte, »wenn er auf einem ernsten Grund ruht« – wie der Witz des Narren im Lear, wie der Witz Jean Pauls und Börnes; wie richtig er auch den substanzlosen Witz als »ein Niesen des Verstandes« entlarvte: er selbst unterlag oft genug diesem Prickeln im Gehirn. Börne und Heine sind auch die Väter der intellektuellen Equilibristik, des artistischen Jonglierens mit Begriffen und Worten zwecks Anreizung der Lachmuskeln. Sie brachten es in dieser Kunst zu einer hohen Virtuosität – die leider schon bei ihnen, vor allem bei Heine, bisweilen eine Untiefe verdeckte. So sehr auch der Humor Heines eine Funktion seines Geistes war, ein trotziges Konfrontieren von Sehnsucht und Erreichbarem, von Phantasie und Wirklichkeit – also eine gegen sich selbst gerichtete Verhöhnung, ein masochistisches Wühlen in der tiefsten Lebenswunde: schließlich machte ihm das Klipp-Klapp von Pathos und Realismus, diese kalte Dusche auf die Vegetation der Gefühle, einen mächtigen Spaß; sein Witz wurde eine »Schreibgrimasse«, eine artistische Nummer, die in Formulierungen wie die »Primadonna mit dem Jesuskind« und tausend ähnlichen Raketen aufperlte. Und noch in seinen letzten Jahren verteidigte er den schriftstellerischen »Charlatanismus«. Heine war ein demagogischer Poet, in der ganzen Ambivalenz dieses Wortes: er öffnete dem Volk »die verschlossenen Kornkammern des Geistes und der Seele«; und benutzte nicht selten seinen Kontakt mit dem Volk auf die unlauterste Weise.

Heines Witz hat noch eine andere Herkunft als die Enttäuschung und noch ein anderes Ziel als das Fertigwerden mit dieser Spannung zwischen Sehnsucht und Nichterfüllung. Heines Witz ist zum guten Teil nicht Heilung eigener Wunden, sondern Schwert, um andern Wunden zu schlagen; also nicht Selbsthilfe, sondern Waffe im Klassenkampf. Dieser »Angriffs-Witz« ist die Macht des Verstandes gegen die

Macht der Gewalt: »vor dem Übermut des Reichtums und der Gewalt schützt« uns »nichts – als der Tod und die Satire«. Da den Gewalthabern schon viel genommen ist, wenn ihre Autorität erschüttert ist, da der Witz zwar nicht die Gewalt besiegen kann, aber doch die Majestät, den feierlichen Ernst, der die Gewalt umgibt – so wurde Börnes und Heines Angriffswitz ein wichtiges Mittel im Krieg. Die Börne und Heine haben uns ein gewaltiges Waffen-Arsenal vermacht. ›Deutschland. Ein Wintermärchen‹ ist das schönste, geschliffenste Stück.

Heine war unnaiv als Selbst-Heiland mit der Salbe des Witzes, als Soldat mit der Waffe des Witzes – der unnaive Heine saß auf dem Thron der deutschen Literatur, den vor ihm die klassische Naivität innegehabt hatte, Goethe. Eingeschworene Goetheaner, wie Victor Hehn, maßen dann Heine an Goethe, stempelten Heines Lyrik als »die Entheiligung der Goetheschen« ab; und verfielen der Lächerlichkeit, die alle ernten, welche nie den Kern einer Erscheinung, immer nur ihre Eingliederung in ein beliebiges Bezugssystem geben. An Heines freund-feindlichem Verhältnis zu Goethe erkennen wir aber noch einmal seine Schwellen-Existenz, sein Dasein an der Zeitwende. Mit Börne, mit Menzel, mit der gesamten »Bewegungsliteratur« lehnte er in Goethe die »Kunstbehaglichkeit des großen Zeitablehnungsgenies, der sich selbst letzter Zweck ist«, ab. Viel könne der Wort-Künstler von Goethe lernen, »nur nicht Männlichkeit«. Goethe sei der Gott der »Kunstperiode« gewesen, jener Zeit, die das Ideal des Lebens in seiner künstlerischen Abrundung gesehen hätte. Vorbei. In der Zeit des Enthusiasmus', in der Zeit des Willens zum Ziel, sei für den Olympier kein Platz. Das pfiffen im letzten Jahrzehnt des Goetheschen Lebens schon die Literatur-Spatzen von den Literatur-Dächern; auch Heine pfiff das Lied. Aber Heine wandelte die allgemeine Melodie persönlich ab. Für die Moralisten war Goethe nur der große Gegner – Heine aber hatte »den Lebensgenuß begriffen und Gefallen darin gefunden«; so sehr er auch den »Herrn von Goethe während seines ganzen 76jährigen egoistischen behaglichen Lebens« ablehnte – Heine der Grieche, Heine der Heide sympathisierte stark mit dem olympischen Genießer und mit dem Kunst-Genie: »Goethe ist der Stolz der deutschen Literatur, Schiller der Stolz des deutschen Volkes.« Er selbst eiferte Schiller nach und wurde – ein Goetheaner. Es war nicht nur Höflichkeit für die Goethe-Enthusiastin Rahel, daß er schon aus Berlin, nach der ersten Lektüre des »ganzen Goethe«, schrieb: »Goethe gefällt mir sehr gut.« Er blieb ein ganzes Leben lang dem großen Poeten treu. Die Menzel und Börne, keine Poeten wie Heine, hatten es leicht, in Goethe nur einen politischen Drückeberger zu sehen. Heine, obwohl persönlich verärgert gegen Goethe, schrieb 1827 in einer Kritik über Menzels Literaturgeschichte: »Die Stellen über Goethe habe ich nicht ohne Schmerzen lesen können. Wo denken Sie hin, lieber Varnhagen, ich, ich gegen Goethe schreiben! Wenn die Sterne am Himmel mir feindlich werden, darf ich sie deshalb schon für bloße Irrlichter erklären?« Diese Verehrung war nicht eine Maske vor dem Gatten Rahels, war nicht nur die Solidarität mit dem Mann aus Weimar, der von Nationalisten und Pietisten befeindet wurde: sie war die Bewunderung für diesen ungebrochenen Menschen, der »mit seinem klaren Griechenauge alles sieht, das Dunkle und das Helle, nirgends die Dinge mit seiner Gemütsstimmung koloriert und uns Land und Menschen schildert in den wahren Umrissen und wahren Farben, womit sie Gott umkleidet«. Der arme Subjektivling Heine mit seiner wunden Seele, welcher die Welt weh tat – Heine, der das Leben nur in diesem Weh darstellen konnte, sah in neidischer Ehrfurcht auf zu dem großen, reichen, gesunden Goethe, den er als »Aristokratenknecht« verlästerte und als Heiden Nr. I, als den großen, unerreichten Vorgänger des problematischen Heiden Nr. II, der doch ein verkappter Nazarener war, bewunderte. Deshalb hielt es der arme Subjektivling Heine bei dem mächtigen Objektiven aus. Er gehörte zu den Unzufriedenen – denn Goethe lebte abseits, lebte zeitferne Kunst, nicht seine Gegenwart; aber Heine ging doch nie zu den Rebellen über. Denn er war von Goethes Art.

Immer war Heine zwischen den Parteien.

Die letzte Blume

Ein achtzehnjähriges Mädel – blaue, helle Augen, kecke Stupsnase, kleiner Mund, braune Locken, zierliche Hände und Füße – sitzt, die grünen Stiefelchen gegen den gegenüberliegenden Sitz gestemmt, in dem Zug, der von Le Havre nach Paris fährt. Sie hat soeben Abschied von ihrem Pflegevater genommen, der nach Amerika geht. Wer ihre Eltern sind, weiß sie nicht. Sie ist in Deutschland geboren und in früher Kindheit nach Paris genommen worden. Ein großer Mann mit hoher Stirn steigt in ihr Abteil. Er stellt sich vor: Alfred Meißner aus Böhmen, Poet, Journalist; in Paris anwesend, um Heinrich Heine zu sehen; augenblicklich auf der Rückfahrt von Le Havre, wo er einige Tage vor seiner Abfahrt nach Deutschland noch den Ozean genießen wollte.

Sie kommen ins Gespräch. Als der Schaffner bei eintretender Dunkelheit Licht macht, bittet Meißner ihn, niemand zu ihnen zu lassen. Sie friert; er hüllt sie in sein Plaid und wärmt sie, während Yvetot, Rouen, Louvière vorbeihuschen, in seinen Armen. Um Mitternacht sind sie auf dem Gare du Nord. Sie zieht einen dünnen Goldring mit einem grünen Stein vom Finger und steckt ihn Meißner an: »Denken Sie einmal an mich, wenn Sie in Deutschland sind.« Meißner bittet um ihren Namen. Wozu? Er würde morgen abfahren, sie würden sich nie wieder sehen. Aber Meißner braucht einen Namen, um an die Unbekannte denken zu können. Da schenkt sie ihm zwei Silben und tauft sich »Margot«.

Zwei Jahre später, 1849, schickt ein Frankfurter Verleger Meißner mit dem Auftrag nach Paris, ein Buch über die soziale Bewegung im republikanischen Frankreich zu schreiben. Da meldet sich eines Tages eine Dame in seinem Hotel: »Margot«. Sie fällt ihm um den Hals – und sagt ihren Namen wieder nicht; er muß ihr versprechen, keine Nachforschungen anzustellen. Die Wirtin des Hotel Britannique, eine Engländerin mit roter Nase und strengen Grundsätzen, macht ein böses Gesicht; so treffen sie sich unter den grünen Kastanienbäumen des Jardin du Luxembourg und fahren nach Amiens, Robinson oder Chateaurouge. Margot ist bei diesen Ausflügen ungezwungen und fröhlich. Sind sie jedoch in der Stadt, so ist sie nervös und so müde, daß sie einen Wagen nehmen muß. Als Meißner nach Deutschland zurückreist, muß er sein Abenteuer immer noch »Margot« nennen.

Einige Monate nach diesem Abschied von Margot ging er an einem Londoner Juwelier-Laden vorbei, als eine Equipage vor dem Geschäft hielt. Ein Lakai öffnete den Schlag: zwei sehr elegante Damen stiegen aus. Die jüngere war Margot. Meißner rief sie an, Margot sah hochmütig auf ihn herunter: er müsse sich irren; sie hätte nicht die Ehre, ihn zu kennen ... Damals ging es Herrn und Frau von Krinitz gut; sie verheirateten im folgenden Jahr ihre Adoptivtochter Elise, Meißners »Margot«, mit einem angesehenen Franzosen. Dieser Mann verbrauchte in wenigen Monaten ihre Mitgift und machte sich dann auf die abenteuerlichste Weise von ihr los. Er spiegelte ihr eine Geschäftsreise nach London vor und nahm sie mit. In London fuhr er mit ihr »zu Freunden« aufs Land. Sie kamen in eine schöne Villa am Themse-Ufer. Ein alter, reizender Herr empfing sie. Plötzlich war der Herr Gemahl verschwunden. Er hatte sie in eine Irrenanstalt eingeliefert. Elise tobte. War ihre Aufregung nicht ein Beweis für ihre Krankheit? Erst nach Wochen begriff der Arzt, was hier geschehen war. Elise von Krinitz fuhr nach Paris zurück, ließ sich scheiden, lebte bei ihrer kranken Mutter und ernährte sich von Klavierstunden und deutschem Sprachunterricht ... Zwölf Jahre später tauchte sie als die Schriftstellerin Camille Selden wieder auf, deren Roman ›Daniel Vlady, histoire d'un musicien‹, deren Essays ›Portraits de Femmes‹ und ›L'esprit moderne en Allemagne‹ das überschwengliche Lob des französischen Kultur-Historikers Hippolyte Taine fanden. Aber bevor sie Camille Selden wurde und nachdem sie Elise von Krinitz, »Margot« und eine verheiratete Frau gewesen war, erhielt sie den Namen, der ihr allein im Bewußtsein der Nachwelt geblieben ist: Mouche, die Fliege.

Acht Jahre ist es her, daß sie mit Meißner von Le Havre nach Paris fuhr. Fünf Jahre ist es her, daß ein Mann, der ihr Geld durchgebracht hatte, sie in einer Irrenanstalt begraben wollte. Vier Jahre ist es her, daß der sterbende Heine im ›Romanzero‹ gedichtet hatte:

Noch einmal möcht' ich vor dem Sterben
Um Frauenhuld beseligt werben.

Sie kommt gerade aus Wien und hat von einem Wiener Heine-Verehrer den Auftrag, dem Dichter einige Musikstücke zu übermitteln. Das Krankenzimmer ist verdunkelt. Beim Eintreten stößt sie gegen einen mit Papier bekleideten Wandschirm. Schließlich unterscheidet sie hinter demselben, auf einem niedrigen Lager, einen kranken, fast blinden Mann ... den Lieblingsdichter ihrer jungen Jahre; einen weißen, durchsichtigen Menschen, dessen Züge wie von einem großen Meister der Märtyrergestalten aus Elfenbein geschnitten sind. Ein Lazarus-Gesicht, hohle, bleiche Wangen, spärliches Haar, der Bart weiß und struppicht, die Stirn weit hervortretend, die Augen tief in die Höhlen zurückgezogen und zugedeckt. Er sieht jünger aus als ein fast Sechzigjähriger. Er wirkt auf sie: wie ein Christuskopf mit Mephisto-Lächeln.

Zwar hatte er sie eingeladen wiederzukommen; aber sie hielt diese Einladung nur für eine Förmlichkeit. Da mahnte er sie. Die Anrede lautete: »Sehr liebenswürdige und charmante Person!« Die Aufforderung lautete: »Sie haben einen äußerst vorteilhaften Eindruck hinterlassen, und ich sehne mich nach dem Vergnügen, Sie recht bald wiederzusehen.« Das war am zwanzigsten Juni 1855. Am siebzehnten Februar 1856 war Heinrich Heine tot. Seine »letzte Blume«

blühte einen Sommer und einen Herbst und einige furchtbare Wintermonate; sie war seine »Passionsblume«. Er hatte sich gewünscht: noch einmal zu lieben, zu schwärmen und glücklich zu sein – »doch ohne Lärmen«, wie es einem Schatten zukommt. Jetzt hatte er seine stille, seine glücklichste, seine hoffnungsloseste Liebe.

Er fragte nicht nach ihrem Woher und Wohin. Er nannte sie nach der Fliege in ihrem Petschaft: Mouche. Das Gesumm dieser Fliege war das zärtlichste Abschiedslied, welches das Leben seinem zärtlichsten Sänger kurz vor dem Ende noch zusang. Mathilde hatte er in der Blüte seines Lebens gedichtet; sie strahlte bis zu seinem letzten Tage die ungebrochene Lebenskraft aus, die ihn am Leben hielt. Nun dichtete er, am Rande des Grabes, die Mouche: seine sterbende Seele, die schon durch den aufgezehrten Körper hindurchschien, schuf sich ein unkörperlicheres Liebesbild als die mächtig irdische Mathilde (die der Mouche stumm aus dem Wege ging) – und wählte die zierlichere, spirituellere Mouche. Er existierte schon kaum mehr, da liebte er, noch ein letztes Mal, mit der alten großen Liebe:

Geschlossen war mein Aug', doch angeblickt
Hat meine Seel' beständig Dein Gesichte.

Zwei Dutzend Liebeszettelchen, die selbst so zierlich sind wie ihre Adressatin, blieben die elfenhaften Spuren dieser platonischen Neigung. In ihnen haben wir den Duft ihrer billets, der ihr den Namen »holdselige Bisamkatze« einträgt. Sie besingen die »Pattes de mouche«, die Fliegenbeinchen, die ihm beständig im Kopf herumkrabbeln. Mit ihren kleinen Fittichen soll die liebe Fliege ihm ein bißchen um die Nase flattern: solche Wünsche lächelt der gefällte Riese ihr in winzigen Blättern zu. Er kennt ein Lied von Mendelssohn, der Refrain heißt »Komme bald«. Nun summen alle Zettel: »Komme bald«. Nun stöhnen alle Sehnsüchte: Du weißt nicht, was das Warten für den an einen Felsen geschmiedeten

Prometheus bedeutet. Nun dichtet der Dulder, der noch einmal vor trügerischer Hoffnung ungeduldig wird:

Laß mich mit glühenden Zangen kneipen,
Laß grausam schinden mein Gesicht,
Laß mich mit Ruten peitschen, stäupen –
Nur warten, warten laß mich nicht!

Ein Sonnenstrahl fällt in ein Grab und weckt einen Toten. Er hat schon mit dem Leben abgeschlossen: Mouche ist die kleine Auferstehung vor dem unwiderruflichen Ende.

Er küßt mit den innigsten Worten ihr »liebes Schwabengesicht«. Er sorgt sich um seine »Lotosblume«, der er so gerne einen »sonnig heiteren indischen Tag«, wie man ihn am Ganges findet, schenken möchte. Sie darf nicht ausgehen, wenn schlechtes Wetter ist; sie könnte nasse Füße bekommen. Sie darf nicht an den Tagen zu ihm kommen, an denen es ihm besonders schlecht geht. Weil er sie liebt, ist immer noch *er* der Schützer und *sie* die Beschützte, *er* der starke Werber und *sie* die zarte Umworbene, *er* »Nebukadnezer II« und *sie* die *»fine mouche«*. Hilfloser als ein Kind – ist er doch der Stärkere: »Dich fesselt mein Gedankenbann.« Er ist in der Fülle des Glücks, er liebt und wird geliebt – und muß entbehren. Die »letzte Blume« seines »larmoyanten Herbstes« kann er nicht mehr pflücken; er kann nicht einmal mehr die kleinen verschämten Liebes-Schnörkel sehen, die er in die Glut der süßen Billetts hineinmalt. Er ist kein Mann mehr, nur noch eine brennende Seele. Nur noch mit Buchstaben kann er sie küssen – er füllt die kleinen Silben an die *fine mouche* mit seiner ganzen »todkranken, innigsten Zärtlichkeit«. »Ein Toter, lechzend nach den lebendigsten Lebensgenüssen«, befrachtet seine kleinen Wortschiffe mit der letzten Leidenschaft – und nun segeln sie von ihm zu ihr, mit einer Last, die sie kaum tragen können. Zum neuen Jahr, dem letzten Neujahr seines Lebens, schickt er ihr Schokolade; er kann ihr nur »gemünzte Luft« und Schokolade geben. Er ist »sentimental wie ein Mops, der zum ersten Male liebt«; und parodiert seine körperlose Liebe als eine Art »Gesundheitsliebe«:

Worte! Worte! keine Taten!
. . . . .
immer Geist und keinen Braten.

Jetzt muß er seinen großen Humor aufbieten, um nicht vor Mitleid mit sich selbst zu vergehen. Jetzt findet er jene Melodie, deren Liebes-Pathos neckisch gedämpft wird durch überbetonte Troubadour-Weisen. Er singt seine kleinen Brief-Arien mit einer so burlesken Bravour, daß ihr Glitzern ebenso eine Träne ist wie ein Lächeln. Von all den Jahren, die er lebendig begraben lag, war dies letzte Jahr vielleicht das grausamste.

Als sein Sekretär krank wurde, vertrat ihn die Mouche. Heine legte sich den Titel »Schulmeister« bei; denn er war sehr penibel. Oft genug tadelte er die wenig korrekte Form ihrer großen Buchstaben. Dann hob er mit dem Finger das gelähmte Lid, um ihr vorzuschreiben. Sie las ihm theologische Werke, Romane, den ganzen Dumas vor, der ihn angenehm zerstreute; viel Fachliteratur, die seine Krankheit betraf: Physiologie, Anatomie und Pathologie. Wenn er genug hatte, streckte er seinen Arm aus und bat sie, ihre Hand in seine zu legen. Fest umschloß er die kleine Frauenhand, als klammerte er sich an den Retter; versinkend packte er das Leben um so fester. Sie versuchte, die trüben Stunden zu bannen. Sie bat ihn, aus seinen Studentenjahren zu erzählen. Erinnerungen stiegen in ihm auf und lenkten ihn von der drückenden Stunde ab. Der alte Spötter erwachte. So holte sie ihn aus todestraurigem Verdämmern immer wieder zurück. Oft fand sie ihn, wie er in fieberhafter Eile große weiße Blätter mit kräftigen, weiten, fast zollhohen Buchstaben bedeckte. Der Bleistift war zwischen den abgemagerten Fingern immer noch eine tödliche Waffe. Da lachte er plötzlich sieghaft auf: Ich halte sie, weder tot noch lebendig können sie mir jetzt entschlüpfen. Wer es gewagt hat, sich an mir zu vergreifen, kann sich freuen, wenn er diese Zeilen liest! Heine stirbt nicht wie der erste beste. Seine Krallen werden auch noch nach seinem Tode die Feinde zerfleischen. Er schrieb ›Memoiren‹, welche bis auf ein kleines Bruchstück verlorengingen. An seinem Todesbett saß neben der Liebe noch eine Macht, die ihn stark ans Leben band: die Göttin der Rache, die kein Gott und kein Schmerz vertreiben konnte. Und noch nach seinem Tod donnerte sie in seinen nachgelassenen Versen.

Die Mouche liebte Heine mit der Leidenschaft der Entsagenden. Sie verehrte in ihm einen Gott, in dessen Welt sie lebte, dem sie zu Füßen fiel, den sie pries in der seligen Dankbarkeit des betenden Geschöpfes. Sie lebte in der schmerzlichen Sehnsucht jener Frommen, die sich nach dem Unerreichbaren sehnen, deren Inbrunst ins Ungeheure wächst, weil das Ziel ihrer Sehnsucht über allen Wolken thront. Ihr Gott war nicht ins Unsichtbare entrückt, aber ins Ungreifbare. Zwischen Heine und Mouche stellten sich nicht die kleinen Hindernisse, sondern das große Hindernis: der Tod trennte schon das Jahr ihrer Liebe. »Du weißt gar nicht«, spöttelte der gelähmte Romeo, »wieviel Glück Du hast, liebe Mouche; wie schön, von einem sterbenden Mann geliebt zu werden!« Der Tod versagte ihr eine glückliche Gegenwart und schenkte ihr für ihr ganzes Leben das Glück einer überirdischen Erinnerung.

Im Februar 1856 hatte sie sich einige Tage nicht sehen lassen, weil sie krank gewesen war. Sie sagte ihm von ihrer Krankheit nichts, weil sie ihr unwichtig war vor seinem Leid. Er empfing sie sehr verstimmt und schroff: »Endlich bist Du da!« An diesem Tag war sie zu schwach für das Elend dieser Stube: sie weinte still unter seinen harten Worten. Er spürte, wie bewegt sie war. Er bat sie, den Hut abzunehmen, weil er sie dann besser sehen könne. Mit zärtlichem Streicheln zog er an ihrem Hutband. Überwältigt stieß sie den Hut zurück, glitt an seinem Bett nieder. Kein Wort wurde gesprochen. Heines Hand lag auf ihrem Kopf, zum letztenmal.

Die Geschichte des Heine-Denkmals in Deutschland

Wie er verfügt hatte, wurde er nicht auf dem lebhaften Père Lachaise, sondern auf dem stilleren Cimetière Montmartre begraben. Sein Begräbnis war nicht, wie Börnes, das große Bekenntnis der Lebenden zu einem großen Toten; nur wenige Menschen, von den berühmten Franzosen nur Alexandre Dumas und Théophile Gautier, folgten dem Sarg.

Er hatte nichts über seinen Grabstein bestimmt; doch verkündete sein Testament deutlich seinen Willen zur Prunklosigkeit. Aber die Sippen und Magen hatten wohl den lebenden Heine gefürchtet, den toten Heine respektierten sie nicht.

Bruder Gustav, der Mathilde nicht einmal einen Beileidsbrief geschrieben hatte, ließ in den Blättern protzenhaft mitteilen, er werde für den berühmten Heinrich ein pompöses Denkmal, in Marmor und Granit, nach den Entwürfen zweier hervorragender Architekten errichten lassen. Und um seine Tat ins rechte Licht zu setzen, fügte er noch gleich den Preis hinzu – die Summe, die er sich's kosten lassen wolle: 10 000 Francs. Mathilde war entrüstet, daß der Wiener Großprotz Heinrich Heines Grab zur Ausstellung seiner Eitelkeit zu benutzen suchte. Sie wehrte sich. Sie setzte ihrem toten Mann einen schlichten Stein; und schrieb auf eine kahle Marmortafel: Henri Heine. »Nicht einmal: Ruhe in Frieden!« – grollte die Principessa della Rocca, Heinrich Heines Nichte, in ihren Erinnerungen. Mathilde, die nie ein Buch Heines gelesen hatte, handelte heinescher als der Freiherr Gustav von Heine, Chefredakteur des Wiener Fremdenblattes; fühlte heinescher als die in einer hohen Schule herangezüchtete Fürstin della Rocca. Dieser schmucklose Stein auf dem Grabe Heines war ein echtes Denkmal der Liebe. Und Heinrich Heine hätte dieser Kampf auf seinem Grabhügel bestätigt, daß er sich nicht geirrt hatte: nicht in Mathilde und nicht in den Sippen und Magen. Und er hatte sich nicht geirrt in Germania.

Um die frische Leiche kümmerte man sich in Deutschland nur wenig. Man dachte in den ersten Jahren nicht daran, ihm ein Denkmal zu setzen. Die großen Zeitungen erwähnten ihn nur selten. Die Heine-Forschung setzte erst langsam ein. Die biographischen Studien von Adolf Strodtmann, Hermann Hüffer, Gustav Karpeles, Robert Proells gaben sich dem Material hin und waren zu ihrem »Helden« wohlwollend-streng.

Nach und nach starben die, denen Heine wehe getan hatte. Das liberale und sentimentale deutsche Bürgertum gewann den vom Tode verklärten und für den deutschen Hausgebrauch zurechtgemachten Heine lieb. Er wurde populär.

Im Jahre 1887 brachte der ›Düsseldorfer Anzeiger‹ einen Appell des Münchener Dichters Paul Heyse an die Bürger Düsseldorfs: »Mögen dem Dichter Heinrich Heine auch manche Fehler anhaften, was heute von ihm noch in deutscher Sangeslust und deutschem Sangesschmerz durch die Saiten unserer vaterländischen Harfen rauscht, es schwebt hoch über diesen irdischen Irrtümern, die mit seinem sterblichen Teil zu Grabe gegangen.«

Heyse machte Heine dem Deutschen Reich schmackhaft. Begütigend meinte er: es sei dem Rheinländer zu verzeihen, wenn er damals noch nicht gesehen habe, »daß das Heil des Vaterlandes und das eigene nur von dem Zollernaar ausgehen konnte, der eben erst nach hartem Kampfe seine Flügel über den deutschen Rhein gebreitet hatte«. Heyse warb für ein Heine-Denkmal: aber nur für ein Denkmal des Vergißmein-nicht-Heine.

Trotzdem stieß er auf den ernstesten Widerstand. Er beging nämlich den schweren diplomatischen Fehler, den die Freunde Heines (auch Bismarck) immer wieder machten: er stellte Heine neben Goethe. Das war zuviel. Sofort kamen die Proteste der Einheimischen. Es protestierten zum Beispiel »viele patriotische Studenten« der Stadt Bonn: »Seit Beginn unseres Jahrhunderts geht eine mächtige, christlich-deutsche Bewegung durch die deutsche Studentenschaft. Begeistert tritt die akademische Jugend ein für jedes vaterländische Unternehmen ... aber nie und nimmer wird sie auch nur einen Pfennig opfern zu Ehren Heinrich Heines.«

Heine-Freunde und Heine-Feinde waren damals fast gleich verrückt. Die einen kämpften gegen die »Schandsäule in Düsseldorf«, die anderen für das »Ehrenmal in Düsseldorf«. Ein Pfarrer schloß sein Pamphlet gegen Heine mit den Worten: »Mit Gott für König und Vaterland. Mit Gott für Kaiser und Reich.« Während der wackere Biograph Karpeles – nicht weniger borniert, wenn auch sympathischer – sich zu der Dummheit verstieg: »Heine ist original. Goethe und Schiller sind es kaum.« Und die Vermittler zwischen den Parteien (wie Ferdinand Avenarius) wußten keinen anderen Weg als: den Politiker und den Menschen preiszugeben und den sanften Lyriker zu preisen.

Während der Streit so hin und her ging, hatte man an den Stadtrat von Düsseldorf einen Antrag auf Bewilligung des Denkmalsplatzes abgesandt. Die Stimmen für und die Stimmen wider hielten einander die Waage. Der Bürgermeister gab den Ausschlag – zugunsten des Denkmals. Doch die Opposition ruhte nicht. Sie plante eine Beschwerde bei der Regierung. Der Oberhofprediger Stöcker empfahl eine Petition an das Innenministerium. Da griff eine mächtige Heine-Verehrerin in den Kampf ein: die Kaiserin Elisabeth von Österreich. Sie wollte der Stadt Düsseldorf ein Heine-Denkmal schenken. Der Bildhauer Ernst Herter legte im Jahre 1888 auf ihre Einladung zwei Skizzen vor: der Dichter in ganzer Figur, auf einem Postament sitzend; oder ein Brunnen mit dem Loreley-Motiv. Die Kaiserin entschied sich für die Heine-Statue; sie wollte ihren Dichter ganz. In diesem Augenblick erklärte der Kultusminister, den man inzwischen in die Affäre gezogen hatte: er würde zu der Angelegenheit Stellung nehmen, falls man sich für eine Heine-Figur entschiede; gegen den Brunnenentwurf habe er nichts.

Der Bildhauer legte einen dritten Entwurf vor: Heines Büste auf einem Postament, mit plastischen Verkörperungen seiner Werke. Wieder brach der Sturm los. Man setzte der Kaiserin schwer zu. Man intervenierte in Wien. Sie hatte es schließlich satt, den Düsseldorfern die Erinnerung an ihren bedeutendsten Bürger aufzudrängen. Sie gab nach. Da griff der Denkmals-Ausschuß wieder auf den Brunnen-Entwurf zurück. Er wurde in Auftrag gegeben. Inzwischen ging die Hetze weiter. Der Bürgermeister erhielt aus Berlin einen kräftigen Rüffel – und trat aus dem Denkmals-Ausschuß aus. Andere mit ihm: Graf Adolf von Schack und Martin Greif. Anfang 1893 zog der Düsseldorfer Magistrat einstimmig das Geschenk des Platzes zurück. Die Begründung lautete: an jenem Platze stehe jetzt ein Kriegerdenkmal; und in der Nähe eines Kriegerdenkmals könne unmöglich ein Heine-Denkmal stehen. Außerdem sei die einstige Zusage auch verjährt. Die Wiener Studentenschaft war selig.

Was machte es schon, daß der welsche Schreiber Emile Zola schrieb: *»La décision du conseil communal de Dusseldorf nous remet quelques siècles en arrière; ces messieurs doivent regretter le moyen âge et la torture. Prendre l'homme et prendre son bien, telle est la morale de ce fin de siècle.«* Und als Alphonse Daudet sagte: Frankreich würde gern den toten Heine aufnehmen, wie es den lebenden Heine aufgenommen hatte – da grölte man gewiß an den deutschen Stammtischen: sollen sie ihren Heine haben; denn Heine war und blieb ein Belang der dekadenten Welschen. Daß Bismarck allerdings ebenso dachte wie Zola, daß er den Menschen Heine mit historischer Objektivität betrachtete, gehört zu den reizvollsten Zügen der Heine-Denkmal-Komödie. Als (nach dem Tagebuch Ernst Herters) das Gespräch auf Heines Bemerkung kam: man müßte dem Hohenzollernaar die Nägel beschneiden, da er soviel zusammengerafft habe – sagte Bismarck, der treueste Diener der Hohenzollern: »Hat denn Heine so Unrecht gehabt? Können wir leugnen, daß der Rechtstitel Friedrichs des Großen auf Schlesien nicht einwandfrei war?« Und zu dem Vorwurf, daß Heine Napoleon verherrlicht habe, bemerkte der Historiker Bismarck: »Ich kann es ihm nicht verargen, ich hätte, wäre ich an seiner Stelle gewesen, kaum anders gehandelt. Hätte es mir, wenn ich wie Heine als Jude geboren wäre, gefallen können, daß man um acht Uhr abends die Tore der Judenstadt absperrt, überhaupt die Juden unter die schwersten Ausnahmegesetze gestellt hat? Ein Heine mußte naturgemäß in dem Manne, der die französische Gesetzgebung in die Rheinlande brachte, die Ausnahmegesetze insgesamt aufhob, einen Erlöser von martervollem Druck preisen.« Und Bismarck war nicht die einzige deutsche Stimme, die Deutschlands Ehre zu retten suchte.

Nietzsche schlug (wie immer) am kräftigsten zu: »Was wüßte deutsches Hornvieh mit den Delicatesses einer solchen Natur anzufangen?« Aber das waren einsame Stimmen. Heine war wieder einmal heimatlos; und der Denkmal-Ausschuß ging auf Wohnungssuche. Wird nicht irgendeine Stadt am Rhein so ein kleines Plätzchen hergeben? Es war damals wirklich ein Wagnis, den toten Heine aufzunehmen; denn ›Kreuzzeitung‹ und ›Reichsbote‹ und ›Grenzboten‹ schoben das Feuer unter die Seele des Volkes, bis sie zu kochen schien.

Zu denen aber, die sich schämten, gehörte der deutsche Dichter Arno Holz, der in schönstem Heine-Stil dichtete:

Aber ach, mein braves Deutschland
War ja leider das beliebte
Eldorado der Philister
Schon seit anno Tacitus.

Der Oberbürgermeister von Mainz scheint ein mutiger Mann gewesen zu sein. Er war nicht abgeneigt, den steinernen Gast aufzunehmen. Im April 1893 berieten die Mainzer Abgeordneten die heikle Frage. Die übliche Hetze ging wieder los. Das ›Mainzer Journal‹, ein Zentrums-Blatt, legte sich ins Zeug. Heine wurde als unchristlich und als Sozialdemokrat bekämpft. Das Lehrerkollegium des Mainzer Gymnasiums, darunter ein Rabbiner Dr. Saalfeld, flehte die Stadtverordneten-Versammlung an, dem Verächter von Moral und Vaterlandsliebe doch um Gottes willen nicht den Platz vor der Schule zu gewähren. Ein Pamphlet, das damals erschien, hatte den Titel: ›Heinrich Heine, der Schmutzfink im deutschen Dichterwald‹.

Die ›Frankfurter Zeitung‹ und Hardens ›Zukunft‹, Lujo Brentano und Spielhagen traten für den Dichter ein. Adolf Wagner hielt sich auffällig zurück. Rosegger verabscheute ihn. Merkwürdigerweise erklärte der Hohenzollern-Freund Ernst von Wildenbruch offen seine Sympathie für Heine. Inzwischen trat das Unerwartete ein: die »ästhetische Kommission« der Mainzer Stadtverordnung empfahl die Errichtung des Denkmals. Dann ließ man eine Weile weiter den Main in den Rhein fließen – und entschied schließlich gegen das Denkmal. Man wollte nicht »neuerlich eine Frage, die zu heftigem Streit Anlaß geben konnte, aufrollen«.

Auf den ersten Akt, der in Düsseldorf, und den zweiten, der in Mainz spielte, folgte der Komödie dritter Akt. Schauplatz: Hamburg – nach Heine die Stadt des »faulen Schellfischseelenduftes«, des »unergründlichen Blödsinns«.

Heine hatte sein Hamburg mehr mitgenommen als irgendeine andere Stadt Deutschlands; Hamburg hatte wirklich keinen Anlaß, Heines in Liebe zu gedenken. Die Hamburg-Komödie begann – auf der Insel Korfu. Hier hatte die Kaiserin Elisabeth von Österreich im Garten ihres Schlosses Achilleion dem geliebten Dichter das Monument errichten lassen, für das in Deutschland kein Platz gewesen war. In Deutschland hingegen hatte man selbst den hundertsten Geburtstag des Dichters, 1897, nicht mehr für die Denkmal-Propaganda zu benutzen gewagt.

Sogar der hingebende Heine-Forscher Hüffer hatte es ausdrücklich abgelehnt, »der Tragikomödie des Heine-Denkmals einen neuen Akt hinzuzufügen«. In der Stadtbibliothek zu Düsseldorf hatte man ein bescheidenes »Heine-Zimmer« hergerichtet, in dem eine kleine Heine-Büste aufgestellt war; Heine war hier – interniert.

Aber im Jahre 1906, am fünfzigsten Todestag Heines, war es dann wieder einmal soweit, mit einem neuen Aufruf etwas für Heine zu versuchen. Max Klinger und Ernst Haeckel, Gerhart Hauptmann und Richard Dehmel, Max Liebermann, Hugo von Hofmannsthal und Alfred Kerr setzten sich öffentlich ein. Und es begann der alte Feldzug mit den alten Fahnen und dem alten Kriegsgeschrei. Auf der einen Seite hieß es: »Jedes deutsche Mädchen singt seine Lieder.« Von der anderen Seite erschien das Buch von Adolf Bartels über den »Lumpen«, den »Dichtervirtuosen« Heine: »Für uns Deutsche wäre das Heine-Denkmal, im Namen des deutschen Volkes errichtet, die ärgste Beschimpfung, die man uns antun kann, Schmach und weiter nichts als Schmach.« Denn was war der Inhalt seines Lebens? In der Jugend ist er ein frecher Judenjunge gewesen, später ein satter Bourgeois und zum Schluß ein kaputter Lebemann.

So war die deutsche Atmosphäre, als nach dem Tode der Österreicherin das Achilleion mit seinem Heine-Denkmal Besitz Wilhelms II. wurde. Der Kaiser ließ den Dichter entfernen; denn dem Herrscher graute vor dem Heinrich, der so respektlos mit den kaiserlichen Ahnen umgesprungen war. Da kaufte im Jahre 1909 ein Campe, Nachfahre des Heine-Verlegers, das Korfu-Denkmal vom kaiserlichen Oberhofmarschall-Amt für zehntausend Mark und bot es Hamburg an, zur Aufstellung auf einem öffentlichen Platz. Jetzt ging es in Hamburg los.

Man wollte die »Bonbondevisenpoesie« nicht haben; denn bekanntlich verachtet Hamburg die Devisen – diese Stadt ist für einen »materiellen« Dichter wie Heine viel zu ätherisch. So lehnte der Hamburger Senat dankend ab. Dem Campe wurde mitgeteilt, »daß dem Gesuch um Überlassung eines geeigneten Platzes in den öffentlichen Anlagen behufs Aufstellung des vom Gesuchsteller angebotenen Heine-Denkmals nicht stattgegeben werden könne«. Besonders reizvoll ist der folgende Einwand gegen die Aufstellung des Korfu-Denkmals gewesen: Wenn das reiche Hamburg wirklich ein Denkmal haben wolle, dann habe es nicht nötig, ein »gebrauchtes« zu nehmen. Ob wohl die Kaiserin Elisabeth durch vieles Angucken das Denkmal ramponiert hatte? Jedenfalls mußte Campe aus Mangel an einem Abnehmer das Denkmal behalten. Es wurde eingesperrt in ein Hamburger Kontorhaus; ja, es wurde sorgfältig verpackt in einem Holzverschlag, weil einige besonders sensible Hamburger es mit roter Tinte beschmiert hatten. Auch Alfred Kerr, der gegen »das süßliche Monument aus Korfu« für ein Heine-Denkmal von Lederer eintrat, hatte beim Hamburger Senat nicht viel mehr Glück; er erhielt nur das Versprechen, daß man »erwägen wolle, ob ein Platz im Stadtpark nach Förderung der dort erfolgenden Arbeiten bereitgestellt« werden kann. Man konnte es aber in nationalen Kreisen nicht verwinden, daß Lederer, der Schöpfer des Bismarck, auch einen Heine gemacht hatte.

Eines Tages hatte dann Frankfurt seinen »Heine« von Kolbe, Hamburg seinen »Heine« von Lederer. Und Düsseldorf, Heines Geburtsstadt? Eulenberg und Ewers fanden die Wendung, ein Denkmal des Rheinländers Heine zu propagieren. Das Ausland – Galsworthy und die Lagerlöf, Gorki und Croce, Mencken und Dreiser, Sinclair, Rolland und Tagore – traten für ein repräsentatives Heine-Denkmal in Düsseldorf ein. Die Dichter-Akademie der Weimarer Republik flüsterte zaghaft ihre Zustimmung. Das war im Jahr 1929. Ein Jahr vor dem großen Wahlsieg der Nazis.

Die Einstellung der Nazis zu Heine war bereits im Jahre 1926 formuliert worden, in einem Artikel des ›Stürmers‹. Die Formulierung lautete: »Heine-Bückeburg war einer der größten jüdischen Schweinekerle des vergangenen Jahrhunderts ... Die Gräber der deutschen Helden des Weltkrieges verkommen und werden vergessen, und für die Judensau auf dem Montmartre wirft man das Geld der deutschen Steuerzahler zum Fenster hinaus.«

Im Herbst des Jahres 1931, als die Gefolgschaft des ›Stürmers‹ schon sehr mächtig war, ließ der Ausschuß für die Errichtung eines Heine-Denkmals in Düsseldorf die Ausschreibung eines Wettbewerbs für Denkmal-Entwürfe bekanntgeben. Die Öffentlichkeit erfuhr bei dieser Gelegenheit auch, daß bereits ein Platz für das Denkmal ausgewählt sei. Der Termin für die Ablieferung der Entwürfe war der 1. Mai 1932.

In diesem Mai – neun Monate, bevor Hitler zur Macht kam –, rief der nationalsozialistische ›Kampfbund für deutsche Kultur‹ in Düsseldorf zu einer Kundgebung auf. Ein Professor Werner, Präsident des Hessen-Landtags, sprach die folgenden Worte: »In diesem Deutschland wagt man es, Heine ein Denkmal zu setzen! Aber, ihr Novemberlinge, die Stunde wird kommen, wo dieses Denkmal, sei es in Frankfurt oder Düsseldorf, versenkt wird, wo der Rhein am tiefsten ist.« Und der Oberbürgermeister von Düsseldorf, dessen Name an der Spitze des Preisgerichts für die Heine-Denkmal-Entwürfe geprangt hatte – dieser selbe Oberbürgermeister stellte nun dem Kampfbund gegen Heine die Säle der Stadt zur Verfügung.

Der »Kampfbund für deutsche Kultur« siegte über Heine an jenem Tage, an dem Hitler ins Reichskanzler-Palais einzog. Mit vielen anderen Dichtern und Denkern wurde auch Heine verbannt; bald wurde auch das Heine-Denkmal, das inzwischen im Hamburger Stadtpark aufgestellt worden war, auf einen Senatsbeschluß hin von seinem bisherigen Platz entfernt und in einem Schuppen eingelagert. Aber auf *ein* Produkt Heineschen Schaffens konnten selbst die Nazis nicht verzichten: auf die populäre ›Loreley‹. Sie deklamierten sie. Sie sangen sie. Sie sandten sie durchs Radio. Und fügten feige hinzu: »Dichter – unbekannt«. Inzwischen aber überlebte der »unbekannte« Dichter die bekanntesten Deutschen der Jahre 1933 bis 1945.

Nach 1945 kam aus allen Städten die Nachricht, daß man nun endlich soweit war, die Heine-Denkmäler wieder aufzustellen.

Man sollte in die Sockel der deutschen Heine-Denkmäler jene Worte des Dichters Richard Dehmel eingraben, die das deutsche Volk aufklären: daß Heine »unsere Muttersprache mächtiger sprach als alle deutschen Müllers und Schulzes«.

Die deutschen Heine-Denkmäler sollten nicht nur Monumente der Ehrung sein. Auch Monumente der Warnung, Monumente der warnenden Erinnerung. Ihre Geschichte ist – von den Protesten nationaler Studenten bis zu den Rollkommandos gegen einen toten Poeten – eine Geschichte des Gruppen-Hochmuts, der Gruppen-Frechheit, der plebejischen Gruppen-Instinkte, des Gruppen-Wahnsinns gewesen.

Brach der alte Streit um Heine abermals aus in dem Kleinkrieg, der entstand, als man der Universität Düsseldorf seinen Namen schenken wollte? Ist die Entscheidung darüber wichtig? Nein. Heine ist keine Parole mehr. Wer kümmert sich noch um den einst so gehaßten Rassefremden, der von Treitschke bis zu Bartels und dem ›Stürmer‹ immer grausliger aussah? Und nur noch marxistische Hinterwäldler zelebrieren am Altar des Partei-Heiligen das Ritual: »Ich bin das Schwert, ich bin die Flamme.« Der ebenso unglückliche wie kokette Liebhaber des ›Buchs der Lieder‹ wird nicht einmal mehr verspottet. Und auch Karl Kraus' echt heinesches Pamphlet gegen den Feuilletonisten ist kaum noch halbwahr.

Welches Heine-Bild lebt? Welcher Heine ist umstritten? Paul Arnsberg schrieb jetzt: »Nach dem Tode von Heinrich Heine im Jahre 1856 begann der kulturhistorisch einzigartige Kampf für die Errichtung eines Heine-Denkmals in Deutschland, *der eigentlich bis zum heutigen Tage noch dauert.«* Stimmt das? Und was bedeutet »eigentlich«? »Die alten Auseinandersetzungen dauern noch an.« Wo? Und gilt die rhetorische Frage: »Würde heute Heinrich Heine als nonkonformistischer Linksintellektueller von dem offiziellen Deutschland ... akzeptiert werden, oder würde man ihn als unbequem und vaterlandslos eliminieren?«

Kasimir Edschmid hatte es leicht, eine Antwort zu geben. Heine wurde 1956 offiziell gefeiert: nicht nur in Edschmids enthusiastischer, schöner Festrede, auch in Anwesenheit des »offiziellen« Deutschland. Es steht viel schlimmer, als man es darstellt. Heine ist nicht mehr umstritten: nicht angefeindet und nicht geliebt; ein Klassiker, der den Anschluß zur Kanonisierung verpaßt hat. In wie wenigen Lesebüchern stehen Heine-Gedichte? In wie wenigen Seminaren und Kollegs nach 1945 wurde Heine ein zentrales Thema – nicht nur, im besten Fall, ein Vorwand für Strukturanalysen? Wie viele Heine-Tagungen fanden statt?

Vor einigen Jahren erschien in der Schweiz eine hervorragende Heine-Anthologie, mit einem hervorragenden Vorwort. Der Verleger sagte: Es ist das einzige Buch dieser Serie, das nicht geht. – Weshalb nicht? Die Deutschen interessieren sich nicht für Heine! Eine Weile hat ihn der Kampf, der gegen ihn geführt wurde, am Leben erhalten.

Heine ist nur noch ein kleines Kapitel der Literaturgeschichten, obwohl er der heutigste ist: in der Problematik seiner Sensualität; in seiner atheistischen Frömmigkeit; im sehnsüchtigsten Realismus; vor allem in seinem Hin und Her zwischen Elfenbeinturm und Front, in seiner Abwehr: sowohl des giftig wuchernden Juste-milieu als auch der »Doktoren der Revolution«. Dieser Heine hat kaum noch eine Chance, von den Zeitgenossen gesehen zu werden, die gewöhnt sind, sich an konfusen Poeten auch politisch zu orientieren.

Er war kein ›Linksintellektueller‹ – auch nicht in dem positiven Sinn, in dem man das Wort auf ihn anwendet. Er ist in dem heute herrschenden Schema von moralisch-politisch, Gut und Schlecht nicht unterzubringen, ebensowenig wie Büchner. Man hätte Heine 1963, im Büchner-Jahr, den Büchner-Preis geben sollen, weil er dem Gefeierten näher steht als irgendein Dichter der Vergangenheit und Gegenwart. Aber der Kampf um Heine ist nicht mehr aktuell, weder in Düsseldorf noch anderswo: leider.

Personenregister

Ludwig Marcuse
im Diogenes Verlag

Philosophie des Glücks
von Hiob bis Freud. detebe 21/I

Sigmund Freud
Sein Bild vom Menschen. detebe 21/II

Argumente und Rezepte
Ein Wörterbuch für Zeitgenossen. detebe 21/III

Ignatius von Loyola
Ein Soldat der Kirche. detebe 21/IV

Das denkwürdige Leben des Richard Wagner
Eine böse Biographie. detebe 21/V

Mein zwanzigstes Jahrhundert
Autobiographie I. detebe 21/VI

Nachruf auf Ludwig Marcuse
Autobiographie II. detebe 21/VII

Ludwig Börne
Aus der Frühzeit der deutschen Demokratie.
detebe 21/VIII

Heinrich Heine
Melancholiker, Streiter in Marx, Epikureer.
detebe 21/IX

Briefe von und an Ludwig Marcuse
an und von Max Brod, Alfred Döblin, Bruno Frank, Hermann Kesten, Erika –, Klaus –, Heinrich – und Thomas Mann, Henry Miller, Robert Neumann, Joseph Roth, Alma Mahler-Werfel, Stefan Zweig u. v. a.
Mit Chronik, Bibliographie und Register.
Herausgegeben und eingeleitet von
Harold von Hofe

Herausgegeben von Ludwig Marcuse:

Ein Panorama europäischen Geistes
Texte aus drei Jahrtausenden,
ausgewählt und vorgestellt
von Ludwig Marcuse.
Mit einem Vorwort von Gerhard Szczesny.
I: Von Diogenes bis Plotin.
II: Von Augustinus bis Hegel.
III: Von Karl Marx bis Thomas Mann.
Drei Sonderbände in einer Kassette

Heinrich Heine Gedichte
Ausgewählt, kommentiert und eingeleitet von
Ludwig Marcuse. detebe 139

Beiträge von Ludwig Marcuse:

Das Gebet zum heilen Gott?
In: ›Kann man noch beten?‹. detebe 47

›Efraim‹ – Ein Erstlings-Roman
In: ›Über Alfred Andersch‹. detebe 53

Aus dem Briefwechsel Thomas Mann – Ludwig Marcuse
In: ›Das Tintenfaß 24‹. detebe 83

Der Reaktionär in Anführungsstrichen
In: ›Das Tintenfaß 25‹. detebe 100